高等院校土建类专业"互联网+"创新规划教材

道路与桥梁工程概论

主　编　陈仁山　张　伟　张　萌
主　审　曹卫东

内容简介

本书依据现行的国家、行业规范、规程和标准编写而成。全书分为道路工程和桥梁工程两篇共 11 章，主要讲解了道路工程概论、公路线形、路线交叉、交通设施、路基工程、路面工程、桥梁工程概论、桥梁的墩台与基础、梁桥、拱桥及其他体系桥梁简介等内容。书中内容讲解通俗易懂，图文并茂。

本书可作为高等学校土木工程专业、工程管理专业的教学用书和参考用书，也可作为非土木工程类专业的选修教材，还可作为从事道路与桥梁工程建设的工程技术人员的参考用书。

图书在版编目(CIP)数据

道路与桥梁工程概论/陈仁山，张伟，张萌主编. —北京：北京大学出版社，2022.12
高等院校土建类专业"互联网+"创新规划教材
ISBN 978-7-301-33626-7

Ⅰ.①道… Ⅱ.①陈…②张…③张… Ⅲ.①道路工程—高等学校—教材②桥梁工程—高等学校—教材 Ⅳ.①U41②U44

中国版本图书馆 CIP 数据核字（2022）第 222372 号

书　　　名	道路与桥梁工程概论 DAOLU YU QIAOLIANG GONGCHENG GAILUN
著作责任者	陈仁山　张伟　张萌　主编
策划编辑	郑　双
责任编辑	杜　鹃
数字编辑	金常伟
标准书号	ISBN 978-7-301-33626-7
出版发行	北京大学出版社
地　　　址	北京市海淀区成府路 205 号　100871
网　　　址	http://www.pup.cn　新浪微博：@北京大学出版社
电子邮箱	编辑部 pup6@pup.cn　　总编室 zpup@pup.cn
电　　　话	邮购部 010-62752015　发行部 010-62750672　编辑部 010-62750667
印　刷　者	河北涿县鑫华书刊印刷厂
经　销　者	新华书店 787 毫米×1092 毫米　16 开本　20.75 印张　490 千字 2022 年 12 月第 1 版　2022 年 12 月第 1 次印刷
定　　　价	59.00 元

未经许可，不得以任何方式复制或抄袭本书之部分或全部内容。
版权所有，侵权必究
举报电话：010-62752024　电子邮箱：fd@pup.cn
图书如有印装质量问题，请与出版部联系，电话 010-62756370

前言

随着科学技术的迅猛发展、全球经济一体化的进一步加强以及国力竞争的日趋激烈,高等学校作为实施"科教兴国"战略的重要战线,面临着新的机遇与挑战。

党的二十大报告指出,要"深入实施科教兴国战略、人才强国战略、创新驱动发展战略"。因此,对新时代工程人才的应用及创新能力提出了更高要求。为了配合高等学校新一轮的教学改革和教材建设,突出教材建设上的特色和优势,满足高等学校及社会对土木类专业教材的多层次要求,适应我国国民经济建设的最新形势,本书按照《高等学校土木工程本科指导性专业规范》要求,参考现行的国家、行业规范和标准编写,着重培养学生分析与解决实际问题的能力。

本书分为两篇11章。第一篇"道路工程"较系统地介绍了公路线形、路线交叉、交通设施、路基与路面工程及高速公路的基本概念、组成和特点等;第二篇"桥梁工程"主要简述了桥梁的基本组成和分类,桥梁的墩台与基础,以及梁桥、拱桥和其他桥梁体系。

本书具有以下特色。

(1)通俗易懂,图文并茂。本书采用通俗易懂的语言讲解了公路线形、路基及路面工程技术,桥梁下部结构以及各体系桥梁的主要施工技术。其中,公路定线部分、横断面绘制、立体交叉、桥梁墩台基础施工及梁桥施工等都有对应的示意图和实物图,读者阅读时更易理解和掌握。

(2)"重应用"与"加强创新能力和工程素质培养"相融合,在路面部分介绍了沥青新技术型施工方法、桥梁的新型顶推施工法及逐孔浇筑法等。

(3)全部采用了现行的公路和桥梁工程方面有关设计、施工、工程试验、检测规范和技术标准;及时反映了道路桥梁最新设计及建设成就,并力图反映当前道路设计领域新理论、新技术、新方法。

本书由山东交通学院的陈仁山、张伟、张萌担任主编,负责稿件的编写和统筹工作,山东大学曹卫东教授担任主审。具体编写分工如下:第一篇第1章、第2章、第3章、第4章,第二篇第9章由陈仁山编写;第一篇第5章、第6章,第二篇第10章由张伟编写;第二篇第7章、第8章、第11章由张萌编写。山东交通学院的上官浩楠、侯昌林、魏旭升参与了国家、行业规范和标准资料的收集与整理等工作。

在本书的编写过程中,编者参阅了许多专家、学者的有关著作、教材等文献,引用了其中的相关理念、方法,以及有关的规范和规程,在此,对这些作者表示衷心的感谢!

受编者学识水平和实践能力的限制,书中难免会有疏漏和不足之处,恳请广大读者批评指正。

编 者

资源索引

目录

第一篇 道 路 工 程

第1章 道路工程概论

1.1 交通运输方式 ………………………… 3
 1.1.1 各类交通运输方式的特点 …… 4
 1.1.2 各类交通运输方式效率
    指标比较 ……………………… 5
1.2 道路发展简史 ………………………… 6
 1.2.1 我国道路发展史 ……………… 6
 1.2.2 道路工程学科的进展 ………… 8
 1.2.3 道路工程的发展规划 ………… 9
1.3 道路分类分级与技术标准 …………… 14
 1.3.1 道路分类 …………………… 14
 1.3.2 道路分级 …………………… 15
 1.3.3 道路的技术标准 …………… 16
1.4 道路的基本组成 ……………………… 19
 1.4.1 线形组成 …………………… 19
 1.4.2 结构组成 …………………… 19
1.5 车辆与交通特性 ……………………… 21

第2章 公路线形

2.1 平面线形 ……………………………… 26
 2.1.1 平面线形组成 ……………… 26
 2.1.2 行车视距的保证 …………… 31
 2.1.3 路线平面图 ………………… 33
2.2 纵断面线形 …………………………… 35
 2.2.1 路线纵断面图 ……………… 35
 2.2.2 纵坡设计 …………………… 35
 2.2.3 路线竖曲线 ………………… 39
 2.2.4 平面、纵面线形组合 ……… 40

2.3 路线横断面 …………………………… 42
 2.3.1 路幅类型 …………………… 42
 2.3.2 路幅组成 …………………… 42
 2.3.3 平曲线的超高与加宽 ……… 44
 2.3.4 横断面的绘制 ……………… 46
 2.3.5 土石方量计算 ……………… 47
2.4 公路定线与现场勘测 ………………… 47
 2.4.1 纸上定线和实地放线 ……… 48
 2.4.2 实地定线 …………………… 53

第3章 路线交叉

3.1 平面交叉口 …………………………… 58
3.2 立体交叉 ……………………………… 62
 3.2.1 立体交叉的主要组成 ……… 63
 3.2.2 立体交叉的基本类型 ……… 65

第4章 交通设施

4.1 高速公路沿线设施 …………………… 69
 4.1.1 安全设施 …………………… 69
 4.1.2 交通管理设施 ……………… 72
 4.1.3 服务性设施 ………………… 73
 4.1.4 高速公路通信监控系统 …… 74
 4.1.5 高速公路绿化 ……………… 74
4.2 道路交通设施 ………………………… 75
 4.2.1 交通控制与管理 …………… 75
 4.2.2 城市公共停车场 …………… 79
 4.2.3 公共交通站点的布置 ……… 81
 4.2.4 道路交通安全防护设施 …… 83

第5章　路基工程

- 5.1 路基工程概述 …………………………… 85
  - 5.1.1 路基及路基工程概述 ………… 85
  - 5.1.2 对路基的基本要求 …………… 86
  - 5.1.3 影响路基稳定的因素 ………… 86
  - 5.1.4 路基的病害与防治 …………… 87
  - 5.1.5 路基湿度状况及干湿类型 …………………………… 88
  - 5.1.6 路基的受力与应力工作区 …………………………… 90
  - 5.1.7 路基工程的内容 ……………… 91
- 5.2 路基设计 …………………………… 92
  - 5.2.1 路基横断面设计 ……………… 92
  - 5.2.2 路基排水设计 ………………… 94
  - 5.2.3 路基稳定性设计 ……………… 100
- 5.3 防护与加固 ………………………… 104
  - 5.3.1 坡面防护 ……………………… 104
  - 5.3.2 冲刷防护 ……………………… 108
- 5.4 挡土墙 ……………………………… 111
  - 5.4.1 挡土墙的种类与构造 ………… 111
  - 5.4.2 挡土墙的施工图设计 ………… 113
- 5.5 路基施工的特点与流程 …………… 114
  - 5.5.1 路基施工的准备工作 ………… 114
  - 5.5.2 土质路基施工方法 …………… 115
  - 5.5.3 路基压实 ……………………… 117
  - 5.5.4 石方路基施工 ………………… 118

第6章　路面工程

- 6.1 路面工程概述 ……………………… 121
  - 6.1.1 路面的作用及基本要求 ……… 121
  - 6.1.2 路面结构 ……………………… 122
  - 6.1.3 路面等级 ……………………… 123
  - 6.1.4 路面分类 ……………………… 124
  - 6.1.5 沥青路面工程新技术 ………… 128
  - 6.1.6 水泥混凝土路面工程新技术 …………………………… 132
- 6.2 沥青路面设计 ……………………… 133
  - 6.2.1 弹性层状体系理论概述 ……… 134
  - 6.2.2 公路沥青路面结构组合设计 …………………………… 135
  - 6.2.3 改建路面设计（沥青路面补强设计）…… 138
  - 6.2.4 公路路面设计系统 HPDS …… 141
- 6.3 水泥混凝土路面设计 ……………… 141
  - 6.3.1 水泥混凝土路面的力学特性与计算理论 ………………… 141
  - 6.3.2 水泥混凝土路面结构组合设计 …………………………… 143
- 6.4 路面工程施工技术 ………………… 146
  - 6.4.1 路面基垫层施工技术 ………… 146
  - 6.4.2 沥青路面施工技术 …………… 153
  - 6.4.3 水泥混凝土路面施工技术 …………………………… 157

第二篇　桥　梁　工　程

第7章　桥梁工程概论

- 7.1 桥梁工程的地位和作用 …………… 163
- 7.2 古代桥梁简述 ……………………… 163
- 7.3 世界各国桥梁建造现状 …………… 165
- 7.4 我国近代桥梁建筑的成就 ………… 169
  - 7.4.1 钢桥 …………………………… 169
  - 7.4.2 预应力混凝土梁桥 …………… 171
  - 7.4.3 斜拉桥 ………………………… 172
  - 7.4.4 石拱桥和钢筋混凝土拱桥 …………………………… 173
  - 7.4.5 桥梁基础工程 ………………… 176
  - 7.4.6 港珠澳大桥 …………………… 177

7.5 桥梁工程的前景展望 …………… 181
7.6 桥梁的基本组成 ………………… 183
7.7 桥梁的分类 ……………………… 184
  7.7.1 桥梁按结构体系分类 …… 184
  7.7.2 桥梁的其他分类方法 …… 187
7.8 桥梁总体规划和设计要点 ……… 188
  7.8.1 桥梁设计的基本要求 …… 188
  7.8.2 设计资料调查 …………… 189
  7.8.3 设计程序 ………………… 189
7.9 桥梁纵断面、横断面设计和平面布置 ……………………… 191
  7.9.1 桥梁纵横断面设计 ……… 191
  7.9.2 桥梁横断面的设计 ……… 192
  7.9.3 桥梁的平面布置 ………… 193
7.10 公路桥梁的作用 ………………… 193

第8章 桥梁的墩台与基础

8.1 概述 ……………………………… 195
8.2 桥梁墩台与基础的类型和构造 … 196
  8.2.1 桥墩的类型和构造 ……… 196
  8.2.2 桥台的类型和构造 ……… 200
  8.2.3 基础的类型和构造 ……… 206
8.3 桥梁墩台与基础的设计方法简述 ……………………………… 210
  8.3.1 桥墩的设计方法简述 …… 210
  8.3.2 桥台的设计方法简述 …… 216
  8.3.3 基础的设计方法简述 …… 221
8.4 桥梁墩台与基础的施工技术 …… 228
  8.4.1 墩台的施工技术 ………… 228
  8.4.2 基础的施工技术 ………… 234

第9章 梁桥

9.1 混凝土梁桥的构造 ……………… 239
  9.1.1 混凝土梁桥的一般特点 … 239
  9.1.2 混凝土梁桥的分类 ……… 240
  9.1.3 梁（板）桥的构造 ……… 246

9.2 梁桥的桥面构造 ………………… 259
  9.2.1 桥面系的组成与布置 …… 259
  9.2.2 桥面铺装与防水排水系统 ……………………… 260
  9.2.3 桥梁伸缩装置 …………… 262
  9.2.4 人行道栏杆与灯柱 ……… 265
9.3 梁桥的支座 ……………………… 267
  9.3.1 固定支座与活动支座 …… 268
  9.3.2 板式橡胶支座 …………… 268
  9.3.3 盆式橡胶支座 …………… 269
9.4 梁桥的施工技术 ………………… 270
  9.4.1 整体浇筑法 ……………… 270
  9.4.2 逐孔施工法 ……………… 271
  9.4.3 悬臂施工法 ……………… 272
  9.4.4 顶推施工法 ……………… 274

第10章 拱桥

10.1 概述 …………………………… 277
  10.1.1 拱桥的工作特点与适用范围 ………………… 277
  10.1.2 拱桥的主要类型 ……… 279
  10.1.3 拱桥的基本组成 ……… 283
10.2 拱桥构造 ……………………… 285
  10.2.1 主拱构造 ……………… 285
  10.2.2 拱上建筑构造 ………… 294
10.3 拱桥施工技术 ………………… 300
  10.3.1 有支架施工 …………… 300
  10.3.2 缆索吊装施工 ………… 302
  10.3.3 其他施工法 …………… 304

第11章 其他体系桥梁简介

11.1 刚架桥 ………………………… 305
  11.1.1 刚架桥概述 …………… 305
  11.1.2 刚架桥的类型 ………… 306
  11.1.3 刚架桥的构造特点 …… 307

11.2 斜拉桥 …………………… 309	11.3.2 悬索桥各部主要构造 ……… 318
11.2.1 斜拉桥的特点和	11.4 其他体系桥的施工技术 ………… 320
体系分类 ………………… 310	11.4.1 斜拉桥施工简介 ………… 320
11.2.2 各部分构造 ……………… 313	11.4.2 悬索桥施工简介 ………… 321
11.3 悬索桥 …………………………… 316	
11.3.1 悬索桥的类型 …………… 316	**参考文献**

第一篇

道路工程

第1章 道路工程概论

党的二十大报告提出,要"加快推动产业结构、能源结构、交通运输结构等调整优化"。交通运输与人类生活、生产密不可分,是连接生产和应用、工业与农业、城镇与农村的纽带;是跨越陆地与海洋、地下与空中等自然限制,实现物资与人员转移的基础。发达的交通运输体系是一个国家社会和经济发展的重要支撑条件之一,是推动国家现代化、增强综合国力和巩固国防的战略基础。我国国土辽阔,地区发展差异较大,迫切需要发达的交通运输体系。

1.1 交通运输方式

现代交通运输方式主要包括公路运输、铁路运输、水路运输、航空运输和管道运输,完成各种货物以及旅客的集散、转移与流动。各种交通运输方式具有不同的技术和经济特点,各种交通方式的分工、衔接与互补、协调发展可以提升综合交通运输的能力,为社会生产和经济建设构建重要的基础保障。

公路运输、铁路运输、水路运输、航空运输、管道运输构成的现代交通运输业作为重要的服务性行业,在国民经济中起到基础性、先导性、战略性支撑,除了与其他传统物质生产部门具有相同的生产属性,还具有其独有的属性。

(1)交通运输是一种不产生有形产品的特殊劳动过程。交通运输不像工农业一样生产有形的产品,它不改变劳动对象的物理、化学或生物属性,只改变劳动对象的空间位置。

(2)运输过程是生产和销售共同进行的过程。交通运输既是生产过程也是消费过程,运输过程意味着运输劳动生产过程,同时意味着需要运输货物、运送旅客的运输需求者的消费过程;运输劳动无法存储,无产品,也无销售过程,而且取得劳务报酬在前,提供劳务服务在后。

(3)交通运输生产对自然条件的依赖性大。运输劳动绝大部分是在露天条件下进行的,风险比较大。交通运输设施只有在合适的自然条件下才能发挥作用。

（4）交通运输业属于资本密集型行业。交通运输不产生有形的产品，它的成本和其他行业不同，固定资产投资所占比重巨大，不论是交通道路的修建还是交通设备的购置，资本的有机构成比一般行业都要高。

（5）交通运输业具有网络经济特征。交通运输业的网络经济是指在一定的条件下，随着交通运输总产出的扩大引起平均运输成本下降的现象。

（6）交通运输经营具有高度的流动性和分散性。除了机场、港口、车站等场地相对固定，交通运输经营活动范围和空间十分广阔，流动方向分散。

1.1.1 各类交通运输方式的特点

交通运输系统所包含的五大交通运输方式各有优势与不足，各种运输方式之间高效衔接和补充、有效协调配合，共同组成一个完整的现代交通运输系统。

铁路运输是依托铁路网内各种列车将旅客、货物进行转运。它的特点如下。

① 运输量大，尤其适用于大宗货物和大规模旅客的长距离转运。

② 运输速度较快，平均运输速度高于公路运输和水路运输，特别是高铁运输速度远高于公路运输和水路运输。

③ 受环境和气候影响小，路线连续性强，准时。

④ 运输成本较低。

公路运输利用公路及可在公路上行驶的运输工具完成旅客、货物的移动，是交通运输系统的重要组成。它的特点如下。

① 机动灵活。公路运输适合 100km～200km 短途运输，货物直达运输、经济可靠、迅速及时，公路运输可以延伸到地球的各个角落，时空自由度大。

② 适用范围广，适应性强。公路网纵横交错、干支结合，比其他运输网稠密得多，适合各种用途、范围、层次、批量、条件的运输。

③ 速度较快，具有及时性。可实现旅客、货物的"门对门"运输服务，减少中间环节，缩短运输时间，便捷快速，非常适合现代市场经济发展的需要。随着公路条件、运输车辆结构性能的改善，从社区到省际间等适应的运距越来越广。

④ 运量大。虽然单车运量低，但车辆数量大、公路交通容量大，公路运输客货总运量和总周转量日益增大，占交通运输系统的比重越来越大。

水路运输是船舶经河、湖、江、海等运送旅客、货物的运输方式。它的特点如下。

① 载货质量大。内河单船载货质量达几百吨至上万吨，海运货轮载货质量达几千吨至数万吨，相当于铁路 200～300 节车皮的载货质量。水路运输在长途运输及特大件货物运输上更具优势，能利用海洋或天然河道，占地很少。在我国的货物运输总量中，水路运输所占的比重仅次于铁路和公路。

② 耗能少，成本低。水路运输能以最低的单位运输成本提供最大的货运量，尤其在运输大宗货物或散装货物时，采用专用的船舶运输，可以取得更好的技术、经济效果。

③ 投资小。尤其在节约土地方面，与铁路和公路运输相比，水路运输经济效益明显。

④ 劳动生产率高。

航空运输利用飞机运送旅客、货物，与其他运输方式相比，它的特点如下。

① 速度更快，运输过程快捷。飞机的飞行速度一般在600km/h以上，与汽车、火车、轮船等相比，速度优势明显。

② 具有显著的灵活性、舒适性和相对安全性。由于航空运输严格的管理和操作流程，与其他的运输方式相比，货物的破损率低，航空运输的安全性高。

③ 基建周期短和投资少。要发展航空运输，从设备条件上讲，只需添置飞机和修建机场。这与修建铁路和公路相比，建设周期短、占地少、投资省、收效快。

管道运输是利用封闭管道作为运输工具，以气压、液压或重力运送特定货物的运输方式。它的特点如下。

① 运量大，连续不间断。一条输油管道的运量相当于一条铁路全年的运量。

② 运距短，占地少。由于管道埋设于地下，因此线形的灵活性较大。

③ 耗能与费用低，接近于水运费用。

④ 受气候和季节影响小。

⑤ 沿程无噪声、无污染，安全性好。

⑥ 可远程控制，自动管理，维修量小，因而劳动生产率高。

⑦ 运送货物类别单一。

1.1.2 各类交通运输方式效率指标比较

交通运输作为实现旅客、货物空间移动的特殊生产过程，安全、迅速、经济、便利是其基本要求，按上述要求对各类交通运输方式的效率指标进行简要分析比较如下。

（1）速度。

速度是衡量运输效率的重要经济技术指标，分析研究发现，现有五大交通运输方式的各种运输工具都有一个最优的速度范围。

（2）投资。

投资是指对运输系统的基础设施建设投入的资金。从设施、设备需要量，劳动力，建设周期以及设备运营维护方面综合合计，航空运输的成本最高，其次是铁路运输、公路运输，管道运输的成本最低。这是因为铁路运输的路线、车辆、车站、信号设备等，均需投入大量的人力、物力、资金，建设周期长；水路运输能够利用天然水道，其路线设备投资最低；公路运输则介于两者之间；航空设施的建设投资及运行维护投资最大；管道运输是使用管道作为运输工具的一种长距离输送液体和气体物资的运输方式，由于不需要很复杂的设备，因此运输成本最低。

（3）运输成本。

一般来说，水路运输及管道运输成本最低，其次为铁路运输、公路运输，航空运输的成本最高。

（4）运输便利性。

各种交通运输方式中，公路运输机动灵活，适用交通服务对象广，其便利性最好，是一种唯一能实现"门对门"和"面"的运输方式。航空运输速度快,是最快捷的交通运输方式,但只能实现"点"的运输(从一个机场点到另一个机场点)。铁路运输和水路运输是沿铁路和水道运行,运输范围限制较大,只能实现"线"的运输。

此外,从能源消耗角度看,铁路运输可以采用电力牵引,在节能方面占有很大优势;从运输能力看,水路运输和铁路运输都处于领先地位;从运输的经常性看,铁路运输受季节和气候的影响最小。

综上所述,各种交通运输方式特性比较见表1.1。

中国交通运输的奇迹

表1.1 各种交通运输方式特性比较

名称	可达性/方便性	安全性	舒适性	运输能力	运输速度/(km/h)	能源消耗	货物	经济运距/km	投资
铁路	受地形影响及限制	好	好	大	160~350	低	集装箱大宗散装货物	—	大
公路	门对门方便	略差	差	大	≤120	中	集装箱散装货物	<200或不限	中
水路	受水道和港口限制	好	好	大	16~30	低	集装箱散装货物	—	小
航空	受机场和航线限制	尚可	中	小	600~1000	高	贵重货物	500~1000	大
管道	介质单一、普及性差	好	—	大	1.6~30	低	油、天然气	—	大

1.2 道路发展简史

1.2.1 我国道路发展史

作为四大文明古国之一,我国的道路发展历史悠久,在道路建设方面有着辉煌的成就。道路交通对于民族团结与统一,经济、文化繁荣和交流发展,都做出了巨大贡献。

1902年,我国第一辆汽车在上海出现了。1913年,我国以新式筑路法在湖南修筑了第一条汽车公路,揭开了我国现代交通运输的新篇章。

1949年后,我国公路发展大致如下。

(1)1949—1965年。这一时期主要是围绕经济发展和边疆开发的需要,修建了康藏公路、青藏公路、青新公路等,以及东南沿海、东北和西南边防地区国防公路,公路里程从1949年的8.08万公里迅速增长到1965年的50多万公里。

（2）1966—1978 年。依靠国防、边防公路建设投资和"民工建勤"等方式，全国公路里程进一步快速增长，1978 年达到 89 万公里，但由于经济发展相对缓慢以及道路选线要求，公路等级普遍很低。

（3）1979—1997 年。改革开放后，国民经济持续高速发展，公路运输需求强劲增长，公路建设的重要性逐步被全社会所认识。20 世纪 80 年代初，国家开始利用国际金融组织贷款修建高速公路，各省重要大中城市、港站枢纽和工农业基地紧密联系促进了经济的发展，同时反哺公路建设。截至 1997 年年底，高速公路通车里程 4771 公里。我国高速公路 10 年的发展和建设达到了发达国家高速公路一般需要 40 年完成的发展水平。高速公路及其他高等级公路的建设，改善了我国公路的技术等级结构，改变了我国公路事业的落后面貌，大幅缩短了我国同发达国家之间的差距。

（4）1998—2005 年。公路基础设施实现了跨越式发展。年均高速公路通车里程 5000 公里，高速公路总里程突破 4.1 万公里，全国公路总里程达 334.52 万公里，公路网密度达每百平方公里 20.13 公里。国道路网中的断头路基本被消除，大中城市出入口和过境交通继续改善。公路通乡和通行政村比例分别达到 98.3% 和 89.5%。从 2003 年起，全国加强了农村公路建设和改造，"十五"期间，公路建设重点向西部和"老、少、边、贫"地区倾斜，提高了农村公路的"通达率"和"通畅率"。

与此同时，我国城市道路发展也很快，北京、上海、天津及广州等多个大城市，均已修建了快速干道，各种互通式、分离式立体交叉桥和高架桥等。

（5）2006—2015 年。公路进一步飞跃式高速发展。道路交通建设一直是我国年投资力度最大、发展速度最快的重点建设领域。截至 2010 年年底，全国公路总里程突破 400 万公里，达 400.82 万公里，公路网密度为每百平方公里 41.75 公里。高速公路网络更加完善，全国高速公路里程达 7.41 万公里，居世界第二位，其中，国家高速公路里程达 5.77 万公里，"五纵七横" 12 条国道主干线提前 13 年全部建成，11 个省份的高速公路里程超过 3000 公里。路面状况显著改善，全国有铺装路面和简易铺装路面公路里程 244.22 万公里，有铺装路面 191.80 万公里，其中沥青混凝土路面 54.25 万公里，水泥混凝土路面 137.55 万公里；简易铺装路面 52.42 万公里；未铺装路面 156.60 万公里。全国农村公路（含县道、乡道、村道）里程达 350.66 万公里，全国通公路的乡（镇）占全国乡（镇）总数的 99.97%，通公路的建制村占全国建制村总数的 99.21%，通硬化路面的乡（镇）占全国乡（镇）总数的 96.64%，通硬化路面的建制村占全国建制村总数的 81.70%。截至 2013 年年底，全国公路总里程达 435.62 万公里，公路网密度为每百平方公里 45.38 公里。

从 1988 年至 2014 年的 26 年间，我国高速公路从沪嘉高速公路的建成通车实现中国大陆高速公路零的突破，经历了从"两纵两横三个重要路段"，到总规模约 3.5 万公里"五纵七横"，再到"7918 网"（7 条北京放射线、9 条纵向路线和 18 条横向路线组成，总里程约 8.5 万公里的国家高速公路网，简称为"7918 网"。），截至 2014 年年底，高速公路通车总里程达到 11.2 万公里，已超过美国，跃居世界第一位。

（6）2016—2022 年。新建、改建高速公路通车里程约 3 万公里，改造建设百万公里农村公路。到 2022 年 4 月，我国公路总里程已达 535 万公里，形成了以高速公路为骨架、普通干线为脉络、农村公路为基础的全国公路网。县、乡、村公路动脉畅通，微循环加速成网的"四好农村路"建设硕果累累，全面提高了农村公路服务水平和防灾、抗灾能力。一张安全便捷、智慧绿色、经济高效、有国际竞争力的公路网，为我国经济社会发展注入了无限生机与活力。

1.2.2 道路工程学科的进展

随着公路里程的快速增长以及国家高速公路网的建设，我国在道路工程学科研究领域取得了长足的进展。

（1）在路基工程建造技术方面，以变形协调为核心的路基设计理论和方法得到了快速发展。在路基工程建造技术方面开展了大量研究，特别是在特殊地区包含盐渍土地区、岩溶地区、多年冻土区、沙漠地区路基建设技术方面，取得了一系列具有国际领先水平的科研成果。此外，各地结合重大工程建设项目，取得了许多高水平的科研成果，其中以路基—路面—行车荷载相互作用和非饱和土力学为基础，建立了路基动态回弹模量预估理论，提出了路基—路面协同设计的新方法。另外，加筋土路基、细砂路基、低路堤、掘路修复和湿软路基处理等工程技术得到了广泛应用。

（2）在路面工程及其耐久性技术方面，路面设计指标与标准提出了诸如"长寿命路面""永久性路面"等概念，取得了路面材料设计和新型路面结构组合等成果。在半刚性基层沥青路面抗裂技术、路面材料的疲劳损伤与轴载换算方法、路面规模化施工工艺及设备开发等方面，开展了半刚性基层和沥青面层均匀性措施等的研究；在沥青路面设计方面，进一步深化了"按性能设计、按力学验算"的方法体系，形成了较为完整的基于性能的重交通道路沥青路面设计方法；提出了沥青路面现场疲劳方程的建立方法，建立并修正了反映交通、环境、路面结构和沥青混合料抗剪性能等关键参数的车辙预估模型，使之与实际情况更为接近，并与沥青路面结构设计、材料设计关联起来，可实现对沥青路面设计的有效控制；提出了标准化的单轴贯入强度测试方法及沥青混合料抗剪强度控制标准。

（3）在公路养护管理与维修技术方面，从20世纪90年代初仅仅靠引进国外的方法和技术对路面性能进行预测、结果检测和评价；研发了集路况数据测试与集成、道路病害诊断与评价、道路功能恢复与性能预测、道路养护维修与计算机辅助决策及养护资金投资优化等技术于一体的、与我国现行管理体制相适应的高速公路养护管理智能化系列技术。针对旧路面路况评价，对应用落锤式弯沉仪评定板底脱空状况进行了较充分的研究，得到了一系列具有实用价值的成果。在旧水泥混凝土路面上加铺沥青混凝土（白+黑）技术方面，已经形成了成熟的技术。在旧路面的维修加固、加铺层结构设置和防裂措施等方面都已形成系列技术并在众多公路与城市道路中得到了应用。

（4）在功能性路面材料的开发与废旧材料的再生利用方面，结合不同地区和不同交通状况引发的复杂道路工作特征，开展了道路工程功能性材料的研发与应用。发现了冷再生土基层在路面施工过程中的再压密现象，建立了冷再生压实过程中温度场的预估方法，在此基础上提出了冷再生混合料的试验条件、成型方法及冷再生混合料配合比设计方法。对混凝土桥面铺装沥青混合料级配进行了设计和优化，并通过沥青、改性沥青和纤维的合理使用，大大提高了沥青混合料的高温性能。此外，还开展了复合改性沥青、橡胶沥青、硬质沥青、高性能沥青混合料、温拌和冷拌沥青混合料、高性能混凝土、混凝土外加剂、道路修补材料、新型道路工程材料以及废旧沥青和水泥混凝土的再生和回收技术等的研究。

（5）在路基路面施工及质量控制技术方面，深入开展了施工组织、进度控制、质量控制方法和工程经济等方面的研究，以及功能路面、高性能路面施工技术研究；不仅建立了传统材料施工质量控制与管理模型，形成了与我国管理体制相适应的道路工程施工质量、信息化控制体系，还革新了高模量沥青路面铺装、高性能薄层铺装、超薄抗滑层等施工技术。

（6）在可持续道路交通方面，注重交通基础设施设计和建设养护中的可持续发展、节约和循环利用宝贵的资源、保护生态和环境，在研究和实践上都已经成为发展趋势。正如党的二十大报告提出的，要"推动形成绿色低碳的生产方式和生活方式"。橡胶沥青、绿色道路、生态与景观恢复等技术取得了一定的成果。目前，我国在交通领域的可持续工程技术，特别是低碳交通工程技术方面的研究尚处于起步阶段。

1.2.3 道路工程的发展规划

道路发展目标应与地区经济发展、人口数量、运行车辆相适应，建立布局得当、结构合理、设施完备的道路网。

1．道路发展工作的序列

道路发展的序列是：道路规划、道路建设、道路养护以及道路技术革新。

（1）道路规划。从提高交通功能、改善运行条件出发，按需规划道路网。

（2）道路建设。坚持地区平衡，先急后缓的原则，优先发展建设影响区域，再发展地方城市，最后进行局部提升。

（3）道路养护。以解决道路病害为重点，提高养护质量，保证道路完好，提高铺装率和道路工程建设质量。

（4）道路技术革新。在规划设计和管理工作中积极推广新技术、新材料、新设计，推进先进方法替代旧方法，推进耐久、绿色、功能化道路新技术的发展。

2．我国道路发展的原则

我国道路发展的原则如下。

（1）道路规划应紧密围绕国民经济建设和社会发展计划，合理安排建设计划和投资比例，与区域经济和建设协调发展。

（2）远近结合的原则。道路建设的近期计划应与远期规划相结合，从路网体系、道路宽度、道路结构等方面为城市道路的远景发展创造条件。

（3）配套建设的原则。道路建设实行综合开发、配套建设，以道路带动地区基础设施建设和地区发展。

（4）发挥整体功能的原则。从道路的建设、养护维修及行政执法等各个环节加强管理，制止乱占乱挖，从而改善道路环境，保证道路功能的充分发挥。

3．规划目标

2001年5月，交通部印发了《公路、水路交通发展三阶段战略目标（基础设施部分）》，将未来40年我国交通运输发展划分为三个阶段。

第一阶段，到 2010 年，公路、水路交通紧张和制约状况要实现全面改善，其主要标志是：主要运输通道和港站枢纽的综合服务能力有较大幅度的提高，结构调整的主要任务基本完成。

第二阶段，到 2020 年，公路、水路交通达到基本适应，其主要标志是：公路、水路交通基础设施能够满足社会经济发展的需要，不会对社会经济的加快发展构成新的制约，储备能力和应变能力全面提高。

第三阶段，到 2040 年，公路、水路交通基本实现现代化，其主要标志是：基础设施网络已经全面建成，技术等级与构成已经充分满足运输发展的需要，量与质达到优化。

4．公路、水路交通发展目标

第一阶段：2010 年实现全面改善。

总体目标：公路、水路交通基础设施能力明显增加、结构明显合理、质量明显改善、服务水平明显提高，基本建立符合社会主义市场经济要求的交通建设与运输市场体系，行业科技进步水平和从业人员素质得到进一步提高，地区间交通发展差距缩小，公路、水路交通得到全面改善，东部地区的公路、沿海港口、内河航运基本适应国民经济和社会发展的需要。

第二阶段：2020 年实现基本适应。

总体目标：全面建成并完善公路主骨架、水运主通道、港站主枢纽，实现海运强国战略，基本建立全国统一、公平竞争、规范有序，与国际接轨的公路、水路交通市场体系，初步实现公路、水路交通可持续发展，基本适应国民经济与社会的发展需要，东部地区的公路、沿海港口与内河基本实现现代化。

第三阶段：2040 年基本实现现代化。

总体目标：形成高效、经济、快捷、安全的国内运输网络及国际大通道，与其他运输方式共同构筑完善的综合运输体系，实现客运快速化，货运物流化，运营智能化，安全与环境最优化，使公路、水路交通基本实现现代化，达到中等发达国家水平，为国家基本实现现代化发挥支撑和先导作用。

截至 2021 年年底，我国现代化综合立体交通网日趋完善、现代运输服务业蓬勃发展、交通运输治理现代化水平显著提高、交通运输对外开放合作持续深化。坚持交通先行，建成了全球最大的高速铁路网、高速公路网，综合交通网突破 600 万公里。全国铁路营业总里程已突破 15 万公里，其中高铁超过 4 万公里；全国公路总里程超过 520 万公里，高速公路覆盖 98% 的 20 万以上人口城市；全国港口万吨级及以上泊位约 2660 个；城市轨道交通运营里程 8708 公里，超特大城市轨道交通加快成网；全国颁证运输机场达 248 个；"快递进村"比例超过 80%，末端服务体系不断完善；多层次一体化综合交通枢纽加快建设，"6 轴 7 廊 8 通道"的国家综合立体交通网主骨架空间初步形成。交通运输不仅缩短了人们的时空距离，也深刻改变了城乡面貌，公路成网、铁路密布、大桥飞架、高铁飞驰、天堑变通途的梦想已成为现实。

5．发展规划

1）1981 年国家干线公路网规划

1981 年，国家计划委员会、交通部等联合颁布了《国家干线公路网（试行方案）》，将以首都为中心，连接各省（自治区、直辖市）和大军区、重要大中城市、港站枢纽、工农业基地等的主要干线公路划定为国家干线公路（简称国道），总里程 10.92 万公里。

国家干线公路（国道）的改造和建设，由交通部请各省（自治区、直辖市）及有关部门，根据平战结合的原则和国民经济发展的需要，统一规划，统一技术标准，由地方统筹安排后，经国家计划委员会综合平衡，纳入国家计划，下达各省（自治区、直辖市）逐步进行改造或新建。国家干线公路由各省（自治区、直辖市）分建、分管、分养，交通部协助设计和施工。

各省（自治区、直辖市）的省级干线公路（简称省道）。由各省（自治区、直辖市）交通部门，根据国家干线公路的规划布局，结合本地区经济发展自行划定，并制定规划，经各省（自治区、直辖市）审定，报交通部备案。

2）1990年国道干线交通网规划

1990年，交通部新一轮的交通发展长远规划（建设期1990—2020年）发布，建设公路主骨架、水运主通道、港站主枢纽和交通支持系统（简称"三主一支持"）。

规划的"五纵七横"国道主干线系统为公路主骨架，总长约3.5万公里的国道主干线高速由"五纵七横"共12条路线组成（表1.2），公路计划于2020年建成。2007年年底，"五纵七横"国道主干线基本建成，比规划提前了13年。

中国高速公路发展概况

表1.2 "五纵七横"国道主干线系统

布局	路线名称	主要经由城市	里程/km
五纵	同江—三亚	同江经哈尔滨、长春、沈阳、大连、烟台、青岛、连云港、上海、宁波、福州、深圳、广州、湛江、海安、海口至三亚	5700
	北京—福州	北京经天津、济南、徐州、合肥、南昌至福州	2420
	北京—珠海	北京经石家庄、郑州、武汉、长沙、广州至珠海	2717
	二连浩特—河口	二连浩特经集宁、大同、太原、西安、成都、昆明至河口	3610
	重庆—湛江	重庆经贵阳、南宁至湛江	1430
七横	绥芬河—满洲里	绥芬河经哈尔滨至满洲里	1483
	丹东—拉萨	丹东经沈阳、唐山、北京、集宁、呼和浩特、银川、兰州至拉萨	4590
	青岛—银川	青岛经济南、石家庄、太原至银川	1610
	连云港—霍尔果斯	连云港经徐州、郑州、西安、兰州、乌鲁木齐至霍尔果斯	3980
	上海—成都	上海经南京、合肥、武汉、重庆至成都	2770
	上海—瑞丽	上海经杭州、南昌、长沙、贵阳、昆明至瑞丽	4900
	衡阳—昆明	衡阳经南宁至昆明	1980

3）2004年国家高速公路网规划

《国家高速公路网规划》于2004年经国务院审议通过，该规划确定的国家高速公路网采用放射线与纵横网格相结合的布局方案，形成了由中心城市向外辐射，以及横连东西、纵贯南北的公路交通大通道。计划 2025 年实现包括 7 条北京放射线、9 条纵向路线和 18 条横向路线，简称为"7918 网"，总规模大约为 8.5 万公里，其中主线 6.8 万公里，地区环线、联络线等其他路线约 1.7 万公里。国家高速公路网规划布局方案见表 1.3。该路网将覆盖 10 多亿人口，直接服务范围东部地区超过 90%、中部地区达 83%、西部地区近 70%，覆盖地区的 GDP 占到全国总量的 85% 以上；将实现东部地区平均 30 分钟上高速，中部地区平均 1 小时上高速，西部地区平均 2 小时上高速；连接全国所有的省会城市（含香港特别行政区、澳门特别行政区和台湾地区），以及城镇人口超过 20 万的大中城市；连接全国所有重要的交通枢纽城市，包括铁路枢纽 50 个、航空枢纽 67 个、公路枢纽 140 多个和水路枢纽 50 个，形成综合运输大通道和较为完善的集疏运系统，客货运输的机动性将有显著提升。

表 1.3　国家高速公路网规划布局方案

北京放射线			南北纵线			东西横线		
序号	起终点	里程/km	序号	起终点	里程/km	序号	起终点	里程/km
1	北京—上海	1245	1	鹤岗—大连	1390	1	绥芬河—满洲里	1520
2	北京—台北	2030	2	沈阳—海口	3710	2	珲春—乌兰浩特	885
3	北京—港澳	2285	3	长春—深圳	3580	3	丹东—锡林浩特	960
4	北京—昆明	2865	4	济南—广州	2110	4	荣成—乌海	1820
5	北京—拉萨	3710	5	大庆—广州	3550	5	青岛—银川	1600
6	北京—乌鲁木齐	2540	6	二连浩特—广州	2685	6	青岛—兰州	1795
7	北京—哈尔滨	1280	7	包头—茂名	3130	7	连云港—霍尔果斯	4280
			8	兰州—海口	2570	8	南京—洛阳	712
			9	重庆—昆明	838	9	上海—西安	1490
						10	上海—成都	1960
						11	上海—重庆	1900
						12	杭州—瑞丽	3405
						13	上海—昆明	2370
						14	福州—银川	2485
						15	泉州—南宁	1635
						16	厦门—成都	2295
						17	汕头—昆明	1710
						18	广州—昆明	1610

第1章 道路工程概论

4）2013年国家高速公路网规划

《国家公路网规划（2013—2030年）》由普通国道和国家高速公路两个路网层次构成，国家公路网规划总规模为40.1万公里。一方面是国家高速公路将在"7918网"的基础上进行调整，在西部地区增设两条南北通道——呼和浩特—北海（2696公里）、银川—百色（2313公里），把"7、9、18"变成了"7、11、18"，总规模11.8万公里；另一方面普通国道由12条首都放射线、47条北南纵线、60条东西横线和81条联络线构成，总规模约26.5万公里；除此之外，还提出了规划远期展望线约1.8万公里。《国家公路网规划（2013—2030年）》规划目标是形成布局合理、功能完善、覆盖广泛、安全可靠的国家干线公路网络，实现首都辐射省会、省际多路连通、地市高速通达、县县国道覆盖。

（1）国家高速公路网。

由7条首都放射线、11条北南纵线、18条东西横线以及地区环线、平行线、联络线等组成，约11.8万公里，另规划远期展望线约1.8万公里。

① 首都放射线（7条）：

北京—哈尔滨、北京—上海、北京—台北、北京—港澳、北京—昆明、北京—拉萨、北京—乌鲁木齐。

② 北南纵线（11条）：

鹤岗—大连、沈阳—海口、长春—深圳、济南—广州、大庆—广州、二连浩特—广州、呼和浩特—北海、包头—茂名、银川—百色、兰州—海口、银川—昆明。

③ 东西横线（18条）：

绥芬河—满洲里、珲春—乌兰浩特、丹东—锡林浩特、荣成—乌海、青岛—银川、青岛—兰州、连云港—霍尔果斯、南京—洛阳、上海—西安、上海—成都、上海—重庆、杭州—瑞丽、上海—昆明、福州—银川、泉州—南宁、厦门—成都、汕头—昆明、广州—昆明。

此外，包括6条地区性环线以及若干条并行线、联络线等。

（2）普通国道网。

由12条首都放射线、47条北南纵线、60条东西横线和81条联络线组成，总规模约26.5万公里。

① 首都放射线（12条）：

北京—沈阳、北京—抚远、北京—滨海新区、北京—平潭、北京—澳门、北京—广州、北京—香港、北京—昆明、北京—拉萨、北京—青铜峡、北京—漠河、北京环线。

② 北南纵线（47条）：

鹤岗—大连、黑河—大连、绥化—沈阳、烟台—上海、秦皇岛—深圳、威海—汕头、乌兰浩特—海安、二连浩特—淅川、苏尼特左旗—北海、满都拉—防城港、银川—榕江、兰州—龙邦、策克—磨憨、西宁—澜沧、马鬃山—宁洱、红山嘴—吉隆、阿勒泰—塔什库尔干、霍尔果斯—若羌、喀纳斯—东兴、东营—深圳、同江—哈尔滨、嘉荫—临江、海口—三亚（东）、海口—三亚（中）、海口—三亚（西）、张掖—孟连、丹东—东兴、饶河—盖州、通化—武汉、嫩江—双辽、牙克石—四平、克什克腾—黄山、兴隆—阳江、新沂—海丰、芜湖—汕尾、济宁—宁德、南昌—惠来、正蓝旗—阳泉、保定—台山、呼和浩特—北海、甘其毛都—钦州、开县—凭祥、乌海—江津、巴中—金平、遂宁—麻栗坡、景泰—昭通、兰州—马关。

③ 东西横线（60条）：

绥芬河—满洲里、珲春—阿尔山、集安—阿巴嘎旗、丹东—霍林郭勒、庄河—西乌珠穆沁旗、绥中—珠恩嘎达布其、黄骅—山丹、文登—石家庄、青岛—兰州、连云港—共和、连云港—栾川、上海—霍尔果斯、乌鲁木齐—红其拉甫、西宁—吐尔尕特、长乐—同仁、成都—噶尔、上海—聂拉木、高雄—成都、上海—瑞丽、广州—成都、瑞安—友谊关、瑞金—清水河、福州—昆明、广州—南宁、秀山—河口、连云港—固原、启东—老河口、舟山—鲁山、洞头—合肥、丹东—阿勒泰、萝北—额布都格、三合—莫力达瓦旗、龙井—东乌珠穆沁旗、承德—塔城、天津—神木、黄骅—榆林、海兴—天峻、滨州港—榆林、东营港—子长、胶南—海晏、日照—凤县、大丰—卢氏、东台—灵武、启东—那曲、上海—安康、南京—德令哈、武汉—大理、察雅—萨嘎、利川—炉霍、台州—小金、张家界—巧家、宁德—福贡、南昌—兴义、福州—巴马、湄洲—西昌、东山—泸水、石狮—水口、佛山—富宁、文昌—临高、陵水—昌江。

此外，还有 81 条联络线。

1.3 道路分类分级与技术标准

1.3.1 道路分类

道路是供各种车辆和行人等通行的工程设施。道路按用途分为公路、城市道路、林区道路、厂矿道路和乡村道路等；按使用特点分为公路、城市道路、专用道路。

（1）公路。公路是指连接城市、乡村和工矿基地等，主要供汽车行驶，具备一定条件和设施的道路。根据其作用和使用性质，公路又可划分为国家干线公路（国道）、省级干线公路（省道）、县级公路（县道）、乡级公路（乡道）以及专用公路等。

① 国道是指在国家干线网中，具有全国性的政治、经济和国防意义，由国家统一规划，并经确定为国家级干线的公路。例如，北京至福建福州的 104 国道、山东东营至广东深圳的 220 国道。

② 省道是指在省公路网中，具有全省性的政治、经济和国防意义，并经确定为省级干线的公路，由省负责公路的建设、养护、改造。

③ 县道是指具有全县性的政治和经济意义，并经确定为县级的公路。

④ 乡道主要为乡村生产、生活服务，并经确定为乡级的公路。

⑤ 专用公路，由工矿、农林等部门投资修建，主要供部门使用的公路。

（2）城市道路。通达城市的各地区，供城市内交通运输及行人使用，便于居民生活、工作及文化娱乐活动，并与市外道路连接、负担对外交通、具备一定技术条件和设施的道路。

（3）林区道路。建在林区，主要供各种林业运输工具通行的道路。

（4）厂矿道路。主要供工厂、矿山运输车辆通行的道路，通常分为厂外道路、厂内道路和露天矿山道路。

（5）乡村道路。建在乡村、农场，主要供行人及各种农业运输工具通行的道路。

各类道路的交通特性、使用性质、任务及行业主管部门不同，分别制定了行业标准，道路设计应分别遵照执行。另有一些专用道路，如机场道路、港口道路、景区道路、国防公路、牧区公路等，无专用技术标准，一般按公路行业技术标准设计。

1.3.2 道路分级

1. 公路分级

我国现行的《公路工程技术标准》（JTG B01—2014）将公路分为五个等级，即高速公路、一级公路、二级公路、三级公路和四级公路。截至 2021 年年底，我国公路里程达到 528 万公里，路网规模已位居世界前列，特别是高速公路里程位居世界第一。

（1）高速公路为专供汽车分方向、分车道行驶，全部控制车辆出入的多车道公路。高速公路的年平均日设计交通量宜在 15000 辆小客车（将各种汽车折合成小客车）以上。

高速公路为专供汽车分方向、分车道行驶的干线公路。其他各级公路分为干线公路（主要指一、二级公路）、集散公路（三级公路）、地方公路（四级公路）。

（2）一级公路为供汽车分方向、分车道行驶，可根据需要控制车辆出入的多车道公路。一级公路的年平均日设计交通量宜在 15000 辆小客车以上。

一级公路是连接高速公路或某些大城市的城乡接合部、开发区经济带及人烟稀少地区的干线公路。它实际上有两种不同的任务和功能：一种是具有干线功能，控制部分车辆出入；另一种是具有连接线功能，减少平交线长度。一级公路强调必须分方向、分车道行驶，一般会设置中央分隔带。当受特殊条件限制时，必须设置分隔设施，而不允许用画线代替。

（3）二级公路为供汽车行驶的双车道公路。二级公路的年平均日设计交通量宜为 5000～15000 辆小客车。

二级公路为中等以上城市的干线公路或者通往大的工矿区、港口的公路。为保证汽车的行驶速度和交通安全，在混合交通量大的路段，可设置慢车道供非汽车交通行驶。

（4）三级公路为供汽车、非汽车交通混合行驶的双车道公路。三级公路的年平均日设计交通量宜为 2000～6000 辆小客车。

（5）四级公路为供汽车、非汽车交通混合行驶的双车道或单车道公路。双车道四级公路年平均日设计交通量宜在 2000 辆小客车以下；单车道四级公路年平均日设计交通量宜在 400 辆小客车以下。

2．城市道路分级

根据道路在路网中的地位、交通功能和服务功能，城市道路可分为快速路、主干路、次干路和支路四个等级。

（1）快速路是采用中间分隔、全部控制车辆出入，出入口的间距及形式能够实现连续交通流，具有单向双车道或以上的多车道，并设有配套的交通安全与管理设施的城市道路，设计车速一般在 80km/h 以上。

（2）主干路在城市道路网中起骨架作用，是连接城市各主要分区的交通性干路。

（3）次干路在城市道路网中具备集散交通功能，能与主干路结合组成干道网的区域性干路。

（4）支路连接次干路与居住区、工业区、交通设施等内部道路，解决局部地区交通问题，以服务功能为主的道路。

《城市道路工程设计规范（2016 版）》（CJJ 37—2012）规定：城市道路交通量达到饱和状态时的设计年限，快速路、主干路为 20 年，次干路为 15 年，支路为 10～15 年。

1.3.3 道路的技术标准

不同等级公路的技术标准也不相同。为使公路能均衡连接，一条公路的等级或地形分段不应频繁变更，同一标准路段的长度不能过短，高速公路、一级公路的长度一般不小于 20km，特殊情况下可为 10km；其他等级公路及城市出入口的一级公路的长度一般不小于 10km。道路等级或技术标准的变更处应选在交通量发生变化处，如交叉口，或在视野开阔、驾驶员能明显判断路况、行车速度易变换处；桥梁、村镇、地形变化等附近。同一公路相邻设计路段的公路等级相差不应超过 1 级。

车道宽度应符合表 1.4 的规定。

表 1.4　车道宽度

设计速度/（km/h）	120	100	80	60	40	30	20
车道宽度（m）	3.75	3.75	3.75	3.50	3.50	3.25	3.00

说明：（1）八车道及以上公路在内侧车道（内侧第 1、2 车道）仅限小客车通行时，其车道宽度可采用 3.5m。

（2）以通行中、小型客运车辆为主且设计速度为 80km/h 及以上的公路，经论证车道宽度可采用 3.5m。

（3）四级公路采用单车道时，车道宽度应采用 3.5m。

（4）设置慢车道的二级公路，慢车道宽度应采用 3.5m。

各级公路车道数应符合表 1.5 的规定。

表 1.5　各级公路车道数

公路等级	高速、一级公路	二级公路	三级公路	四级公路
车道数	≥4	2	2	2（1）

注：四级公路应采用双车道，交通量小或困难路可采用单车道。

高速公路、一级公路停车视距应不小于表 1.6 的规定。

表 1.6　高速公路、一级公路停车视距

设计速度/（km/h）	120	100	80	60
停车视距/m	210	160	110	75

二、三、四级公路的停车视距、会车视距与超车视距应不小于表 1.7 的规定。

表 1.7　二、三、四级公路停车、会车与超车视距

设计速度/（km/h）	80	60	40	30	20
停车视距/m	110	75	40	30	20
会车视距/m	220	150	80	60	40
超车视距/m	550	350	200	150	100

说明：（1）互通式立交、服务区、停车区、公共汽车停靠站等各头出、入口应满足识别视距要求。
（2）双车道公路应间隔设置满足超车视距的路段。
（3）积雪冰冻地区的停车视距宜适当增长

圆曲线最小半径应符合表 1.8 的规定。

表 1.8　圆曲线最小半径

设计速度/（km/h）		120	100	80	60	40	30	20
最大超高	10%	570	360	220	115	—	—	—
	8%	650	400	250	125	60	30	15
	6%	710	440	270	135	60	35	15
	4%	810	500	300	150	65	40	20
不设超高最小半径/m	路拱≤2.0%	5500	4000	2500	1500	600	350	150
	路拱>2.0%	7500	5250	3350	1900	800	450	200

注："—"为不考虑采用最大超高的情况。

最大纵坡及不同坡度的最大坡长应符合表 1.9 和表 1.10 的规定。

表 1.9　最大纵坡

设计速度/（km/h）	120	100	80	60	40	30	20
最大纵坡（%）	3	4	5	6	7	8	9

说明：（1）设计速度为 120km/h、100km/h、80km/h 的高速公路受地形条件或其他特殊情况限制时，视技术经济情况最大纵坡值可增加 1%。
（2）公路改扩建中，设计速度为 40km/h、30km/h、20km/h 的利用原有公路的路段，视技术情况最大纵坡值可增加 1%。
（3）二级及二级以下公路的越岭路线连续土坡（或下坡）路段相对高差为 200~500m 时，平均纵坡不大于 5.5%；相对高差大于 500m 时平均纵坡不应大于 5%。任意连续 3km 路段的平均纵坡不应大于 5.5%

表1.10 不同坡度的最大坡长/m

纵坡坡度(%)	设计速度（km/h）						
	120	100	80	60	40	30	20
3	900	1000	1100	1200	—	—	—
4	700	800	900	1000	1100	1100	1200
5	—	600	700	800	900	900	1000
6	—	—	500	600	700	700	800
7	—	—	—	—	500	500	600
8	—	—	—	—	300	300	400
9	—	—	—	—	—	200	300
10	—	—	—	—	—	—	200

公路纵坡变更处应设置竖曲线。竖曲线最小半径和最小长度不应小于表1.11的规定值。

表1.11 竖曲线最小半径及最小长度

设计速度/（km/h）	120	100	80	60	40	30	20
凸形竖曲线最小半径/m	11000	6500	3000	1400	450	250	100
凹形竖曲线最小半径/m	4000	3000	2000	1000	450	250	100
竖曲线最小长度/m	100	85	70	50	35	25	20

我国城镇道路分类及主要技术标准见表1.12。

表1.12 我国城镇道路分类及主要技术标准

等级	设计车速/（km/h）	双向机动车道数/（km/h）	机动车道宽度/m	分隔带设置	横断面采用形式	设计使用年限/年
快速路	60（含）~100	≥4	3.50（含）~3.75	必须设	双、四幅路	20
主干路	40（含）~60	≥4	3.25（含）~3.50	应设	三、四幅路	20
次干路	30（含）~50	2~4	3.25（含）~3.50	可设	单、双幅路	15
支路	20（含）~40	2	3.25（含）~3.50	不设	单幅路	10~15

1.4 道路的基本组成

道路是一种线形工程结构物,它包括线形组成和结构组成两大部分。

1.4.1 线形组成

线形组成道路的中线是一条三维空间曲线,称为路线(Highway Route)。线形是指道路中线在空间的几何形状和尺寸。

在道路线形设计中,为了便于确定道路中线的位置、形状、尺寸,我们从路线平面、路线纵横断面和空间线形三个方面研究路线,如图 1.1 所示。道路中线在水平面上的投影叫作平面线形,反映路线在平面上的形状、位置及尺寸的图形叫作路线平面图。用一曲面沿道路中线竖直剖切展成的平面叫作路线纵断面;反映道路中线在断面上的形状、位置及尺寸的图形叫作路线纵断面图。沿道路中线上任一点所作的法向剖切面叫作横断面,反映道路在横断面上的结构、尺寸形状的图形叫作横断面图。空间线形通常是用线形组合、透视图法、模型法来进行研究。

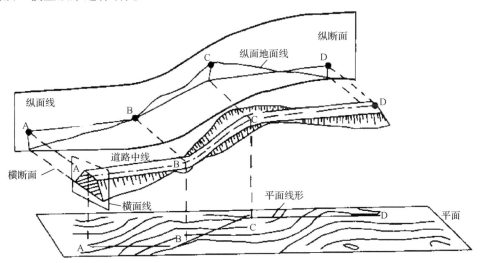

图 1.1 道路的平面、纵横断面及空间线形

1.4.2 结构组成

道路的结构组成包含路基、路面、桥涵、排水系统、隧道、防护工程、特殊构造物、沿线设施等。下面分别进行介绍。

(1) 路基（Subgrade）。路基是道路结构体的基础，是由土、石材料按照一定尺寸、结构要求建成的带状土工结构物。路基必须稳定坚实。道路路基的结构、尺寸在横断面上表示。

道路的结构组成

(2) 路面（Pavement）。路面是指用各种筑路材料铺筑在道路路基上直接承受行车荷载的层状构造物。质量良好的路面应有足够的强度和良好的稳定性，其表面应达到平整、密实和抗滑的要求。

(3) 桥涵（Bridge and Culvert）。道路在跨越河流、沟谷和其他障碍物时所使用的结构物称为桥涵。桥涵是道路的横向排水系统之一。

(4) 排水系统（Drainage）。为了确保路基稳定，免受水的侵蚀，修建的一系列排水设施。道路排水系统按其排水方向的不同，可分为纵向排水系统和横向排水系统；按排水位置又分为地面排水系统和地下排水系统。地面排水设施用以排除危害路基的雨水、积水及外来水；地下排水设施主要用于降低地下水位及排除地下水。

(5) 隧道（Tunnel）。隧道是指埋置于地层内的工程建筑物。隧道在道路中能缩短里程、避免道路翻越山岭，保证道路行车的平顺性。

(6) 防护工程。陡峻的山坡或沿河一侧的路基边坡受水流冲刷，会威胁路基的稳定。为了保证路基的稳定，加固路基边坡所修建的人工构造物称为防护工程。

(7) 特殊构造物。为了保证道路连续，路基稳定，确保行车安全，除了上述常见的构造物，还在山区地形、地质特别复杂的路段修建一些特殊结构物，如悬出路台、半山桥、防石廊等。

(8) 沿线设施（Roadside Facilities）。沿线设施是道路沿线交通安全、管理、服务以及环保设施的总称，主要有以下几项。

① 交通安全设施，包括跨线桥、地下横道、色灯信号机、护栏、防护网、反光标志、照明等。

② 交通管理设施，包括道路标志（如指示标志、警告标志、指路标志、禁令标志等），路面标志，立面标志，紧急电话，道路情报板，道路监视设施，交通控制设施，交通监视设施以及安全岛，交通岛，中心岛等。

③ 防护设施，包括抗滑坡构造物、防雪走廊、防沙棚、挑坝等。

④ 停车设施，是指在道路沿线及起终点设置的停车场、汽车停靠站、回车道等设施。

⑤ 路用房屋及其他沿线设施，包括养护房屋、营运房屋、收费站、加油站、休息区等设施。

⑥ 绿化，包括道路分隔带、路旁、立交枢纽、休息设施、人行道等处的绿化，以及道路防护林带和集中的绿化区等。

城市道路作为行车构造物同样包含路基、路面、桥涵等，但其特殊功能要求与公路的结构组成有所不同，城市道路结构组成如下。

① 机动车道、非机动车道、人行道。

② 人行过街通道（包括地下人行通道和人行天桥）。

③ 交叉口、步行广场、停车场、公共汽车站。

④ 城市交通安全设施，如照明设备、护栏、交通标志、交通标线、信号灯等。
⑤ 沿街设施如线杆、各类井、口等市政公用设施。
⑥ 地下铁道、高架桥、立交桥等。
⑦ 绿化带。

1.5 车辆与交通特性

1. 机动车设计车辆与非机动车设计车辆

用于控制道路几何设计，符合国家车辆标准的，具有代表性质量、外廓尺寸和运行性能的车辆称为设计车辆。如实际车辆与设计车辆不一致，则以规定的设计车辆尺寸、质量、运转特性等作为道路设计依据。

公路工程设计中的设计车辆包括小客车、大型客车、铰接客车、载重汽车和铰接列车，共 5 种，其外廓尺寸见表 1.13。行驶在道路上的交通运输工具种类很多，根据牵引方式可分为机动车设计车辆和非机动车设计车辆。城市道路中的机动车设计车辆包括小客车、大型客车和铰接客车，外廓尺寸见表 1.14。城市道路非机动车设计车辆包括自行车和三轮车，外廓尺寸见表 1.15。

表 1.13 公路工程设计车辆外廓尺寸

车辆类型	总长/m	总宽/m	总高/m	前悬/m	轴距/m	后悬/m
小客车	6	1.8	2	0.8	3.8	1.4
大型客车	13.7	2.55	4	2.6	6.5+1.5	3.1
铰接客车	18	2.5	4	1.7	5.8+6.7	3.8
载重汽车	12	2.5	4	1.5	6.5	4
铰接列车	18.1	2.55	4	1.5	3.3+11	2.3

注：铰接列车的轴距（3.3+11）m：3.3m 为第一轴至铰接点的距离，11m 为铰接点至最后轴的距离。

表 1.14 城市道路机动车设计车辆外廓尺寸

车辆类型	总长/m	总宽/m	总高/m	前悬/m	轴距/m	后悬/m
小客车	6	1.8	2	0.8	3.8	1.4
大型客车	13.7	2.55	4	2.6	6.5+1.5	3.1
铰接客车	18	2.5	4	1.7	5.8+6.7	3.8

表1.15　城市道路非机动车设计车辆外廓尺寸

车辆类型	总长/m	总宽/m	总高/m
自行车	1.93	0.6	2.25
三轮车	3.4	1.25	2.25

2. 设计速度

设计速度是在道路设计时确定几何线形的基本要素，它是在气候条件良好、车辆行驶只受道路本身条件影响时，具有中等驾驶技术水平的人员能够安全、舒适驾驶车辆的速度。因此，它与运行速度有密切关系。

设计速度一经确定，道路设计的所有相关要素如平曲线半径、视距、超高、纵坡、竖曲线半径等指标均与其配合以获得均衡设计。目前，道路设计中采用基于设计速度的路线设计法。

3. 交通量

交通量是指在单位时间内，通过道路某一地点、某一断面或某一条车道交通体的数量。参与者包括机动车、非机动车和行人，因而交通量可分为机动车交通量、非机动车交通量和行人交通量。交通量是道路规划、设计和交通规划、管理的依据，与经济发展速度、文化生活水平、气候、物产等多个因素有关，并且随时间和空间的不同而变化。常用的交通量有年平均日交通量、平均日交通量、高峰小时交通量。

（1）年平均日交通量。

年平均日交通量是将全年统计的日交通量总和除以全年总天数而得到的平均值，单位为pcu/d。它是确定道路等级的依据。

（2）平均日交通量。

平均日交通量是将观测期间内统计所得车辆的总和除以观测总天数而到的平均值，单位为pcu/d。平均日交通量可采用抽样观测的方法获得，也可按月或按周观测统计得到月平均日交通量或周平均日交通量。

月平均日交通量的变化与各地区季节和气候有很大关系。一般来说，北方第一季度的月平均日交通量比较少，因为天气较冷，出车不多，而第二、三季度的月平均日交通量显著增加。我国公路一周内农村交通量变化要比城市的小，这是由于城市道路在节假日货运交通量明显减少所致。而国外在节假日外出游览的人多车多，月平均日交通量反而增大。因此，不同地区或城市不能机械套用统一的平均日交通量，宜各自建立观测站，长期观测后得出符合实际的平均日交通量。

（3）高峰小时交通量。

在连续的一个小时内交通量出现高峰时的总交通量。一天中各小时的交通量不均衡，一般上午、下午各有一个高峰值。交通量呈现高峰的那个小时，称为高峰小时，所以（通常指一日或上午、下午）高峰小时内的交通量称为高峰小时交通量。

作为道路规划和设计依据的交通量，称为设计交通量。进行道路规划和设计时必须考虑交通量随时间变化出现高峰的特点，若以平均日交通量或平均小时交通量作为设计依据，会在很大一部分时间内不能满足实际交通量的通行要求而发生交通拥挤堵塞；若按年最大的小时交通量作为设计依据，交通量值偏大而造成车道浪费。因此，将一年中按小时连续测得的8760个小时交通量从大到小顺序排列到第30位小时的交通量作为设计小时交通量。也可根据当地公路小时交通量的变化特征，采用年第20～40位小时之间最为经济合理时位的交通量。

公路使用设计年限能否满足设计要求，一般根据规划部门整理的OD（Origin Destination，始发地—目的地）年平均日交通量调查表，并经远景出行分布分配到道路上的数据取得。若无此数据，以改建道路可以调查的年平均日交通量为准，推算增长交通量、吸引交通量与发展交通量，从而核算出远景年平均日交通量或平均日交通量。新建道路可根据邻近道路转移到新路的交通量进行估算。

交通量观测是道路规划、设计的重要前期工作。观测的方法有人工观测、自动计数仪观测、高空摄影观测及乘车观测等。目前大多采用人工与计数仪相结合的观测方法，步骤如下。

① 选定观测地点。路段上交通量的观测宜选择在车流比较稳定的断面上，交叉路口交通量的观测宜设在交叉口的四个进口断面（停车线附近）。

② 确定观测日期和时间。永久性观测是系统长年进行观测，取得数据；人工观测是选择有代表性的日期和时间进行抽样观测，需要确定一年中观测的次数、每次观测的天数和一天观测的时数。

③ 统计表格的设计。根据观测方法的不同，可设计各种统计表格。

④ 绘制流量流向图。交通量观测并整理后，可绘制路段流量分布图、交叉路口流量流向图、干道网流量流向图。

4．通行能力

（1）道路通行能力。

道路通行能力是指在一定的道路和交通条件下，单位时间内道路上某一路段通过某一断面的最大交通流率，单位为pcu/h或pcu/d。

道路通行能力与交通量概念不同。交通量是指某时段内实际通过的车辆数，一般交通量均小于道路的通行能力。在交通量很小，不违反交通规定的情况下，驾驶员可以自由行驶，可以改变车速、变更车道，还可以超车。当交通量等于或接近于道路通行能力时，车辆行驶的自由度明显降低，一般只能以同一速度列队循序行进。当交通量超过道路通行能力时，道路就会出现拥挤甚至堵塞现象。因此，道路通行能力是一定条件下通过车辆的极限值。不同的道路或交通条件下，有不同的道路通行能力。通常在交通拥挤经常受阻的路段上，应力求改善道路或交通条件，以提高道路的通行能力。

道路通行能力是道路交通特征的一项重要指标，是道路路线与交通设施方案比选的依据，也是道路改建的依据。道路通行能力按道路设施和交通实体的不同分为机动车道通行能力、非机动车道通行能力和人行道通行能力；按规划设计和运营的角度不同分为基本通行能力、实际通行能力和设计通行能力。

① 基本通行能力。基本通行能力是指在一定的时段内，在理想的道路、交通、控制和

环境条件下，道路的一条车道或一均匀段或一交叉路口，期望能通过人或车辆的合理的最大小时流率。最大小时流率是指车流量最大的一小时时间内，通过指定道路的车辆数。

② 实际通行能力。实际通行能力是指在一定的时段，在具体的道路、交通、控制和环境条件下，道路的一条车道或一均匀段或一交叉路口，实际能通过人或车辆的合理的最大小时流率。

③ 设计通行能力。设计通行能力是指在一定的时段内，在具体的道路、交通、控制及环境条件下，道路的一条车道或一均匀段或一交叉路口，对应设计服务水平下的最大服务交通流率。最大服务交通流率是指道路服务水平所允许的最大车流量。

道路服务水平是衡量交通流运行条件及驾驶员、乘客所感受的服务质量的一项指标，通常根据交通量、速度、行驶时间、行驶（步行）自由度、交通中断、舒适度和方便情况等指标确定。不同的道路服务水平允许通过的交通量不同，称为服务交通量，服务水平高的道路车速快，驾驶员开车的自由度大，舒适与安全性好，但其相应的服务交通量就小；反之，允许的服务交通量大，则服务水平低。我国道路服务水平分为六级，采用饱和度（V/C），即最大服务交通量与基本通行能力之比作为评价服务水平的主要指标。道路通行能力具体计算如下：

$$N_{基本}=\frac{3600}{t_0}$$
$$N_{实际}=N_{基本}\gamma_1\gamma_2\gamma_3\gamma_4\gamma_5\gamma_6 \quad (1\text{-}1)$$
$$N_{设计}=N_{实际}\times\left(\frac{服务交通量}{实际通行能力}\right)$$

式中　　t_0——车头最小时距（s）；

　　　　$\gamma_1\sim\gamma_6$——车道宽度修正系数、侧向净空修正系数、纵坡坡度修正系数、视距不足修正系数、沿途条件修正系数和交通条件修正系数。

（2）平面交叉口的通行能力。

平面交叉口的通行能力是指交叉口处各进口车道单位时间内可以通过的交通流率。交叉口入口处的通行能力一般受到路口条件的限制而小于路段通行能力。平面交叉口一般可分为不加任何交通管制的交叉口、中央设圆形岛的环形交叉口和设置色灯信号交叉口。

平面交叉口的通行能力不仅与交叉口面积、形状，入口引道车行道的条数、宽度、几何线形或物理条件有关，而且与相交车流通过交叉口的运行方式、交通管理措施等因素有关，因此，在确定平面交叉口的通行能力时，要先确定交叉口的车辆运行方式和交通管理方式。

目前平面交叉口通行能力的计算在国际上无统一方法，即使是同一类型的交叉口，其通行能力的计算方法也不一样，世界各国都有自己的一套计算方法，其中以美国的方法应用最为广泛。交叉口的混合交通换算系数不同于路段，路段可用连续运行中车辆的临界车头时间间隔之比换算，而交叉口则不同。色灯信号交叉口往往要停车而后起动，所以色灯信号交叉口的车辆换算系数通常采用停车起动时连续车流中各类车辆通过断面线的时间间隔之比作为换算依据，而环形交叉口是采用各类车辆交织或穿插所需的临界间隔时间之比，即不同类型交叉口应采用不同的换算系数。

我国交叉口通行能力的计算以停止线法为主。停止线法是以交叉口的停车线作为基准断面，凡是通过停车线断面的车辆，即认为已通过了交叉口。该断面上各不同行驶方向车道的一小时最大通过量，即为各车道的设计通行能力。断面进口车道的设计通行能力等于停车线断面各车道设计能力之和。整个十字路口设计通行能力应为直车行道、直右车道、直左车道、进口车道（设有左转专用与右转专用车道）通行能力之和。若在一个信号周期内，对面到达的左转车超过 4 辆时，应折减本面各种直车行道（包括直行、直左、直右及直左右等车道）的设计通行能力。

（3）互通式立体交叉口的通行能力。

互通式立体交叉口的通行能力一般是指立交组成部分的主线通行能力、匝道通行能力、进口道通行能力和立交总通行能力。通行能力应大于设计年限规定的设计小时交通量（立交桥用来作为道路规划和设计标准而要求道路承担的通行能力），不但在总体上要适应交通量的需要，而且在各个方向、立交口的各组成部分上的通行能力均应满足交通量的要求。确定互通式立体交叉口的通行能力需考虑的因素如下。

① 主线上不与匝道相连接的每车道（宽 3.75m）的可能通行能力。

② 与匝道相连接的边缘车道的可能通行能力。

③ 考虑各类修正系数的立交设计通行能力（每小时通过某一路段的车流量的设计值）。

第 2 章 公 路 线 形

公路是三维空间的工程实体,需由平面、纵断面、横断面来确定其方向、高程和几何形状。

2.1 平面线形

平面线形是公路中线在水平面上的投影。公路平面设计的主要内容是根据规划确定的路线大致走向,在满足车辆安全行驶的前提下,结合当地的地质条件、水文条件,因地制宜地设计路线:选择合适的平曲线半径,保证转折点的曲线连接;设置安全合理的行车视距,使设计路线既能符合技术要求,又能保证经济效益。

2.1.1 平面线形组成

当一条公路的起点、终点确定后,路线选择方向应尽可能使两点之间的距离最短,以缩短路程。但实际上往往受到复杂地形、不良地质条件和地面障碍物等的影响需绕道通行;因在起点、终点之间必须通过大桥桥位或出于工程经济效益等的考虑而必须设置转折时,则相邻直线间用圆曲线进行连接。当圆曲线半径较小时,为了行车的安全顺适,直线与圆曲线间还应插入一段缓和曲线。因此,直线、圆曲线、缓和曲线等是平面线形的主要组成要素,如图 2.1 所示。

公路施工图中各字母代表的意义如下。

ZY:直圆点,直线与圆曲线的切点。
YZ:圆直点,圆曲线与直线的切点。
JD:交点,中线转弯处的两条中线的交点。
YY:圆圆点,复合圆曲线中两个不同半径的圆曲线节点。
GQ:公切点,两条曲线的公共切线点。

ZH：直缓点，直线与缓和曲线的交点。

HY：缓圆点，缓和曲线与圆曲线的交点。

QZ：曲中点，圆曲线的中点。

YH：圆缓点，圆曲线和缓和曲线的交点。

HZ：缓直点，缓和曲线与直线的交点。

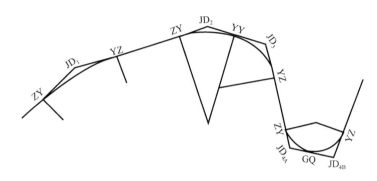

图 2.1　平面线形的主要组成要素

1. 直线

直线线形的特点是里程短，营运经济效益好，行车视距良好，驾乘感受舒适。直线不宜过短，两同向曲线之间的直线过短则会形成"断背曲线"，对行车安全不利；但直线过长又使驾驶员感到单调乏味而易于疲劳，因此对直线的长度都加以限制。我国虽未明确规定直线的长度，但要求曲线长度和直线长度有合理的比例，并根据当地地形地质以及驾乘人员的驾乘感受来确定。

2. 曲线

（1）圆曲线。圆曲线是平面线形使用最多的曲线形式，特点是容易适应地形的变化，又能引起驾乘人员的注意，能够从正面看到路侧的景观，起到诱导视线的作用。当圆曲线半径足够大，能够满足行车要求时，其几何要素之间的关系示意图如图 2.2 所示，按式（2-1）计算。

$$\left.\begin{array}{l}切线长：T = R\tan\dfrac{\alpha}{2} \\[4pt] 外距：E = R\left(\sec\dfrac{\alpha}{2} - 1\right) \\[4pt] 曲线长：L = \dfrac{\pi}{180}R\alpha\end{array}\right\} \quad (2\text{-}1)$$

式中　T——圆曲线切线长度；

　　　R——圆曲线半径；

　　　L——曲线长度；

　　　E——外距；

　　　α——曲线转向角。

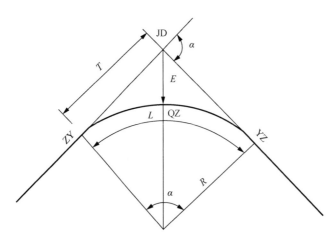

图 2.2　圆曲线几何要素关系示意图

（2）平曲线半径的选择。

汽车在公路曲线上行驶时，除了受重力作用，还受到离心力 $F=m\dfrac{V^2}{R}$ 的作用。车辆受到离心力的作用，可能会使汽车发生向外滑移或侧向倾覆。为了保证车辆在公路曲线上安全舒适驾驶，必须限制车辆的离心力，方法一是限定车速，由于公路等级既定，则设计行车速度为定值；方法二是对平曲线的半径加以限制，平曲线半径越大，车辆受到的离心力越小，行车越安全。从理论设计来讲，平曲线半径越大越好；但实际往往受地形或其他条件限制导致半径不能过大，为保证行车安全，平曲线的最小半径不能小于相关标准规范中所列的极限最小半径值。

（3）缓和曲线。

当选用的半径小于表 1.8 所列的不设超高的半径时，为了适应行车轨迹需要，在圆曲线与直线和圆曲线与圆曲线之间设置曲率半径连续变化的曲线，称为缓和曲线。缓和曲线的作用是使离心力从零逐渐变化到定值，有利于行车稳定和便于驾驶转向操作，能够形成顺畅、美观和视觉协调的最佳线形路线。

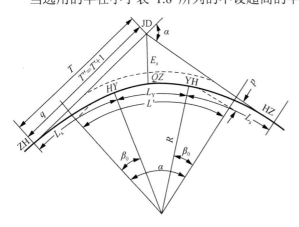

图 2.3　缓和曲线元素图

缓和曲线的种类很多，有抛物线、双扭线和回旋线等。目前我国常采用的是回旋线。缓和曲线元素图如图 2.3 所示。图中曲线要素可按下列各式计算。

路线转角点设置缓和曲线的条件是：

$$\alpha \geqslant 2\beta_0$$

缓和曲线角（β_0）：
$$\beta_0 = \frac{L_s}{2R} \tag{2-2}$$

引入缓和曲线后圆曲线的内移值（p）：
$$p \approx \frac{L_s^2}{24R} \tag{2-3}$$

缓和曲线的切线增值（q）：
$$q = \frac{L_s}{2} - \frac{L_s^3}{240R^2} \tag{2-4}$$

缓和曲线各要素的计算公式如下。

$$\left.\begin{array}{l} 切线总长：T=(R+p)\tan\dfrac{\alpha}{2}+q \\ 曲线总长：L=(\alpha-2\beta_0)\dfrac{\pi}{180}R+2L_s \\ 外距：E_s=(R+p)\sec\dfrac{\alpha}{2}-R \end{array}\right\} \tag{2-5}$$

式中　L_s——缓和曲线长度。

（4）缓和曲线长度的确定。

缓和曲线长度基于设计速度，保证驾驶员的安全操作和乘车舒适性，从设计和经济合理性方面对以下要素加以控制。

① 控制离心加速度的变化率（α_s），确保离心力产生的横向力不能过大，计算公式为
$$\alpha_s = \frac{0.0215v^3}{R \cdot L_s}(\text{m}) \tag{2-6}$$

式中，$\alpha_s = 0.3 \sim 0.7 \text{m/s}^3$。$v$ 大，α_s 取小值；v 小，α_s 取大值。

② 缓和曲线上行驶时间（t）不宜过短，使驾驶员有足够的时间调整方向，以适应前面变化的路况，可按下式计算。
$$t \leqslant \frac{3.6L_s}{v}(\text{m}) \tag{2-7}$$

式中，$t=2.5\sim 4\text{s}$，v 小，t 取小值；v 大，t 取大值。

③ 为避免车辆在缓和曲线上行驶速度急剧变化而使车辆左右摇摆，超高附加坡的设置不宜过陡。当弯道超高是绕路面内侧旋转时，其缓和段长度（L_c）可按下式计算。
$$L_c = \frac{Bi_y}{\Delta i}(\text{m}) \tag{2-8}$$

式中　B——旋转轴至车行道外侧边缘的宽度（m）；
　　　i_y——超高坡度与路拱坡度的代数差（%）；
　　　Δi——超高渐变率，$\Delta i \leqslant \dfrac{1}{2v}\%$。

式（2-6）～式（2-8）的计算结果取 5 的整数倍后，选最大值作为缓和曲线长度。

3. 直线与曲线组合

当路线由于地形或其他因素影响而需转折时，需在两条直线间插入一段单独的曲线，也可能是相邻曲线的组合，其曲线形式有以下几种。

（1）同向曲线。两条相邻曲线方向相同称为同向曲线，如图 2.4（a）所示。同向曲线所夹直线段长度（以 m 计）要求不小于设计速度（以 km/h 计）的 6 倍为宜，否则就会形成"断背曲线"，这样的曲线组合不利于行车安全。

（2）反向曲线。转向不同的两条相邻曲线，称为反向曲线，如图 2.4（b）所示。反向曲线所夹直线段长度（以 m 计）要求不小于设计速度（以 km/h 计）的 2 倍为宜。当圆曲线半径很大而不设超高的反向曲线时，可直接连接。

（3）复曲线。两条或两条以上半径不同，转向相同的圆曲线径向连接或插入缓和曲线相连接的平曲线，称为复曲线，如图 2.4（c）所示。

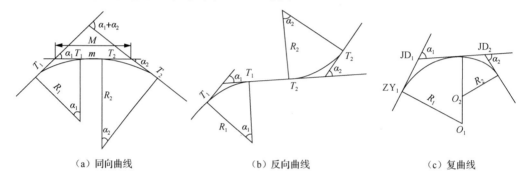

（a）同向曲线　　　　　（b）反向曲线　　　　　（c）复曲线

图 2.4　曲线

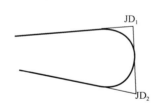

图 2.5　回头曲线

（4）回头曲线。在山区地形中，地面的自然坡度很陡，为了降低路线的纵坡坡度可以延长路线，在同一坡面上回头展线时所采用的回转曲线，称为回头曲线，如图 2.5 所示。

回头曲线由一条主曲线和两条辅助曲线组成，当辅助曲线的方向相同时为同向回头曲线；当辅助曲线的方向相反时为反向回头曲线。

回头曲线可能会使上下路线重叠和产生急弯陡坡，降低公路的使用质量，只有在不得已时方可采用。采用回头曲线时，各个极限指标要大于或等于表 2.1 所列的数值。

表 2.1　回头曲线极限指标

项目	公路等级			项目	公路等级		
	二	三	四		二	三	四
设计行车速度/（km/h）	30	25	20	超高横坡度（%）	6	6	6
主曲线最小半径/m	30	20	15	双车道路面加宽值/m	2.5	2.5	3
缓和曲线最小长度/m	30	25	20	最大纵坡（%）	3.5	4	4.5

2.1.2 行车视距的保证

在道路设计中，为了行车安全，应保证驾驶员在一定距离内能随时看到前面的道路和道路上出现的障碍物或迎面驶来的其他车辆，以便能及时采取制动、刹车措施，或绕越障碍物前进，这个必不可少的最短距离，称为安全行车视距或安全视距。各级公路都应保证必要的行车视距。行车视距按行车状态不同分为停车视距、会车视距和超车视距。

1. 停车视距

在行驶过程中，从驾驶员发现前面的道路有障碍物，经判断后采取制动措施，到障碍物前停止的最短安全距离，称为停车视距。

停车视距是由三部分距离组成，如图 2.6 所示。停车视距按式（2-9）计算

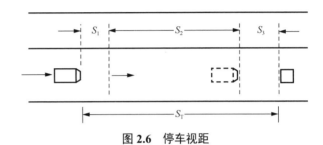

图 2.6 停车视距

$$S_T = S_1 + S_2 + S_3 \tag{2-9}$$

式中 S_1——驾驶员反应与判断时间内行驶的距离（m）；

S_2——从开始制动到完全停止时汽车行驶的距离（m）；

S_3——安全距离，一般为 5~10m。

高速公路、一级公路以及大型车比例高的二、三级公路，应采用货车停车视距对相关路段进行检验。货车在下坡路段的停车视距是随坡度大小变化的，为保证安全，应对货车的停车视距进行修正。货车停车视距见表 2.2。

表 2.2 货车停车视距（单位：m）

纵坡坡度（%）		设计速度/（km/h）										
		120	110	100	90	80	70	60	50	40	30	20
下坡	0	245	210	180	150	125	100	85	65	50	35	20
	3	265	225	190	160	130	105	89	66	50	35	20
	4	273	230	195	161	132	106	91	67	50	35	20
	5	—	236	200	165	136	108	93	68	50	35	20
	6	—	—	—	169	139	110	95	69	50	35	20
	7	—	—	—	—	—	—	—	70	50	35	20
	8	—	—	—	—	—	—	—	—	—	35	20
	9	—	—	—	—	—	—	—	—	—	—	20

2. 会车视距

两辆对向行驶的汽车能在同一车道上相遇及时制动并停车的最短安全距离称为会车视距。会车视距通常是停车视距的 2 倍。

3. 超车视距

在双车道上,后车超越前车时,从开始驶离原车道到可见对向来车并能超车后安全驶回原车道所需要的最短距离,称为超车视距,如图 2.7 所示。

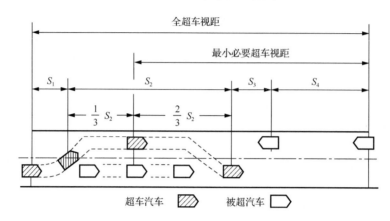

图 2.7 超车视距

超车视距可按式(2-10)计算

$$S_H = S_1 + S_2 + S_3 + S_4 \tag{2-10}$$

式中 S_H——全超车视距(m);
S_1——加速行驶距离(m);
S_2——超车在对向车道行驶的距离(m);
S_3——超车后的安全距离(20~60m);
S_4——超车从开始加速到超车完成时段内对向汽车的行驶距离(m)。

实际上,超车汽车在对向车道上追上被超汽车后,一旦发现对向来车的距离不足时,超车汽车还可以回到原车道上。这段距离约占超车在对向车道上行驶距离的 1/3,因此最小必要超车视距为:

$$S_m = \frac{2}{3}S_2 + S_3 + S_4$$

由于高速公路和一级公路采用分向分道行驶,因此不存在会车问题,只需考虑停车视距。对于其他各级公路,除了必须要求的会车视距,对向行驶的双车道公路,应根据地形以及行车需要,在适当路段设置超车视距。

车辆在路上行驶,除了保证直线段上的行车视距,还应保证曲线上的行车视距,以确保行车安全。

(1) 平面弯道上的行车视距。

为保证车辆在弯道上安全行车,弯道内侧视距曲线(驾驶员在弯道上行驶视距线的公切线)范围内不能有任何障碍物,以保证弯道内侧通视;如有遮挡,则必须清除视距曲线范围内的障碍物,如图 2.8 所示。

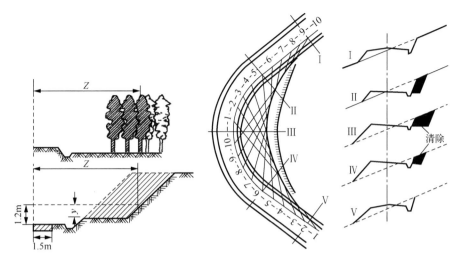

图 2.8 弯道视距曲线范围内要清除的障碍物示意图

（2）竖曲线上的行车视距。

夜间在小半径凸形竖曲线上行车时，由于车头灯光高出路面，因此很难照到高度较低的路面障碍物；白天行车也可能会被变坡处阻挡，因此采用大半径的竖曲线，如图 2.9 所示。在小半径的凹形竖曲线行车时，车头灯照到路面上的照距甚短，也影响行车视距，故夜间交通量较大的公路，应采用大半径的竖曲线。

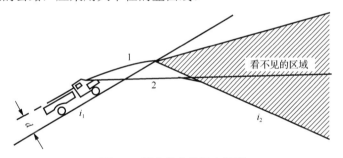

图 2.9 竖曲线上的行车视距

2.1.3 路线平面图

路线平面图是道路路线平面图设计文件主要内容之一。路线平面图应示出道路中线两侧 50～150m 范围内的带状地形、现状地物，道路中线位置、里程及百米桩，断链、水准点和大、中型桥，隧道和相交道路的位置，以及省（自治区、直辖市）、市和县分界线等，并标示平曲线要素。

路线导线的展绘，一般采用象限角正切展绘法，即用透明分角器量出路线交点的转角，再循着它的方向量出两交点间的距离，就可以得出下一个交点的位置。对于高速公路或一级公路则多采用坐标展绘法，即根据交点的直角坐标来确定其位置。

平面图的比例尺为 1∶2000，1∶5000，1∶10000 等，视设计阶段而定。路线平面图如图 2.10 所示。

平曲线要素及交点桩号表

JD号	交点桩号	偏角 左	偏角 右	R	L_s	T	L	E	ZH	HY	QZ	YH	HZ
10	K2+541.21	57°33′27″		100.00	60.00	85.66	160.46	15.80	2+455.55	2+515.55	2+535.78	2+556.00	2+616.00
11	K2+768.53		36°04′32″	120.00	40.00	59.24	115.56	6.79	2+709.29	2+749.29	2+767.06	2+784.84	2+824.84
12	K2+894.92	19°19′19″		264.46	50.00	70.08	139.18	4.20	2+824.84	2+874.84	2+894.44	2+914.03	2+964.03

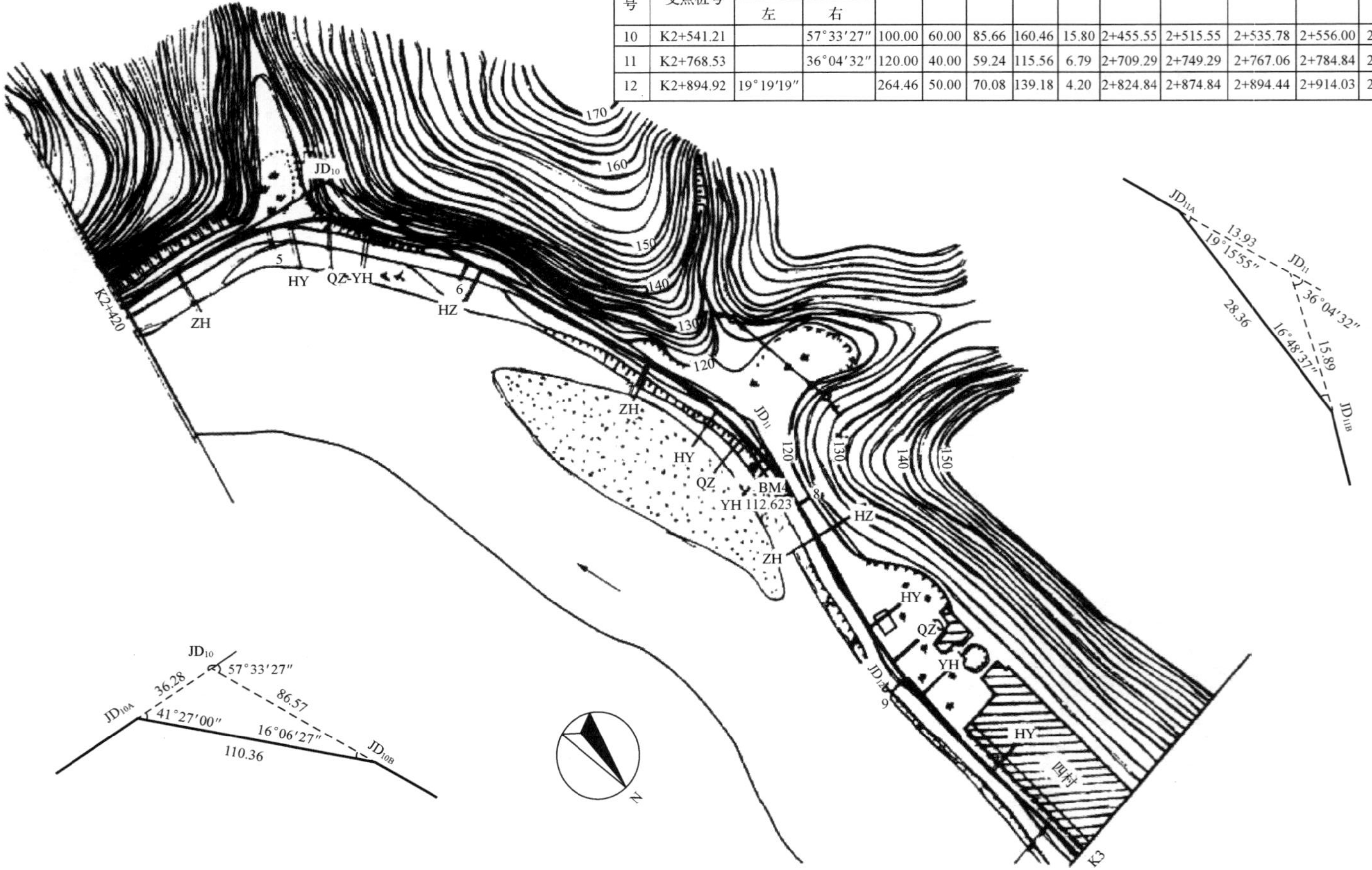

图 2.10 路线平面图

2.2 纵断面线形

2.2.1 路线纵断面图

路线纵断面图是指通过道路中线的竖向剖面图。它反映了道路地面起伏和设计路线的坡度情况，如图2.11所示。它是道路设计的重要技术文件之一。

路线纵断面图由上、下两部分组成。下半部分填列平面设计的相关内容，如平曲线、里程桩号以及各桩号的地面高程及纵断面设计的坡度、高程和沿线地质土壤情况。上半部分则有两条主要线：一条是地面线，它是根据中线各桩号的地面高程绘出的一条不规则折线；另一条是路基边缘各点高程的连线，称为设计线（坡度线）。地面高程是指在路中线上地面的各点高程；设计高程是指在设计线上路基边缘的各点高程。施工高度是指在任一桩号上设计高程与地面高程的差值。

纵断面图的比例：竖向为1∶200或1∶100；横向为1∶2000或1∶1000。

纵断面图的设计线是由直线（坡度线）和曲线（竖曲线）两部分组成，因此，纵断面设计要解决坡度线和竖曲线的问题。

2.2.2 纵坡设计

纵断面的坡度包含上坡和下坡，沿路线前进方向，坡度线起点比终点低则为上坡，否则为下坡。纵断面的坡度大小是以坡度线两端高差与其水平长度比值的百分数表示，称为坡度 i。图2.12中有两条坡度线。

第一段纵坡坡度（i_1）的计算为

$$i = \frac{h_B - h_A}{L_1} \times 100\%$$
$$= \frac{3}{150} \times 100\%$$
$$= 2\%(上坡)$$

第二段纵坡坡度（i_2）的计算为

$$i = \frac{h_C - h_B}{L_2} \times 100\%$$
$$= \frac{-4}{143} \times 100\%$$
$$\approx -2.8\%(下坡)$$

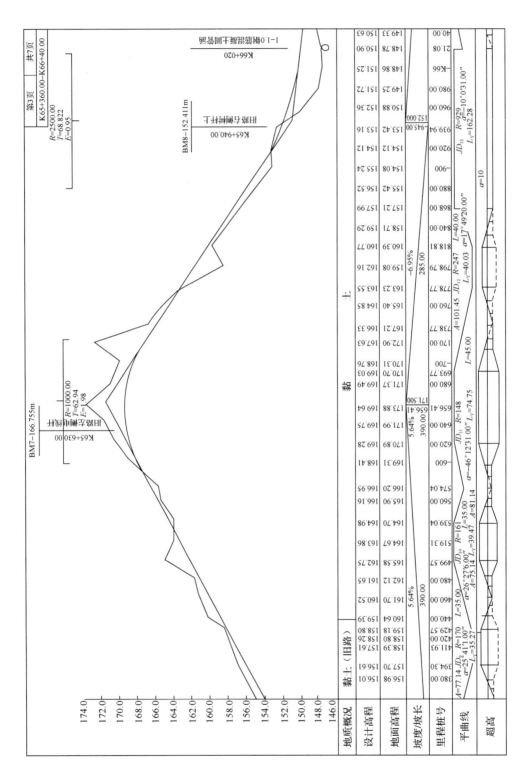

图 2.11 路线纵断面图

纵坡的大小及其长度会影响行车速度、行驶安全以及造价运营管理，因此，必须限制坡度临界值（最大纵坡、坡长）。

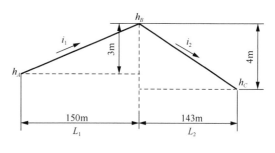

图 2.12 坡度示意图

1. 纵坡设计的基本要求

（1）纵坡应满足汽车动力性能要求。

汽车在公路上能够行驶，必须具备两个条件：一是汽车的牵引力必须大于所有行驶阻力（如空气阻力、升坡阻力、滚动阻力和惯性阻力）；二是汽车的牵引力小于或等于车轮与路面间的附着力。

第一个条件根据各级公路的设计速度及已定车型的动力指标，确定其最大纵坡及坡长限制；第二个条件则可以通过道路施工技术来满足行车要求。

（2）纵坡应满足汽车的使用性能要求。

汽车的使用性能是指汽车在各种使用条件下所能完成工作的能力。汽车的主要使用性能包括速度性能、通过性能、安全性能、经济性能。

（3）纵坡应与地形相适应，与环境相配合。

纵坡设计在满足技术要求前提下，应综合考虑当地地形、土壤、水文等条件，根据不同地形、地质加以处理，以保证道路畅通和稳定。

（4）纵坡应具有一定的平顺性，多采用均匀连续的纵坡，既能保证行车安全舒适，又能降低造价成本。不宜采用起伏频繁和连续的长陡坡。

（5）低等级公路的纵坡还应考虑当地民间运输工具、农业机械、农田水利等方面的要求。

2. 最大纵坡与最小纵坡

（1）最大纵坡。最大纵坡是指在设计纵坡时，各级公路允许采用的最大坡度值。纵坡坡度的大小直接影响路线长短以及运输成本的高低，因此公路的纵坡不宜过陡。

（2）最小纵坡。最小纵坡是指为纵向排水的需要，对横向排水不畅路段所规定的纵坡最小值。各级公路的长路堑地段，以及其他横向排水不畅路段，均应采用不小于0.3%的纵坡。

3. 合成坡度

合成坡度是指在设有超高的弯道上，路中线纵坡与平曲线超高横坡所合成的坡度。其计算公式为

$$i_{合} = \sqrt{i_{纵}^2 + i_{横}^2} \qquad (2\text{-}11)$$

式中　$i_{纵}$——路中线纵坡；

　　　$i_{横}$——平曲线超高横坡。

若公路上的纵坡较大而平曲线半径较小，则其合成坡度较大，由于汽车行驶速度缓慢可能发生沿合成纵坡方向滑移的危险，因此合成坡度值不得超过表2.3中所列的数值。

表 2.3　合成坡度值

公路等级	高速公路				一		二		三		四	
设计速度/（km/h）	120	100	80	60	100	60	80	40	60	30	40	20
合成坡度值（%）	10.0	10.0	10.5	10.5	10.0	10.5	9.0	10.0	9.5	10.0	9.5	10.0

4．高原纵坡折减

在海拔较高的高原地区，汽车发动机的功率因空气稀薄而减小，从而导致汽车的爬坡能力降低，因此，除了选择适用于高原地区的发动机，还应适当减小纵坡。高原纵坡折减率见表 2.4。

表 2.4　高原纵坡折减率

海拔高度/m	3000（含）～4000（含）	4000～5000	5000 及以上
纵坡折减率（%）	1	2	3

5．坡长限制

坡长限制是由汽车的动力性能决定的。长距离的陡坡对汽车行驶非常不利，上坡会导致油耗升高，车辆零件磨损大，易发生故障。下坡时会因制动次数增多，导致制动器因发热易失效而发生事故。因此，当公路纵坡坡度大于 3% 时，为了行车安全和营运经济，其坡长要加以限制。坡长限制包括最长坡长限制和最短坡长限制。

（1）最长坡长限制。

当公路出现连续上坡时，为防止由于坡长过长而造成车辆行驶速度降低，最大坡长应符合表 2.5 所示的规定，还要设置纵坡坡度不大于 3% 的缓和坡段。

表 2.5　不同纵坡的最大坡长（单位：m）

纵坡坡度（%）	设计速度/（km/h）						
	120	100	80	60	40	30	20
3	900	1000	1100	1200	—	—	—
4	700	800	900	1000	1100	1000	1200
5	—	600	700	800	900	900	1000
6	—	—	500	600	700	700	800
7	—	—	—	—	500	500	600
8	—	—	—	—	300	300	400
9	—	—	—	—	—	200	300
10	—	—	—	—	—	—	200

（2）最短坡长限制。

因为坡长过短会导致车辆在行驶过程中出现连续颠簸现象，驾乘舒适度较差，车辆零件磨损加剧，货物也受到震荡，所以要限制坡长。因此，为了提高行车的平顺，各级公路的最小坡长应满足表 2.6 的要求。

表 2.6　各级公路最小坡长

公路等级	高速公路				一		二		三		四	
设计速度/（km/h）	120	100	80	60	100	60	80	40	60	30	40	20
最小坡长/m	300	250	200	150	250	150	200	120	150	100	100	60

2.2.3　路线竖曲线

纵断面上相邻两条坡度线相交会出现变坡点和变坡角。竖曲线的作用是在变坡处用一段曲线予以连接，保证车辆能够平顺行驶通过该路段。

变坡角用 ω 表示，ω 的大小近似等于相邻两纵坡坡度的代数差，见式（2-12）。

$$\omega = i_1 - i_2 \tag{2-12}$$

式中，i_1，i_2 分别为相邻坡度线的坡度。

在竖曲线示意图中，上坡的坡度为正，下坡的坡度为负，如图 2.13 所示。

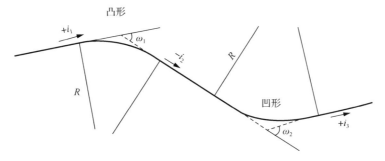

图 2.13　竖曲线示意图

当 ω 为正时，竖曲线为凸形竖曲线；当 ω 为负时，竖曲线为凹形竖曲线。

《公路工程技术标准》（JTG B01—2014）规定各级公路在纵坡变更处，均应设置竖曲线。

1. 竖曲线要素的计算

竖曲线包括抛物线和圆曲线两种。这两种线形计算的结果在应用范围内是完全相同的。

由于在纵断面上只计水平距离和垂直高度，斜线不计角度而计坡度，因此竖曲线的切线长和弧长均以其水平投影的长度计算。切线支距是竖向的高程差，竖曲线要素的计算示意图如图 2.14 所示。竖曲线要素的计算见式（2-13）。

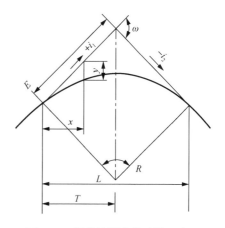

图 2.14　竖曲线要素的计算示意图

$$竖曲线长：L = R\omega$$
$$切线长：T = \frac{R\omega}{2}$$
$$外距：E = \frac{T^2}{2R} \tag{2-13}$$
$$y = \frac{x^2}{2R}$$

式中　　R——竖曲线半径（m）；

x——竖曲线上任意点距起点或终点的水平距离（m）；

y——竖曲线上任意点距切线的纵距（m）。

2．选择竖曲线半径

竖曲线设计要先确定其半径，为了减缓视觉冲击和保证停车视距，竖曲线应力求采用较大半径，只有在地形困难地段才采用小半径。

汽车在凹形竖曲线上行驶，停车视距一般能得到保证，但车辆在其重力方向上又受到离心力作用。为保证车辆行驶安全和舒适，减少车辆颠簸和振动，应对离心加速度有所限制，故凹形竖曲线半径不能太小。

汽车在凸形竖曲线上行驶，离心力方向与重力方向相反，汽车会减重，对汽车的悬挂系统不利。另外，如果曲线半径过小，会导致驾驶视线受阻，影响行车安全，所以凸形竖曲线半径不能太小。

竖曲线最小半径分为极限值和一般值。极限值是汽车在纵坡变更处行驶时，为了减缓视觉冲击和保证停车视距所需的最小半径的计算值，该值在受地形等特殊情况约束时方可采用。一般值是最小半径极限值的1.5~2.0倍。

2.2.4　平面、纵面线形组合

公路线形设计既要考虑各元素之间的组合排列，又要综合考虑平、纵、横三个投影面的协调；既要满足汽车行驶的设计要求，又要考虑到驾乘人员的驾乘感受以及美学上的要求等。做好如下几点，便会得到较好的线形。

（1）平曲线和竖曲线重合。平曲线和竖曲线的顶点一一对应，且平曲线比竖曲线长，使竖曲线在平曲线范围内，平曲线和竖曲线位置的对应如图2.15所示。

如果平曲线与竖曲线顶点错开一半，就会出现配合很差的线形，如图2.16所示，应避免出现这种组合。

（2）平曲线与竖曲线半径大小保持均衡。进行平曲线与竖曲线的线形设计时，若平曲线的线形大而平缓，则竖曲线的线形也要大而平缓，二者差别不可太大。表2.7所列数据为德国考虑视觉和工程费用的综合平衡，得到的平曲线与竖曲线半径大小相对应的结果。

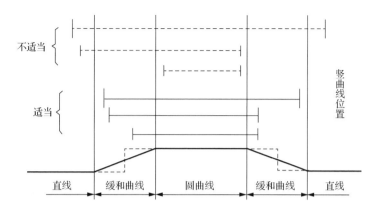

图 2.15 平曲线和竖曲线位置的对应

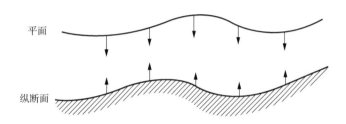

图 2.16 平曲线和竖曲线的配合很差的线形

表 2.7 平曲线与竖曲线半径大小相对应的结果

平曲线半径/m	600	700	800	900	1000	1100	1200	1500
竖曲线半径/m	10000	12000	16000	20000	25000	30000	40000	60000

（3）不要在凸形竖曲线顶部、凹形竖曲线底部插入小半径的平曲线。前者因没有视线诱导而必须急转方向盘，增加操作困难；后者因驾驶员向凹形竖曲线底部行驶，可能错认为是水平路段，以过高速度行驶，导致急变处发生事故。

（4）在一个平曲线内，避免纵面线形反复凸凹在一个平曲线范围内。若纵面线形反复凸凹，往往会导致视觉错误，认为前面路面平整，看不见中间凹形底部，如图 2.17 所示。因此，驾驶员由于视觉上不放心，即使凹度很小，也不敢以正常速度行驶。

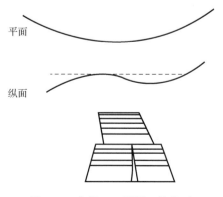

图 2.17 中间凹下看不见的线形

2.3 路线横断面

前述平面、纵面线形是把路线作为一条空间曲线来研究的。实际上公路是具有一定宽度的带状结构物。若在垂直于路中线的方向上作一垂直剖面，这个剖面上的图形称为横断面图。

公路的横断面应包括路基、路肩、边沟、边坡、中央分隔带等。这里只叙述与车行道有关的路幅范围，如路基、路肩、中央分隔带的宽度及横向坡度等问题。

2.3.1 路幅类型

路幅是指两侧路肩外缘之间那一部分，分为单幅路和双幅路两种。

1. 单幅路

单幅路包括单幅单车道和单幅双车道两种。单幅单车道只适用于交通量不大的四级公路，这种路幅若为双向行驶，则必须设置错车道。单幅双车道双向行驶公路，在我国公路总里程中占的比重最大，我国二级、三级和四级公路都属于这一类型。

2. 双幅路

高速公路、一级公路都属于双幅路。由于双幅路属于多车道公路，因此这种公路要设置中间带，把对向车行道分隔为两幅车行道，每幅车行道包括两条或两条以上的车行道。这种双幅多车道，通行能力大、车速高，适应交通量大；但造价高、占用土地多，故只有在公路网中具有重要的政治、经济意义，且预计交通量很大时，才能采用。

2.3.2 路幅组成

路幅是由车行道、路肩、中央分隔带和路拱等组成，如图 2.18 所示。

1. 车行道宽度

车行道主要供机动车辆行驶，其宽度一般包括两条以上的车行道。一条车行道宽度为 3.0～3.75m。车行道的多少由该路的交通量及通行能力确定。

2. 路肩宽度

单幅路或双幅路均要设置路肩。路肩主要是保护路面和绿化，同时供发生故障的汽车临时停放以及供行人和非机动车来往。在高等级公路中还要铺砌硬路肩。当硬路肩宽度小于 2.5m 时，还应设置应急停车道。各级公路路肩宽度见表 2.8。

第 2 章 公路线形

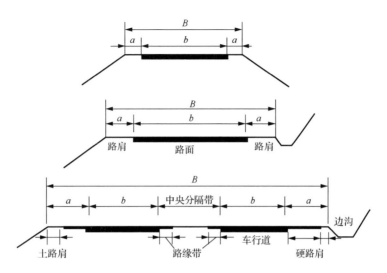

图 2.18 路幅组成

表 2.8 各级公路路肩宽度

设计及速度/（km/h）		高速公路、一级公路				二级公路、三级公路、四级公路				
		120	100	80	60	80	60	40	30	20
右侧硬路肩宽度/m	一般值	3.00（2.50）	3.00（2.50）	3.00（2.50）	2.50	1.50	0.75	—	—	—
	最小值	1.50	1.50	1.50	1.50	0.75	0.25	—	—	—
土路肩宽度/m	一般值	0.75	0.75	0.75	0.75	0.75	0.75	0.75	0.50	0.25（双车道）0.50（单车道）
	最小值	0.75	0.75	0.75	0.75	0.50	0.50			

当高速公路、一级公路采用分离式断面时，应设置左侧硬路肩，其宽度见表 2.9。

表 2.9 高速公路、一级公路采用分离式断面时左侧硬路肩宽度

设计速度/（km/h）	120	100	80	60
左侧硬路肩宽度/m	1.25	1.00	0.75	0.75
左侧土路肩宽度/m	0.75	0.75	0.75	0.50

3．中间带

中间带由两条路缘带及一条中央分隔带组成。路缘带的设置应起到诱导视线的作用。高速公路必须设置中间带。一级公路一般应设置中间带。当受到特殊条件限制时，可不设中间带，但必须设置分隔设施。

整体式断面的中间带宽度见表 2.10。

表 2.10　整体式断面的中间带宽度

设计速度/（km/h）		120	100	80	60
中央分隔带宽度/m	一般值	3.00	2.00	2.00	2.00
	最小值	2.00	2.00	1.00	1.00
左侧路缘带宽度/m	一般值	0.75	0.75	0.50	0.50
	最小值	0.75	0.50	0.50	0.50
中间带宽度/m	一般值	4.50	3.50	3.00	3.00
	最小值	3.50	3.50	2.00	2.00

4．公路横坡

在公路的直线段上，为快速排除路面积水以保证行车安全，公路应设置横坡。车行道的路拱横坡 i_2 通常为 1%～4%。路肩横坡 i_1 比路拱横坡大 1%。曲线路段的超高横坡，可根据已定设计车速及选定的平曲线半径确定。

2.3.3　平曲线的超高与加宽

1．弯道超高与超高缓和段

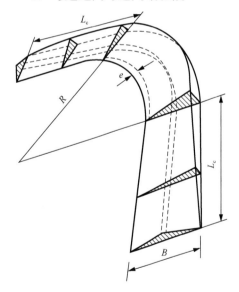

图 2.19　弯道超高示意图

当平曲线半径小于不设超高的半径，而又要以设计车速在弯道上行驶时，为保证行车安全，防止车辆因离心力的作用产生倾覆以及滑移，应当把车行道部分做成外侧高、内侧低的单斜面，这种设置称为弯道超高，弯道超高示意图如图 2.19 所示。超高率 i_y 可按式（2-14）计算：

$$i_y = \frac{v^2}{127R} - \mu \quad (2\text{-}14)$$

式中　μ——横向力系数，一般为 0.10～0.15（高等级公路采用低值，低等级公路采用高值）；

v、R——分别为设计车速和平曲线半径。

弯道设置超高后，路面会因为直线段与弯道的横坡度不一致导致高低不平，为使公路平顺地从直线段的双向横坡断面逐渐变到曲线段具有超高的单坡横断面，需要设置一个逐渐变化的过渡段，称为超高缓和段（L_c），如图 2.19 所示。超高缓和段的长度一般与缓和曲线长度相同。

2. 曲线上的路面加宽

车辆在弯道上行驶时，因每一车轮沿着各自独立的轨迹运动，车辆在弯道上行驶需要的宽度比直线上行驶的宽度大。因此，当平曲线半径等于或小于 250m 时，应将平曲线内侧路面加宽（图 2.20）来保证车辆安全通过。平曲线路面加宽值见表 2.11；单车道路面加宽值按表 2.11 所列数值的二分之一采用。

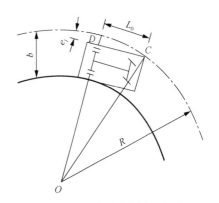

图 2.20 平曲线内侧路面加宽

表 2.11 平曲线路面加宽值

加宽类别	汽车轴距加前悬/m	平曲线半径/m							
		200(含)~250	150(含)~200	100(含)~150	70(含)~100	50(含)~70	30(含)~50	25(含)~30	20(含)~25	15(含)~20
1	5	0.4	0.6	0.8	1.0	1.2	1.4	1.8	2.2	2.5
2	8	0.6	0.7	0.9	1.2	1.5	2.0			
3	5.2+8.8	0.8	1.0	1.5	2.0	2.5				

相关行业标准规定四级公路和山岭重丘区的三级公路应采用第 1 类加宽值；其余各级公路采用第 3 类加宽值。对不经常通行集装箱运输半挂车的公路，可采用第 2 类加宽值。

当路面加宽后，路肩宽度小于 0.5m 时，还应加宽路基。

由于弯道上路面加宽后与弯道两端的直线路段形成路面的宽度不同，需要设置从直线段上的正常宽度逐渐增加到主曲线上全加宽的加宽缓和段以此来保证行车安全与舒适。

加宽缓和段设置方式，可按直线比例逐渐加宽，如图 2.21 所示。设置时，先求 CD，然后由 B 点沿垂直方向量出 BC 而定出 C 点，延长 AC 线并取 CD 长度，即得 D 点位置。

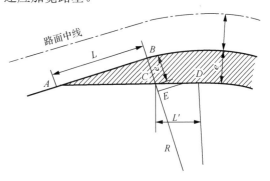

图 2.21 加宽缓和段计算

$$BC = Ke$$
$$CD = \frac{R}{L} \cdot BC \tag{2-15}$$

式中 R——曲线半径（m）；

e——曲线段加宽值（m）；

K——修正系数。即图 2.21 中 BC 与 e 的比值（当 $i_{超}=6\%$ 时，$K=0.97$；当 $i_{超}=4\%$ 时，$K\approx0.93$；当 $i_{超}=2\%$ 时，$K=0.80$）。

2.3.4 横断面的绘制

横断面图是公路的技术文件之一。横断面分为标准横断面与施工横断面。在绘制横断面时,其竖向与水平距离的比例尺为1∶200,以便用图解法计算填方量、挖方量、土石方断面面积。

1. 标准横断面

标准横断面是设计的公路各个有所差别路段的代表性横断面,是根据公路等级及远景规划确定的。在标准横断面图中应绘制路基宽度、边坡、边沟,在曲线段还要绘制超高等,常见的标准横断面如图2.22所示。

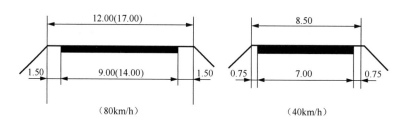

图2.22 常见的标准横断面(尺寸单位:m)

2. 施工横断面的绘制

施工横断面是根据纵断面图上各个桩号和地面特征点加桩的施工高度,考虑所处地区的地形条件,参照路基标准横断面绘制而成的。其绘制方法如下。

(1)根据路线设计所埋设的中线桩,以及反映地形地势变化的特征点加桩,将各桩点与中线垂直的两侧各宽约10m的横向特征点地面高程,绘制在厘米方格纸上,并标注该桩号设计的填、挖高度,如图2.23所示。

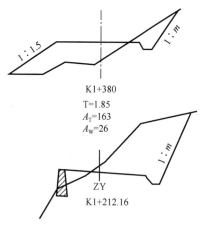

图2.23 施工横断面

(2)由地质人员根据当地的地质资料,标注各断面的土石分界线、设计边坡等。

(3)根据上述设计资料,绘制横断面设计线。有超高断面则需绘制超高横坡度。

(4)检查平曲线上的横断面是否满足行车视距要求,需设计路面加宽或视距台的应在图上绘出。

(5)分别计算每个横断面的填方量、挖方量面积,并标注在横断面图上。

(6)在厘米方格纸上绘制若干个桩号的施工横断面,按照桩号顺序自下而上、自左向右布置。

2.3.5 土石方量计算

绘制施工横断面图后，就可用平均断面法计算土石方量。该法是假定相邻两断面间为棱柱体，如图 2.24 所示。其高是相邻断面间距 L，棱柱体的土石方量可按式（2-16）计算。

$$V = \frac{F_1 + F_2}{2} \times L \qquad (2\text{-}16)$$

纬地系统计算土石方量

式中，F_1、F_2 分别为相邻两桩号的填方量或挖方量的断面面积。

当相邻面积相差较大时，可用棱台体计算。棱台体的土石方量体积可按式（2-17）计算。

$$V = \frac{1}{3}(F_1 + F_2)\, L\left(1 + \frac{\sqrt{m}}{1+m}\right) \qquad (2\text{-}17)$$

式中，$m = \dfrac{F_1}{F_2}$（其中 $F_2 > F_1$）。

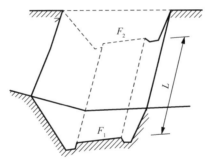

图 2.24　平均断面法的棱柱体

2.4　公路定线与现场勘测

定线是在已定的等级公路及选定的起终点和控制点的"路线带"范围内，结合当地地形、水文地质等条件，综合考虑平面、纵横断面的合理安排，具体定出公路中心线的位置，既要满足技术标准和费用问题，又要综合考虑驾乘人员的感受以及线路美观的问题。在定线过程中，除了受地形地质等自然条件限制，还要综合考量国家政策、当地社会影响的其他因素的制约，这就要求定线人员不仅要有丰富的技术知识，还要征询当地有关各部门的意见以及其他各技术人员的意见，经过反复试线，多方比选，才会得到最佳的路线方案。

公路定线一般分为纸上定线和实地定线。对于技术标准高，地形、地物复杂的情况，先进行纸上定线,再进行实地放线。对于路线方案明确,技术标准较低的情况,可直接进行实地定线。

2.4.1 纸上定线和实地放线

1. 纸上定线

纸上定线是在最新的大比例尺(1:500～1:2000)等高线地形图上确定道路中线的位置。根据地形条件不同,定线的工作内容也不同。平原微丘地区由于地势平坦,定线工作主要是正确绕避地面上的障碍物,并尽力保证控制点间路线顺直短捷;山岭重丘地区由于地形复杂,定线时不仅受高程限制,还要受到地形地势限制,如何安排好纵坡就成为首要问题。

1)根据地形和地物初定路线位置

首先在地形图上标注必须通过的控制点(如城镇、大桥桥位、隧道出入口等),然后根据道路等级的技术标准及地形、地物情况,综合考虑驾驶车辆的视觉和心理要求,选择合适的道路中线位置。地形条件不同,则定线方法略有差异。

(1)平原微丘地区。

在平原微丘地区,主要是处理地面的障碍物,建立一系列中间控制点,用直线连接各控制点来布设道路中线的位置。平原微丘地区选择线位时,在满足技术要求前提下,应尽力保护当地的生态环境,避免占用良田耕地以及当地重要的电力设备,尽可能沿高地布线,减少对自然景观的破坏。

(2)山岭重丘区。

在山岭重丘地区,会受到地形和地势高差的限制。对受地势高差限制的地段,可控制平均纵坡 $i_{均}=\dfrac{h}{L}$(一般公路为5%左右),算出等高线的平距 L,使两脚规的开度为 L(比例尺与地形图同),从某一固定点开始,沿等高线放坡得到一系列坡度控制点,各点的连线即为导向线。这条导向线是一条折线,并不符合路线平面线形标准要求,从横向看也可能不是最有利的位置。因此,应结合地形的横坡情况,按照平面线形标准要求,综合考虑哪些点是必须通过的,哪些点需要重点照顾以及哪些点是可以丢弃的,遵循照顾多数的原则,通过穿点连线、以线交点的方式初拟出平面试线的位置,如图2.25所示。

2)定线

定线是参照初拟的平面试线位置的路线带,结合所处位置的地形地质条件,综合考虑平面、纵面、横断面,按照技术标准的最优指标定出道路中线的位置。

定线按线形组合方式不同,一般有如下两种方法。

(1)直线型定线法,如图2.26所示。

直线型定线法是根据地形地物条件定出与地形相适应的一系列直线,然后用曲线把相邻直线连接起来。

(2)曲线型定线法。

这是以曲线为主体的线形,如图2.27所示。曲线型定线法是根据地形和环境条件,分析中间控制点是否有活动的可能性或者是控制性较严的点,然后借助"活动曲线尺",按照设计技术要求,结合当地地形条件,调整曲线尺,直至找到最佳线路。这种以曲线为主体的线形中，缓和曲线成为主要线形要素，既有利于驾乘人员平顺通过该路段，又能够节约成本，设计出经济的线形。显然，这一做法对纸上定线是比较适用的。

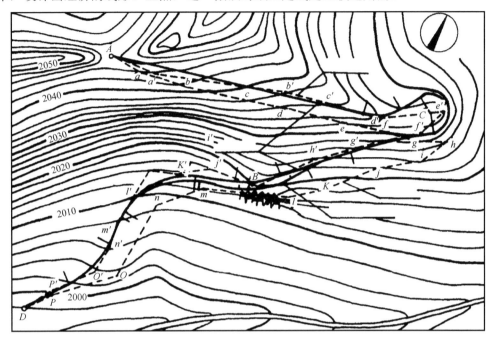

图 2.25　放坡定线示意图

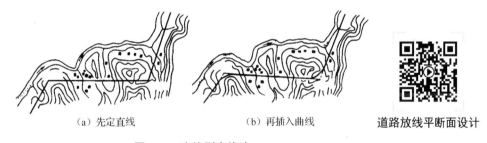

（a）先定直线　　　　　　　（b）再插入曲线

道路放线平断面设计

图 2.26　直线型定线法

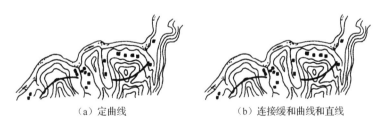

（a）定曲线　　　　　　　（b）连接缓和曲线和直线

图 2.27　曲线型定线法

纸上定线法要经过反复试线并经过多方案比选，才会得到满意的结果。当路线位置基本确定后，通过这些曲线作切线，延长相邻切线，即可得到转角点、量偏角、敷设曲线；再沿路线中线标注里程桩位及地形发生变化的加桩。

3）绘制纵断面图

纵断面图的绘制步骤如下。

（1）平面线形确定后，在厘米格纸上，根据路线各桩号和地面高程点绘制纵断面地面线图。比例尺竖向为1∶100或1∶200，横向为1∶1000或1∶2000。

（2）标注竖向控制点标高。在纵断面图上用不同符号标出桥、涵控制标高，路线交叉标高，隧道出入口标高，沿河洪水位标高，垭口挖深标高等；在纵断面图下方绘制平面线形示意图及平曲线几何要素。

（3）确定纵坡线。

研究竖向控制点标高的重要程度及可活动范围，并结合地形起伏变化情况和平曲线位置，试定出满足路线纵面线形标准要求的纵坡设计线，并敷设竖曲线。

检查试定的纵坡设计线是否经济合理，线形是否平顺美观，设计是否满足技术指标，平面、纵面线形是否协调，纵向填方量、挖方量是否平衡等，如发现问题，应及时修改平纵线形，直到得到满意的线形。

4）最佳横断面修正

经过上述检查修正，路线平面、纵面已基本协调。检查横坡陡峻地段的横断面是否适当，尽量减少大填大挖，以免造成路基边坡很难稳定，导致工程造价升高，破坏当地生态环境。因此，在横坡较陡地段，要绘制相应桩号的横断面图，再用路基模板逐桩找出最经济或起控制作用的最佳路基中线位置及其可活动范围，如图2.28所示。在平面图上根据最佳点位置及可活动范围点修正平面或纵面线形，再重复上述步骤。经过反复修正，就可以得到平面、纵面、横断面协调的线形。

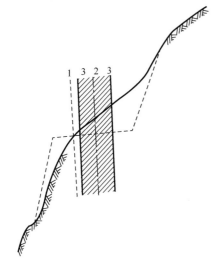

1—修正导向线；2—最合适的路基中线位置；
3—路线可以左右移动的范围。

图2.28　横断面修正示意图

2．实地放线

实地放线是将图纸上已定好的路线敷设到地面上，供工作人员进行详细勘测及施工使用。在放线过程中，还可以对纸上路线进行实地调整。

把图纸上的路线放到实地上去的方法很多，常用以下几种方法。

1）穿线交点法（支距法）

穿线交点法是根据设计图上已定路线与测量地形图时敷设的导线关系，把图上路线每条边逐一而又单独地放到实地上去，延长这些直线交出交点的方法。具体操作步骤如下。

（1）在图上量出导线与路线的支距，如图2.29所示。量出导$_1A$，导$_2B$，……，每条路线上最少取3个点，并使这些点与导线通视。

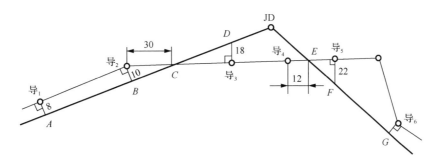

图 2.29 支距法示意图

（2）放支距。在现场找出相应导线上的点，再根据图上量得的支距，用方向架定向和量支距，即可定出路线上各点的位置，如图 2.29 中的 A、B、C……。

（3）穿线交点。由于丈量和放线工作的误差，实地路线放出的各点不可能在一条直线上，因此，要用花杆进行穿线，并根据实际地形加以修正，再延线交出角点 JD。

2）直接定交点法

此法可根据图上路线与图上明显地物的相互关系，现场直接将路线定出。图 2.30 所示为利用路线两侧的明显地物点如道路交叉、房角、独立树、桥涵、坟墓、水坝等定线。放线前，带上图纸沿路线详细辨认，将可利用的点在图上标以记号，以便在图纸上量测与路线相关的位置（角度、距离），并确定使用放线的方法。

在野外完成上述明显地物识别，用仪器量取和计算出线位和明显地物点的关系数据后，即可到实地用各种适宜的方法放出点位，再穿线定出转角点 JD。

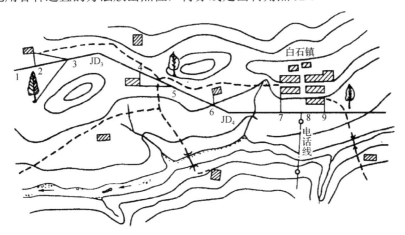

图 2.30 利用路线两侧的明显地物点定线

3）解析法

解析法是用坐标法计算纸上路线与导线的关系，通过纸上路线的象限角与导线象限角计算出它们之间的夹角和距离的关系后进行放线。

具体操作步骤为：计算夹角，以图 2.31 所示为例，从平面图上量得纸上路线的交点 JD_A、JD_B 的经纬距 (Y_A, X_A)、(Y_B, X_B)，则 JD_A—JD_B 的象限角计算见式（2-18）。

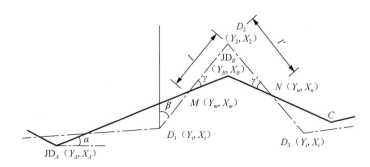

图 2.31 解析法放线

$$\tan\alpha = \frac{Y_B - Y_A}{X_B - X_A} = \frac{\Delta y}{\Delta x} \tag{2-18}$$

根据坐标增量可判定它们所在的象限角，见表 2.12。同理可算得导线点 D_1—D_2 连线之象限角 β。两条连线的夹角 $\gamma = \alpha - \beta$。

表 2.12 象限角（R）与方位角（θ）换算关系表

直线方向	象限	由象限角计算方位角	由方位角计算象限角	坐标增量	
				Δx	Δy
NE	I	$\theta_1 = R_1$	$R_1 = \theta_1$	+	+
SE	II	$\theta_2 = 180° - R_2$	$R_2 = 180° - \theta_2$	−	+
SW	III	$\theta_3 = 180° + R_3$	$R_3 = \theta_3 - 180°$	−	−
NW	IV	$\theta_4 = 360° - R_4$	$R_4 = 360° - \theta_4$	+	−

计算距离：路线与导线的交点 M 的经纬距（Y_m，X_m）可解联立方程式（2-19）求得。

$$\left.\begin{array}{l}\dfrac{Y_2 - Y_m}{X_2 - X_m} = \dfrac{Y_2 - Y_1}{X_2 - X_1} \\[6pt] \dfrac{Y_B - Y_m}{X_B - X_m} = \dfrac{Y_B - Y_A}{X_B - X_A}\end{array}\right\} \tag{2-19}$$

点 D_2 至点 M 的距离见式（2-20）：

$$l = \frac{X_2 - X_m}{\cos\beta} = \frac{Y_2 - Y_m}{\sin\beta} \tag{2-20}$$

或

$$l = \sqrt{(X_2 - X_m)^2 + (Y_2 - Y_m)^2}$$

放线时，置经纬仪于点 D_1，后视点 D_2，丈量距离 l 得点 M；移经纬仪于点 M，后视点 D_2，转角 γ 可定出路线 JD_A—JD_B 方向。

同理，通过点 D_3 和点 D_2 解析求出点 N，通过 γ' 定出 JD_C—JD_B 方向。两个方向线交会于 JD_B，用骑马桩准确定出点 JD_B。

2.4.2 实地定线

对于修建任务紧迫和方案明确、技术要求不高的项目及一般小型项目，采用一阶段设计，需要到现场直接定线。直接定线需要面对现场地形、地物和水文地质等自然条件，经过反复比选才会定出最优的路线。实地定线与纸上定线一样，根据地形地质等自然条件的不同，对定线工作步骤作出相应改变。

对于平原微丘地区，由于不受纵坡制约，只需绕避地物、不良地质地段，在沿线方向大控制点间加密控制点，定出各个转角点，然后进行详细测量。

对于山岭重丘地区，除了受地物、水文地质、恶劣地形等自然条件限制，还受到纵坡制约。因此，需通过现场放坡、修正才能定出转角点。放坡时，可仿照纸上定线的平均坡度法，现场利用带测角手水准仪配合花杆放坡定出坡度点。或凭定线人员经验目估放坡，再综合考虑地形及平面、纵面、横断面的技术标准，在各坡度点的横断方向上选定最合适的路中心点位置，插上标志（图2.32）。从平面线形着手，尽可能穿过或者覆盖平面的特征点，遵循"保证重点，照顾多数"的原则，尽力做到裁弯取直，使平面、纵面、横断面三面平顺结合，穿出与地形相适应的若干直线，延长这些直线定出转角点 JD_1、JD_2……再进行详细测量。必须指出，实地定线必须反复试插、修正，才能定出合理的路线。

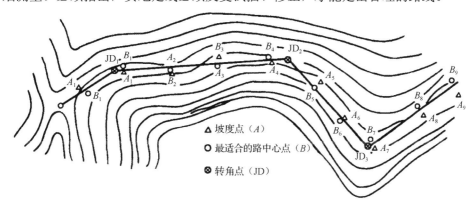

图 2.32 放坡定线

现场勘测通常是由一个测设队完成。测设队必须严格按技术标准要求，结合当地自然条件，综合考虑经济、技术等方面因素，因地制宜地选定技术上切实可行且经济上合理的路线。

现场勘测是按一定的测量程序进行的。为适应工作需要，测设队可分为选线组、测角组、中桩组、水准组、横断面组、地形组、桥涵组和调查组等。它们各自的主要任务简述如下。

1）选线组

选线组的主要任务是实地定线，根据公路的使用任务和性质，按既定的技术标准和路线方案，结合实际地形、地质条件，综合考虑线形与人工构造物、近期与远期、局部与整体、路线使用质量与工程造价等关系，将设计路线在实地标定出来。

选线工作一般可分全线布局、逐段安排、具体定线三个步骤。

拟定平曲线半径时，在地形、地物等自然条件允许的情况下尽量选择大半径平曲线；如受地形、地物制约，平曲线半径的选定通常使用单交点法或双交点法。

（1）单交点法。此法适用于偏角不大的路线。常用的平曲线半径选择方法有如下几种。

① 外距控制，即控制曲线中点位置，如图 2.33 所示，交点内侧有房屋，为了不拆除房屋，控制点位取曲线中点（QZ）。用选线盘测出偏角 α 及外矢距 $E_{控}$，按式（2-21）计算半径 R。

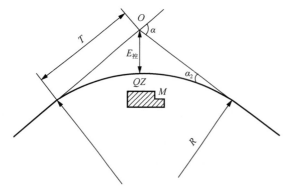

图 2.33 外距控制选择半径

$$R = \frac{E_{控}}{\sec\dfrac{\alpha}{2} - 1} \qquad (2-21)$$

例 2.1 山岭重丘地区某三级公路（图 2.33），已测出偏角 $\alpha = 47°24'$，$\alpha_2 = 25°30'$，转角点 O 至房屋的距离 $OM=16.5\text{m}$，路基宽 8.50m，内侧加宽 1.20m，边沟宽 1.0m，边沟距房屋要求 1.50m，问平曲线半径为多大时才能满足要求？

解：根据题意得 $E_{控} = 16.5 - \left(\dfrac{8.50}{2} + 1.20 + 1.0 + 1.50\right) = 8.55 \text{（m）}$

则

$$R = \frac{8.55}{\sec\dfrac{47°24'}{2} - 1} \approx 92.8\text{（m）}，\text{取整} R = 90\text{m}$$

② 切线控制，即控制曲线起点、终点位置。如图 2.34 所示，设反向曲线间应保持缓和曲线长度 30m，已知两转角点间距离为 65m，JD_1 之切线长 $T_1=20\text{m}$，则 JD_2 之切线长 T_2 最大 $T_{控} = 65 - 20 - 30 = 15\text{m}$，按式（2-22）可计算半径 R_2。

$$R_2 = \frac{T_{控}}{\tan\dfrac{\alpha_2}{2}} \qquad (2-22)$$

则

$$R_2 = \frac{15}{\tan\dfrac{25°30'}{2}} = 67\text{（m）}，\text{取整} R_2 = 65\text{m}$$

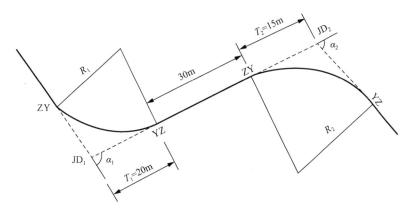

图 2.34 切线控制选择半径

（2）双交点法。当转角点偏角较大，地形复杂，切线 T 及外距 E 测量困难；或交点落入河流、陡崖、建筑物等时，可用双交点法。如图 2.35 所示，选择曲线中部适宜点 A_2，过 A_2 定出切线 AB，与相邻两直线相交成两个转角点 JD_A 和 JD_B，量出偏角 α_A、α_B 及切线 AB 的长度，按式（2-23）计算半径 R。

$$R = \frac{AB}{\tan\frac{\alpha_A}{2} + \tan\frac{\alpha_B}{2}} \tag{2-23}$$

则切线长 T

$$T_1 = R\tan\frac{\alpha_A}{2}, \quad T_2 = R\tan\frac{\alpha_B}{2}$$

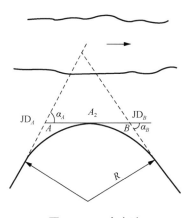

图 2.35 双交点法

2）测角组

测角组的主要任务是标定直线与修正转点位置，计算量角（用测量仪器测出两导线间的夹角）与转角、平曲线等要素，定出曲线中点方向桩，固定转角桩位及测量视距等。

3）中桩组

中桩组的主要任务是根据选定的转角点及测角资料，沿中线测量打桩敷设中线。它是沿中线用钢卷尺量出水平距离，在特征点位置以及 5 个基本桩号上设置加桩；在平原微丘与山岭重丘等地形上用木、竹志桩定位，并在志桩后按顺序编号以方便查找。

曲线上基本桩号的里程按式（2-24）推算，曲线要素示意图如图 2.36 所示。

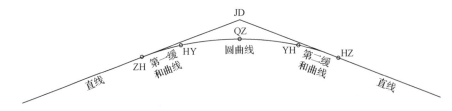

图 2.36　曲线要素示意图

$$
\begin{aligned}
&\text{直缓点：} ZH = JD - T_s \\
&\text{缓圆点：} HY = ZH + L_s \\
&\text{曲中点：} QZ = HY + \frac{1}{2}L' \\
&\text{圆缓点：} YH = HY + L' \\
&\text{缓直点：} HZ = YH + L_s
\end{aligned}
\quad (2\text{-}24)
$$

式中　T_s——缓和曲线后切线的长度；

L_s——缓和曲线的长度；

L'——主曲线长度，$L' = \frac{180}{\pi}(\alpha - 2\beta_0)R$。

在测量过程中，有时因局部改线或事后发现量距计算错误，为了避免后面志桩修改的麻烦，可采用"断链"方法进行处理。断链有"长链"与"短链"之分，当原路线志桩里程长于地面实际里程时称为短链，如图 2.37 所示，反之，则称为长链。

图 2.37　断链示意图

由于采用断链的处理方法，志桩里程与实际长度不符，因此，在展绘平面、纵面图及计算土石方工程量时，必须对路线总里程加以修正。

$$\text{路线总里程} = \text{末桩里程} + \sum\text{长链} - \sum\text{短链}$$

4）水准组

水准组的任务是对公路中线各桩位进行水准测量，测出中桩地面高低变化。为纵断面设计提供地面高程参考。为了保证测量精度，两水准基点间往返容许闭合差 $\Delta h \leqslant \pm 30\sqrt{L}$（$L$ 为单程水准路线长度，以公里计）。

5）横断面组

公路中线测量完毕，就可逐桩依次进行横断面测量。它的任务是测量各桩号垂直于路中线方向的地面起伏情况，绘制横断面图，为路基设计、土石方工程量计算及施工放样提供依据。

6）地形组

地形组的主要任务是沿路中线两侧，按 1∶2000 或 1∶5000 的比例尺测绘带状等高线地形图，反映路中线两侧地形、地物的关系，为路线平面设计提供依据。

7）桥涵组

桥涵组的主要任务是调查与收集沿线桥涵水文地质与地形资料，提出桥涵和其他排水构造物的技术要求，研究确定桥涵位置、结构形式、孔径大小以及上、下游防护处理措施等。

8）调查组

调查组的主要任务是调查沿线经济条件以及土壤、水文地质等自然条件，包括沿线建筑材料和运输条件，应迁移的电信电力设施及当地的人工、材料、机械台班单价等，为今后设计及编制工程概算、预算提供依据。

第 3 章 路 线 交 叉

道路与道路或道路与铁路相交部位称为道路交叉口,是道路系统的重要组成部分。道路交叉口是行人车辆汇集地,交通量大,易发生交通事故。由于行人、机动车与非机动车交通量大,阻滞交通流畅度,降低了道路的通行能力。因此,如何设法减少以至消灭交通拥堵,提高道路交叉口的通行能力是道路设计的一项重要任务。

根据相交道路交会点的竖向标高设置不同,道路交叉口可分为平面交叉口和立体交叉口两种:平面交叉口是道路在同一平面上相交,立体交叉口是道路在不同平面上相交。高速公路交叉要采用立体交叉;其他各级公路一般采用平面交叉。

3.1 平面交叉口

1. 平面交叉口的交通分析

进出交叉口的车辆由于行驶方向不同,车辆与车辆之间的交错也有所不同,产生交错点的性质也不一样。同一行驶方向的车辆向不同方向分开的地点称为分流点;来自不同行驶方向的车辆以较小角度向同一方向汇合的地点称为合流点;来自不同行驶方向的车辆以较大角度(≥90°)相互交叉的地点称为冲突点(危险点),如图 3.1 所示。上述不同类型的交错点是影响交叉口行车速度和发生交通事故的主要原因,其中左转车辆和直行车辆产生碰撞形成的冲突点对交通的影响最大。另外,合流点是车辆产生挤撞的危险地点,对交通安全不利。所以,在交叉口的设计中,要尽量设法减少冲突点和合流点,保障交叉口行车流畅,避免发生交通事故。

下面介绍在没有交通管制的情况下,3 条、4 条、5 条道路平面交叉的冲突点。

通过对图 3.1 中的交叉口进行分析,可得出如下结论。

(1)在平面交叉口上,都存在冲突点(危险点),冲突点随着相交道路条数增加而急剧增加。如 3 条道路相交的冲突点只有 3 个,合流点为 3 个,如图 3.1(a)所示;4 条道路相交的冲突点增加到 16 个，合流点为 8 个，如图 3.1（b）所示；而 5 条道路相交时，冲突点达到 50 个，合流点为 10 个，如图 3.1（c）所示。

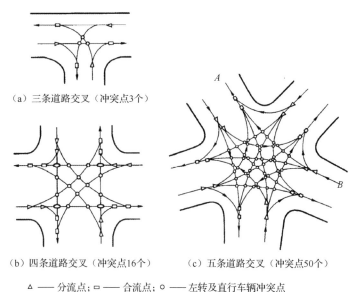

(a) 三条道路交叉（冲突点3个）

(b) 四条道路交叉（冲突点16个）　　(c) 五条道路交叉（冲突点50个）

△ —— 分流点；□ —— 合流点；○ —— 左转及直行车辆冲突点

图 3.1　交叉口的冲突点

（2）产生冲突点最多的是左转车辆。如 4 条道路交叉口，若没有左转车辆，则冲突点可从 16 个减少到 4 个。因此，在交叉口设计中，如何正确处理左转车辆所引起的冲突点，是交叉口设计中的关键之一。

通常消除冲突点的方法有 3 种。

（1）实行交通管制。使用交通信号灯或交警现场手势指挥，使直行和左转车辆通过交叉口的时间错开。

（2）渠化交通。在交叉口合理布置交通岛，组织车辆分道行驶，将冲突点变为交织点，减少车辆行驶时的相互干扰。

（3）设置立体交叉。将相交道路互相冲突的车流分别设计在不同平面的车道上，各行其道，互不干扰，保证行车安全和效率，提高道路通行能力。

2．平面交叉口设计的基本要求

平面交叉口设计的基本要求：一是在保证相交道路上所有车辆和行人安全的前提下，使车流和人流交通受到最小的阻碍，即保证车辆和行人在交叉口能以最短时间顺利、安全通过，这样就能使交叉口的通行能力适应各条道路的行车要求；二是正确设计交叉口立面，保证转弯车辆行驶稳定，同时符合排水要求，使交叉口的地面水能迅速排除，保持交叉口的干燥状态，有利于车辆和行人通过，从而延长路面的使用寿命。

3．平面交叉口的一般要求

平面交叉是道路的一个重要组成部分，平面交叉选用的技术标准和形式是否合理，会直接影响公路的通行能力、使用品质以及交通安全。因此，设计交叉口时应符合如下要求。

（1）路线交叉部分设计的行车速度，应符合相关标准中规定的要求。

（2）交叉口的形式应根据相交道路的交通量、交通性质及地形条件综合考虑后再确定。

（3）交叉口应选择地形平坦、视线开阔，至少应保证相交道路上汽车距冲突点前后的停车视距范围内通视，有碍视线的障碍物应予清除。

（4）交叉口的竖向布置要符合行车舒适、排水畅通的要求。

4．平面交叉口的形式

平面交叉口的常见形式如下。

1）简单交叉口

简单交叉口是指在平面交叉中，对交叉部位不作任何特殊处理的交叉口。常见的简单交叉口形式包括十字形交叉口、X形交叉口、T形交叉口、Y形交叉口以及复合交叉口等，如图3.2所示。

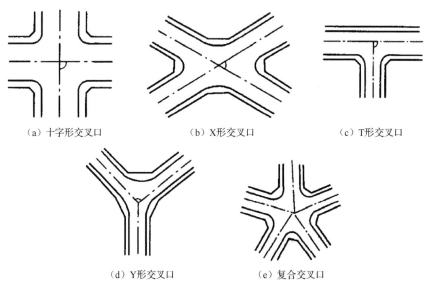

图3.2 简单交叉口的常见形式

道路中采用最多的是十字形交叉口，如图3.2（a）所示。这种形式简单，交通组织方便，街角建筑容易处理，适用范围广，可用于相同等级或不同等级的道路交叉，在任何一种形式的道路网规划中，它都是最基本的交叉口形式。

X形交叉口是两条道路以锐角或钝角相交的交叉口，如图3.2（b）所示。当道路相交的锐角较小时，将形成狭长的交叉口，对转弯车辆行驶极为不利，锐角街口的建筑物也难处理。因此，应尽量使相交道路的锐角大一些。

T形交叉口是一条尽头道路与另一条直行道路近于直角相交的交叉口，适用于不同等级道路或相同等级道路相交，如图3.2（c）所示。

Y形交叉口是一条尽头道路与另一条道路以锐角（小于75°）或钝角（大于105°）相交的交叉口，适用于主要道路与次要道路相交，主要道路应设在交叉口的顺直方向，如图3.2（d）所示。

复合交叉口是多条道路交会的交叉口，容易起到突出中心的效果，但占地面积较大，并给交通组织带来很大困难，采用此形式时，必须全面慎重考虑，如图3.2（e）所示。

2）拓宽路口式交叉口

当交通量较大，转弯车辆较多，而交叉口的通行能力不能满足交通量的需要时，可在简单交叉口基础上，增设候驶车道和变速车道以适应车辆临时停候和变速行驶之用，即拓宽路口的车道，拓宽路口式交叉口如图3.3所示。

拓宽路口的车道，一般在车道右侧加宽 3~3.5m，其长度主要由候车的车辆数决定，减速车道长为50~80m，加速车道长为20~50m。

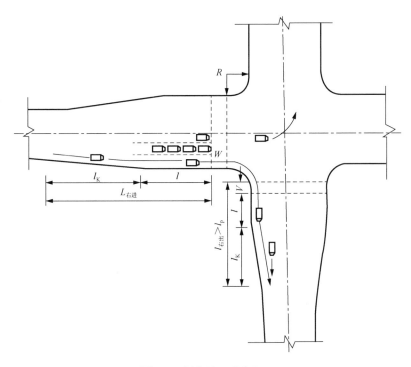

图 3.3　拓宽路口式交叉口

3）环形交叉口

为了减少道路中车辆阻滞，在交叉口中心设置圆形交通岛，使各类车辆按逆时针方向绕岛做单向行驶，这种平面交叉称环形交叉。环形交叉的优点是把冲突点变为交织点，从而消除车辆碰撞的危险，对安全行车有利；车辆到达环形交叉口可以连续行驶，不需要专人指挥交通；绿化交通岛或在交通岛上布设小景可以美化环境。圆形交通岛的缺点为占地面积大；直行车辆须绕岛通过，增加了行驶距离，左转车辆则绕行距离更长；非机动车较多时，对环形交通的行驶速度、通行能力影响较大，甚至容易引起车辆阻塞。因此，选用环形交叉口时要慎重。

环形交叉口的基本要素包括中心岛、交织角、交织长度、环道宽度、进出口转弯半径等，如图 3.4 所示。其几何要素是根据道路等级、条数、计算车速、乘客的舒适程度，以及交叉口地形、工程造价等论证选定，也可参考和选用表 3.1 中的数据。圆形交通岛的进口半径应与中心岛半径相同，出口半径则应稍大于进口半径。

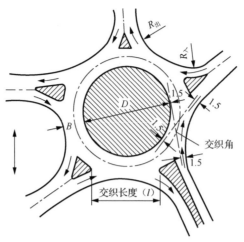

图 3.4　环形交叉口

表 3.1　环形交叉中心岛与最小交织长度

环形交叉适应的交叉口性质	(1) 与一级公路相交公路交通量很少 (2) 二级公路与其他等级公路相交 (3) 二、三级公路与城市道路相交			(1) 二级公路与其他各级公路相交 (2) 三级公路与三级公路相交 (3) 三级公路与城市道路相交		
环道计算行车速度/（km/h）	40	35	30	30	25	20
中心岛半径/m	55~60	40~50	30~35	30~35	20~25	10~15
环道宽度/m	12	12	12	12	9	9
最小交织长度/m	45	40	35	35	30	25

3.2　立体交叉

立体交叉是两条道路在不同高程上交叉，使两条道路上的车辆能够互不干扰，各自保持原有车速通过交叉口。因此，道路的立体交叉是一种保证行车安全和提高交叉口通行能力的最有效形式。但与平面交叉相比，立体交叉技术复杂，占地面积大，造价高。因此，只有在下列情况才采用立体交叉。

（1）高速公路或一级公路与其他各级公路相交。

（2）其他各级道路通过交叉口的交通量每小时超过 1000 辆。

（3）当地形与环境适合时，如各级公路在 3m 以上挖方地段与其他道路相交，或较高的桥头引道与滨河道路相交等。

3.2.1 立体交叉的主要组成

立体交叉的交通组织方式不同，其组成部分也有不同。互通式立体交叉的组成要素如图 3.5 所示。

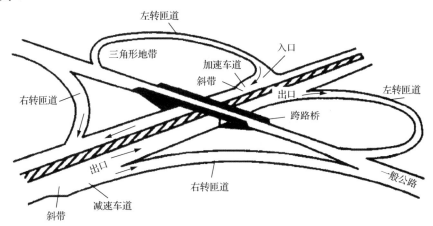

图 3.5　互通式立体交叉的组成要素

1. 跨路桥

跨路桥是立体交叉的主要结构物。高速公路从桥上通过，相交道路从桥下通过的称为上跨式，反之称为下穿式。

2. 匝道

匝道（图 3.6）是交叉道路中为减速车道及主线车道与其他道路间的连接部分，是互通式立体交叉不可缺少的上、下相交的道路，供左转车辆和右转车辆行驶的道路。匝道与高速公路或相交道路的交点称为匝道的终点。由高速公路驶出，进入匝道的道口称为出口；由匝道驶出，进入高速公路的道口称为入口。"出"和"入"都是针对高速公路本身而言的。匝道分成内、外两条单向车道分道行驶。

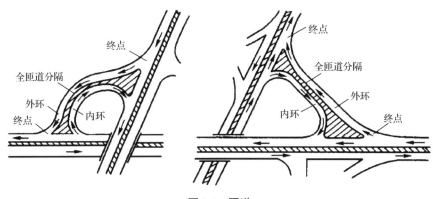

图 3.6　匝道

由于匝道既有弯道又有坡度，行车条件较差，且受地形限制，平曲线半径较小，故其计算行车速度只能取相交道路计算车速的 50%～70%。其最大纵坡不宜大于 5%，最小半径则可参考表 3.2 中所列的数值。

表 3.2　匝道最小平曲线、竖曲线半径

匝道计算车速/（km/h）		20	25	30	35	40	50	55	60	70	80
最小平曲线半径/m		15	20	25	40	50	80	100	125	180	250
最小竖曲线半径/m	凸形	500	500	500	750	1000	1500	2000	2500	3000	4000
	凹形	500	500	500	500	500	500	750	750	750	1000

3．变速车道

减速车道和加速车道统称变速车道。当车辆由高速公路进入匝道或由匝道进入高速公路时，均须设置变速车道。

变速车道有平行式变速车道和定向式变速车道两种。当高速公路与匝道的行车车速相差较大时，需设置平行式变速车道，如图 3.7（a）所示；当高速公路与匝道的行车车速相差不大时，宜采用缓和曲线连接或设置定向式变速车道，如图 3.7（b）所示。

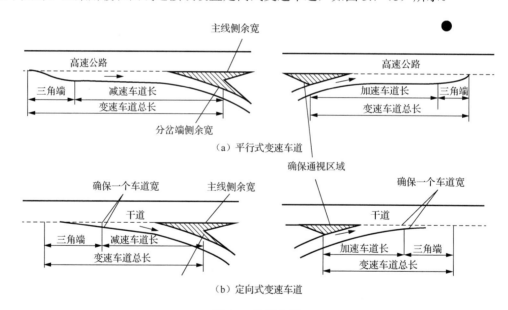

图 3.7　变速车道

平行式变速车道的起点明显，比较容易识别，但变速车辆须沿反向曲线行驶，对行车不利。定向式变速车道线形平顺，比较符合实际的行车轨迹，变速车道可以得到充分利用；但定向式变速车道的起点不易识别，因此，定向式变速车道最好用不同颜色的材料铺设路面或在路面上画不同颜色的线，以便识别。

变速车道的宽度通常为 3.5m，它的最小长度（包括尖角）可参考表 3.3 中所列的数值。

表 3.3　变速车道的最小长度（包括尖角）

公路计算车速/	匝道计算车速/（km/h）									
（km/h）	20	25	30	35	40	50	55	60	70	80
	减速车道长度/m									
40	50	45	40	—	—	—	—	—	—	—
60	75	70	65	65	60	—	—	—	—	—
80	100	95	95	95	90	80	75	—	—	—
100	120	115	115	115	110	105	100	100	90	—
120	145	145	140	140	135	130	125	125	120	115
	加速车道长度/m									
40	65	55	45	—	—	—	—	—	—	—
60	115	105	95	95	80	—	—	—	—	—
80	160	155	145	145	130	115	100	—	—	—
100	215	210	200	200	185	175	155	155	135	—
120	280	270	260	260	250	235	220	200	200	180

3.2.2　立体交叉的基本类型

按有无匝道连接上、下相交的道路，立体交叉可分为分离式立体交叉和互通式立体交叉两种。

1．分离式立体交叉

分离式立体交叉按其结构形式不同，可分为隧道式立体交叉和跨路式立体交叉两种。分离式立体交叉的上、下公路没有交换道路（匝道）连接。这种立体交叉占地少，结构简单、造价低；但上、下公路的车辆不能互相转换行车方向。目前我国各地修建的公路与铁路交叉，多属于分离式立体交叉，如图 3.8 所示。跨河桥的桥头引道与滨河道路相交、高架桥与道路相交均为此种形式的立体交叉。

2．互通式立体交叉

互通式立体交叉按其互通程度不同，可分为部分互通式立体交叉和完全互通式立体交叉两种。

图 3.8　分离式立体交叉

1）部分互通式立体交叉

部分互通式立体交叉不是每个方向都完全互通，要保留 1 个或 1 个以上的平面交叉。这种立体交叉主要适用于主次道路相交，或受地形、地物限制而采用的一种立交形式。部分互通式立体交叉常见的基本形式如下。

（1）菱形立体交叉。当主要道路与次要道路相交，受地形、地物限制时，可采用菱形立体交叉，如图 3.9 所示。

它的主要功能是保证主要道路上直行车辆快速通过交叉口，因此，要把主要道路布置在下层，这样，从主要道路驶出的车辆进入匝道为上坡，便于减速。同样，车辆驶入主要道路时，车辆由匝道下坡进入主要道路，利于加速。这种形式只有右转弯匝道而无左转弯匝道。

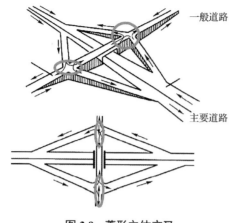

图 3.9 菱形立体交叉

菱形立体交叉的优点是：形状简单，占地面积少和工程造价比其他形式少等。它的缺点是：左转弯车辆都必须在次要道路上进行平面交叉，干扰大，降低了道路的通行能力。

（2）环形立体交叉。这种立体交叉主要适用于主要道路与次要道路的交叉。为确保主要道路直行方向的车辆快速通过，可将主要道路下穿直接通过交叉口，不受交叉口的影响；其他一般道路则通过环道做平面交叉，按逆时针方向绕中心岛做单向行驶，选择相应的路口方向驶出环道。环形立体交叉如图 3.10 所示。

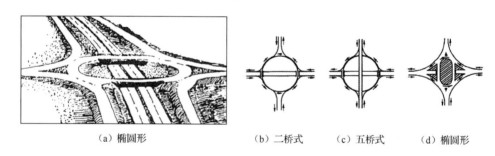

(a) 椭圆形　　　　　　(b) 二桥式　　(c) 五桥式　　(d) 椭圆形

图 3.10 环形立体交叉

这种立体交叉的特点是：占地面积较少，道路的通行能力受到环道交织能力限制，其行车速度则受中心岛半径的影响，故其通行能力较低。因此，只有当受地形、地物限制时才采用这种形式。

除了上述两种形式，半苜蓿叶式立体交叉和叶形立体交叉也属于部分互通式立体交叉。

2）完全互通式立体交叉

完全互通式立体交叉是一种比较完善的高级形式。完全互通式立体交叉能保证相交道路上每个方向的行驶车辆行驶到其他方向，不受其他车辆的干扰。完全互通式立体交叉的基本形式如下。

（1）苜蓿叶式立体交叉。

苜蓿叶式立体交叉（图 3.11）因平面形似苜蓿叶而得名。它是在交叉口的 4 个象限范围内设有右转和左转的互通环形匝道，保证相交道路上的车辆在各个方向各行其道，互不干扰，将上、下公路完全连通，故是一种典型的完全互通式立体交叉。

苜蓿叶式立体交叉

（a）八条单向匝道　　（b）四条双向匝道

图 3.11　苜蓿叶式立体交叉

这种立体交叉占地面积大，且左转车辆绕行距离长，造价高，但道路的通行能力大且造型美观，因此，适用于高速公路之间的立体交叉。

（2）完全定向式立体交叉如图 3.12 所示。

完全定向式立体交叉是使每一条匝道都从一个指定的路口直接连接到另一个指定的路口，不通向其他道路。这种立体交叉，匝道数较多，且互相交错，须采用多层立体交叉才能达到目的。因此，这种立体交叉占地面积大，技术复杂，造价高；但它的行驶路线清楚，转向明确，行驶路线短，通行能力大。完全定向式立体交叉适用于高速公路的多路交叉的交通枢纽处。

（a）完全定向式立体交叉　　（b）四层结构完全定向式立体交叉　　（c）三层结构完全定向式立体交叉

图 3.12　完全定向式立体交叉

（3）喇叭形互通式立体交叉。

这种立体交叉适用于主次道路或两主要道路相交的 T 形交叉，如图 3.13 所示。这种立体交叉的左、右转弯匝道很明显，在主要道路上只有一个方向有左转，相交道路也只有一个方向有左转。这种立体交叉占地面积较少，工程费用较低，管理方便。

喇叭形互通式立体交叉

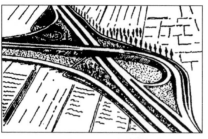

（a）喇叭形互通式立体交叉　　（b）半直连式左转弯出口匝道　　（c）环形左转弯出口匝道

图 3.13　喇叭形互通式立体交叉

（4）Y 形互通式立体交叉如图 3.14 所示。

Y 形互通式立体交叉是在 Y 形平面交叉的基础上，设置三座跨路桥。这些跨路桥是单向的，而且只跨过单向车道，其跨度和宽度都不是太大。Y 形互通式立体交叉的优点是每条公路的通行能力基本不受交叉口的影响，占地面积少，各车道的行驶方向容易识别，转弯路线短捷，平面线形好；缺点是交叉的构造物多，增加跨路桥及接线工程量，造价高。

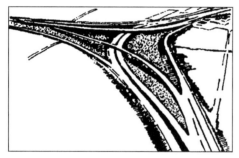

（a）Y 形互通式立体交叉　　（b）兼有半直连式匝道 Y 形互通式立体交叉　　（c）直连式匝道 Y 形互通式立体交叉

图 3.14　Y 形互通式立体交叉

第4章 交通设施

4.1 高速公路沿线设施

4.1.1 安全设施

为了保障道路顺畅和行车安全，高速公路沿线必须设置的安全设施包括标志、标线、护栏、隔离设施、照明设施和防眩板，以及视线诱导设施等。

1. 标志

交通标志牌的含义和作用是：显示交通法规及道路信息的图形符号，可使交通法规得到形象、具体、简明的表达，同时还表达了很难用文字描述的内容，用以管理交通、指示行车方向，以保证道路畅通与行车安全。

交通标志牌一般由标志底板、标志面、立柱、紧固件、基础等几部分组成。其适用于公路、城市道路以及一切专用公路，具有法令的性质，车辆、行人都必须遵守。

交通标志牌的主要特点如下。

（1）一般为方形牌，高速公路标志牌是绿底白字。

（2）采用铝板贴膜的工艺制成，反光效果佳，不管是白天还是夜晚，都能很好地指示驾驶员正确行驶。

（3）坚固耐用、耐晒、耐腐蚀、抗风能力强。

（4）安装简单快捷，背部带有活动铝槽，维护方便。

2. 标线

标线是指在路面、立体交叉的出入口、变速车道上用油漆画线，并标出文字、图形来指示行车的安全措施。

3. 护栏

护栏是高速公路的重要安全设施。按材料性质和受力状态，护栏分为刚性护栏、半刚性护栏和柔性护栏三种。刚性护栏是一种基本不变形的护栏结构，如混凝土护栏。半刚性护栏是一种连续的梁柱结构，并具有一定的刚度和柔性。波形护栏是半刚性护栏的主要形式，它是一种以波纹状钢护栏板相互拼接并由立柱支撑的连续结构。波形护栏的立面图、横断位置图和平面图如图 4.1 所示。柔性护栏是一种具有较大缓冲能力的韧性结构。缆索护栏是柔性护栏的主要形式，它是由数根施加初应力的缆索及固定缆索的立柱所组成的结构。

波形护栏

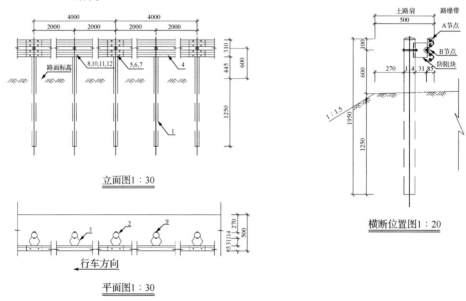

图 4.1 波形护栏（尺寸单位：cm）

护栏根据其位置不同，分为路侧护栏、中央分隔带护栏和桥梁护栏三种。路堤边坡坡度大于 1∶1 且高度大于 2.5m 的路堤，距路基坡脚 1.0m 范围内有江、河、湖等水域，高速公路互通式立交进、出口匝道的三角地带，路基宽度发生变化的渐变段，曲线半径小于一般最小半径的路段等危险路段均应在土路肩上设置路侧护栏。当中央分隔带宽度小于 10m 时，应设置中央分隔带护栏。大桥、中桥应设桥梁护栏，小桥通道应设置与路基形式相同的护栏。

设置护栏可以防止车辆驶出路外，可以阻止车辆穿越中央分隔带闯入对向车道，可以诱导驾驶员的视线，还可以与线形组合成优美的景观。

4. 隔离设施

隔离设施是对高速公路进行隔离封闭的人工构造物的统称。设置隔离设施的目的是防

第4章 交通设施

止无关人员及牲畜进入、穿越高速公路和非法侵占公路用地情况发生。高速公路隔离网的构造形式有金属网、刺铁丝和常青绿篱几大类。隔离设施由立柱、斜撑、金属网、连接件（螺母、螺钉等）和混凝土基础组成。隔离网一般设在公路用地界限内 20~25cm 处，高 160~180cm。金属网连续铺设、加刺铁丝的构造如图 4.2 所示。

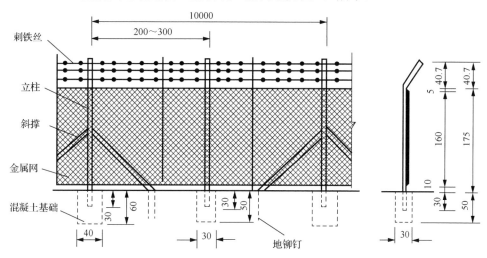

图 4.2　金属网连续铺设、加刺铁丝的构造（尺寸单位：cm）

5．照明设施和防眩板

为使夜间交通畅通和保证行车安全，在高速公路的近城和危险路段、立体交叉口、特大型桥梁、收费站广场，以及高速公路进出口和停车场等应设置照明设施。因有照明的路面明亮，相对能看到暗障碍物的轮廓，无论在视线的广度、清晰度上和视线的诱导效果上都要比车的前照灯照明好一些。但设置照明设施的费用较高，又不可能都设置。在运输繁忙及重要路段，可配置路灯照明。

当路中央分隔带宽度较窄时，为了避免对向车辆的前照灯对驾驶员行车安全造成影响，应在中央分隔带上设置防眩板。防眩板一般设置于中央分隔带护栏上或护栏中间，防眩板的高度与汽车前照灯及驾驶员视线高度有直接关系，图 4.3 所示为设置于护栏上的防眩板，其高度为 160cm，宽度约 50cm。设置防眩板时应注意与周围景观协调，并要防止防眩板设施下缘漏光。

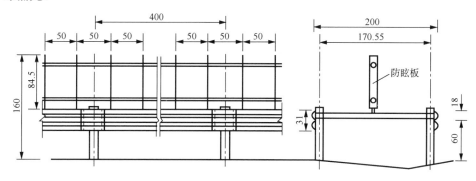

图 4.3　设置于护栏上的防眩板（尺寸单位：cm）

6. 视线诱导设施

为了保证高速公路行车安全，保持驾驶员视觉及心理上的安全感，在高速公路、互通式立体交叉的进出口匝道、服务区、停车场等应全线设置轮廓标，分流、合流诱导标，以及指示性线形诱导标。轮廓标在前进方向左侧、右侧对称设置；分流、合流诱导标，原则上应在互通式立体交叉的进出口匝道附近有交通分流、合流的地方设置；指示性线形诱导标应在通视较差，对行车安全不利的曲线外侧设置。视线诱导设施如图4.4所示。

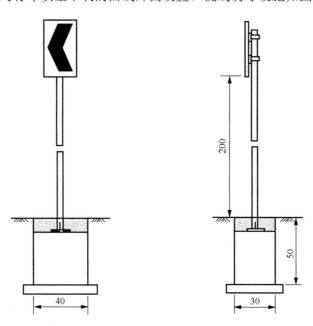

图 4.4 视线诱导设施（尺寸单位：cm）

4.1.2 交通管理设施

高速公路的交通管理设施是保证高速、安全行驶的必要条件。高速公路的管理影响运输效率及行车安全。若管理措施不能满足行车需要，则高速公路不能发挥其应有的效能。高速公路的交通管理除了上述的标志、标线，还要设置交通监控设施。根据交通特性，当高速公路上的车流保持最佳密度时，车流稳定、行车速度均匀、通行能力强。当高速公路上的车流密度过大时，会造成拥挤，且行车速度慢、通行能力弱，易发生交通事故。因此，应对高速公路的出入口车流量加以控制，保证高速公路交通最佳的车流密度和车速。

1. 高速公路入口车流量控制

控制高速公路入口车流量最简单的一种方法是定时调节。在高速公路入口处安装一个定周期自动信号机，定期开放绿灯，控制车辆进入高速公路。信号机的周期根据每天不同时间、高速公路上下游车流量和希望进入匝道的车流量，结合平时的统计资料来确定。这种定时调节比较经济，但缺乏灵活性。

另一种方法是在立体交叉点各个出入口的交换车道上设置传感检测器,各传感检测器将立体交叉点各个出入口的交换车道上的车辆运行情况数据传送到交通管理中心,通过计算机统计和分析决定开放和关闭的出入口,同时对整个系统的出入口发出信号,指示车辆按指定方向行驶。

2．交通监控设施

交通监控是现代化交通管理系统中不可缺少的环节。它可获悉高速公路发生的偶然事件,帮助管理人员及时采取措施疏导交通,从而保证交通正常运行。

目前交通监控采用的常用方法有如下几种。

(1) 智能交通监控系统。智能交通监控系统通过监控系统将监视区域的交通信息传送至指挥中心,使交通管理人员实时掌握翔实的交通数据,并根据车辆排队情况、车流速度、堵塞状态、信号灯设置等元素及时调整信号配时或以其他方式疏导道路交通,同时完成交通违法行为的监测与成像,为交通管理部门提供精准的视频图像数据作为执法依据。

(2) AI 智能摄像机。AI 智能摄像机通过人工智能芯片嵌入式开发而成,是交通监视系统不可多得的好帮手,与相关系统联动,可实时收集大量的路面交通信息,并利用数据分析路况,引导系统结合流量数据对交通信息及时进行分流和调整,进行交通预警系统的建设和优化。

4.1.3 服务性设施

为了缓解驾驶员连续高速行驶的疲劳和精神紧张,同时考虑乘客的用膳、住宿,以及汽车加油、修理、排除临时故障等,沿线应设置各种服务性设施。

1．综合性服务站

综合性服务站是服务项目比较齐全的场所。它包括停车场、加油站、修理所、餐厅、旅馆、休息室、厕所、超市等。

在国外每隔 50~100km 就要设置一处综合性服务站。限于条件和习惯,我国尚无这种服务性设施。

综合性服务站实质上是一个生活小区,因此,要有完善的供电、供水设备。

2．小型休息区

这种小型休息区的服务项目不多,大多数是以加油站为主,并设有厕所、超市、小块绿地、小型停车场等。汽车在此停留的时间为 20min 左右。

3．停车区

停车区是专为乘客、驾驶员休息、观赏景点或车辆临时检修而设置的。停车区内应设有厕所、休息室、超市、加油站、公用电话和绿化布置等。

停车区的大小应根据停车数目、车辆类型、停车方式等因素确定,并有与高速公路连接的道路衔接。

4.1.4 高速公路通信监控系统

高速公路通信监控系统主要由信息采集子系统、交通控制子系统、信息提供子系统、通信传输子系统四个子系统组成。

1. 信息采集子系统

信息采集子系统的作用是采集各种交通信息、气象信息以及地理信息等。信息采集子系统主要包括车辆检测装置、气象监测装置、测速雷达、视频监测装置、紧急电话、巡逻车无线电装置、电子收费系统等设备。

2. 交通控制子系统

交通控制子系统的主要功能是对外场终端送来的各种信息进行实时的运算、处理和分析，制订交通管理及控制方案，并根据制订的交通管理及控制方案，利用信息提供子系统发布交通运输信息、命令、建议等。交通控制子系统主要包括计算机及其外部设备、道路模拟屏、控制台、电话总机台等设备。

3. 信息提供子系统

信息提供子系统主要是向高速公路的使用者提供各种交通运输信息（如交通状况、客货运输信息、交通规划与地理信息、气象信息等），发布命令或建议（如限速、关闭匝道等），使道路交通流量分布均匀，提高道路利用率和运输效率，达到交通控制与管理的目的。信息提供子系统主要包括可变情报板、可变限速标志、交通广播及路侧广播、信号灯系统、信息中心终端等设备。

4. 通信传输子系统

通信传输子系统保证"信息流"在信息采集子系统、交通控制子系统以及信息提供子系统之间快速、准确地传递，它也是收费系统等高速公路机电系统赖以存在的支持环境。通信传输子系统主要由光缆数字传输系统、程控数字交换系统、移动通信系统、紧急电话系统等组成。

4.1.5 高速公路绿化

高速公路绿化是通过实施绿化，恢复和改善由于修建公路而破坏的沿线植被和自然景观，保护环境和路基，美化路容，为道路使用者提供视觉环境舒适的行车条件。因此，高速公路在设计、施工、养护、管理的全过程中，除了满足工程和交通的技术要求，还要从美学角度多次调整、修改，使高速公路与当地的自然风景相协调。

高速公路的平、纵曲线应力求平缓舒适，其边坡坡度要平缓圆滑，与地形融为一体；沿线尽量保留风景树木以配合沿路景色，合理利用地形，避免破坏生态平衡；桥梁及立体交叉设计要综合考虑线形及当地自然环境，通过透视图，选择符合当地景观的优美线形和结构，并利用桥头及立体交叉周围进行绿化及设置雕塑小景，使高速公路环境更加优美和壮观。沿线各种设施如护栏、标志、照明装置等也要与当地景观相协调。高速公路绿化设计时先进行美术设计，再进行结构设计。

高速公路环境美化

在高速公路绿化施工中，应尽量利用地理条件，打造道路风景区。如将取土坑改造成游泳场或湖泊，周围种树绿化，再配以凉亭、长椅和小型停车场供驾驶员和乘客休息和观光，既可增加景点，又能消除人为破坏自然遗留的迹象；还可利用弃土堆和防护墙加以绿化，再配以小休息室和护栏改造成观景台。

高速公路绿化包括种植风景林和防护林，美化路容。高速公路两侧绿化要注意与周围景观配合，防止因种树绿化妨碍驾驶员视线和隔断沿线景观。因此，绿化也要进行规划，如种树可采用等距或不等距种植的方式，选择的树种应符合当地的水土条件，树的高矮和疏密都应与周围环境匹配。此外，中央分隔带可种植树木，既对夜间行车有良好的防眩功能，消除对向车辆灯光的干扰，使夜间行车视觉舒适，有利于安全，又可以美化环境。高速公路绿化效果如图 4.5 所示。

图 4.5 高速公路绿化效果

4.2 道路交通设施

4.2.1 交通控制与管理

交通控制与管理是道路交通系统中的一个重要组成部分。交通控制与管理的目的是将科学的道路交通控制管理手段与道路交通建设有效结合起来，充分发挥道路交通设施功能，并获得良好的交通运输效益和社会效益。交通控制是运用与时刻变化的道路交通状况相适应的现代先进设施，如信号装置、通信设备、遥测遥控设施等，对道路交通实施合理的调度和指挥，使车辆和行人安全、顺利地通行；交通管理则是通过制定必须遵守的交通法规和规则，对交通实施合理的限制、引导和组织，并结合起来构成道路交通控制与管理体制。

1. 道路交通标志与标线

1）道路交通标志

道路交通标志属于静态交通控制，是利用图案、符号和文字等传递特定信息，对道路交通进行指示、引导、警告、控制或限定的一种道路交通管理设施，一般设在路旁或悬挂在道路上方，给交通参与者以明确的道路交通信息。

（1）交通标志的分类。交通标志分为主标志和辅助标志两大类。

主标志包括以下 7 种。

① 警告标志：警告车辆、行人注意道路交通的标志。

② 禁令标志：禁止或限制车辆、行人交通行为的标志。

③ 指示标志：指示车辆、行人应遵循的标志。

④ 指路标志：传递道路方向、地点和距离信息的标志。

⑤ 旅游标志：提供旅游景点方向、距离的标志。

⑥ 作业区标志：告知道路作业区通行的标志。

⑦ 告示标志：告知路外设施、安全行驶信息以及其他信息的标志。

辅助标志是附设在主标志下，起辅助说明作用的标志。这种标志不能单独设立和使用。辅助标志按其用途又分为表示时间、表示车辆种类、表示区域距离、表示警告和表示禁令理由的辅助标志，以及组合辅助标志等。

（2）交通标志三要素。

交通标志必须使驾驶员在一定距离内能迅速而准确地辨认，这就要求交通标志有良好的视认性。决定其视认性的主要因素包括标志的颜色、形状和字符，它们也称交通标志三要素。

① 颜色：在选择交通标志的颜色时，要考虑人的心理效果。红色给人危险感，因此在交通上表示禁止、停止、危险之意，适用于禁令标志；黄色没有红色那么强烈，只产生警惕的心理活动，适用于警告标志；绿色给人和平、安全感，在交通上表示安全、通行，一般用于指路标志的底色；蓝色给人沉静、安静感，一般用于指示标志。

② 形状：交通标志选用应遵循视认性强的原则，一般选用最简单的形状，如三角形、圆形、长方形和正方形。不同功能的交通标志，其几何形状有明显的区别。

③ 字符：字符是表示标志具体意义的。字符的含义要求简单明了，一看就能明白，并符合国际的标准和惯例。道路交通标志的字符可采用汉字，也可采用英文。汉字应排在其他文字的上方，汉字高度与设计速度有关，按表 4.1 取用。

表 4.1　汉字高度与设计速度的关系

设计速度/（km/h）	100～120	71～99	40～70	<40
汉字高度/cm	60～70	50～60	35～50	25～30

为了保证驾驶员在距标志一定距离内能清楚地识别标志上的图案和文字，图案和文字的大小应满足距标志牌一定的距离条件，即视认距离。该视认距离受设计速度控制，设计速度决定了标志牌的尺寸大小。如警告标志的尺寸代号见图4.6，尺寸与设计速度的关系见表4.2。

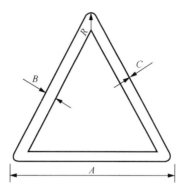

图4.6　警告标志的尺寸代号

表4.2　警告标志尺寸与设计速度的关系

设计速度/（km/h）	100～120	71～99	40～70	<40
三角形边长 A/cm	130	110	90	70
黑边宽度 B/cm	9	8	6.5	5
黑边圆角半径 R/cm	6	5	4	3
衬边尺寸 C/cm	1.0	0.8	0.6	0.4

2）道路交通标线

道路交通标线是由施画或安装于道路上的各种线条、箭头、文字、图案及立面标记、实体标记、突起路标和轮廓标等构成的交通设施，是一种静态交通控制形式。它的作用是向道路使用者传递有关道路交通的规则、警告、指引等信息。它可以和标志配合使用，也可单独使用。各等级公路和城市快速路、主干路均应按国家标准设置交通标线，其他道路可按需设置。

道路交通标线按功能可分为指示标线、禁止标线和警告标线；按设置方式分为纵向标线、横向标线和其他标线；按形态分为线条标线、字符标线、凸起路标线和轮廓标线等。

道路交通标线通常为白色或黄色，也有蓝色和橙色，可用路标漆、塑胶标带和其他材料（如凸起路标用的黄铜、不锈钢、合金铝，以及陶瓷、白石头、彩色水泥等）制作。

2．交通控制

交通控制是为控制和诱导交通，促进交通安全和通畅的一种管理手段。交通控制属于动态交通管理，即交通控制措施（如交通信号等）随变化的交通状况而实时变化。

1）平面交叉口的交通控制

城市道路网中有众多的平面交叉口，这些平面交叉口犹如瓶颈，影响和制约着道路功能的发挥。为了各向进入平面交叉口车流的安全与畅通，可采取从时间上将产生冲突的交通流线分开的措施，规定不同方向交通有不同时间的通行权。常用的平面交叉口交通控制方式有以下几种。

（1）交通信号控制。按控制的范围，交通信号控制分为三种基本类型。

① 点控制：简称点控，各交叉口设置的信号装置独立存在，不与相邻平面交叉口的交通控制发生任何联系。信号机的灯色转换有定周期控制和交通感应变周期控制两种。

② 线控制：简称线控，即对某段主干道连续若干个相邻平面交叉口实施相互关联的自动信号控制。线控是使被控制的各平面交叉口根据设计参数依次开放绿灯，车辆沿该主干道保持一定速度行驶，当车辆到达各平面交叉口时，信号灯均为绿灯，车辆不必停车等待可以直接通过，所以又称绿波带控制。

③ 面控制：简称面控，是对某一定区域内道路网中所有平面交叉口利用计算机控制系统实行全面协调统一的自动控制。面控是自动化程度高、能充分发挥道路网功能和效益、科学合理的控制方式，因此也是我国城市交通控制的发展方向。

（2）停车控制。车流进入或通过平面交叉口前必须先停车，观察平面交叉口的车流情况，并利用冲突车流中出现安全可通过的空隙通过平面交叉口。停车控制一般又分为以下两种。

① 多路停车：在平面交叉口的所有进口引道右侧设立停车标志，当各进口方向车辆到达平面交叉口时，必须先停车等待冲突车流中出现安全可通过的间隙再通过。

② 二路停车（也称单向停车）：若为主次道路相交的平面交叉口，在次要道路进口引道右侧设立停车标志，使次要道路上的来车必须停车，等待主要道路车流中出现安全可通过的空隙再通过。

（3）让路法。在次要道路或交通量明显较少的道路进口引道右侧设立让车标志，次要道路上的来车应减速缓行，视冲突车流中出现安全可通过的空隙再加速通过。

（4）自行调节法。设立具有一定直径的平面交叉口中心环岛，各路来车入环后按逆时针绕中心环岛至驶出路口出环，即通常所说的"环形平面交叉口"。

（5）不设管制。若平面交叉口交通量很少，如两条支路相交或居住区内部道路的交叉口等，可不设交通管制，各路来车应谨慎驾驶通过平面交叉口。

2）高等级道路的现代化管理系统

高等级道路的现代化管理系统是采用先进的设备和技术，对道路交通的运行、收费、路况等进行全面监控管理的总称。它涉及系统工程、交通工程、电子通信、计算机技术等专业领域，是一个多学科、技术密集的系统。一般情况下，高等级道路的现代化管理系统由通信系统、监控系统、收费系统和电源系统组成，如图 4.7 所示。

道路通信监控系统

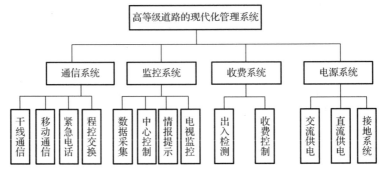

图 4.7 高等级道路的现代化管理系统功能框图

自 20 世纪末以来，日本、美国及欧洲发达国家和地区开始研究建立智能运输系统（Intelligent Transportation Systems，ITS）。智能运输系统是将先进的信息技术、计算机技术、通信技术、传感器技术、电子控制技术、人工智能技术等有效地综合运用于道路交通运输，使各自独立存在的车辆、道路设施及使用者能有机地结合成一个整体，以发挥道路交通运输系统的最大效益。

ITS 将是今后城市道路交通发展的必然趋势，我国的 ITS 研究也已开始起步，相信 ITS 的应用将会在不远的将来实现。有关智能运输系统的具体内容可参阅有关书籍。

4.2.2 城市公共停车场

城市公共停车场是城市道路系统的组成部分之一，属于静态交通设施，其用地计入城市道路用地总面积之中。但城市公共交通、出租汽车和货运交通场站设施的用地面积不包括在内（其面积属于交通设施用地）；各类公共建筑的配套停车场用地也不包括在内（其面积属于公共建筑用地）。我国的《城市综合交通体系规划标准》（GB/T 51328—2018）要求机动车停车场宜按 15m^2/标准停车位～30m^2/标准停车位计算；非机动车停车场应按 1.5m^2/辆～1.8m^2/辆计算。长期以来，我国城市建设中对公共停车场的设置规模远远达不到规范要求和实际需要，因而路边停车、占用机动车道或非机动车道现象严重影响了道路系统的正常使用。做好城市公共停车场的规划和设计，既可解决静态交通的问题，又可以提高道路交通的效益，是一项"以静制动"的重要措施。

根据城市交通和城市用地性质，城市公共停车场可分为外来机动车公共停车场、市内机动车公共停车场和公共自行车停车场三类。

外来机动车公共停车场应设置在城市的外环路和城市主要出入口道路附近，可起到截流外来或过境机动车辆的作用，有利于城市安全、环境卫生和减少对市内交通的影响。市内机动车公共停车场应靠近主要服务对象，如交通枢纽（如火车站、长途汽车站），大型集散场所（如体育场馆、影剧院、大型广场和公园）和大型服务性公共设施（如大型商场、饭店）等。公共自行车停车场是满足城市人群密集场所，如商场、公共建筑、农贸市场，以及火车站、汽车站等交通换乘点交通需求的重要设施。公共自行车停车场布局和容量要与交通需求相适应，原则上不设置在交叉路口附近，且方便车辆、人员出入，与社区、商业空间和热门广场等城市建筑相互融合，为市民提供通往城市的温馨入口。

城市公共停车场的布局和规模要与城市交通的组织与管理相结合，并且要做好与城市道路的连接设计，既满足静态交通（停车）要求，又不妨碍动态交通的畅通。

1. 机动车停车场设计

外来机动车公共停车场和市内机动车公共停车场合起来简称机动车停车场。

（1）机动车停车场（库、楼）的停车位数。

机动车停车场的停车位数（N）可按下式计算：

$$N = \text{AADT} \alpha \gamma \frac{1}{\beta} \tag{4-1}$$

式中　AADT——道路设计年限的年平均日交通量（辆/d）；

α——停车率，即停放车辆占设计交通量的百分数，与停车场性质、车辆种类有关；

γ——高峰率，$\gamma = \dfrac{\text{高峰小时停放车辆数}}{\text{全日停放车辆数}}$，即高峰小时停放车辆数占全日停放车辆数的百分数，可取 0.1；

β——周转率，$\beta = \dfrac{1}{\text{平均停放时间}}$，即每小时一个车位可以周转使用停放多少个车次。

另外，若计算市中心机动车公共停车场的停车位数时，需将式（4-1）的计算结果乘以 1.1～1.3 的高峰系数。

（2）机动车停车场占地面积计算。

机动车停车场占地面积宜按当量小汽车停车位数计算。地面停车场每个停车位占地面积宜为 25～30m²；停车楼和地下停车库每个停车位占地面积宜为 30～35m²。

（3）停车位的布置。

车辆进出停车位的停发方式（图 4.8）有以下三种：前进停车、前进出车；前进停车、后退出车；后退停车、前进出车。其中以第一种方式为最佳（因停车、出车均无须倒车）。

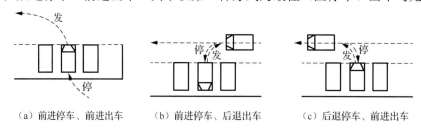

(a) 前进停车、前进出车　　(b) 前进停车、后退出车　　(c) 后退停车、前进出车

图 4.8　车辆停发方式

停车位的布置方式按汽车纵轴线与通道的夹角关系分为以下三种基本类型（图 4.9）。

① 平行停放：车辆停放时车身方向与通道平行，相邻车辆头尾相接，顺序停放，是路边停车带或狭长场地停车的常用形式，如图 4.9（a）所示。

② 垂直停放：车辆停放时车身方向与通道垂直，驶入驶出车位一般需倒车一次，用地较紧凑，通道所需宽度较大，如图 4.9（b）所示。

③ 斜向停放：如图 4.9（c）所示，车辆停放时车身方向与通道成 30°、45° 或 60° 的斜放方式。此方式车辆停放较灵活，驶入驶出较方便，但单位停车面积较大。

2．自行车停车场设计

自行车是我国城市居民广泛拥有的交通工具，目前城市居民的自行车拥有量已接近饱和。根据我国的国情和条件，自行车交通在今后相当长的一段时期内仍将在城市交通中占有重要位置，因此，在城市公共停车场的规划中应予以重视。

（1）自行车停车场场地规划原则。

① 就近布置在大型公共建筑附近，尽可能利用人流较少的旁街支路、附近空地或建筑物内空间（地面或地下）。

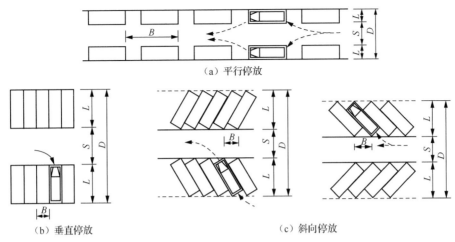

L—垂直通道方向停车车位宽；S—通道宽；B—平行通道方向停车车位宽；D—停车场宽。

图 4.9 停车示意图

② 应避免停放出入口对着交通干道。

③ 停车场内交通组织应明确，尽可能单向行驶。

④ 每个自行车停车场应设置至少 2 个出入口，出口和入口可分开设置，也可合并设置，出入口宽度应满足两辆自行车并排推行。

⑤ 固定自行车停车场应有车棚、车架、地面铺砌，半永久或临时自行车停车场也应树立标志或画线。

（2）自行车停放方式。

自行车停放常采用垂直并排停放、垂直错位停放和 60°斜向停放方式，如图 4.10 所示。

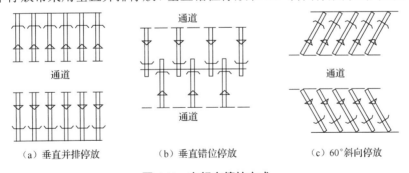

图 4.10 自行车停放方式

4.2.3 公共交通站点的布置

城市公共交通站点分为首末站、枢纽站和中间停靠站三种类型。合理规划布置站点应建立在对客流的流向、流量的调查分析基础上。

首末站的布置要考虑车辆掉头回车的场地，部分车辆停歇及加水、清洁、保养和小修工作的场地。

枢纽站一般设有若干条公交线路，上下车及换乘的乘客较多，在布置上应注意保护乘客、行人和车辆的安全，尽量避免换车乘客穿越车行道，同时使换乘步行距离最短。

中间停靠站是提供给沿线公交乘客定点上下车的道路交通设施，在具体安排时应考虑的主要问题是停靠站的间距和停靠站台的布置形式。

1. 停靠站的间距

根据对公交乘客的乘车心理分析可知，在公交车上的乘客总是希望车辆尽快到达目的地，中途最好不停车或少停车；而对于路线中途要上下车的乘客，则希望车站离出发点或目的地很近，使步行时间最短，即要求站距短一点（多设站）好。可见车上和车下的乘客对站点布设的距离要求是不一样的，但目的都一样，即希望出行途中所用的时间最少，即

$$2t_{步} + t_{车} = t_{最少} \tag{4-2}$$

式中　$t_{步}$——乘客从出发点步行到车站或从车站步行到目的地的平均用时，$t_{步} = \left(\dfrac{1}{3\delta} + \dfrac{s}{4}\right)\dfrac{60}{v_{步}}$；

　　　$v_{步}$——乘客平均步行速度（km/h）；

　　　$t_{车}$——乘客在车上平均乘距为 $L_{乘}$ 时所用的时间，$t_{车} = \dfrac{60L_{乘}}{v_{运}} = \dfrac{60L_{乘}}{v_{行}} + \left(\dfrac{L_{乘}}{s} - 1\right)t_{上下}$；

　　　$v_{运}$——公交车（包括停车上下乘客在内）的平均运送速度（km/h）；

　　　$v_{行}$——公交车（不包括停车上下乘客在内）的平均行驶速度（km/h）；

　　　$L_{乘}$——乘客平均乘距（km）；

　　　s——公交线路平均站距（km）；

　　　$t_{上下}$——公交车在停靠站上下乘客平均用时。

若要得到公交出行用时最小的最佳站距，则可根据式（4-2），应用高等数学中求极值的方法计算：

$$\dfrac{\mathrm{d}}{\mathrm{d}s}(2t_{步} + t_{车}) = 0 \tag{4-3}$$

将前面给出的 $t_{步}$ 和 $t_{车}$ 表达式代入式（4-2），对 s 求导，经计算得到最佳站距表达式：

$$s_{佳} = \sqrt{\dfrac{v_{步}L_{乘}t_{上下}}{30}} \tag{4-4}$$

2. 停靠站台的布置形式

停靠站台在道路平面上的布置形式主要有沿路侧带边设置和沿两侧分隔带边设置两种。

（1）沿路侧带边设置。

这种方式布置简单，一般只需在路侧带上辟出一段用地作为站台，以供乘客上下车即可，如图 4.11 所示。站台宜高出路面 0.15～0.20m，并避免有杆柱障碍，以方便乘客上下车。此方式对乘客上下车最安全，但停靠的车辆对非机动车交通影响较大。这种布置方式适用于单幅路和双幅路。

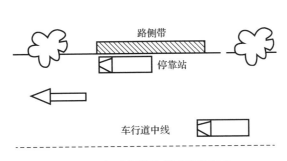

图 4.11　沿路侧带边设置停靠站台

（2）沿两侧分隔带边设置。

对于这种布置方式，停靠的公交车与非机动车道上的车辆无相互影响，但上下车的乘客需横穿非机动车道，给二者带来不便。此形式适用于三幅路和四幅路，如图 4.12（a）所示。采用这种方式布置站台的分隔带宽度应不小于 20m。

当分隔带较宽（≥4m）时，可压缩分隔带宽度辟作路面，设置港湾式停靠站，以减小停靠车辆所占的机动车道宽度，保证正线上的交通畅通，如图 4.12（b）所示。港湾式停靠站的长度应至少有两个停车位。

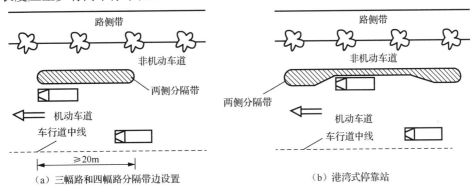

（a）三幅路和四幅路分隔带边设置　　　　（b）港湾式停靠站

图 4.12　沿两侧分隔带边设置停靠站台

4.2.4　道路交通安全防护设施

1. 行人安全设施

（1）人行地下通道。

地下通道净空小，建筑高度低，行人过街时比较方便。此设施对地面景观影响较少；若注意对地道内的地面、墙面及灯光的装饰，可给行人新奇的感受。但在城市建成区或旧城区，往往因密集的地下管线很难采用此方式。地下通道的宽度应能满足人流高峰时的过街需求。

（2）人行天桥。

人行天桥又称高架人行道，多修建在过街繁忙路段和行人较多的交叉口。其平面布置主要有两种方式：一种为分散布置，即在交叉口各路口人行过街横道处分别布置过街天桥；

另一种为集中布置,即在交叉口处用多桥互通的三角形、矩形、X 形、环形等形式连通,这种方式桥梁构造相对集中,便于行人流动,较适于小型的平交口。

(3) 交叉口护栏与人行道护栏。

交叉口护栏与人行道护栏是为了保护行人,防止行人任意横穿马路,排除对机动车、非机动车的横向干扰而设置的。这种护栏的设置应与过街设施(如人行横道、过街天桥和地道等)结合起来,做到既保障人车安全又方便行人过马路。

有些城市道路从交通安全角度出发,在车行道设置中央隔离栅栏,既对双向机动车交通起到一定的安全作用,又可防止行人及非机动车随意横穿马路。在道路横断面布置较紧张或不宜设置中央分隔带时,可考虑采用此方式。

(4) 人行横道。

在交叉口各路口处,利用地面标线明确行人过街的位置与范围,同时设置行人过街的信号控制系统,使过街行人与欲驶过人行横道路面进入交叉口的车辆在不同的时段内通行。在人流量不太大的路段,人行横道处没有设置交通信号控制,行人过街须注意车辆;车辆在通过没有信号控制的人行横道时,须注意避让过往行人。

2. 车辆安全措施

车辆安全措施包括交通岛、视线诱导设施、分隔设施以及防眩板等。

交通岛是设置在平交路口或路段上,用以引导车流沿规定方向或路线通行的岛状物体,对保证交通安全、提高通过能力有一定的作用。按其作用不同,交通岛可分为中心岛、交织角、交织长度、环道宽度、进出口转变半径等,也有的通过在路面上画斑马线作为交通岛的标记。

视线诱导设施如反光道牙、猫眼、防眩板等,夜间在灯光照射下可以指示分车线、分隔带等以诱导视线。

分隔设施包括分隔带和隔离栅栏(或隔离墩),用以分隔不同方向的机动车及非机动车,消除相互之间的干扰和影响。分隔带是具有规定宽度(1.2~1.5m)的带状构造物,它除了起到分隔车流的作用,还可用作绿化及为交通设施或市政工程管线提供布置空间。当道路宽度不足时,可用隔离栅栏(或隔离墩)予以分隔。弯道或平交路口处的隔离墩除了分隔作用,其视线诱导与导流作用也十分明显。

防眩板一般设置于中央分隔带、护栏上或者护栏中间,防眩板的高度与汽车前照灯及驾驶员视线高度有直线关系。设置防眩板时应注意与周围景观协调,并要防止防眩板设施下缘漏光。

第5章 路基工程

5.1 路基工程概述

路基是路面结构的基础。坚实而又稳定的路基为路面结构长期承受车辆荷载提供了重要的保证。提高路基的强度和稳定性，可以适当减小路面的结构厚度，从而降低工程造价。

5.1.1 路基及路基工程概述

路基是一种设置在地表面、暴露于大自然中，由筑路材料构成的线形工程结构物，具有结构形式简单、影响因素多变、牵涉范围广、施工安排不易等特点。

路基工程设计与路线设计是相辅相成的。在选定路线时，除了考虑线形，还要顾及路基工程的情况。

路基工程除了路基本体，还有道路排水、防护加固设施，它们与桥涵和地下管线相关联。建造道路时，会涉及生态环境、水土保持和其他地物（如农田、水利、房屋等），必须妥善处理各方面的关系。

路基工程是道路工程的主要组成部分，工程数量十分可观，精心设计施工，使路基结构具备应有的强度和稳定性，可以节约投资，提高运输效益。路基工程受施工技术、施工条件等因素影响大，在土石方量集中、水文和地质条件复杂以及受天气变化影响的地段，常造成道路建设施工困难。因此，采用先进的施工技术、合理的施工组织、科学的施工管理，可以确保工程质量、提高劳动生产率、缩短工期、降低造价、节省土地、安全生产等。

5.1.2　对路基的基本要求

路基的断面尺寸和高程都应符合路线设计的要求。此外，作为承受行车荷载的构造物，还应满足以下要求。

1．足够的整体稳定性

修建路基改变了原地面的自然平衡状态。在某些地形、地质条件下，路堑边坡可能会坍塌，路堤可能会横向滑移。为使路基具有抵抗自然因素侵蚀的能力，必须采取一定的技术措施来保证路基结构的整体稳定性。

2．足够的强度

路基既要承受由路面传递下来的行车荷载，还要承受路面和路基的自重，这些都使路基土体产生一定的应力。因此，路基必须具有足够的强度，才能抵抗应力的作用而不致产生超过允许范围的变形或破损。

3．足够的水温稳定性

根据土力学的理论，土质路基的强度受其含水率的影响十分显著。在大气负温度作用下，土在冻结过程中水分发生迁移和积聚，这就是土的水温状况。在季节性冰冻地区，由于水温状况的变化，路基将发生冻融循环，而在融化期间路基强度急剧下降。因此，应保证路基在最不利的水温状况下仍具有足够的强度，即要求路基具有一定的水温稳定性，这是十分重要的。

5.1.3　影响路基稳定的因素

路基裸露在大气中，其稳定性很大程度上由当地自然条件决定。因此，应深入调查公路沿线的自然条件，因地制宜地采取有效的工程措施，以确保路基具有足够的强度和稳定性。路基的稳定性与下列因素有关。

1．地理条件

公路沿线的地形、地貌和海拔高度不仅影响路线的选定，也影响路基工程的设计。平原区因为地势平坦导致地下水位相应较高，所以路基需要保持一定的最小填土高度；丘陵区和山岭区的地势起伏较大，对路基排水设计要求较高，处理不当会影响路基的稳定性。

2．地质条件

公路沿线的地质条件，如岩石的种类、成因、节理、风化程度和裂隙情况，岩层走向、倾向、倾角、层理和岩层厚度，有无夹层或遇水软化的夹层，以及有无断层或其他不良地质现象（岩溶、冰川、泥石流、地震等），都对路基的稳定性有一定的影响。

3．气候条件

气候条件如气温、降水、湿度、冰冻深度、日照、蒸发量、风向、风力等都会影响公路沿线地面水和地下水的状况，路基的水温状况，从而影响路基的稳定性。

4．水文和水文地质条件

水文条件是指公路沿线地表水的排泄，河流的洪水位、正常水位，有无地表积水和积水时期的长短、河岸的淤积情况等。水文地质条件是指地下水位、地下水移动的规律，有无层间水、裂隙水、泉水等。所有这些地面水及地下水都会影响路基的稳定性。

5．土的类别

土是建筑路基的基本材料，不同类别的土具有不同的工程性质，因而将直接影响路基的强度与稳定性。

5.1.4 路基的病害与防治

1．路基的主要病害

路基的各部位会受土体自重、行车荷载和各种自然因素的作用而产生变形或破坏。路基的变形分为可恢复变形和不可恢复变形，路基的不可恢复变形将引起路基高程和边坡坡度、形状的改变。严重时，土体发生位移，危及路基的整体性和稳定性，造成路基的各种破坏。路基的主要病害有以下几种。

（1）路基沉陷。

路基沉陷（图5.1）是指路基表面在垂直方向产生较大的沉落。路基沉陷可以有两种情况。一是路基沉缩。路基沉缩是因路基填料选择不当，填筑方法不合理，压实度不足，在路基堤身内部形成过湿的夹层等因素，在荷载和水温综合作用之下，引起路基本身的压缩沉陷，如图5.1（a）和图5.1（b）所示。二是地基沉陷。地基沉陷是指原天然地面有软土、泥沼或不密实的松土存在，承载能力极低，路基修筑前未经处理，在路基自重作用下，地基下沉或向两侧挤出，引起路基下陷，如图5.1（c）所示。

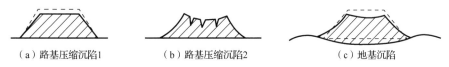

（a）路基压缩沉陷1　　（b）路基压缩沉陷2　　（c）地基沉陷

图5.1　路基沉陷

（2）路基边坡滑塌。

路基边坡滑塌是最常见的路基病害。根据边坡土质类别、破坏原因和规模的不同，路基边坡滑塌可分为溜方与滑坡两种情况。溜方是因少量土体沿土质边坡向下移动所形成的，通常是指边坡上表面薄层土体下溜，主要是因流动水冲刷边坡或施工不当而引起的，如图5.2（a）、图5.2（b）所示。路堤溜方是由于边坡少量土体被水饱和，受水流冲刷所致。

滑坡是一部分土体在重力作用下沿某一滑动面滑动，主要是由于土体的稳定性不足所引起的，如图5.2（c）所示。

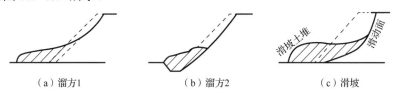

（a）溜方1　　　　　（b）溜方2　　　　　（c）滑坡

图5.2　路基边坡滑塌

路堤边坡坡度过陡、边坡坡脚被冲刷淘空、填土层次安排不当，都是路堤边坡发生滑坡的主要原因。

路堑边坡滑坡的主要原因是边坡高度和坡度与天然岩土层次的性质不相适应。黏性土层和蓄水的砂石层交替分层蕴藏，特别是有倾向于路堑方向的斜坡层理存在时，就容易造成滑坡。

（3）剥落、碎落和崩塌。

剥落和碎落是指在大气温度与湿度的交替作用，以及雨水冲刷作用下，路堑边坡风化岩层表层的岩石从坡面上剥落下来，并向下滚落。大块岩石脱离坡面沿边坡滚落称为崩塌。

（4）路基沿山坡滑动。

在较陡的山坡填筑路基，若路基底部被水浸湿，形成滑动面，坡脚又未进行必要的支撑，在路基自重和行车荷载的作用下，整个路基沿倾斜的原地面向下滑动，路基整体失去稳定。

（5）不良地质和水文条件造成的路基破坏。

公路通过不良地质条件（如泥石流、溶洞等）和较大自然灾害（如大暴雨）地区，均可能导致路基的大规模毁坏。

2．路基病害防治

为了提高路基的稳定性，防治各种路基病害，常采取以下一些措施。

（1）正确设计路基横断面。

（2）正确选择填筑路基的路基用土，必要时对路基上层填土做稳定处理。

（3）采取正确的方法填筑路基，并充分压实路基，保证达到规定的压实度。

（4）适当增加路基的高度，防止水分从侧面渗入或从地下水位上升进入路基工作区范围。

（5）正确进行排水设计（包括地面排水、地下排水、路面结构排水以及地基的特殊排水）。

（6）必要时设计隔离层隔绝毛细水上升，设置隔温层以减少路基冰冻深度和水分聚积现象，设置砂垫层以疏干土基。

（7）采取边坡加固、修筑挡土结构物、土体加筋等防护技术措施，以提高路基整体稳定性。

以上各项技术措施的宗旨是限制水分侵入路基，或迅速排除已侵入路基的水分，使路基保持干燥，提高路基的整体强度与稳定性。

5.1.5 路基湿度状况及干湿类型

路基的强度和稳定性在很大程度上与路基的湿度以及大气温度引起的路基的水温状况有密切的关系。路基在使用过程中，易受到各种外界因素的影响，使湿度发生变化。

导致路基湿度变化的水源可分为以下几方面。

（1）大气降水：大气降水通过路面、路肩边坡和边沟渗入路基。

（2）地面水：边沟的流水、地表径流水因排水不良，形成积水，渗入路基。

(3）地下水：路基下面一定范围内的地下水浸入路基。

(4）毛细水：路基下的地下水，通过毛细管作用上升到路基。

(5）水蒸气凝结水：在土的空隙中流动的水蒸气，遇冷凝结成水。

(6）薄膜移动水：在土的结构中，水以薄膜的形式从含水率较高处向较低处流动，或由温度较高处向冻结中心周围流动。

上述各种导致路基湿度变化的水源，其影响程度随当地自然条件和气候特点以及所采取的工程措施等的差异而不同。

路基的干湿类型与地下水位最高的不利季节路槽（路基顶面）下 80cm 土层的平均稠度有关。由式（5-1）计算：

$$\omega_{ci} = \frac{\omega_{li} - \omega_i}{\omega_{li} - \omega_{pi}}$$
$$\bar{\omega}_c = \frac{\sum_{i=1}^{8} \omega_{ci}}{8}$$
（5-1）

式中 ω_i——路槽下 80cm 内，每 10 层为一层，第 i 层土的天然含水率；

ω_{li}——第 i 层土的液限含水率；

ω_{pi}——第 i 层土的塑限含水率；

ω_{ci}——第 i 层土的含水率；

$\bar{\omega}_c$——路槽（路基顶面）下 80cm 土层的平均含水率。

土的干湿类型按其平均稠度高低分为干燥、中湿、潮湿和过湿四种状态，ω_{c1} 为干燥与中湿状态路基的分界稠度；ω_{c2} 为中湿与潮湿状态路基的分界稠度；ω_{c3} 为潮湿与过湿状态路基的分界稠度；分界稠度是土壤的稠度界限。

路基干湿类型可根据路基平均稠度或路基相对高度 H 确定，见表 5.1。

表 5.1 路基干湿类型

路基干湿类型	$\bar{\omega}_c$	H	一般特征
干燥	$\bar{\omega}_c \geq \omega_{c1}$	$H \geq H_1$	路基干燥稳定
中湿	$\omega_{c2} \leq \bar{\omega}_c < \omega_{c1}$	$H_2 \leq H < H_1$	路基上部处于地下水或地表积水影响的过渡区内
潮湿	$\omega_{c3} \leq \bar{\omega}_c < \omega_{c2}$	$H_3 \leq H < H_2$	路基上部处于地下水或地表积水毛细影响区内
过湿	$\bar{\omega}_c < \omega_{c3}$	$H < H_3$	路基极不稳定，冰冻区春融翻浆，非冰冻区弹软

注：① H 为路槽底面距地下水位或地表积水水位的高度；

② H_1、H_2、H_3 为路基干燥、中湿和潮湿状态的临界高度，可查《公路路基设计规范》（JTG D30—2015）确定。

由于影响路基湿度状况的因素复杂，对它的研究工作开展得很有限，因而迄今还没有一种能精确预估各种情况下路基湿度状况的理论方法。目前，可采用下述经验方法预估：按所属自然区划和路基潮湿类型预估、通过沿线的现场调查预估、通过对条件相似的现有道路的调查预估。

现行《公路路基设计规范》(JTG D30—2015)中规定了路基平衡湿度状况可依据路基湿度来源分为潮湿、中湿、干燥三类。

5.1.6 路基的受力与应力工作区

路基需要承受路面自重和汽车轮重两种荷载。在两种荷载的共同作用下，在一定深度范围内，路基土体处于受力状态。正确的设计使路基所受的力在路基弹性限度范围内，当车辆驶过后，路基能恢复原状且保持相对稳定。

路基在车轮荷载作用下所引起的竖向应力 σ_z，可以用近似公式（5-2）计算。计算时，假定车轮荷载为一圆形均布垂直荷载，路基为一弹性均质半空间体：

$$\sigma_z = \frac{p}{1+2.5\left(\frac{Z}{D}\right)^2} \text{ 或 } \sigma_z = K\frac{P}{Z^2} \tag{5-2}$$

式中 P、p——车轮集中荷载（kN）及其换算的均布荷载（kN/m²）；

D——圆形均布垂直荷载作用面积的直径（m）；

Z——圆形均布垂直荷载中心下应力作用点的深度（m）。

路基自重在深度为 Z 处引起的竖向应力 σ_B 按式（5-3）计算：

$$\sigma_B = \gamma Z \tag{5-3}$$

式中 γ——土的重度（kN/m³）；

Z——应力作用点的深度（m）。

虽然路面结构材料的重度比路基土体的重度略大，但是结构层的厚度相对于路基某一深度而言，这个差别可以忽略，仍可视作均质土体。

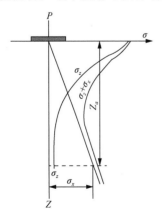

图 5.3 路基应力分布图

路基内任一点处的竖向应力包括由车轮荷载引起的 σ_z 作用和由路基自重引起的 σ_x 作用，如图 5.3 所示。

在路基某一深度 Z_a 处，当车轮荷载引起的竖向应力与路基土自重引起的垂直应力相比所占比例很小，仅为 1/10~1/5 时，该深度 Z_a 范围内的路基称为路基工作区。

路基工作区深度 Z_a 可以用式（5-4）计算：

$$Z_a = \left(\frac{KnP}{\gamma}\right)^{\frac{1}{3}} \tag{5-4}$$

式中，$K=0.5$；$n=5\sim10$。

由式（5-4）可见，路基工作区深度随车轮荷载的加大而加深。当路基填土高度大于路基工作区深度时［图 5.4（a）］，行车荷载的作用不仅施加于路堤，而且施加于天然地基的上部土层；反之，行车荷载仅作用于路堤［图 5.4（b）］。因此，天然地基上部土层和路堤应同时满足工作区的要求，均应充分压实。

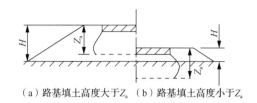

(a) 路基填土高度大于Z_a (b) 路基填土高度小于Z_a

图 5.4 工作区深度和路基填土高度

5.1.7 路基工程的内容

路基工程设计与建筑的基本任务是以最低的成本来提供符合一定使用要求的路基结构物。

1. 路基工程设计的内容

（1）勘察调查。

收集沿线的地质、水文、气象和交通等方面的资料，了解现有道路的使用状况，进行必要的测试工作。

（2）路基工程设计。

路基工程设计的主要内容如下。

① 根据路线设计确定路基填挖高度和顶面宽度，结合沿线的岩土情况，确定路基的横断面形状和边坡坡度。

② 根据沿线地面水流和地下水埋藏情况，进行道路排水系统的布置以及地面和地下排水结构物的设计。

③ 根据当地水文、地质、地形及筑路材料等情况，采取边坡坡面防护、沿河路基堤岸防护、路基支挡及软弱地层加固等措施，并进行相应的设计（例如，用作路基支挡的挡土墙设计）。

以上设计，均可参照规范规定或标准进行，但要注意它们的适用条件，切忌生搬硬套。

2. 路基建筑的内容

路基建筑是按照设计图纸和规范要求，以最经济的方式，及时建成符合质量标准的路基结构物。

（1）准备工作。

施工前的准备工作有：现场核对设计文件和图纸，必要时对原设计做出某些修改；确定施工方案和施工组织计划；恢复并固定路线，施工放样；清理场地，修建临时设施（如便道、工棚等）；配备机具、劳力、材料，落实生活供应等。

（2）路基施工。

建造路基的基本工作如下。

① 路基土方作业：包括开挖路堑或取土坑、运土填筑路堤、压实填土和整修路基表面。

② 路基石方爆破：包括凿眼、装药、爆破、清渣和整修等。
③ 排水、防护与加固工程：包括开挖截水沟或其他排水沟渠，建造跌水或急流槽，砌筑护坡、护墙和挡土墙，进行地基加固等。

5.2 路基设计

5.2.1 路基横断面设计

路基横断面的形式应结合当地地形、地质、水文、填挖高度等情况进行布置。路基常用的典型横断面有路堤、路堑、半填半挖路基（半路堤半路堑）等类型，如图5.5所示，各种路基横断面要结合实际地形选用，且应以路基稳定、行车安全、经济适用为前提。

1．路堤

路堤是指高于原地面的填方路基。路堤分为上路堤和下路堤，上路堤是指路面底面以下0.80~1.50m的填方部分；下路堤是指上路堤以下的填方部分。路面底面以下80cm范围内的路基部分，称作路床，路床是路面的基础，直接承受由路面传来的荷载，分为上路床（0~30cm）及下路床（30~80cm）两层。

路堤的形式很多，包括一般路堤、矮路堤、高路堤、挖沟填筑路堤、浸水路堤（沿河路堤）、护脚路堤、吹（填）砂（粉煤灰）路堤等。

填土高度小于1.5m的路堤称为矮路堤，当填土高度小于0.5m时，为保证路基最小填土高度及顺利排水，应设置边沟。在进行路堤设计时，应注意满足最小填土高度的要求，并不低于规定的临界高度，使路基处于干燥或中湿状态。除了填方路堤本身要满足规定的施工要求，天然地面也应按规定进行压实，达到规定的压实度，必要时进行换土或加固处理，以保证路基路面的强度和稳定性。

填土高度大于1m小于18m（土质）或20 m（石质）的路堤为一般路堤，如图5.5（a）所示。

挖方路堤是指路基表面要低于原地面时，从原地面至路基表面挖去部分的土石体积，如图5.5（b）所示。

为满足平原区公路填土的需要，将路基两侧或一侧的边沟断面扩大成取土坑的路基称为挖沟填筑路堤。

沿河路堤是指桥头引道和河滩路堤，路基的高度要考虑设计洪水位的影响，如图5.5（d）所示。路堤浸水部分边坡，除了采用较缓和的坡度，还可视水流情况采取加固防护措施。

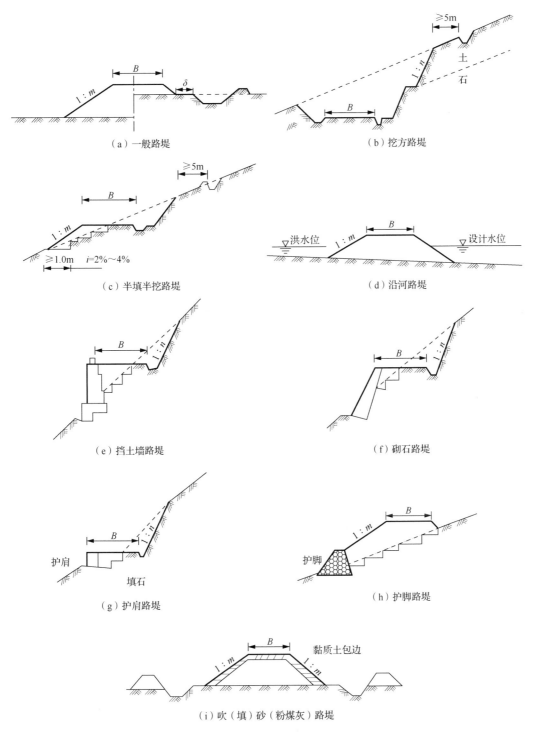

图 5.5 路基的横断面

在山区横坡较陡的路段上填筑的路基称为陡坡路堤。当填方坡脚过远,为避免多占耕地或减少拆迁,可采用如图 5.5(h) 所示的护脚路堤。

吹（填）砂（粉煤灰）路堤是指用砂或粉煤灰做填料的路堤。为了保护边坡稳定和植物生长，在填砂（或粉煤灰）路堤边坡表层1~2m用黏质土填筑，路床顶面也可采用0.3~0.5m粗粒土封闭，如图5.5（i）所示。

2．路堑

路堑是开挖天然地面做成的路基，其两旁设排水边沟，边沟断面可根据土质情况采用梯形、矩形或三角形等。为拦截和排除路基的地表水，以保证边坡稳定，应在路堑坡顶5m以外设置截水沟。

基本的路堑形式有全挖式、台口式和半山洞式。

路堑边坡可根据高度和岩土层情况设置成直线或折线。路堑边坡的坡脚处设置边沟，以汇集和排除路基范围内的地表径流。路堑的上方应设置截水沟，以拦截和排除流向路基的地表径流。边坡坡面易风化时，在坡脚处设置0.5~1.0m的碎落台，坡面可采用防护措施。挖方弃土可堆放在路堑的下方。

挖路堑所废弃的土石方，应弃置于下侧坡顶外至少3m处，并做成规则形状的弃土堆。在挖方高度较大或土质变化处，边坡应随之做成折线形或台阶式，以保证稳定。

3．半填半挖路基

半填半挖路基是路堤和路堑的结合形式。在山坡路段常采用半填半挖断面，以降低工程造价，填方部分应按路堤的要求填筑，挖方部分应按路堑的要求设计。

半填半挖路基兼有路堤和路堑两者的特点。填方部分的局部路段，当遇到原地面的短缺口，填土高度不大但坡脚又远不宜填筑时，可采用砌石护肩，如图5.5（g）所示。当地面横坡太陡或填土高度较大，也可就近利用废石方，采用挡土墙路基或砌石路基，如图5.5（e）和图5.5（f）所示，砌石路基相当于简易式挡土墙，承受一定的侧向压力，它与挡土墙不同的是，砌体与路基几乎成为一个整体，而挡土墙不依靠路基也能独立稳定。砌石护肩、护坡与护墙，以及挡土墙等路基，如果填方部分悬空，而纵向又有适当的基岩时，则可以沿路基纵向建成半山桥路基。当原地面横坡大，且路基较宽，在一个断面内，需一侧开挖、另一侧填筑时，为半填半挖路基，也称半路堤半路堑。

5.2.2 路基排水设计

水是影响路基稳定性的重要因素，路基的变形和破坏主要受到水的影响。路基水的来源有地面水和地下水，它们都会使路基湿软，从而导致承载力降低，造成滑坡塌方或冻害翻浆等。

图5.6所示为某山区公路路基的排水系统布置。

1．地面排水设施

路基地面排水可采用边沟、截水沟、排水沟、跌水与急流槽、蒸发池等设施。

（1）边沟。

边沟是在路基两侧设置的纵向水沟，用以汇集和排除路基范围内和流向路基的少量地面水。在所有挖方地段和填土高度小于边沟深度的填方地段均应设置边沟。

边沟横断面形式一般采用梯形，石方地段的边沟宜采用矩形横断面，少雨浅挖地段的土质边沟可采用三角形横断面，防积沙和积雪路段，可采用流线型断面。边沟主要横断面形式如图 5.7 所示。

（2）截水沟。

截水沟是用来拦截路基上方流向路基的地面水，减轻边沟的水流负担，保护挖方边坡和填方坡脚不受水流冲刷和损害。截水沟一般采用梯形横断面，边坡坡度为 1∶1～1∶1.5，沟底应具有 3%的纵坡，长度以 200～500m 为宜。在干旱地区、少雨地区、坡面坚硬和边坡较低的地段，可以不设截水沟；在降水量较多且暴雨频率较高、山坡覆盖层比较松软、坡面较高、水土流失比较严重的地段，必要时可设置两道或多道截水沟。

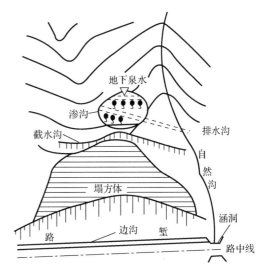

图 5.6 某山区公路路基的排水系统布置

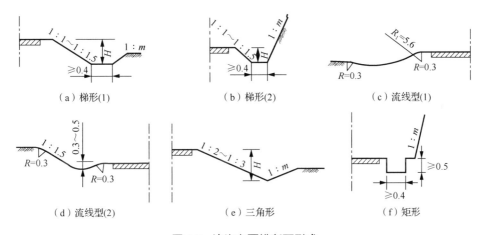

图 5.7 边沟主要横断面形式

图 5.8 所示为路堑段挖方边坡上方设置的截水沟示意图，图中距离 d（边坡顶点到截水沟的水平距离）一般为 5m，土质不良地段可取 10m 或更大。截水沟下方一侧可堆置挖沟的土方，要求做成顶部向沟倾斜度为 2%的土台。路堑上方设置弃土堆时，截水沟的位置及断面尺寸如图 5.9 所示。

山坡填方路段可能遭遇上方水流的作用，此时必须设截水沟，以拦截山坡水流保护路堤，如图 5.10 所示。截水沟应结合地形和地质条件沿等高线布置，将拦截的水顺畅地排向自然沟谷或水道。

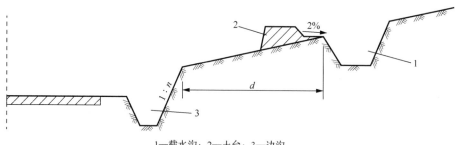

1—截水沟;2—土台;3—边沟

图 5.8 路堑段挖方边坡上方设置的截水沟示意图

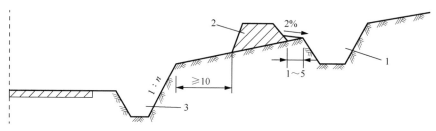

1—截水沟;2—土台;3—边沟

图 5.9 路垫上方设置弃土堆时截水沟的位置及断面尺寸(单位:m)

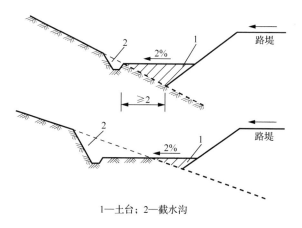

1—土台;2—截水沟

图 5.10 山坡填方路段上的截水沟示意图(单位:m)

(3)排水沟。

排水沟的作用是将边沟、截水沟、取土坑、边坡和路基附近的积水引排至桥涵或路基范围以外的天然河流或低洼地,其沟渠构造与截水沟相同。

排水沟横断面形式一般采用梯形,其断面尺寸根据设计流量确定,边坡坡度可采用1∶1~1∶1.5,底宽与沟深均不得小于 0.5m,沟底纵坡倾斜度以 1%~3%为宜。当纵坡倾斜度大于 3%时,应采取加固措施;当纵坡倾斜度大于 7%时,则应改用跌水或急流槽。

（4）跌水与急流槽。

跌水和急流槽均为路基排水沟渠的特殊形式，可用于陡坡坡度大于10%，水头高差大于1m的地段。此地段水流湍急，冲刷力强，要求跌水与急流槽的结构必须稳固耐久，通常采用浆砌块石或水泥混凝土预制块砌筑。

跌水是指在陡坡或深沟地段设置的沟底为阶梯形、水流呈瀑布跌落式通过的沟槽。单级跌水适用于排水沟渠连接处因水位落差较大，需要消能或改变水流方向的情况。若路基边沟水流通过涵洞排泄，也可以采用单级跌水（相当于雨水井）连接，如图5.11所示。较长陡坡地段的沟渠，为减缓水流速度，并予以消能，可采用多级跌水，多级跌水纵剖面图如图5.12所示。多级跌水底宽和每级长度可以采用各自相等的对称形，也可根据实地需要，将跌水底部做成变宽形式或将其底部长度与高度做成每级不等的形式。

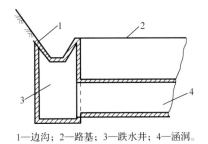
1—边沟；2—路基；3—跌水井；4—涵洞。

图5.11 边沟与涵洞单级跌水连接图

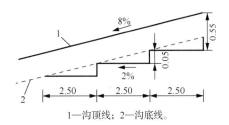
1—沟顶线；2—沟底线。

图5.12 多级跌水纵剖面图（单位：m）

跌水的构造由进水部分、消力池和出水部分组成，如图5.13所示。其断面尺寸必须通过水文、水力计算确定。

急流槽是指在陡坡或深沟地段设置的坡度较陡、水流不离开槽底的沟槽。急流槽主体部分的纵坡依地形而定，一般坡度可达1∶1.5。当急流槽纵坡坡度大于1∶1.5时，宜采用金属管，管径至少为20cm。各节急流管用管桩锚固在坡体上，其接口应采用防水连接，以免管内水流渗漏而冲刷坡面。

急流槽可采用由浆砌片石铺砌的矩形横断面或者由水泥混凝土预制件铺筑的矩形横断面，槽底可铺砌普通混凝土或钢筋混凝土，如图5.14所示。槽顶应与两侧斜坡表面齐平，当采用混凝土预制槽时，可采用混凝土槽底，槽深最小为0.2m，槽底宽最小为0.25m，槽底每隔2.5～5m应设置一个凸形耳墙，嵌入坡体内0.3～0.5m以避免槽体顺坡下滑。槽身较长时宜分段砌筑，且需设置宽度为2～3m的消力池，分段砌筑长度5～10m，预留伸缩缝，并用防水材料填缝。

（5）蒸发池。

气候干旱、排水困难地段，可沿线修筑蒸发池以排除地表水。蒸发池与边沟（或排水沟）之间设排水沟相连，池中水位应低于排水沟沟底。蒸发池的平面形状采用矩形或其他的形状，其设置不应使附近地面盐渍化或沼泽化，蒸发池周围可围筑土埝以防止其他水流流入池中。

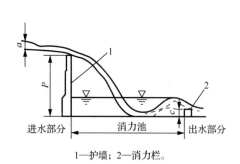
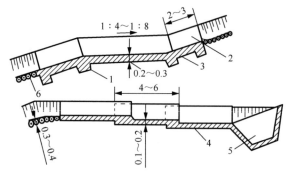

图 5.13 跌水构造示意图　　　　图 5.14 急流槽构造示意图（单位：m）

1—护墙；2—消力栏。

1—耳墙；2—消力池；3—混凝土槽底；
4—钢筋混凝土槽底；5—横向沟渠；6—砌石护底。

2. 地下排水设施

路基地下排水设施包括暗沟（管）、渗沟、渗井等，其特点是排水量不大，主要以渗流的方式汇集水源，并就近排出路基范围以外。

（1）暗沟。

暗沟是用于排除泉水或地下集中水流的沟渠，平面和剖面图如图 5.15 所示。暗沟主要将路基范围内的泉水或渗沟拦截、汇集的水流引到路基范围之外。

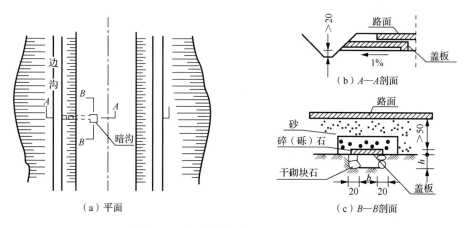

图 5.15 暗沟构造示意图（单位：cm）

暗沟横断面形式常为矩形，用浆砌片石或水泥混凝土预制块砌筑，暗沟的纵坡倾斜度不宜小于 1%。为了防止出现倒灌现象，暗沟的出水口应高出地表排水沟常水位 0.2m。

图 5.16 所示为在路基一侧边沟下设置暗沟，用以拦截流向路基的层间水，防止路基边坡滑塌和毛细水水位上升危及路基的强度与稳定性。图 5.17 所示为在路基两侧边沟下均设置暗沟，用以降低地下水位，防止毛细水水位上升到路基工作区范围内，形成水分积聚而造成冻胀和翻浆，或土基过湿而降低强度等。图 5.18 所示为在挖填交界处设置的横向暗沟。寒冷地区的暗沟应做防冻保温处理或将暗沟设在冻结深度以下。

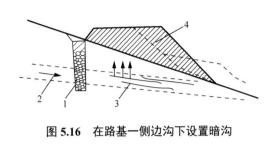

图 5.16　在路基一侧边沟下设置暗沟　　　　图 5.17　在路基两侧边沟下均设置暗沟

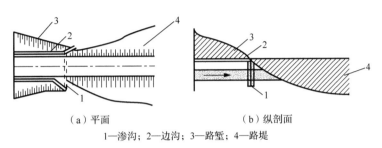

（a）平面　　　　　　　　　　（b）纵剖面

1—渗沟；2—边沟；3—路堑；4—路堤

图 5.18　在挖填交界处设置的横向暗沟

（2）渗沟。

渗沟是采用渗透方式来降低地下水位或拦截地下水的地下排水沟渠，并通过沟底通道将水排至指定地点。渗沟按排水层的构造分为填石渗沟、管式渗沟和洞式渗沟，如图 5.19 所示。

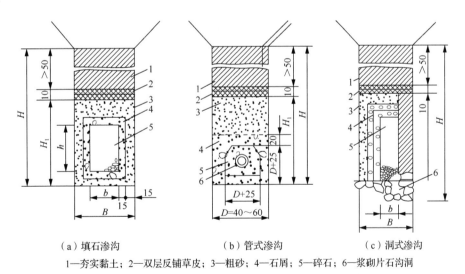

（a）填石渗沟　　　　（b）管式渗沟　　　　（c）洞式渗沟

1—夯实黏土；2—双层反铺草皮；3—粗砂；4—石屑；5—碎石；6—浆砌片石沟洞

图 5.19　渗沟构造图（单位：cm）

渗沟的平面布置，用作降低地下水位时，应尽量靠近路基；用作拦截地下水时，应尽量与地下水流垂直。

（3）渗井。

渗井是应用于竖直方向的地下排水设施。渗井是当浅层地下水排水困难，距地面不深处有良好的渗水层，且地下水流向背离路基或较深时，将路基范围内的浅层地下水及少量地面水引入更深的透水层中，以排除地面水或降低浅层的地下水位，如图5.20（a）所示。

渗井的平面布置以及孔径与渗水量按水力计算而定，渗井一般为圆形或方形，井深视地层构造情况而定。井内由中心向四周按层次分别填入由粗而细的砂石材料、渗水粗料、反滤细料，如图5.20（b）所示。填充材料要求筛分冲洗，施工时需用铁皮套筒分隔填入不同粒径的材料，粗细材料不得混杂，以保证渗井达到预期的排水效果。

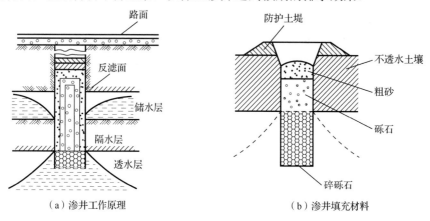

图 5.20　渗井的结构

5.2.3　路基稳定性设计

1．概述

路基在自然环境条件中受到大气雨雪的影响，导致土的黏聚力和内摩擦角减小，边坡可能出现滑塌失稳的情况。因此，高填深挖路基、桥头引道和河滩路堤等都要做稳定性验算。路基稳定性包括路堤堤身的稳定性、路堤和地基的整体稳定性、路堤沿斜坡地基或软弱层滑动的稳定性。

进行边坡稳定性验算前，要充分收集路基土体的重度 γ、黏聚力 c 和内摩擦角 φ 的资料，其数值由试验确定，一般 $c=5\sim20\text{kPa}$，$\varphi=20°\sim40°$，$\gamma=14\sim18\text{kN/m}^3$。

进行边坡验算时，可假定松砂或砂性土边坡滑动面为平面，一般黏土的滑动面为圆曲面，滑动面通过坡脚或变坡点。软土路基的滑动面通过软土土基而交于坡脚点之外。几种边坡滑动面如图5.21所示。

进行边坡验算时，要考虑路堤自重和行车荷载。设计的标准车辆以相应的车重按最不利位置排列，将车重换算为等效土层重量，等效土层的高度按下式计算：

$$h_0=\frac{NQ}{\gamma BL} \tag{5-5}$$

式中，h_0 为等效土层的高度（m）；N 为横向分布车辆数，单车道 $N=1$，双车道 $N=2$；Q 为行车荷载（kN）；L 为汽车前后轴距（m）；γ 为填土重度（kN/m³）；B 为横向车辆轮胎外缘总距（m）；$B=Nb+(N-1)d$ [其中 b 为每一车辆轮胎外缘之间距（m），d 为相邻两车轮胎之间的净距（m）]。

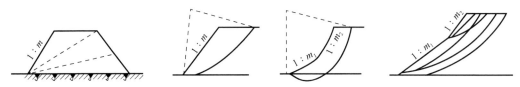

图 5.21　边坡的滑动面

2．边坡稳定性验算

（1）直线滑动面法。

对砂土和砂性土路堤边坡的稳定性验算采用直线滑动面法，并假定滑动面通过坡脚，如图 5.22 所示。

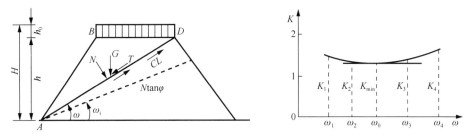

图 5.22　直线滑动面法验算图

取路基长度为 1 延米进行计算，设滑裂土楔体 ABD 与等效土层的总重为 G（kN），滑裂土楔体沿滑动面 AD 滑动，其稳定系数 K 按下式计算：

$$K = \frac{F}{T} = \frac{G\cos\omega\tan\varphi + cL}{G\sin\omega} \tag{5-6}$$

式中，F 为沿滑动面的抗滑力（kN）；T 为沿滑动面的下滑力（kN）；ω 为滑动面对水平面的倾角；c 为路堤土的黏聚力（kPa）；φ 为路堤土的内摩擦角；L 为滑动面 AD 的长度。

进行边坡验算时，可作不同倾角 ω_i 的破裂面，求出相应的 K_i，画出相应的 K-ω 曲线，与最小的稳定系数 K_{min} 相对应的 ω_0 为危险破裂角。

通常以最小稳定系数 $K_{min}>1.25$ 来判定边坡的稳定性，当 $K_{min}\leqslant 1.25$ 时，则边坡不安全。此时可减缓边坡的坡度，降低路堤高度或修筑挡土墙，以增加边坡的稳定性。

（2）圆弧滑动面法。

一般黏土路堤稳定性验算采用圆弧滑动面法。

工程设计中确定圆心的方法是 4.5H 法。如图 5.23 所示，首先由坡脚点 E 向下量路堤高 H 得 F 点，由 F 点作水平线，令 $FM=4.5H$ 得 M 点。由边坡斜度 $i_0=\dfrac{1}{m}$ 查辅助线角值表得 β_1、β_2 的值。再由 E 点沿 ES 线逆时针方向量 β_1 角画线；由 S 点沿水平线顺时针方向量 β_2 角画线，两线交于 I 点，连 IM 线。滑动圆弧的圆心均在此线上。

假定取圆心 O 点，通过坡脚画圆弧。弧面内取等分土条，条宽 2m。根据《公路路基设计规范》(JTG D30—2015)，采用简化 Bishop 法分析计算，稳定安全系数 F_s 按式 (5-7) 计算，计算图示如图 5.24 所示。

$$F_s = \frac{\sum K_i}{\sum (W_i + Q_i)\sin \alpha_i} \tag{5-7}$$

式中，W_i 为第 i 土条重力；α_i 为第 i 土条底滑动面的倾角；Q_i 为第 i 土条垂直方向外力；K_i 为稳定系数，按式 (5-8)、式 (5-9) 确定。

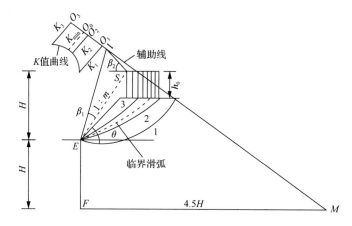

图 5.23　确定辅助线

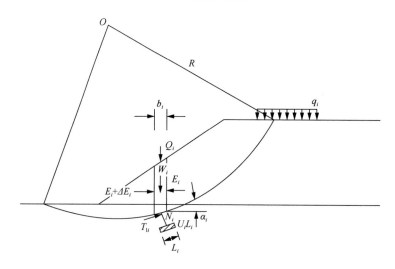

图 5.24　简化 Bishop 法计算图示

当第 i 土条底滑动面位于地基中时

$$K_i = \frac{c_{di} + W_{di}\tan\varphi_{di} + U(W_{ti} + Q_i)\tan\varphi_{di}}{m_{ai}} \tag{5-8}$$

当第 i 土条底滑动面位于路堤中时

$$K_i = \frac{c_{ti}b_i + U(W_{ti} + Q_i)\tan\varphi_{ti}}{m_{ai}} \quad (5\text{-}9)$$

式（5-8）和式（5-9）中，W_{di} 为第 i 土条地基部分的重力；W_{ti} 为第 i 土条路堤部分的重力；b_i 为第 i 土条宽度；U 为地基平均固结度；c_{di}、φ_{di}、c_{ti}、φ_{ti} 为第 i 土条所处地基、路堤土层的黏聚力与内摩擦角；m_{ai} 为系数，$m_{ai} = \cos\alpha_i + \dfrac{\sin\alpha_i \tan\varphi_i}{F_s}$。

稳定安全系数有以下规定：计算路堤的堤身稳定安全系数 F_s 取值为 1.35；当地基土渗透性较差、排水条件不好时，路堤和地基整体稳定安全系数 F_s 取值为 1.2～1.35；当地基土渗透性较好、排水条件良好时，路堤和地基整体稳定安全系数 F_s 取值为 1.35～1.45。

（3）路堤沿斜坡基础整体滑动稳定性验算。

路堤沿斜坡地基或软弱层带滑动的稳定性可采用不平衡推力法进行分析计算，稳定安全系数 F_s，利用式（5-10）计算得到，计算图示如图 5.25 所示，τ_1 为土体对斜坡整体滑动的剪应力。

$$\begin{cases} E_i = W_{Qi}\sin\alpha_i - \dfrac{1}{F_s}[c_i l_i + W_{Qi}\cos\alpha_i \tan\varphi_i] + E_{i-1}\psi_{i-1} \\ \psi_{i-1} = \cos(\alpha_{i-1} - \alpha_i) - \dfrac{\tan\varphi_i}{F_s}\sin(\alpha_{i-1} - \alpha_i) \end{cases} \quad (5\text{-}10)$$

式中，W_{Qi} 为第 i 土条的重力与外加竖向荷载之和；α_{i-1}、α_i 为第 i 土条底滑面的倾角；c_i、φ_i 为第 i 土条底的黏聚力和内摩擦角；l_i 为第 i 土条底滑面的长度；E_{i-1} 为第 $i-1$ 土条传递给第 i 土条的下滑力；ψ_{i-1}、ψ_i 为计算系数。

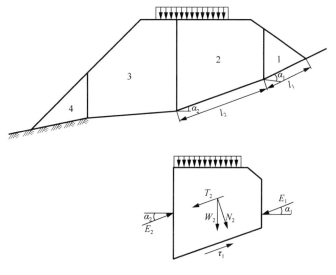

图 5.25　不平衡推力法

逐条计算直到第 n 土条的剩余下滑力为零,由此确定稳定安全系数 F_s。《公路路基设计规范》(JTG D30—2015)规定的稳定安全系数为 1.30。

5.3 防护与加固

由岩、土填挖而成的路基改变了原地层的天然平衡状态,裸露于空间并直接承受填土及行车荷载的作用。道路结构长期受自然因素的作用,在不利水温条件作用下,其物理、力学性质将发生变化,可能产生各种变形和破坏。因此,为确保道路结构的强度与稳定性,保证路基的稳定和防治路基病害,路基的防护与加固是不可缺少的工程技术措施。作为路基工程的重要组成部分,除了路基排水,还必须根据道路等级、当地条件等因地制宜地采取有效的措施,对各类土、石边坡及软弱地基予以必要的防护与加固,特别是沿河路堤、不良水文地质地段的路基和容易受水冲刷的路基边坡。路基防护与加固工程可以保证正常的汽车运输,减少道路灾害,确保行车安全,保持道路与自然环境协调,提高道路使用品质和投资效益。

在路基防护与加固工程中,一般把防止风化和冲刷,主要起隔离、封闭作用的结构物称为防护工程。路基防护与加固方法多种多样,设计、施工中应遵循"因地制宜、就地取材、经济适用、照顾景观"的原则。

5.3.1 坡面防护

坡面防护又称边坡防护,主要用以防护易受自然因素影响而被破坏的土质和岩石边坡,以此保证路基边坡表面免受雨水冲刷,从而提高边坡的稳定性、美化路容、增加行车舒适感。常用的坡面防护类型有植物防护、工程防护和坡面处治。下面讲解植物防护和工程防护。

1. 植物防护

植物防护适用于比较平缓的适宜植物生长的稳定的土质边坡,可利用植被根系固结表土来确保边坡稳定、绿化道路和保护环境。常用的植物防护方法主要有种草、铺草皮和植树等。

(1)种草。

种草防护法是直接在坡面上播种草籽,经浇水、保湿使之成活,适用于边坡坡度不陡于 1∶1,土质适宜种草,不浸水或短期浸水但地面径流速度不超过 0.96 m/s 的边坡。

(2)铺草皮。

铺草皮适用于需要快速绿化,且坡度小于 1∶1 的土质边坡和严重风化的软质岩石边坡。应根据具体条件(坡度与流速等),分别采用平铺(平行于坡面)、水平叠铺、垂直叠铺、与坡面成一半坡角的斜交叠铺、网格式（采用片石铺砌成方格或拱式边框，方格式框内铺草皮）等方式铺草皮，如图 5.26 所示。

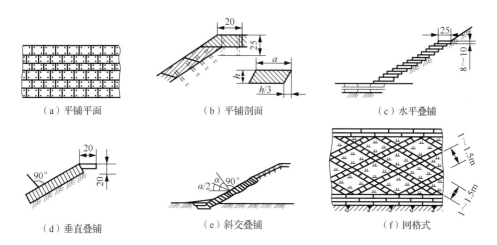

图 5.26 铺草皮方式示意图（除已注明尺寸外，其余单位：cm）

（3）植树。

植树适用于坡度不陡于 1∶1.5 的土质和全风化的岩石边坡。植树可以降低水流速度，促进泥沙淤积，防止或减轻水流对路基或河岸的冲刷。植树可以加强路基的稳定性，还具有防风、防沙、防雪、美化路容、调节气候等作用。

根据不同的防护要求，植树可按梅花形、方格形进行条带式或连续式栽植。树种应为根系发达、枝叶茂盛、适合当地迅速生长的低矮灌木。植树最好与种草结合使用，使坡面形成一个良好的覆盖层，才能更好地起到防护作用。

（4）其他方法。

除了上述三种方法，还可采用三维植被网防护、湿法喷播和客土喷播等方法。三维植被网防护适用于砂性土、土夹石及风化岩石的边坡防护；湿法喷播适用于土质边坡、土夹石边坡、严重风化岩石坡面的路堑和路堤边坡及中央分隔带、立交区、服务区及弃土堆的绿化防护；客土喷播适用于风化岩石、土壤较少的软质岩石、养分较少的土壤、硬质土壤、植物立地条件较差的高大陡坡面和受侵蚀显著的坡面。

2．工程防护

当不宜使用植物防护或考虑就地取材时，可采用砂石、水泥、石灰等矿物材料进行坡面防护，它们也是常用的工程防护形式。可根据不同条件选用抹面、填缝、勾缝和灌浆，喷护和挂网喷护，砌石防护及护面墙等形式。

（1）抹面。

抹面防护是将混合料均匀地涂抹在坡面，适用于表面易风化、但尚未剥落的软质岩石挖方边坡，以预防风化成害。

常用的抹面材料有石灰浆、石灰炉渣灰浆、石灰炉渣三合土或水泥石灰砂浆。操作前应清理坡面风化层、浮土与松动碎块，填坑补洞，洒水润湿；抹面后，应拍浆、抹平和养护。

(2)填缝、勾缝和灌浆。

填缝的目的是修复岩体内的裂隙以保持岩石边坡的整体性,避免水分渗入岩体缝隙造成病害。按缝隙大小和深浅不同,可采用勾缝和灌缝两种形式。

勾缝是防止雨水沿裂缝侵入岩层内部而造成病害的一种有效方法。勾缝材料可用水泥砂浆或水泥石灰砂浆。它适用于较坚硬的、不易风化的、节理多而细的岩石挖方边坡。

灌浆是借砂浆的黏结力把裂开的岩石黏结为一体,以保证岩石边坡稳定的方法。它适用于较坚硬、裂缝较大且较深的岩石挖方边坡。灌浆材料可用水泥砂浆,裂缝很宽时可用混凝土灌注。灌浆要灌满到缝口并抹平。

(3)喷护和挂网喷护。

喷护适用于易风化但尚未严重风化、坡面不平整的岩石边坡。挂网喷护适用于对高而陡的边坡、上部岩层较破碎而下部岩层完整的边坡和需大面积防护的边坡。

施工前坡面如有较大裂缝、凹坑时,应先嵌补牢实,使坡面平顺整齐;岩体表面要冲洗干净,土体表面要平整、密实、湿润。喷层厚度要均匀,喷后应养护7~10d,喷层周边与未防坡面的衔接处应做好封闭处理。

(4)砌石防护。

砌石防护分为干砌和浆砌两种,可用于风化岩质路堑或土质路堤边坡的坡面防护,也可用于浸水路堤及排水沟渠的冲刷防护。

干砌片石护坡适用于易遭受雨、雪、水流冲刷的较缓土质边坡,风化较重的软质岩石坡,受水流冲刷较轻的河岸和路基,边坡坡度不陡于1∶1.25。干砌片石护坡一般分为单层铺砌和双层铺砌,图5.27所示为砌石单层护坡和双层护坡示意图。图中,H为干砌石垛高度,20~30cm;h为护面厚度,大于20cm。

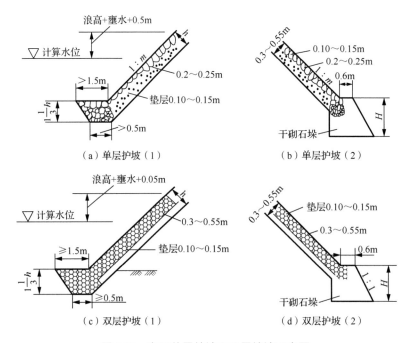

图 5.27 砌石单层护坡和双层护坡示意图

铺砌层下应设置碎石或砂砾垫层,厚度为10~15cm,也可用反滤效果等效于砂砾垫层的土工布代替。

当水流速度较大,波浪作用强,有漂浮物冲击时,可采用浆砌片石护坡。浆砌片石护坡适用于坡度缓于1:1的易风化岩石和土质路堑边坡。护坡底面也可设置碎石或砂砾垫层,厚度为10~15cm,也可用反滤效果等效于砂砾垫层的土工布代替。

浆砌片石护坡较长时,要分段施工。内填沥青麻筋或沥青木板;护坡下部应设置泄水孔,其间距为2~3m,以便排泄护坡背面的积水及减小渗透压力。在地基土质变化处还应设置沉降缝。

(5)护面墙。

护面墙简称护墙,是一种墙体形式的坡面防护,适用于坡度较陡又易风化或较破碎的岩石挖方边坡及坡面易受侵蚀的土质边坡。护面墙要求墙面紧贴坡面,表面砌平。护面墙除自重外,不承受墙背的土压力,挖方边坡必须符合极限稳定边坡的要求。护面墙常采用浆砌片石结构,在缺乏石料的地区,也可以采用混凝土结构,墙基要求设置在可靠地基上,在底面做成向内斜的反坡。护面墙示意图如图5.28所示。

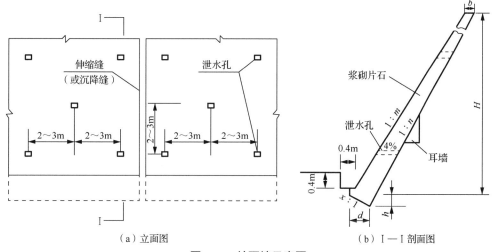

图 5.28 护面墙示意图

护面墙分为实体式护面墙、窗孔式护面墙、拱式护面墙等类型,如图5.29所示。实体式按护面墙按其构造与布置形式又分为单层式护面墙和双层式护面墙。护面墙高度与厚度及路堑边坡的关系见表5.2。

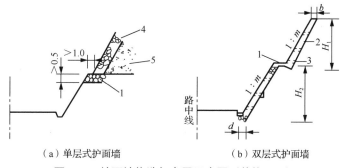

图 5.29 护面墙构造与布置示意图(单位:m)

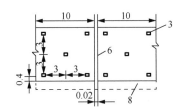 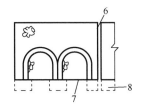

（c）窗孔式护面墙　　　　　　　　（d）拱式护面墙

1—平台；2—耳墙；3—泄水孔；4—封顶；5—松散夹层；6—伸缩缝；
7—软地基；8—基础；9—支补墙；10—护面墙。

图 5.29　护面墙构造与布置示意图（续）

表 5.2　护面墙高度与厚度及路堑边坡的关系

护面墙高度/m	护面墙厚度/m		路堑边坡
	顶宽 b	底宽 d	
$H \leqslant 2$	0.40	0.40	1∶0.5
$H \leqslant 6$	0.40	$0.40+0.10H$	陡于 1∶0.5
$6 < H \leqslant 10$	0.40	$0.40+0.05H$	1∶0.5～1∶0.75
$10 < H < 15$	0.60	$0.40+0.05H$	1∶0.75～1∶1

护面墙较高时，应分级修筑，每级 6～10m，每一分级设不小于 1m 的平台，墙背每 4～6m 高设耳墙，耳墙一般宽 0.5～1.0m。沿墙长每 10m 设一条伸缩缝，宽 2cm，填以沥青麻筋。墙身应预留 6cm×6cm 或 10cm×10cm 的泄水孔，并在其后作反滤层，若坡面开挖后形成凹陷，应以石砌圬工填塞平整。

护面墙基础应埋置在稳定的地基上，埋置深度应根据地质条件确定，冰冻地区应埋置在冰冻深度以下大于 25cm 处。护面墙前趾应低于边沟铺砌的底面。

5.3.2　冲刷防护

冲刷防护与加固主要针对沿河滨海路堤、河滩路堤及水泽区路堤，包括桥头引道，以及路基边坡的防护堤岸等。目的是防止水流对路基的冲刷与淘刷而危及岸坡，保证路基稳固。冲刷防护措施有两种：一种是加固岸坡的直接防护，如坡面防护、抛石防护、石笼防护等；另一种是改变水流性质的间接防护，主要指导流结构物，如丁坝、顺坝、格坝、拦水坝等。应根据河流情况、水流性质及岸坡受冲刷情况单独使用一种，或同时使用两种，综合防护治理。

1. 直接防护

直接防护类型有植物防护、砌石防护或抛石与石笼防护，以及必要时设置的支挡（驳岸等），以减轻或避免水流的直接冲刷。在盛产石料的地区，当水流速度达到 3.0 m/s 或更高时，植树与砌石防护失效，可采用抛石防护。当水流速度达到或超过 5.0m/s 时，则改用石笼防护。

(1)抛石防护。

抛石防护类似在坡脚处设置护脚。经常浸水且水流方向平顺，河床承载力较好，无严重冲刷的路基，应在枯水季节施工。抛石防护适用于附近盛产大块砾石、卵石以及废石方较多的路段。

(2)石笼防护。

石笼防护是采用铁丝（或钢筋混凝土、竹料等）编织成框架，内填石料，设于防护处。一般适用于缺乏大石块、水流速度达到或超过 5.0m/s 时，特别在含有大量泥沙及基底土质良好的急流河段。根据编笼所用材料的不同，石笼可分为竹石笼、铁丝石笼和钢筋混凝土框架石笼等。根据需要，石笼的形状可做成箱形笼或圆柱形笼，如图 5.30（a）和图 5.30（b）所示。笼内填石宜为密度大、坚硬未风化的石块。外层用大石块填充并使棱角突出网孔，内层用较小石块填充。石笼应平铺并与坡角线垂直，且堤岸按一端固定，必要时底层各角用铁棒固定。

石笼用于防止冲刷淘底时，一般在河底将石笼平铺并与坡脚线垂直，并固定坡脚处的尾端，靠河中心一端不必固定，以便于淘底后向下沉落，如图 5.30（c）所示；石笼用于防止岸坡受冲刷时，垒码平铺成梯形，如图 5.30（d）所示。

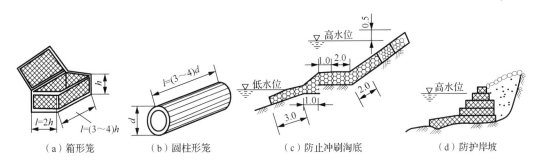

图 5.30 石笼防护示意图（单位：m）

2．间接防护

间接防护是采用导流结构物进行疏浚河床、改变河道，从而改变流水方向、调节水流速度，消除和减缓水流对堤岸的直接破坏，同时可减轻堤岸近旁淤积，彻底解除水流对局部堤岸的损害作用，起安全保护作用。

间接防护措施主要有丁坝、顺坝、格坝、拦水坝及改河工程等，如图 5.31 所示。下面简单介绍一下丁坝、顺坝和格坝。

(1)丁坝。

丁坝也称挑水坝，是指坝根与岸滩相接，坝头伸向河槽，坝身与水流方向成某一角度，能将水流挑离河岸的结构物。它适用于宽浅变迁性河段，用以挑流或降低流速，减轻水流对河岸或路基的冲刷。丁坝按其轴线和水流方向夹角的不同可分为上挑式丁坝、下挑式丁坝和正挑式丁坝，如图 5.32 所示。丁坝一般用来束水归槽，改善水流状态，保护河岸。丁坝的长度应根据防护长度、丁坝与水流方向的交角、河段地形、水文条件及河床地质情况确定，垂直于水流方向上的投影长度不宜超过稳定河床宽度的 1/4。

（2）顺坝。

顺坝为坝根与岸滩相接，坝头大致与堤岸平行的结构物。它主要用于导流、束水，调整河道，改变流态，如图 5.32 所示。它适用于河床断面较窄、基础地质条件较差的河岸或沿河路基防护，可调整流水曲线和改善流态。顺坝一般采用石砌或混凝土结构，横断面为梯形。

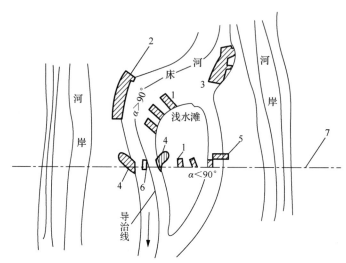

1—丁坝；2—顺坝；3—格坝；4—导流坝；5—拦水坝；6—桥墩；7—路中线。

图 5.31　河流导治构造物布置

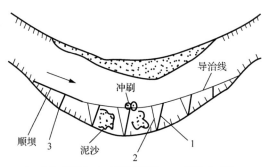

1—上挑式丁坝；2—下挑式丁坝；3—正挑式丁坝。

图 5.32　丁坝和顺坝

（3）格坝。

格坝建于顺坝与河岸之间，其一端与河岸相连，另一端与顺坝坝身相连的横向导流结构物。格坝的作用是将水流反射入主河床，同时防止洪水溢入顺坝冲刷坝后河床与河岸，并造成其间的淤积。

5.4 挡土墙

5.4.1 挡土墙的种类与构造

挡土墙在道路工程中应用很广。其作用是承受支挡土体的侧压力，稳定边坡、防治滑坡和路堤冲刷，并可收缩边坡以节省路基上土方量。

挡土墙按其位置分为路堤墙、路堑墙、路肩墙和山坡墙，如图5.33所示。

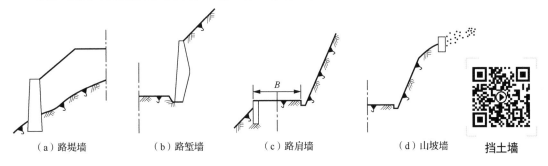

图 5.33 挡土墙按其位置分类

挡土墙按其材料和结构功能又可分为重力式（半重力式和衡重式）挡土墙和轻型挡土墙。

1. 重力式挡土墙

重力式挡土墙靠自重平衡墙背土压力，墙身体积大，但施工方便。半重力式挡土墙是在墙体中加筋，如悬臂式挡土墙和扶壁式挡土墙，如图5.34（a）和图5.34（b）所示；衡重式挡土墙靠衡重台把墙的重心后移，增加稳定力矩，减少断面尺寸，如图5.34（c）所示。

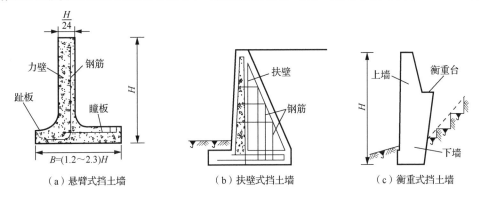

图 5.34 几种重力式挡土墙形式

2．轻型挡土墙

轻型挡土墙的几种形式如图 5.35 所示。

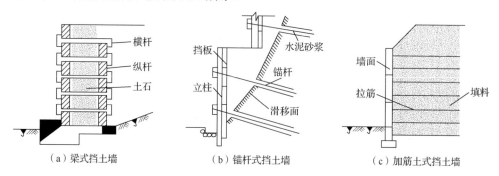

图 5.35　轻型挡土墙的几种形式

梁式挡土墙：使用预制杆件或废枕木进行纵、横交错叠形成框架，内部填筑土石。

锚杆式挡土墙：在边坡上水平或斜向钻孔，将锚定杆插入孔中，进行加浆锚固。

加筋土式挡土墙：由竖向钢筋混凝土路面板、水平拉筋和填土组成。拉筋一般用薄金属板（厚度 2～5mm，宽度约 20cm）或钢筋混凝土预制薄板，也常用聚丙烯土工带。

锚定板式挡土墙：由墙面、拉杆、锚定板以及充填墙面与锚定板之间的填土组成。填土应采用粉土；不能采用冻胀土、膨胀土、盐渍土及块石类土，严禁采用白垩土、硅藻土及有腐蚀作用的酸性土和有机质土。

桩板式挡土墙：由钢筋混凝土桩和挡土板组成的轻型挡土墙。在深埋的桩柱间用挡板挡住土体。两桩间挡土板可逐层埋设或浇筑。

挡土墙类型应综合考虑工程地质、水文地质、冲刷深度、荷载作用情况、环境条件、施工条件、工程造价等因素，按表 5.3 的规定选用。

表 5.3　几类挡土墙的适用条件

挡土墙类型	适用条件
重力式挡土墙	适用于一般地区、浸水地区和地震地区的路肩、路堤和路堑等支挡工程。墙高不宜超过 12m，干砌挡土墙的高度不宜超过 6m。高速公路、一级公路不应采用干砌挡土墙
半重力式挡土墙	适用于不宜采用重力式挡土墙的地下水位较高或较软弱的地基上，墙高不宜超过 8m
悬臂式挡土墙	宜在石料缺乏、地基承载力较低的填方路段采用，墙高不宜超过 5m
扶壁式挡土墙	宜在石料缺乏、地基承载力较低的填方路段采用，墙高不宜超过 15m
锚杆式挡土墙	宜用于墙高较大的岩质路堑地段，可用作抗滑挡土墙，可采用肋柱式或板壁式单级墙或多级墙，每级墙高不宜大于 8m，多级墙的上、下级墙体之间应设置宽度不小于 2m 的平台
锚定板式挡土墙	宜使用在缺少石料地区路肩墙或路堤式挡土墙，但不应修建于滑坡、坍塌、软土及膨胀土地区。可采用肋柱式或板壁式，墙高不宜超过 10m。肋柱式锚定板挡土墙可采用单级墙或双级墙，每级墙高不宜大于 6m，上、下级墙体之间应设置宽度不小于 2m 的平台，上下两级墙的肋柱宜交错布置

续表

挡土墙类型	适用条件
加筋土式挡土墙	适用于一般地区的路肩式挡土墙、路堤式挡土墙，但不应修建在滑坡、水流冲刷、崩塌等不良地质地段。高速公路、一级公路墙高不宜大于12m，二级及二级以下公路不宜大于20m。当采用多级墙时，每级墙高不宜大于10m，上、下级墙体之间应设置宽度不小于2m的平台
桩板式挡土墙	适用于表土及强风化层较薄的均质岩石地基，挡土墙高度可较大，也可用于地震地区的路堑或路堤支挡或滑坡等特殊地质的治理

挡土墙的构造可分为墙身、基础、填料、排水和接缝等几部分。

挡土墙的墙身构造，在满足设计要求的强度和稳定性下，力求结构合理、断面经济和施工方便等。挡土墙的基础设置于平整的土石层上。当地基为软弱土层时，应用砂砾、碎石或炉渣灰土等材料换填，以增大基底承载力。当墙趾前的地面横坡较大时，应留有足够的襟边，以防地基被剪切破坏。

挡土墙的排水孔用于排泄墙背积水。当墙较高时，可设一排以上的排水孔，便于排水。墙背排水孔口下夯实填土，孔口填砾石及反滤层，以免堵塞孔洞。

挡土墙的伸缩缝是为了防止地基不均匀沉降而引起墙体开裂。伸缩缝为通缝，间距为10～15m，缝内填沥青麻筋。

5.4.2 挡土墙的施工图设计

挡土墙施工图的设计通常包括以下几个步骤。

1．收集资料

在进行挡土墙设计前，先应收集和核对路基横断面图、墙趾处纵断面图、墙趾处地质和水文地质等资料。

2．挡土墙位置的确定及墙型的选择

根据挡土墙的使用条件确定挡土墙的位置和挡土墙形式。一般来说，挡土墙的设置主要考虑稳定边坡、减少填方及占地三方面。

路肩墙可充分收缩坡脚，大量减少填方及占地。因此，当路肩墙与路堤墙墙高或圬工数量相近时，应优先采用路肩墙，此外，在地面横坡较陡的地段，可考虑采用俯斜式挡土墙或衡重式挡土墙，借以减小墙高，而平坦地形的路堤墙及路肩墙或路堑墙可考虑采用仰斜式挡土墙，以降低土的压力，从而减小截面尺寸。

3．纵向布置

挡土墙纵向布置在墙趾纵断面上，布置完毕后形成挡土墙的纵向布置正面图，如图5.36所示。

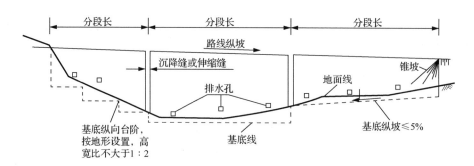

图 5.36 挡土墙的纵向布置正面图

挡土墙的纵向布置正面图内容如下。

（1）确定挡土墙起讫点桩号及墙长，选择墙与路基及其他结构物的衔接方式。如墙与路堑衔接，一般可采用墙端直接嵌入路堑中；与路堤衔接常采用锥坡相衔接。

（2）按地基和地形情况分段，确定沉降缝或伸缩缝位置，一般 10～15m 设置一道，缝宽 2～3cm。

（3）分段布置挡土墙基础。墙趾处地面有纵坡时，挡墙基底宜做成不大于 5%的纵坡。为减少基础开挖，岩石地基也可做成台阶形，台阶高宽比不大于 1∶2。

（4）确定排水孔位置，包括排水孔的数量、间距和尺寸。

挡土墙的纵向布置正面图上应注明路线纵坡，挡土墙起讫点和各特征点桩号、分段长、基底设计高程、排水孔位置和尺寸等内容。

4．横向布置

横向布置是在路基横断面图上选定挡土墙位置和形式，确定墙身断面、基础形式和埋置深度，布设墙身及墙后排水设施，并绘制具有代表性的挡土墙断面图，图上应注明各部详细的尺寸。

5．平面布置

对地形、地质复杂，沿河或工程量大的挡土墙，应进行平面布置并绘制平面图。

5.5 路基施工的特点与流程

5.5.1 路基施工的准备工作

路基施工前，要充分做好准备工作：做好现场勘察，认真核对公路和桥涵设计文件；施工前恢复路线、中桩和边桩放样、施工场地拆迁和清理工作；编制好施工组织计划，做好施工方案和施工进度计划，特别是关键工程的技术措施；要全面考虑临时工程的建设，如工棚、水电、通信设施和交通便道等；要协调好与工程有关的单位，如农业、林业和水利、电力等部门的公共关系，保证物资后勤工作。

道路路基施工的内容一般包括施工准备、土石方工程、路基加固工程施工和路基其他工程施工等。路基施工程序框图如图 5.37 所示。

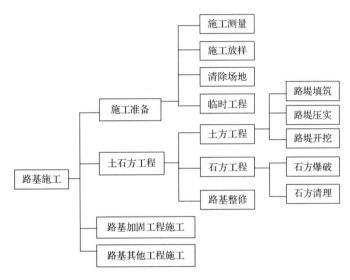

图 5.37 路基施工程序框图

5.5.2 土质路基施工方法

1．路堤填筑

（1）填料的选择。

路堤通常是利用沿线就近土石作为填筑材料。选择填料时，应尽可能选择当地强度高、稳定性好并利于施工的土石材料。碎石、卵石、砾石、粗砂等具有良好的透水性，且强度高、稳定性好，因此可优先采用。亚砂土、亚黏土等经压实后也具有足够的强度，故也可采用。粉性土水稳性差，不宜作路堤填料。重黏土、黏性土、捣碎后的植物土等由于透水性差，做路堤填料时应慎重采用。

路基填挖施工动画

（2）基底的处理。

为使填筑在天然地面上的路堤与原地面紧密结合以保证填筑后的路堤不致产生沿基底的滑动和过大变形，填筑路堤前，应根据基底的土质、水文、坡度、植被和填土高度采取一定的措施对基底进行处理。

① 当基底为松土或耕地时，应先将原地面认真压实后再填筑。当路线经过水利农田设施时，应根据实际情况采取疏干、挖除淤泥、换土、打砂桩、抛石挤淤等措施进行处理后方能填筑。

② 基底土密实稳定，且地面横坡坡度缓于 1∶10 时，基底可不处理直接修筑路堤；但

在不填挖或路堤高度小于 1m 的地段，应清除原地表杂草。当横坡坡度为 1∶10～1∶5 时，应清除地表草皮杂物再填筑。当横坡坡度陡于 1∶5 时，清除草皮杂物后还应将坡面筑成不小于 1m 宽的台阶。当地面横坡坡度超过 1∶2.5 时，外坡脚应进行特殊处理，如修筑护脚或护墙等。

（3）填筑方案。

路堤的填筑必须考虑不同土质，从原地面逐层填筑，分层压实。填筑方法有水平分层填筑法、竖向填筑法和混合填筑法三种。

① 水平分层填筑法。

水平分层填筑法是一种将不同性质的土有规则地分层填筑和压实的方法。该方法易于达到规定的压实度，保证填筑质量，是填筑路堤的基本方案。此外，对于高填方路堤的填筑，应按技术规范的有关规定进行稳定性检验。

② 竖向填筑法。

竖向填筑法是沿公路纵向或横向逐步向前填筑的方法。竖向填筑法之所以多用于路线跨越深谷陡坡地形，是因为地面高差大，作业面小，很难采用水平分层填筑法。竖向填筑法由于填土过厚而很难压实，因此应选用高效能压实机械压实。

③ 混合填筑法。

混合填筑法是路堤下层采用竖向填筑法而上层采用水平分层填筑法。采用混合填筑法，路堤上层经分层碾压容易达到足够的压实度。

2．路堑开挖

土质路堑的开挖方法有横向挖掘法、纵向挖掘法和混合挖掘法几种。

（1）横向挖掘法。

对路堑整个横断面的宽度和深度，从一端或两端逐渐向前开挖的方法称为横向挖掘法。该方法适宜于短而深的路堑。无论是自两端一次式横挖到路基高程或是分台阶式横挖，均应设单独的运土通道及临时排水沟。横向挖掘法如图 5.38 所示。

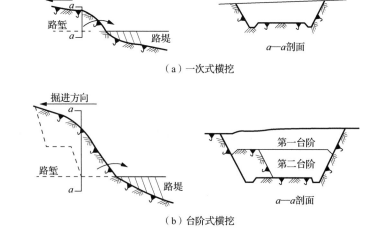

图 5.38　横向挖掘法

（2）纵向挖掘法。

纵向挖掘法有分层纵挖法、通道纵挖法和分段纵挖法三种。

沿路堑全宽以深度不大的纵向分层挖掘前进，称为分层纵挖法，如图5.39（a）所示。该方法适用于较长的路堑开挖。

通道纵挖法是先沿路堑纵向挖一通道，继而向两侧开挖，如图5.39（b）所示。

分段纵挖法是先沿路堑纵向选择一个或几个适宜处，将较薄一侧路堑横向挖穿，使路堑分成两段或数段，各段再进行纵向开挖的方法，如图5.39（c）所示。

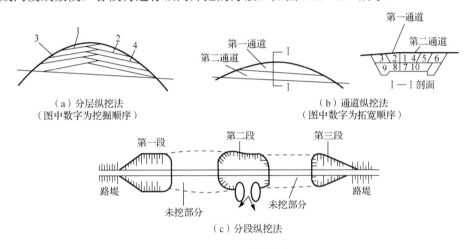

图5.39 纵向挖掘法

（3）混合挖掘法。

混合挖掘法是先沿路堑纵向开挖通道，然后沿横向开挖横向通道，最后双通道沿纵横向同时掘进，每一坡面应设一个施工小组或一台机械作业。混合挖掘法如图5.40所示。

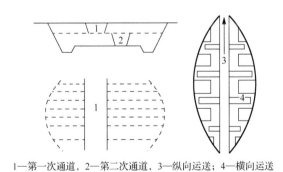

1—第一次通道；2—第二次通道；3—纵向运送；4—横向运送

图5.40 混合挖掘法

5.5.3 路基压实

1．路基压实的意义及机理

土是由固体土颗粒、颗粒之间孔隙水和气体组成的三相体。路基施工破坏了土体的原始结构，土体处于松散状态。为了使路基具有足够的强度和稳定性，提高土体的密实程度，必须对土体进行人工压实。通过压实使土颗粒重新组合，彼此挤密，孔隙减少，形成密实的整体，使内摩阻力和黏聚力增加，从而增加路基强度以及稳定性。因此，路基压实是保证路基获得足够强度和稳定性的根本技术措施之一。各级道路的路堤和路堑进行压实时，均应符合规定的密实度要求。

2．路基压实施工的组织与质量控制

（1）压实施工的组织。

压实施工的组织一般应遵循下列原则。

① 根据土质正确选择压实机具，掌握不同机具适宜的碾压土层松铺厚度及碾压遍数。

路基压实模拟动画

② 组织实施时，采用的压路机应遵循先轻后重的原则，碾压速度应先慢后快。

③ 碾压路线应先边缘后中间，超高路段则应先低后高，相邻两次的碾压轮迹应重叠轮宽的 1/3～1/2，以保证压实均匀而不漏压，对压不到的边角辅以人力及小型机具夯实。

④ 碾压过程中应经常检查路基的含水率及压实度，以符合规定的密实度要求。

（2）路基压实质量的控制。

路基在实施碾压的过程中，应经常检查含水率及压实度，以控制压实工作。

路基的含水率通常接近最佳含水率。若路基含水率过大不易碾压密实，应摊开晾晒，等其接近最佳含水率时再进行碾压；若路基含水率过低，需均匀洒水至其接近最佳含水率方可碾压。所需洒水量见式（5-11）：

$$P = \omega_0 - \omega \frac{G}{1+\omega} \qquad (5\text{-}11)$$

式中　ω_0、ω——路基的最佳含水率及原状含水率（%）；

　　　　G——需加水的土的质量。

5.5.4 石方路基施工

在开挖岩石路堑，扬弃大量土石方，开挖冻土，以及在沼泽中扬弃淤泥换土时，都可应用爆破方法施工。

1．爆破作用原理

在山区进行道路路基施工时，由于石方数量大，石质坚硬，工期长，因此施工时广泛使用爆破技术。

爆破作用原理是药包点火后产生高温、高压，药包体积膨胀千倍以上而发生冲击波，冲击波使岩体破坏而产生碎裂。爆破作用圈按其破坏程度大致分为压缩圈、抛掷圈、松动圈及振动圈四个作用圈，如图 5.41（a）所示，药包在有限介质内爆炸，在临空的一侧形成一个形似漏斗的爆破坑，称为爆破漏斗，如图 5.41（b）所示。抛掷爆破形成抛掷漏斗的爆破，爆破时，被破碎的岩石产生较大的位移，被抛掷出爆破漏斗。爆破漏斗一般用最小抵抗线 W（药包中心至临空面最短距离）、爆破漏斗口半径 r_0、抛掷漏斗半径 R、爆破作用

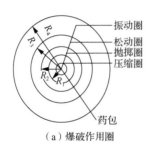
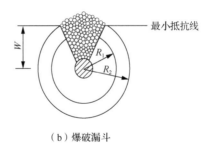

图 5.41　爆破作用示意图

指数 $n = r_0 / W$、抛掷率 E 等要素表征，爆破漏斗断面图如图 5.42 所示。当 $n>1$、$E>27\%$ 时，称为标准抛掷爆破；当 $n = 1$、$E = 27\%$ 时，称为标准爆破；当 $n<1$、$E<27\%$ 时，称为减弱抛掷爆破；当 $n = 0.75$ 时，称为标准松动爆破；当 $n<0.75$ 时不能形成明显的漏斗，称为减弱松动爆破。

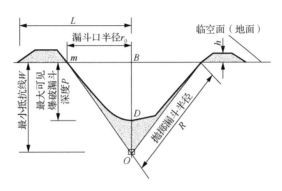

图 5.42　爆破漏斗断面图

2．各种爆破方法

爆破采用的方法应根据石方集中程度、地形、地质条件及路基断面形状等具体情况决定。常用的爆破方法一般包括小炮和洞室炮两类。小炮用药量在 1t 以下，主要包括钢钎炮、深孔爆破、药壶炮和猫洞炮。

（1）小炮。

① 钢钎炮：炮眼直径小于 70mm 和深度小于 5m 的爆破方法。其用于工程分散、石方少的情况。

② 深孔爆破：炮眼孔径大于 75mm，深度在 5m 以上（一般深 8～12m），使用延长药包的爆破方法，多用于石方数量较大且较集中的情况。深孔爆破断面图如图 5.43 所示。

③ 药壶炮：在深 2.5m 以上的炮眼底部用少量炸药经一次或多次烘膛，使炮眼底部扩大成药壶形（葫芦形），然后将炸药集中装入药壶中进行爆破的方法。药壶炮断面图如图 5.44 所示。

④ 猫洞炮：炮眼直径为 0.2～0.5m，深度为 2～6m，炮眼方向呈水平或略有倾斜，用集中药包进行爆破的方法。猫洞炮断面图如图 5.45 所示。

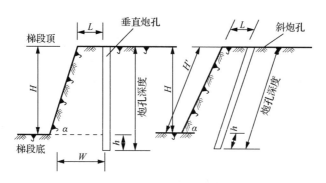

图 5.43 深孔爆破断面图

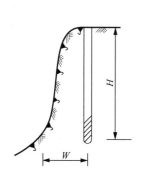

图 5.44 药壶炮断面图

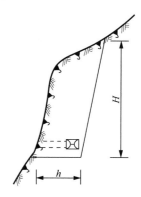

图 5.45 猫洞炮断面图

（2）洞室炮。

洞室炮爆破效率高、威力大。根据地形和路基断面形式，可分别选用以下几种洞室炮形式。

① 抛掷爆破：适用于平坦或地面坡度小于 15°的地形，爆破后对路堑边坡稳定性影响较大，在公路工程中很少采用。

② 斜坡地形的抛掷爆破：适用于自然地面坡度在 15°～50°的地形，属于半填半挖路堑的爆破。

③ 多面临空地形爆破：适用于峡谷鸡爪地形，具有完整临空面多的地段。

④ 抛坍爆破：适用于自然地面坡度大于 30°的半填半挖断面爆破。

⑤ 定向爆破：利用爆破将大量石方按指定的方向，搬移到一定位置并堆积成路堤的一种爆破方法。

⑥ 松动爆破：适用于不宜采用抛掷爆破的次坚石、软土路基或配合机械化清方的地段。

第6章 路面工程

6.1 路面工程概述

路面是指用各种筑路材料铺筑在道路路基上直接承受车辆荷载的层状构造物。其具有承受车辆质量、抵抗车轮磨耗和保持道路表面平整的作用。

路面工程包含路面基层（底基层）施工技术，沥青路面施工技术，水泥混凝土路面施工技术，路面防、排水施工技术，特殊沥青混凝土路面施工技术，路面试验检测技术等。

6.1.1 路面的作用及基本要求

路基是路面结构的基础，而路面结构层保护了路基，使路基避免了直接受行驶车辆车轮磨耗和大气的侵蚀。路基和路面相辅相成，长期处于稳定状态。

现代化公路运输要求车辆能以一定的速度，安全、舒适、经济地在道路上行驶。为了降低运输成本和延长道路的使用年限，路面应达到下述一系列基本要求。

1. 足够的强度和刚度

车辆行驶必然产生行车荷载，这个荷载以垂直力、水平力、冲击力、振动力和真空吸力等多种方式作用于路面，又因为行车荷载对路面的作用是长期往复进行的，所以路面会逐渐出现变形和磨损、开裂、坑槽等破坏现象。因此，路面在设计年限内必须具有足够的强度和刚度，以保证不产生影响车辆正常行驶的各种路面变形和破坏。

2. 足够的稳定性

路面不但要承受行车荷载的作用，还经常受到水文气象等自然因素的侵蚀。在自然因素的长期作用下，路面不发生过大的变形，并保持强度足以承受行车荷载的作用，这就是路面的稳定性。

3．足够的平整度

路面平整度越差，行车阻力就越大，会导致车辆行驶速度降低、油耗上升、轮胎磨损加剧，同时车轮对路面的冲击力增大，造成行车颠簸，加快汽车部件和路面的损坏。路面平整度差，更易因积水而影响行车安全。为了保证高速行车安全，提高行车的安全性和舒适性，应保持路面有足够的平整度。

4．足够的抗滑性

路面要平整但不宜光滑，一方面是因为光滑的路面将使车轮与路面之间的摩擦阻力变小，车轮容易产生打滑和空转；另一方面，路面抗滑性差将增加汽车的制动距离，容易引起交通事故。路面的抗滑性直接关系到道路运输的安全和经济效益，行车速度越高，对抗滑性的要求也越高。

5．足够的抗水损坏能力

应特别重视由水稳性差的基层和土基形成路面的不透水性，从路面结构、适当的路拱横坡等方面综合考虑，减小雨水渗入路面的可能性，保证路基不因路面透水导致土基和路面强度降低从而发生路面水损坏。

6．低噪声及低扬尘

行车噪声一方面是因路面平整度差而引起的，由路面面层材料刚度大而产生的；另一方面，与不良的线形设计导致车辆频繁地加速、减速、转向有关。扬尘主要发生于砂石路面，是因车轮转动产生真空吸力将面层细集料吸出而引起的。需要注意的是，即使是高等级路面（6.1.3 节介绍），如不及时清扫路面浮土和灰尘，也同样会导致扬尘。因此，对于行车噪声和扬尘，应从道路工程的设计、施工、养护和管理等方面统筹考虑，才能保证路面具有尽可能小的噪声和低的扬尘。

6.1.2 路面结构

整个路面结构一般铺筑于路基顶面的路槽之中，为了及时排除路面上的雨水，路面的表面通常做成直线或抛物线形，即路拱。从路中心到路面边缘的平均坡度称为路拱横坡。路面两侧至路基边缘称为路肩。图 6.1 所示为路面结构层次划分示意图。

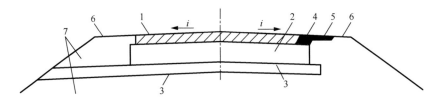

1—面层；2—基层；3—垫层（或隔离层）；4—路缘石；5—加固路肩；6—土路肩；7—路基（土基）；i—路拱横坡

图 6.1　路面结构层次划分示意图

行车荷载和自然因素对路面的影响随作用深度而逐渐减弱，因而对路面材料的强度、刚度和稳定性的要求也随路基深度而逐渐降低。为适应这一特点，路面通常是分层修筑的多层结构，按使用要求、受力状况、土基支承条件和自然因素影响程度的不同，在路基顶面采用不同规格和要求的材料分别铺设面层、基层、垫层、土基等结构层。

1．面层

面层是直接与车辆和大气相接触的表面层，它直接承受行车荷载的竖向力、水平力和冲击力，同时又受到降水的侵蚀作用和温度变化的影响，因此面层应具有较高的结构强度和刚度，较好的耐磨性、不透水性和温度稳定性，并且面层表面还应具有良好的平整度和适宜的粗糙度。高等级道路的面层常由三层组成，分别为表面层、中面层和底面层。

2．基层

位于面层之下的是基层，是路面结构中的主要承重层，主要承受由面层传递的车轮荷载的竖向力，并将其扩散到下面的结构层中。因此，基层应具有足够的抗压强度和刚度以及较好的水稳性，以防基层湿软后变形过大，从而导致面层损坏。

3．垫层

垫层是介于基层和土基之间的结构层，其主要作用是调节和改善土基的湿度和温度状况，以保证道路结构的稳定性和抗冻能力。垫层材料的强度要求不高，但其水稳性、隔温性和透水性要好。常用的垫层材料一类是松散的颗粒材料如砂、砾石、炉渣等，另一类是石灰土或炉渣石灰土。

4．土基

土基在路基顶面上层，不论是填方路基还是挖方路基，均应严格按要求将其压实。否则，在行车荷载和自然因素作用下，土基会产生过大的变形，从而加速面层损坏。

6.1.3 路面等级

路面等级是按面层材料组成、结构强度、路面所能承担的交通任务和使用品质来划分的。通常分成以下四个等级。

1．高级路面

高级路面的结构强度高，使用寿命长，适应较大的交通量，面层平整度较好，扬尘较少；能达到高速、安全、舒适的行车要求；养护费用少，运输成本低。但其建设投资大，需要优质的材料。

2．次高级路面

次高级路面的各项指标均低于高级路面，造价比高级路面低。但其要定期维修，养护费用和运输成本也较高。

3．中级路面

中级路面的结构强度低、使用年限短、平整度差、易扬尘、行车速度低，只能适应较小的交通量，造价低。但其经常性的维修养护工作量大，行车噪声大，不能保证行车舒适，运输成本高。

4．低级路面

低级路面由于其初期投放少，可大量使用当地材料，因此造价成本最低。但低级路面的结构强度低，水稳性、平整度和不透水性差，易扬尘，只能保证低速行车，运输和养护成本高，受雨季影响大，雨季不便通车。

各级路面所具有的面层类型及其所适用的公路等级见表6.1。路面等级同时应与道路的技术等级相适应，通常的考虑是，等级较高的道路一般都应采用较高级的路面。

表 6.1　各级路面所具有的面层类型及其所适用的公路等级

路面等级	面层类型	适用的公路等级
高级路面	水泥混凝土、热沥青混合料整齐块料	高速公路 一、二级公路
次高级路面	沥青贯入式、路拌沥青碎石、沥青表面处治、半整齐块料	二、三级公路
中级路面	碎砾石路面、不整齐块料、其他粒料	三、四级公路
低级路面	粒料加固土及其他当地材料加固或改善土	四级公路

6.1.4　路面分类

根据路面的力学特性，可把路面分为刚性路面和柔性路面两类。这两类路面的主要区别是它们分布荷载作用到路基的状态有所不同。刚性路面刚度大、板体性强，具有较高的抗弯强度和模量，分布到土基顶面的荷载作用面积大而单位压力小，在车轮荷载作用下的弯沉变形极小。柔性路面抗弯强度和模量较低，在车轮荷载作用下的弯沉变形大，对土基的作用力也较大，因而土基的强度和稳定性对路面结构整体强度影响较大。

此外，对于用石灰或水泥稳定的土或处治碎（砾）石修筑的基层，由于前期具有柔性路面的力学特性，随着时间的增长，其强度与刚度不断增大，具有板体性能。因此，这类路面基层结构又称半刚性基层，用半刚性基层修筑的沥青路面称为半刚性基层沥青路面。

1．路面基层和垫层

路面基层和垫层是路基路面结构中重要的组成部分，它们位于路基和路面面层之间但被隐藏于路面结构中，在道路结构中起着承上启下的作用。

路面基层位于沥青面层或水泥混凝土路面之下，在沥青路面中，由于沥青面层材料刚度较小，抗弯强度不大，使得沥青路面基层成为路面结构的主要承重层；而水泥混凝土路面基层的承载作用相对次要，主要提供稳定、耐久的下部支撑作用。

路面垫层位于基层底以下，主要作用是调节路基湿度和温度状况，即保护路基，若路基水温状况良好，可不设垫层或以相似材料的底基层代替垫层起作用。

根据材料刚度的不同，路基基层材料分为柔性基层、半刚性基层和刚性基层三大类，其中，柔性基层包括碎石（粒料）类和沥青稳定碎石两种，因其工艺要求及造价偏高目前实际应用不多；半刚性基层是以石灰、水泥、粉煤灰等工业废渣无机结合料稳定材料修筑的基层，是目前我国工程应用最广泛的基层类型；刚性基层是采用碾压混凝土、贫混凝土和低标号水泥混凝土修筑的基层结构。各种基层材料抗压模量参考值见表6.2。

表6.2 各种基层材料抗压模量参考值

材料名称	填隙碎石	级配碎石	沥青稳定碎石	石灰土	水泥稳定碎石/二灰稳定碎石	贫混凝土	水泥混凝土
刚度特性	柔性			半刚性		刚性	
结合料	无		沥青	无机结合料			
抗压模量/MPa	200~280	200~500	600~1400	400~700	1300~1700	15000~20000	30000~32500

无机结合料稳定基层的结构较密实、孔隙率较小、透水性较小、水稳性较好，适用于机械化施工，技术经济较合理，成为目前大量采用的基层类型。为了尽可能减少由于无机结合料稳定基层的干缩、温缩开裂和由此发展的向沥青面层的反射裂缝及随之产生的水损坏、剥落坑槽等，现行规范要求高等级公路（高速、一级公路）路面基层采用水泥稳定碎石和二灰稳定碎石两种半刚性基层材料。

2．沥青路面面层

沥青路面是由沥青材料作结合料黏结矿料修筑面层与上述各类基垫层所组成的路面结构。由于沥青路面使用沥青结合料，提高了混合料的强度和稳定性，提高了路面的使用质量和耐久性。与水泥混凝土路面相比，沥青路面具有表面平整、无接缝、行车舒适、耐磨、振动小、噪声低、施工期短、养护维修简便、适宜分期修建等优点，因而获得了广泛的应用，也是我国道路的主要路面形式。

（1）沥青路面的特点。

沥青路面具有如下良好的性能。

① 足够的力学强度，能承受行车荷载施加到路面上的各种作用力。

② 一定的弹性和塑性变形能力，能承受应变而不被损坏。

③ 与汽车轮胎的附着力较好，可保证行车安全。

④ 有良好的减振性，可使汽车快速平稳行驶且噪声低。

⑤ 不扬尘且容易清扫和冲洗。

⑥ 维修工作比较简单。

因为沥青路面面层直接承受车辆和大气因素的作用，所以沥青路面在荷载和环境因素的作用下又会产生各类损坏，从而影响到路面的使用质量和使用寿命。

（2）对沥青路面的基本要求。

沥青路面常见的损坏现象有裂缝（横向、纵向及网状裂缝）、车辙、松散、剥落和表面磨光等。为了控制和减少这些问题的产生与发展，沥青路面必须满足下列基本要求。

① 高温稳定性。为了保证沥青路面于高温季节在行车荷载的反复作用下不致产生诸如波浪、推移、车辙、泛油、黏轮等病害，沥青路面应具有良好的高温稳定性，确保高温时仍具有足够的强度与刚度。

② 低温抗裂性。由于沥青路面在高温时变形能力较强，在低温时变形能力差。因此，从低温抗裂性的要求出发，沥青路面在低温时应具有较低的劲度和较大的抗变形能力，且在行车荷载和其他因素的反复作用下不致产生疲劳开裂。

③ 耐久性。沥青路面应具有抵抗温度、阳光、空气、水等各种气候因素作用的能力，防止沥青路面很快失去黏性、弹性，性质变脆，在行车荷载和其他因素的作用下发生碎裂，沥青与矿料脱离，路面松散破坏。

④ 抗滑能力。抗滑能力是为了保证在最不利的情况下（如路面潮湿等），车辆能够高速安全行驶，且在外界因素作用下，路面的抗滑能力不会很快降低。

（3）沥青路面的类型划分。

实际采用的沥青路面种类繁多、特性不一，分别适用于不同荷载作用与环境条件。以下是从不同角度对沥青路面进行分类。

① 按强度构成原理分类。

根据沥青路面强度构成原理，沥青路面可分为密实型沥青路面和嵌挤型沥青路面两大类。密实型沥青路面要求矿料的级配按最大密实原则设计，其强度和稳定性主要取决于混合料的黏聚力和内摩阻力。按其空隙率的大小，密实型沥青路面可分为闭式和开式两种。嵌挤型沥青路面要求采用颗粒尺寸较为均匀的矿料，路面的强度和稳定性主要依靠颗粒之间相互嵌挤所产生的内摩阻力，而黏聚力起着次要作用，按嵌挤原则修筑的沥青路面的热稳定性较好，但其空隙率较大，易渗水，因而耐久性较差。

② 按施工工艺分类。

按照施工工艺不同，沥青路面可分为层铺法沥青路面、路拌法沥青路面和厂拌法沥青路面三类。层铺法沥青路面是采用分层洒布沥青，分层铺撒矿料和碾压的方法修筑的。用这种方法修筑的沥青路面有沥青表面处治和沥青贯入式两种。路拌法沥青路面是在道路上用机械将矿料和沥青材料就地拌、摊铺和碾压密实而成型的沥青面层。路拌沥青面层采用就地拌和，沥青材料在矿料中分布比层铺法均匀，可以缩短路面的成型期。但因所用的矿料为冷料，需使用黏度较低的沥青材料，故混合料的强度较低。厂拌法沥青路面是将规定级配的矿料和沥青材料在工厂使用专用设备加热拌和，然后送到工地摊铺碾压而成型的沥青面。厂拌法沥青路面按混合料铺筑温度的不同，又可分热拌热铺和热拌冷铺两种。

③ 根据沥青路面技术特性分类。

根据沥青路面技术特性，沥青路面可分为沥青混凝土路面、热拌沥青碎石路面、乳化沥青碎石混合料、沥青贯入式路面和沥青表面处治路面五种类型。沥青混凝土路面是指用沥青混凝土作面层的路面，其面层可由单层、双层或三层沥青混合料组成，根据层厚和层位、气温和降雨量等气候条件、交通量和交通组成等因素来确定各层混合料设计，以满足对沥青面层使用功能的要求。

热拌沥青碎石路面：高温稳定性好，路面不易产生波浪，冬季不易产生冻缩裂缝，行车荷载作用下裂缝少；路面较易保持粗糙，有利于高速行车；对石料级配和沥青规格要求较宽，材料组成设计比较容易满足要求；沥青用量少，且不用矿粉，造价低。热拌沥青碎石适用于一般公路，不宜用于高等级公路。中粒式、粗粒式沥青碎石宜用作沥青混凝土面层下层、联结层或整平层。

乳化沥青碎石混合料是采用乳化沥青与矿料混合料在常温状态下拌和的，经铺筑与压实成型后形成沥青路面，根据矿料的级配类型分为乳化沥青碎石混合料与乳化沥青混凝土混合料。在乳化沥青碎石混合料中，对集料的质量和规格要求与热拌沥青碎石混合料基本相同，乳化沥青碎石混合料的级配可参照热拌沥青碎石混合料的级配；乳化沥青混凝土混合料的级配可参照热拌沥青混凝土混合料的级配。乳化沥青是稀浆封层混合料的黏结材料，其质量的好坏直接影响稀浆封层的质量。

沥青贯入式路面是指用沥青贯入碎（砾）石作基层、联结层、面层的路面。即在初步压实的碎石（或破碎砾石）上，分层浇洒沥青、撒布嵌缝料，或再在上部铺筑热拌沥青碎石混合料封层，经压实而成的沥青面层。在经碾压的粒径均匀的主层集料上，逐层洒铺沥青、撒铺嵌缝料并碾压修筑而成的路面厚度一般为 4～8cm。当在其上部加铺拌和的沥青混合料时，即称为沥青上拌下贯路面，此时拌和层的厚度宜为 3～4cm，其总厚度为 7～10cm。路面的使用年限一般为 10 年。

沥青表面处治路面是指在原有的沥青路面或其他中、低级路面上，用沥青和矿料按层铺法或厂拌法铺筑厚度不超过 3cm 沥青面层的次高级路面结构。用以保护路面不受车辆的直接磨损和雨水浸蚀，提高路面的平整度，减少灰尘飞扬。

沥青玛蹄脂碎石混合料及开级配沥青混合料磨耗层近年来在我国也得到广泛应用。

3．水泥混凝土路面

水泥混凝土路面包括普通混凝土路面、钢筋混凝土路面、连续配筋混凝土路面、预应力混凝土路面、装配式混凝土路面和钢纤维混凝土路面等。

目前应用最广泛的是就地浇筑的普通混凝土路面，简称混凝土路面。

（1）混凝土路面的优点。

① 强度高。混凝土路面具有很高的抗压强度和较高的抗弯拉强度以及抗磨耗能力。

② 稳定性好。混凝土路面的水稳性、热稳性均较好，它的强度能随着时间的延长而逐渐提高，不存在沥青路面的"老化"现象。

③ 耐久性好。混凝土路面的强度高、稳定性好、经久耐用，而且它能通行包括履带式车辆等在内的各种运输工具。

④ 有利于夜间行车。混凝土路面色泽鲜明，能见度好，对夜间行车有利。

（2）混凝土路面的缺点。

① 对水泥和水的需求量大，这给水泥供应不足和缺水地区带来一定的困难。

② 有接缝。混凝土路面中存在的纵横向接缝，不但会增加施工和养护的烦琐性，而且容易引起行车跳动，影响行车的舒适性。

③ 开放交通较迟。混凝土路面施工要经过 28 天的湿治养护，才能开放交通。

④ 修复较为困难。混凝土路面损坏后，损坏部位破除困难，修补工作量大，且影响交通时间长。

6.1.5 沥青路面工程新技术

1. 多碎石沥青混凝土

我国传统的沥青混凝土面层中，Ⅰ型沥青混凝土属于连续级配，空隙率小但构造深度差；Ⅱ型沥青混凝土碎石含量大，虽然表面构造深度大且抗变形能力强，但是水损坏严重、耐久性差，所以都不能满足路面使用性能的要求。

为了克服传统沥青混合料的缺点，解决沥青表面层的抗滑性能，国家"七五"课题研究结果提出了碎石沥青混凝土（Stone Asphalt Concrete，SAC）。SAC 的碎石含量多且粉料成分多，是兼顾Ⅰ型、Ⅱ型沥青混凝土的优点的粗集料断级配沥青混凝土，是一种骨架密实的结构。SAC 能提供较高的构造深度且空隙率较小、抗变形能力强、造价经济。

2. 沥青玛蹄脂碎石混合料（Stone Matrix Asphalt，SMA）

SMA 是一种间断级配的沥青混合料，是由沥青玛蹄脂填充碎石骨架组成的骨架嵌挤型密实沥青混合料。由于其粗集料多，碎石相互接触形成的碎石骨架具有良好的传力功能和抗车辙能力；矿粉和沥青多，两者形成较多的沥青砂胶包裹在集料表面，且能达到一定的厚度，实现较高的抗疲劳强度、抗老化能力、抗松散性和很好的耐久性，同时细集料较少，即具有"三多一少"（粗集料多、矿粉多、沥青多、细集料少）的特征，对掺加的纤维增强剂材料要求高，使得 SMA 路面的使用性能全面提高。SMA 的构成如图 6.2 所示。

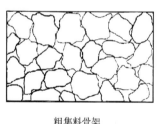
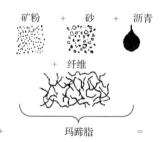

粗集料骨架 + 玛蹄脂 = 用玛蹄脂填充的粗集料骨架

图 6.2 SMA 的构成

SMA 路面（图 6.3）的主要优点如下。

（1）通过高品质碎石及碎石间的嵌锁作用实现路面高度的稳定性与抗车辙能力。

（2）以优质集料与高结合料的含量增加路面的耐久性、耐磨性，SMA 的使用寿命较普通沥青混凝土长 20%～40%，SMA 初期费用比普通沥青混凝土费用增加约 20%，但从长远效益看很经济。

（3）高品质碎石与 SMA 的表面构造形成良好的抗滑能力。

（4）利用 SMA 的表面构造与排水功能可以减小水雾和降低交通噪声。

（5）通过高结合料含量与低空隙特性改进老化特性。

（6）通过高结合料含量与结合料改性技术改进低温性能。

图 6.3 SMA 路面

3. 大粒径沥青混合料（Large-Stone Asphalt Mixture，LSAM）结构

LSAM 一般是指含有矿料的粒径为 25～53mm 的热拌热铺沥青混合料。级配良好的 LSAM 可以抵抗路面较大的塑性变形和剪切变形，承受重载交通，且具有较好的抗车辙能力，提高了沥青路面的高温稳定性。

沥青混凝土强度主要是由内摩阻力和黏聚力形成，由于温度敏感性较小，因而内摩阻力的变化也很小，强度衰减慢。LSAM 粗集料能形成良好的石-石接触，发挥骨架作用，在车轮荷载的不断碾压或冲击下，不会产生突然的大变形，因此高温累积变形（车辙）较小。LSAM 承载能力高的重要原因是：在同等的路面厚度或轮载作用范围内，由于 LSAM 比普通沥青混凝土粗集料粒径大，一方面，容易产生错动、滑动的小集料接触面数量减少；另一方面，粗集料传力方向明确且容易传力至基层，从而减少了斜截面上的剪应力，提高了抗剪强度，这也是 LSAM 与普通沥青碎石混合料承载机理的主要区别之一。

4. 纤维沥青混凝土

沥青混凝土中掺加纤维可以改善沥青混凝土的性能，提高沥青混凝土的高温稳定性、低温抗裂性、抗疲劳性、柔韧性、抗剥落性、抗磨耗性和水稳性，以及在抵抗反射裂缝等方面都有很好的效果。

沥青中酸性树脂组分是一种表面活性物质，它在纤维表面产生的物理浸润、吸附甚至化学键作用，使沥青呈单分子状排列在纤维表面，形成结合力牢固的结构沥青薄膜。较厚的沥青薄膜减缓沥青老化的速率，从而可长时间地维持其黏弹性，降低沥青的温度敏感性，改善沥青混合料的高温和低温性能。纵横交错的纤维形成的纤维骨架结构网跨越沥青混合料中的孔隙及裂纹，形成桥架纤维，使得裂纹扩展的能量释放率减小，对沥青基体裂纹的扩展起到阻滞作用，使沥青胶浆提高裂纹的自愈能力，增强了路面的弹性恢复，减缓车辙的加深速度。

5. 土工合成材料加筋沥青混凝土

沥青路面的裂缝及其引起的水损坏问题和沥青混合料的高温稳定性、低温抗裂性、耐久性等是沥青路面设计中所考虑的主要问题。

用土工合成材料加强沥青面层克服其性能的不足是非常有效的方法之一。土工合成材料在路面结构中能够以较大的变形吸收应力，扩散应力分布范围，从而减少应力集中，裂缝的扩展角也有所增大，使裂缝沿着更长的路径到达沥青面层表面，起到了延缓裂缝的作用。当土工格栅加入沥青混合料后，由于集料能穿过格栅的网状结构形成一个复合的力学嵌锁体系，格栅与沥青混合料因网孔的作用而相互嵌锁，限制了集料的位移，使格栅与沥青混合料间的相互作用不只是表面摩擦，从而保持了矿质骨架的稳定，减少了路面的变形，增强了路面的抗车辙能力。沥青路面采用土工格栅效果如图6.4所示。

图6.4　沥青路面采用土工格栅效果

6．半刚性路面

为了克服沥青路面的高温、低温性能的不足，吸取刚性路面的优点，开发出了半刚性路面，即水泥-沥青复合材料面层。

在半刚性路面的水泥-沥青复合材料体系中，形成了水泥石骨架+粗集料悬浮的密实型受力主体结构或水泥石骨架+矿料骨架的密实型双重骨架的受力主体结构。由于半刚性路面中水泥砂浆或水泥浆的存在，增大了材料的骨架组成部分，减小了沥青材料的相对比例，从而减小了混合料的温度敏感性。另外，由于面层颜色变浅，降低了路面的吸热速率，使路面内部温度低于普通沥青路面的温度，温度应力显著降低。与水泥混凝土路面相比，半刚性路面的集料含量相对较多，所以其面层胀缩系数大大降低。同时，由于混合料具有一定的孔隙率及沥青材料的存在，使得混合料本身具有弹性，对收缩和膨胀具有一定的缓冲作用。这样面层可以不设或少设胀缝，大大提高了行车的舒适性。

7．RCC-AC复合式路面结构

随着水泥混凝土路面施工工艺的不断发展，碾压水泥混凝土以特干硬性的材料特点和碾压成型的施工工艺特点，使其表现出节约水泥、收缩小、施工速度快、强度高和开放交通早等技术经济上的优势。

在RCC-AC（Roller Compacted Concrete，碾压混凝土；Asphalt Concrete，沥青混凝土）复合式路面结构中，沥青混凝土层在一定厚度范围内可改善行车的舒适性。这种新型路面结构对下层的RCC材料要求也可适当放宽，如可掺加适量的粉煤灰或低强度等级水泥、地方性非规格集料等，并可不考虑抗滑和耐磨性能，从而降低了工程造价。

8．沥青路面再生技术

沥青路面再生技术是将需要翻修或者废弃的旧沥青混凝土路面，经过翻挖、回收、破碎、筛分，添加适量的新集料、新沥青，重新拌和成为具有良好路用性能的再生沥青混合料，然后用以铺筑路面面层或基层的整套工艺技术。再生沥青混合料现场热拌再生技术如图 6.5 所示。

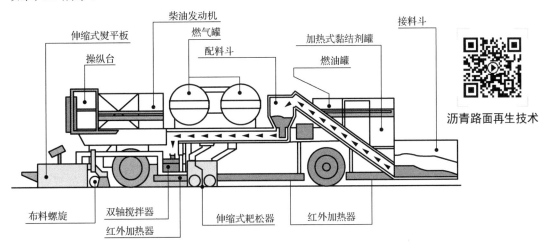

图 6.5　再生沥青混合料现场热拌再生技术

再生沥青混合料生产可根据再生方式、再生场地、使用机械设备的不同分为热拌、冷拌再生技术，人工、机械拌和，现场再生、厂拌再生等。采用间歇式拌和机拌制时，旧料含量一般不超过 30%；采用滚筒式拌和机拌制时，旧料含量可达 40%~80%。沥青路面材料再生利用，能够节约大量的沥青和砂石材料，节省工程投资；有利于处理废料，节约能源、保护环境，因而具有显著的经济效益和社会效益。

9．温拌沥青混合料技术

根据沥青混合料生产温度的不同，沥青路面分为冷拌技术、热拌技术和温拌技术。冷拌技术是在常温条件下混合料的拌和技术，主要用于道路修补，但用量很小。热拌沥青混合料在道路建设中以其众所周知的良好使用性能受到世界众多国家的青睐。

迄今为止，热拌沥青混合料是应用最为广泛、路用性能良好的一种沥青混合料。但随着社会经济和技术的发展，热拌沥青混合料也暴露出诸多缺陷，主要表现在以下几个方面：沥青老化导致混合料耐久性降低；施工期受外界影响因素大；热拌沥青混合料对人体健康危害较大；能源消耗大，且热拌沥青混合料的生产造成道路工程中能量消耗与环境污染。

温拌沥青混合料技术在国际上被认为是沥青混合料拌和及施工工艺的一次革命性突破，科学家预言它将有可能在未来取代传统的热拌沥青混合料技术。温拌沥青混合料技术是通过一定的技术措施，使沥青能在相对较低的温度下进行拌和及施工，同时保持其不低于热拌沥青混合料的使用性能的沥青混合料技术，也称温拌沥青技术。

目前，温拌沥青技术根据其作用原理分为以下三大类：有机降黏型温拌技术、发泡沥青降黏温拌技术、乳化分散沥青降黏技术。国内的温拌沥青技术还处于研究试验阶段，并且绝大部分都是采用国外技术，全面系统深入地对温拌技术从温拌剂生产到路面铺筑技术进行研究都非常有必要。

6.1.6 水泥混凝土路面工程新技术

1．钢筋混凝土路面

水泥混凝土路面施工动画

钢筋混凝土路面是指面层配置纵横向钢筋或钢筋网并设置接缝的水泥混凝土路面。配置钢筋的目的并不是增加板体的抗弯拉强度而减薄面板的厚度，主要是控制混凝土路面板在产生裂缝之后保持裂缝紧密接触，裂缝宽度不会扩张。因此，钢筋混凝土路面主要适用于各种容易引起路面板裂缝的情况。

2．连续配筋混凝土路面

连续配筋混凝土路面是指面层内配置纵横向钢筋，除了在与其他路面交接处或邻近构造物处设置胀缝以及视施工需要设置施工缝，不设横向缩缝的水泥混凝土路面。在路面纵向配有足够数量的不间断连续钢筋，以控制混凝土路面板因纵向收缩而产生的横向裂缝的宽度。因此，连续配筋混凝土路面不设横向胀缝和缩缝，形成一个完整和平坦的行车表面，改善了路面行车的平顺性，同时增加了路面的整体强度。连续配筋混凝土路面适用于高速公路、一级公路和交通量特别大的重载道路。

3．钢纤维混凝土路面

钢纤维混凝土路面是指在混凝土面层中掺加钢纤维的水泥混凝土路面。钢纤维混凝土是一种性能优良的路面材料，它能显著提高混凝土的抗拉强度、弯拉强度、抗冻性、抗冲击、抗磨耗、抗疲劳等性能，应用在路面工程中，可以明显减小路面板厚度，改善路用性能。钢纤维混凝土路面在国外主要用于公交停车站、收费站和行驶重型汽车的路面和旧路面的加铺层；在我国主要用于地面高程或恒载受限制的场合，如城市道路旧混凝土路面的加铺层、桥面铺装等。

4．复合式混凝土路面

复合式混凝土路面是指路面板上下层由不同类型和力学性质的材料复合而成的路面。复合式混凝土路面适用于以下 3 种情况。

（1）为节省材料、降低造价，路面上下层采用不同等级的混凝土，较高等级的混凝土用于上层，较低等级的混凝土用于下层。这种路面一般限于地方道路使用。

（2）高速公路或一级公路采用低等级混凝土或碾压混凝土作为基层，而面板与基层连续摊铺，可将面板与基层视为复合式路面。

（3）在改建旧混凝土路面时，有时在其上加铺一层新混凝土面层，形成双层式混凝土路面。

此外，由水泥混凝土路面与沥青混凝土等结构层构成的路面称为复合式路面。

5. 碾压混凝土路面

碾压混凝土路面是指采用低水灰比混合料，用沥青混凝土摊铺机摊铺成型，用压路机（钢轮与轮胎压路机）碾压成型的水泥混凝土路面。碾压混凝土路面由于含水率低，通过强烈振动碾压成型，因此强度高、节省水泥、节约用水，施工速度快、养生时间短，有较好的应用前景。但碾压混凝土若直接用作面层板，则很难达到公路等级所规定的平整度，此外，路表面的均匀性也不容易满足要求。因此，碾压混凝土路面不宜用于高速公路、一级公路，一般用于二级以下公路或作为高速公路、一级公路的刚性基层使用。

6. 贫混凝土路面

贫混凝土路面是指采用水泥用量较低、混凝土等级较低的混凝土混合料铺筑的路面。贫混凝土路面不能作为面层板使用，主要用作特重交通公路、高速公路、一级公路沥青路面和水泥混凝土路面的刚性基层板。

贫混凝土基层一般采用与混凝土路面板施工相同的机械和工艺铺筑，基层板的纵横向胀缩缝应与面层板严格对应。但基层板的纵横向缩缝可以不设拉杆和传力杆。基层板的胀缝应设传力杆与胀缝板，且与面层板的胀缝对齐。

7. 混凝土预制块路面

混凝土预制块路面是指面层由水泥混凝土预制块铺砌成的路面。铺筑路面的块料由高强水泥混凝土材料预制而成。混凝土预制块路面结构由面层、砂整平层和基层组成，基层类型同普通混凝土路面。这种路面具有结构简单、价格低廉、能承受较大的单位压力，出现较大变形也不会破坏块料且便于修复等优点。

因此，自 20 世纪 70 年代中期以来，此种路面在欧美等国家和地区得到了较大的发展，广泛用于铺筑人行道、停车场、堆场（特别是集装箱码头堆场）街区道路，次要道路、一般公路等。

8. 装配式混凝土路面

装配式混凝土路面是指在工厂中把混凝土预制成板块，然后运至工地现场装配而成的路面。这种路面的优点是：混凝土路面板可以全年生产，不受气候影响，混凝土质量容易保证；施工进度快，铺筑完毕即可通车；损坏后易于拆换修理。

因此，它适用于城市道路、厂矿道路、大型基建场地、停车站场等。装配式混凝土路面的缺点是接缝多，整体性差，容易引起行车颠簸跳动，故而在公路上一般不宜采用。

6.2 沥青路面设计

沥青路面设计的任务是根据使用要求及气候、水文、土质等自然条件，密切结合当地实践经验，设计确定经济合理的路面结构，使之能承受交通荷载和环境因素的作用，在预定的使用期限内满足各级公路相应的承载能力、耐久性、舒适性、安全性的要求。路面设计应包括原材料的选择，混合料配合比设计、设计参数的测试与确定，路面结构层组合与厚度计算，以及路面结构的方案比选等内容。

6.2.1 弹性层状体系理论概述

在沥青路面设计中，多层路面的力学计算通常采用弹性层状体系理论。该理论采用如下基本假定。

（1）各层均由均质各向同性的以及位移和形变是微小的线性弹性材料组成，其弹性参数以回弹模量和泊松比表征。

（2）最下一层（土基）在水平方向和垂直向下方向为无限大，上面各弹性层则均具有一定的厚度 h_i，但水平方向为无限大。

（3）各层在水平方向无限远处及最下一层向下无限深处的应力、位移均为零。

（4）各层间的接触条件是完全连续的，即上、下两层之间没有相对位移，不能互相错动，界面处两层的垂直应力、剪应力、垂直位移及水平位移相等（称连续体系）；上、下两层之间可以是绝对光滑的，即可以自由滑动，两层之间没有剪应力存在（称滑动体系）。

（5）不计自重。

上述基本假定的核心是将路面各结构层看成理想线性弹性体，但实际上路面材料和土基并不是在任何情况下都具有线性弹性性能。研究表明，在瞬时行车荷载和变形很小的情况下，多层线性弹性理论是基本适用的。

在圆形均布荷载作用下，弹性层状体系的力学计算简图（图中作为示例仅列出垂直荷载）如图 6.6 所示，图中 p 和 δ 分别为均布荷载和荷载当量圆半径，h_i、E_i 和 μ_i 分别为各结构层的厚度、弹性模量和泊松比。

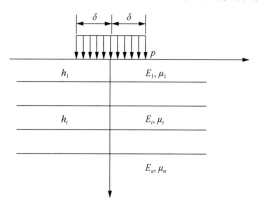

图 6.6　弹性层状体系的力学计算简图

我们通常采用双圆荷载图式代表汽车后轴一侧的双轮荷载，在圆形均布荷载作用下，弹性层状体系内各点的应力和位移可以利用弹性层状体系理论的有关公式进行计算，这些计算公式都是非常复杂的无穷积分表达式。一般可简单表示成如式（6-1）、式（6-2）所示的函数表达式。

路表面弯沉：

$$l = \frac{2p\delta}{E_1}\alpha_1\left(\frac{E_2}{E_1},\frac{E_3}{E_2},\ldots,\frac{E_n}{E_{n-1}};\frac{h_1}{\delta},\frac{h_2}{\delta},\ldots,\frac{h_{n-1}}{\delta}\right) \tag{6-1}$$

路面内的层底拉应力：

$$\sigma = p\bar{\sigma}\left(\frac{E_2}{E_1},\frac{E_3}{E_2},\cdots,\frac{E_n}{E_{n-1}};\frac{h_1}{\delta},\frac{h_2}{\delta},\cdots,\frac{h_{n-1}}{\delta}\right) \quad (6-2)$$

式中，α_1、$\bar{\sigma}$ 分别为理论弯沉系数和弯拉应力系数，都是 $\frac{E_2}{E_1},\frac{E_3}{E_2},\cdots,\frac{E_n}{E_{n-1}};\frac{h_1}{\delta},\frac{h_2}{\delta},\cdots,\frac{h_{n-1}}{\delta}$ 的函数。

6.2.2 公路沥青路面结构组合设计

沥青路面设计包括路面结构组合设计、路面结构计算以及材料配合比设计三大部分。沥青路面结构一般由面层、基层、底基层、垫层、路基等几部分组成。沥青路面结构组合设计的主要内容就是合理选择和安排各结构层，对不同的结构层进行组合，使路面结构在使用年限内既能承受行车荷载和自然因素的作用，又能发挥各结构层的最大效能，并满足经济性要求。

1．沥青面层

（1）一般要求。

沥青面层是在路基表面上用沥青混合料铺筑的一种层状结构物。沥青面层不仅直接承受车轮荷载反复作用和自然因素的影响，还为汽车运输提供安全舒适的行车条件，因此沥青面层结构应具有坚实、平整、抗滑、耐久的特点，以及高温抗车辙、低温抗开裂、抗水损害以及防止雨水渗入基层的功能。

沥青路面面层技术

（2）沥青面层类型。

沥青面层分为热拌沥青混合料、沥青碎石、乳化沥青碎石、沥青贯入式及沥青表面处治五种类型，其分类与公路等级、路面等级以及交通量相适应。其具体分类原则见表6.3。

表 6.3　路面类型的选择

公路等级	路面等级	面层类型	设计年限/年	设计年限内累计标准轴次/（万次/车道）
高速公路 一级公路	高级路面	热拌沥青混合料	15	大于 400
二级公路	高级路面	热拌沥青混合料	12	大于 200
二级公路	次高级路面	沥青碎石、沥青贯入式	10	100（含）～200（含）
三级公路	次高级路面	乳化沥青碎石、沥青表面处治	8	10（含）～100（含）
四级公路	中级路面	粒料类路面、半整齐块料路面	5	小于 10
四级公路	低级路面	粒料改善土	5	小于 10

从表 6.3 可以看出，交通量越大、路面等级和公路等级越高，其使用年限越长，而相应的路面类型应选择技术品质高的类型。

（3）沥青面层厚度。

沥青面层的厚度选择应与公路等级有关。在路面结构组合设计中，沥青面层存在着最小厚度，如果沥青面层太薄，就不能独立地作为一个结构层，这不仅不能满足路面的力学性能要求，而且给施工也带来不便。半刚性基层上沥青层推荐厚度可参见表 6.4。

表 6.4　半刚性基层上沥青层推荐厚度

公路等级	沥青层推荐厚度/cm	公路等级	沥青层推荐厚度/cm
高速公路、一级公路	12～18	三级公路	3～5
		四级公路	1～3
二级公路	6～12		

2．基层、底基层

基层主要是承受由面层传来的行车荷载垂直力，并把它扩散到垫层和路基中。基层有时可分两层铺筑，其上层仍称为基层，下层则称为底基层。

（1）一般规定。

① 基层、底基层应具有足够的强度和稳定性，在冰冻地区还应具有一定的抗冻性。

② 高等级公路路面下的半刚性基层应具有较小的收缩（温缩及干缩）变形和较强的抗冲刷能力。

③ 基层、底基层结构设计应贯彻就地取材的原则，认真做好当地材料的调查，根据不同公路等级、交通量对基层和底基层的技术要求，选择技术可靠、经济合理的基层、底基层结构。

④ 半刚性材料基层、底基层的配合比设计，应根据重型击实标准制件，混合料的龄期的无侧限抗压强度试验确定。

⑤ 为便于施工，一般公路的基层宽度每侧宜比面层宽出 25cm，底基层每侧比基层宽 15cm。在多雨地区，透水性好的粒料底基层，宜铺至路基全宽，以利于排水。

⑥ 基层和底基层的压实度、平整度及强度应符合《公路路面基层施工技术细则》（JTG/T F20—2015）的规定。

（2）基层、底基层的分类。

对于高速公路、一级公路，应采用水泥或石灰、粉煤灰稳定料类半刚性基层，以增强基层的强度和稳定性，减少低温收缩裂缝。条件允许时，底基层也可采用水泥或石灰、粉煤灰稳定各种集料或土类作为半刚性基层。若当地石料丰富，也可采用级配碎石或填隙。基层、底基层根据材料性质的不同分类见表 6.5。

表 6.5 基层、底基层分类

基层	有结合料稳定类	热拌沥青碎石 乳化沥青碎石 沥青贯入碎石 水泥稳定类 石灰稳定类 工业废渣稳定类
	无结合料稳定类	泥结碎石、泥灰结碎石 级配碎石、级配砾石
底基层	无机结合料稳定类	水泥稳定类 石灰稳定类 工业废渣稳定类
	无结合料稳定类	填隙碎石、级配碎石 级配砾石

3．垫层

（1）一般规定。

垫层是设置在底基层与土基之间的结构层，主要起排水、隔水、防冻、防污的作用，垫层可根据情况设置，也可以不设置。一般处于下列状况的路基应设置垫层，用以排除路面、路基中滞留的自由水，确保路基、路面结构处于干燥或中湿状态。

① 地下水位高，排水不良，路基经常处于潮湿、过湿状态的路段。

② 排水不良的土质，有裂隙水、泉眼等水文不良的岩石挖方路段。

③ 季节性冰冻地区的中湿、潮湿路段，可能产生冻胀需设置防冻垫层的路段。

④ 基层或底基层可能受污染以及路基软弱的路段。

（2）垫层类型。

修筑垫层所用的材料，强度不一定很高，但水稳性和隔热性要好。常用材料有两类：一类是用松散粒料，如砂、砾石、炉渣、片石或圆石等组成的透水性垫层；另一类是用整体性材料，如石灰土或炉渣石灰土等组成的稳定性垫层。

4．沥青路面结构组合设计原则

（1）适应行车荷载作用的要求。

作用在路面上的行车荷载在路面内产生的应力和应变随深度向下而递减，因此路面的强度和抗变形能力可自上而下逐渐减小。可以根据路面强度和刚度自上而下递减的规律，将路面进行分层处理。结构层施工最小厚度与适宜厚度见表 6.6。

表 6.6　结构层施工最小厚度与适宜厚度　　　　　　　　　　　单位：cm

结构层		施工最小厚度	结构层适宜厚度	结构层	施工最小厚度	结构层适宜厚度
热沥青混合料	粗粒式	5	5～8	沥青表面处治	1	1～4
	中粒式	4	4～6	水泥稳定	15	16～20
	细粒式	2.5	2.5～4	石灰稳定	15	16～20
沥青石屑		1.5	1.5～2.5	工业废渣稳定	15	16～20
沥青砂		1	1～1.5	级配碎石、级配砾石	8	10～15
沥青贯入式		4	4～8	泥结碎石	8	10～15
沥青上拌下贯		6	6～10	填隙碎石	10	10～12

（2）在各种自然因素作用下稳定性好。

为保证沥青路面的水稳性，沥青路面的基层一般应选择水稳性好的材料。在季节性冰冻地区，路面结构中应设置防止冻胀和翻浆的垫层。路面的总厚度除了满足强度的要求，还应满足防冻厚度的要求。表 6.7 为路面防冻最小厚度推荐值。

表 6.7　路面防冻最小厚度推荐值

当地冰冻厚度/cm	路基干湿类型	粉性土	砂性土、黏性土
50～100	中湿	30～50	30～40
	潮湿	40～60	35～50
100～150	中湿	50～60	40～50
	潮湿	60～70	50～60
150～200	中湿	60～70	50～60
	潮湿	70～80	60～70
200 以上	中湿	70～80	60～70
	潮湿	80～110	70～90

（3）满足各个结构层各自的特点。

为了保证路面结构的整体性和结构层之间应力传递的连续性，应尽量使结构层之间结合紧密稳定，提高路面结构的整体性。总之，在路面结构层组合设计中，应按照面层耐久、基层坚实、土基稳定的原则进行组合设计。

6.2.3　改建路面设计（沥青路面补强设计）

路面在使用过程中，由于行车荷载和自然因素的反复作用，会产生车辙、沉陷、开裂等破坏形式，路面结构产生破坏，从而使路面的整体强度降低。此时，需要对旧路面及时采取养护、加厚或改建措施，使路面的使用性能和结构强度得到部分恢复，甚至提高。

1. 旧路面使用性能的评定

旧路面的使用性能是指它为行车服务的能力，主要包括行驶的质量和安全两个方面。行车安全性与路面的抗滑性能有关。对于路面的行驶质量，一般包括路面损坏状况、平整度等。

2. 旧路面结构状况的评定

（1）交通量和轴载（公路上行驶的车辆种类繁杂，不同车型和不同作用次数对路面影响不同，为方便路面设计，需将不同车型组合而成的混合交通量换算成某种统一轴载的当量轴次）调查。对于旧路面应实地考察、收集使用年限内各年平均日交通量、交通组成以及交通量增长率。

（2）路基和水文状况调查。对旧路面应沿线考察路基土质、填挖高度、地面排水情况、地下水位和潮湿类型。

（3）路面结构和外观调查。对旧路面的层次、厚度、宽度的变化进行实地调查，同时还应记录路面的各种病害。

（4）路面结构状况评定。对旧路面结构状况的评定是为了确定路面结构的强度水平，通常采用测量路表回弹弯沉值的方法。对旧路面进行弯沉值检测时，每一车道、每路段的测点数不少于 20 点，且应采用标准轴载汽车测定。若采用非标准轴载的汽车测定，要按式（6-3）进行换算

$$\left(\frac{l_{100}}{l_i}\right) = \left(\frac{p_{100}}{p_i}\right)^{0.87} \tag{6-3}$$

式中　p_{100}、l_{100}——100kN 标准轴载及相应的弯沉值；

　　　p_i、l_i——非标准轴载及相应的弯沉值。

为了利用测得的众多弯沉值评定一段路的路面强度，可以采用式（6-4）计算整个路段的弯沉值

$$l_0 = (\bar{l}_i + Z_a S) K_1 K_2 K_3 \tag{6-4}$$

式中　　　l_0——路段的计算弯沉值（0.01mm）；

　　　　　$\bar{l}_i$——路段内旧路面上实测弯沉的平均值（0.01mm）；

　　　　　S——路段内旧路面上实测弯沉的标准差（0.01mm）；

　　　　　Z_a——保证率系数，当补强二级及二级以上的公路路面时，Z_a 取 1.5；当补强三级、四级公路时，Z_a 取 1.3；

　　　K_1、K_2、K_3——分别为季节影响系数、湿度影响系数和温度修正系数。

当在非不利季节测定弯沉值时，应根据经验考虑当地季节影响系数的修正。对冰冻地区的潮湿或过湿的路基，宜考虑路面强度逐渐衰减的影响，乘以湿度影响系数。路面弯沉值是以 20℃为测定沥青路面弯沉值的标准状态，当沥青面层厚度小于或等于 5cm 时，不需要进行温度修正；当路面温度在 20℃±2℃时，也不进行温度修正，其他情况下测定弯沉值均应进行温度修正。

3. 旧路面当量回弹模量的计算

（1）计算旧路面的回弹模量也应将旧路面分段，分别计算各段的当量回弹模量。

（2）各路段的当量回弹模量应根据各路段的计算弯沉值，按式（6-5）计算

$$E_i = 1000 \frac{2p\delta}{l_0} m_1 m_2 \qquad (6\text{-}5)$$

式中　E_i——旧路面的当量回弹模量（MPa）；

　　　δ——标准轴载单轮传压当量圆半径（cm）；

　　　l_0——旧路面的计算弯沉值（0.01mm）；

　　　p——标准轴载车型轮胎接地压强（MPa）；

　　　m_1——标准轴载的汽车在旧路面上测得的弯沉值与用承载板在相同压强条件下所测得的回弹变形值之比，即轮板对比值；

　　　m_2——旧路面当量回弹模量扩大系数。

（3）m_1 应根据各地的对比试验结果确定，在没有对比试验资料的情况下，可取 $m_1 = 1.1$ 进行计算。

（4）计算与旧路面接触的补强层层底拉应力时，m_2 按式（6-6）计算。计算其他补强层层底拉应力及弯沉值时，$m_2 = 1.0$。

$$m_2 = \mathrm{e}^{0.037 \frac{h}{\delta} \left(\frac{E_{n-1}}{p} \right)^{0.25}} \qquad (6\text{-}6)$$

式中　E_{n-1}——与旧路面接触层材料的抗压模量（MPa）；

　　　h——各补强层等效为与旧路面接触层 E_{n-1} 相当的等效总厚度（cm）。

（5）等效总厚度 h 按式（6-7）计算

$$h = \sum_{i=1}^{n-1} h_i \left(\frac{E_i}{E_{n-1}} \right)^{0.25} \qquad (6\text{-}7)$$

式中　E_i——第 i 层补强层材料的抗压回弹模量（MPa）；

　　　h_i——第 i 层补强层的厚度（cm）；

　　　$n-1$——补强层层数。

4. 补强层厚度的计算

（1）补强设计时，首先计算旧路面的当量回弹模量，若补强单层，以双层弹性体系为设计计算的力学模型；若补强 $n-1$ 层，以 n 层弹性体系为力学模型计算。

（2）补强设计时，仍以设计弯沉值作为路面整体刚度的控制指标，对于二级和二级以上的公路，还应验算补强层层底拉应力。设计弯沉值、各补强层层底拉应力和容许拉应力的计算方法时，弯沉综合修正系数及补强层材料参数的确定与新建路面设计时的各项规定保持一致。

（3）设计补强层的厚度采用弹性层状体系理论编制的专用设计程序进行计算。

5. 路面补强设计步骤

（1）对原有公路进行技术调查，掌握设计资料。

(2) 按设计任务书的要求或调查交通量的有关资料，确定公路等级、面层与基层类型，计算设计弯沉值与各补强层的容许拉应力。

(3) 确定路面的当量回弹模量。

(4) 拟定几种可能的结构组合与设计层，并确定各补强层的材料参数。

(5) 根据补强的设计方法计算设计层厚度。对季节性冰冻地区的潮湿、过湿路段还应验算防冻厚度。

6.2.4 公路路面设计系统 HPDS

新版的公路路面设计系统 HPDS2021 主要包含如下程序。

(1) 改建路段留用路面构造顶面当量回弹模量计算程序（HOC）。

(2) 沥青路面设计与验算程序（HAPDS）。

(3) 路基验收时路段内实测路基顶面弯沉代表值计算程序（HOCG）。

(4) 路面交工验收时路段内实测路表弯沉代表值计算程序（HOCA）。

(5) 改建路段原路面当量回弹模量计算程序（HOC1）。

(6) 新建单层水泥混凝土路面设计程序（HCPD1）。

(7) 新建复合式水泥混凝土路面设计程序（HCPD2）。

(8) 旧混凝土路面上加铺层设计程序（HCPD3）。

(9) 基（垫）层或加铺层及新建路基交工验收弯沉值计算程序（HCPC）。

6.3 水泥混凝土路面设计

水泥混凝土路面设计的基本任务是防止路面结构在使用年限内由于行车荷载和环境（温、湿度）因素作用而出现各种结构破坏。因此，进行路面设计时首先要分析在车载和温度、湿度条件下，路面各结构层内所产生的应力、应变和位移量，以便与各结构层材料抵抗应力、应变和位移的能力相对比，以是否会出现结构破坏为判断标准。

6.3.1 水泥混凝土路面的力学特性与计算理论

1. 力学特性

水泥混凝土路面面层的刚度远大于基（垫）层和路基面层的刚度，与沥青路面相比，在车载作用下，水泥混凝土路面具有良好的板体性和扩散荷载的能力，所产生的弯曲变形（挠度）很小。在荷载往复作用下，水泥混凝土路面板内产生的最大应力不超过比例极限应力，即混凝土路面板工作在弹性阶段。同时，由于混凝土路面板与基层或土基之间的摩擦力一般较小,因此在力学图式上可把水泥混凝土路面结构看作弹性地基板,可把混凝土路面板看作弹性薄板,求解位移和应力时可应用小挠度弹性薄板理论。

2. 强度构成与设计要求

对于水泥混凝土路面,一方面,混凝土路面板分布扩散荷载能力强,车载作用主要由混凝土路面板本身承担;另一方面,由于混凝土的抗弯拉强度比抗压强度低得多,在车载的重复作用下,混凝土路面板处于多次弯曲受力状态,并在低于其极限抗弯拉强度时产生折断破坏,所以水泥混凝土路面的强度构成主要考虑混凝土面层(面板)疲劳抗弯拉强度。此外,由于板顶面和底面的温差会使板产生温度翘曲应力,平面尺寸越大,翘曲应力也越大。另外,水泥混凝土又是一种脆性材料,它在断裂时的相对拉伸变形很小。因此,为使路面能够经受车轮荷载的多次重复作用、抵抗温度翘曲应力,并对地基变形有较强的适应能力,混凝土路面板必须具有足够的抗弯拉强度和厚度、适当的平面尺寸和基础条件。

3. 小挠度弹性薄板的基本假设与力学模型

基于水泥混凝土路面板刚度大、变形小、良好板体性和扩散能力及导致基础变形较小,水泥混凝土路面的力学模型被认定为弹性地基上小挠度弹性薄板,其受荷载时的弯曲如图 6.7 所示。

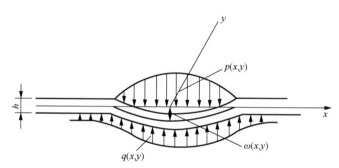

h —板厚;$\omega(x,y)$ —板的挠度,即基础表面的竖向位移;
$p(x,y)$ —作用于板表面的竖向荷载;$q(x,y)$ —基础对板底面
作用的竖向反力;x,y —板中面 $h/2$ 外坐标系。

图 6.7 弹性薄板受荷载时的弯曲

在研究表面为局部范围内的轮载,底面为地基反力作用下的薄板弯曲时,通常采用下述两项基本假设。

① 竖向应力 σ_z 和应变 ε_z 同其他应力和应变分量相比很小,可以忽略不计。由此,竖向位移(即挠度)ω 仅是平面坐标 (x,y) 的函数,也即沿板厚各点具有相同的 ω。

② 在板与地基的接触面之间没有内摩阻力(可以自由滑动),即接触面上的剪应力视为零。

4. 水泥混凝土路面荷载应力分析

考虑小挠度弹性薄板的基本假设,三维的板内应力状态可简化为平面问题,应用几何方程得到应变和竖向位移关系式,各截面上的内力(弯矩和扭矩)通过对应力与应变关系式积分后得到。对小挠度弹性薄板取长和宽各为 dx 和 dy、高为 h 的单元体,分析该单元的内力与外力,其满足平衡条件:$\sum F_z = 0$,$\sum M_x = 0$,$\sum M_y = 0$,略去高阶微量后,可得到内力与荷载的关系式、挠度与荷载的关系式:

$$\frac{\partial^2 M_x}{\partial x^2} + 2\frac{\partial^2 M_{xy}}{\partial x \partial y} + \frac{\partial^2 M_y}{\partial y^2} = -p(x,y) + q(x,y)$$

$$D\left(\frac{\partial^4 \omega}{\partial x^4} + 2\frac{\partial^4 \omega}{\partial x^2 \partial y^2} + \frac{\partial^4 \omega}{\partial y^4}\right) = p(x,y) - q(x,y) \tag{6-8}$$

简记为:

$$D\nabla^2\nabla^2\omega = p - q$$

式中 ∇^2——拉普拉斯算子,$\nabla^2 = \frac{\partial^2}{\partial x^2} + \frac{\partial^2}{\partial y^2}$;

D——水泥混凝土路面板的刚度,$D = \frac{Eh^3}{12(1-\mu^2)}$。

为了建立地基反力与挠度之间的关系,通常采用如下两种不同的地基假设。

① 稠密液体地基假设。地基上任一点的反力仅与该点的挠度成正比,而与其他相邻点的挠度无关,即

$$q(x,y) = k\omega(x,y) \tag{6-9}$$

式中,k 为地基反应模量(kN/m³)。

② 半无限地基假设。地基为弹性半无限体,其顶面上任一点的挠度不仅与该点的压力有关,也与其他各点的压力有关,即

$$q(x,y) = f[\omega(x,y)] \tag{6-10}$$

考虑基于地基假设的地基反力与挠度间的关系式,按各种边界条件解四阶微分方程(6-8),求得挠度 $\omega(x,y)$,将其代入相应关系式后,可分别获得应变、应力值。

6.3.2 水泥混凝土路面结构组合设计

1. 路基

路基应对路面结构提供均匀的、稳定密实的支承。高速公路和一级公路的路床填料或二级和二级以下公路的上路床填料不能用高液限黏土及含有机质的细粒土。因条件限制而必须采用上述土作填料时,应掺加石灰或水泥等结合料进行改善。

当地下水位高时,宜提高路堤设计高程。在路堤设计高程受限制,未能达到中湿状态的路基临界高度时,应选用粗粒土或低剂量石灰或水泥稳定细粒土作路床或上路床填料;当未能达到潮湿状态的路基临界高度时,除了采用上述填料措施,还应采取在边沟下设置排水渗沟等降低地下水位的措施。

路基压实度应符合公路路基设计规范的要求。多雨潮湿地区，对于高液限黏土、塑性指数大于16或膨胀率大于3%的低液限粉质黏土，宜采用由轻型压实标准确定的压实度，并在含水率略大于其最佳含水率时压实。

岩石或填石路床顶面应铺设整平层。整平层可采用未筛分碎石和石屑或低剂量水泥稳定粒料，其厚度视路床顶面不平整程度而定，一般为100～150mm。

2. 垫层

在遇到下述情况时，需在基层下设置垫层。

① 季节性冰冻地区，路面总厚度小于最小防冻厚度要求（表6.8）时，其差值应以垫层厚度补足。

② 当水文地质条件不良的土质路堑，路床土湿度较大时，宜设置排水垫层。

③ 路基产生不均匀沉降或不均匀变形时，可加设半刚性垫层。

防冻垫层和排水垫层宜采用砂、砂砾等颗粒材料。半刚性垫层可采用低剂量无机结合料稳定粒料或土。

表6.8 水泥混凝土路面最小防冻厚度

路基干湿类型	路基土质	当地最大冰冻深度/m			
		0.5～1.00	1.01～1.50	1.51～2.00	＞2.00
中湿路基	低、中、高液限黏土	0.3～0.5	0.4～0.6	0.5～0.7	0.6～0.95
	粉土，低、中液限粉质黏土	0.4～0.6	0.5～0.7	0.6～0.85	0.7～1.10
潮湿路基	低、中、高液限黏土	0.4～0.6	0.5～0.7	0.6～0.9	0.75～1.20
	粉土，低、中液限粉质黏土	0.45～0.7	0.55～0.8	0.7～1.00	0.8～1.30

注：1. 冻深小或填方路段，或者基、垫层为隔温性能良好的材料，可采用低值；冻深大或挖方及地下水位高的路段，或者基、垫层为隔温性能稍差的材料，应采用高值。

2. 冻深小于0.50m的地区，一般不考虑结构层防冻厚度。

3. 基层

基层应具有足够的抗冲刷能力和一定的刚度。

基层类型及厚度宜依照交通等级按表6.9、表6.10选用。混凝土预制块面层应采用水泥稳定粒料基层。

表6.9 适宜各交通等级的基层类型

交通等级	基层类型
特重交通	贫混凝土、碾压混凝土或沥青混凝土基层
中等交通	水泥稳定粒料或沥青稳定碎石基层
中等、轻交通	水泥稳定材料、二灰稳定粒料或级配粒料基层

表 6.10 各类基层厚度的适宜范围

基层类型	厚度的适宜范围/m
贫混凝土、碾压混凝土基层	120～200
水泥稳定粒料	150～250
沥青混凝土基层	40～60
沥青稳定碎石基层	80～100
级配粒料基层	150～200
多孔水泥稳定碎石排水基层	100～140
沥青稳定碎石排水基层	80～100

4．面层

水泥混凝土面层应具有足够的强度、耐久性，表面抗滑、耐磨且平整。面层一般采用设接缝的普通混凝土；当面层板的平面尺寸较大或形状不规则，路面结构下埋有地下设施，高填方、软土地基、填挖交界段的路基等有可能产生不均匀沉降时，应采用设置接缝的钢筋混凝土面层。其他面层类型可根据适用条件按表 6.11 选用。

表 6.11 其他面层类型选择

面层类型	适用条件
连续配筋混凝土面层	高速公路
与沥青类上面层组成的复合式	特重交通的高速公路
碾压混凝土面层	二级及以下公路、服务区停车场
钢纤维混凝土面层	高程受限路段、收费站、加铺层、桥面
混凝土预制块面层	服务区停车场、二级及以下公路桥头引道沉降未稳路段

普通混凝土、钢筋混凝土、碾压混凝土或钢纤维混凝土面层板一般采用矩形。其纵向和横向接缝应垂直相交，纵缝两侧的横缝不得相互错位。纵向接缝的间距按路面宽度在 3.0～4.5m 范围内确定。碾压混凝土、钢纤维混凝土面层在全幅摊铺时，可不设纵向缩缝。

普通混凝土、钢筋混凝土、碾压混凝土或连续配筋混凝土面层所需的厚度，可参照表 6.12 所示的参考范围确定。

表 6.12 水泥混凝土路面面层厚度参考值

交通荷载等级	极重	特重				重			
公路等级	一	高速	一级	二级		高速	一级		二级
变异水平等级	低	低	中	低	中	低	中	低	中
面层厚度/mm	≥320	320～280	300～260	280～240		270～230		260～220	
交通荷载等级	中等					轻			
公路等级	二级		三、四级			三、四级			
变异水平等级	高	中	高	中		高		中	
面层厚度/mm	250～220	240～210	230～200			220～190		210～180	

6.4 路面工程施工技术

路面施工一般程序框图如图 6.8 所示。

图 6.8 路面施工一般程序框图

6.4.1 路面基垫层施工技术

基层是直接位于面层下的结构层次,而垫层是基层和路基之间的结构层次。基层和垫层主要起承重、扩散荷载应力和改善路基水温状况的作用。为此,对基层和垫层提出了刚度(抗变形能力)和水稳性方面的要求。常用的基层和垫层分为级配碎(砾)石和结合料稳定两大类。

1. 级配碎(砾)石类基垫层

(1) 路拌法施工。

级配碎(砾)石施工工艺流程图如图 6.9 所示。

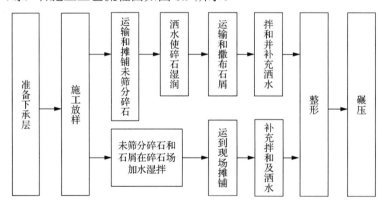

图 6.9 级配碎(砾)石施工工艺流程图

① 备料。

确定未筛分碎石和石屑的掺配比例或不同粒级碎石和石屑的掺配比例,以及各路段基层的宽度、厚度和预定的干压实密度,计算各路段所需的未筛分碎石和石屑的数量或不同粒级碎石和石屑的数量,并计算每车料的堆放距离。

② 运输和摊铺集料。

运输集料时，要求每车料的数量基本相同。在同一料场供料的路段内，应由远到近将料卸在下承层上。卸料的距离应严格掌握或由专人负责，不得卸置成一条"埂"。当预定级配碎石采用未筛分碎石和石屑需分别运到路段上再进行拌和，石屑不应预先运送到路段上，以免雨淋受潮。

摊铺机械一般采用平地机，应将集料均匀地摊铺在预定的宽度上，表面力求平整，并且有规定的路拱。摊铺集料时应注意：当采用不同粒级的碎石和石屑时，应分层摊铺，洒水使碎石湿润后，再摊铺石屑。

③ 拌和及整形。

为保证级配碎石的密实级配，拌和均匀是非常重要的。应采用稳定土拌和机来拌和级配碎石，在无稳定土拌和机的情况下，也可采用平地机或多犁与缺口圆盘耙相配合进行拌和。

采用平地机拌和的方法是，用平地机将铺好石屑的碎石料翻拌，使石屑均匀分布到碎石料中，拌和时，第一遍从路中心开始，将碎石混合料向中间翻，第二遍从路两边开始，将碎石混合料向外翻。拌和过程中用洒水车洒足所需的水分。平地机拌和的作业长度，每段以 300～500m 为宜。拌和结束时，混合料的含水率应该均匀，并比最佳含水率大 1%，没有粗细颗粒离析现象。

混合料拌和均匀后，用平地机按规定的路拱进行整平和整形，其方法同稳定土基层施工。在整形过程中，应注意消除粗细集料的离析现象，并禁止任何车辆通行。

④ 碾压。

整形后，当混合料的含水率等于或略大于最佳含水率时，立即用 12t 以上三轮压路机、振动压路机或轮胎压路机进行碾压。碾压时应坚持"四先四后"的原则，后轮应重叠 1/2 轮宽，后轮必须超过两路段的接缝处。碾压应一直进行到要求的密实度，一般需碾压 6～8 遍，应使表面无明显轮迹，并在路面两侧多压 2～3 遍。

严禁压路机在已完成的或正在碾压的路段上掉头和紧急制动，禁止开放交通。

（2）中心站集中厂拌法施工。

当级配碎石用作半刚性路面的中间层时，应采用集中厂拌法拌制混合料，并用摊铺机摊铺。集中厂拌法施工时应注意：混合料的掺配比例一定要正确；必须先调试所用的厂拌设备，使混合料的颗粒组成和含水率都达到规定的要求；在采用的未筛分碎石和石屑的颗粒组成发生明显变化时，应重新调整掺配比例。

2．结合料稳定类基（垫）层

结合料稳定类基（垫）层是指掺加各种结合料，通过物理以及化学加工，使各种土、碎（砾）石混合料或工业废渣的工程性质得到改善，成为具有较高强度和稳定性的路面结构层次。常用的结合料有水泥、石灰和沥青等，前两者应用广泛。

1）水泥稳定类基（垫）层

（1）水泥稳定土施工前的准备。

① 原材料准备。

a．土。凡是能被经济粉碎的土，只要符合规范规定的技术要求，都可用水泥来稳定。

b．水泥。一般水泥品种都可用于稳定土，但终凝时间应大于 6h，不宜用快硬水泥、早强水泥及受潮变质的水泥。

c．水。人、畜饮用水均可用。

② 混合料组成设计。

水泥稳定土的混合料组成设计任务是根据表 6.13 所示的水泥稳定土的抗压强度标准，通过试验选取最适宜于稳定的土，确定必需的水泥剂量和混合料的最佳含水率。在需要改善土的颗粒组成时，还包括掺加料的比例。

表 6.13　水泥稳定土的抗压强度标准

层位	公路等级	
	高速公路	其他公路
基层/MPa	2～3	3～5
底基层/MPa	≥1.5	≥1.5

混合料的设计步骤如下。

a．制备同一种土样不同水泥剂量的水泥稳定土混合料。

b．用击实试验确定各种混合料的最佳含水率和最大干（压实）密度。

c．按工地预定达到的压实度，分别计算不同水泥剂量的试件应有的干密度。

d．按最佳含水率和计算得到的干密度制备试件进行强度试验，作为平行试验的试件数量应符合规定。

e．试件的强度试验。试件在规定的温度［冰冻地区（20±2）℃，非冰冻地区（25±2）℃］下保湿养生 6d，浸水 1d 后，进行无侧限抗压强度试验，并计算试验结果的平均值和偏差系数。

f．选定合适的水泥剂量。此剂量试件室内试验的平均抗压强度 R 应符合式（6-11）的要求。

$$R = \frac{R_d}{1 - Z_a C_v} \tag{6-11}$$

式中　R_d——设计抗压强度（见表 6.13）；

　　　C_v——试样结果的偏差系数；

　　　Z_a——标准正态分布中随保证率（或置信度 a）而变的系数；高速公路和一级公路应取保证率为 95%，此时 Z_a=1.645；一般公路应取保证率 90%，此时 Z_a=1.282。

考虑损耗及现场条件与实验室条件的差异，工地实际采用的水泥剂量应比室内试验确定的剂量增加 0.5%～1.0%。一般情况下，集中厂拌法施工时，水泥剂量可增加 0.5%；路拌法施工时，水泥剂量可增加 1.0%。

（2）水泥稳定土的施工。水泥稳定土的工艺流程如图 6.10 所示。

① 准备下承层。

水泥稳定土的下承层表面应平整、坚实，具有规定的路拱，没有任何松散的材料和软弱的地点。

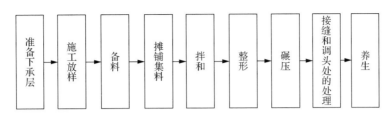

图 6.10 水泥稳定土的工艺流程

② 施工放样。

施工放样内容包括：恢复中线；基层宽度每侧应比面层宽度增加 0.3～0.6m，并在两侧路肩边缘外 0.3～0.5m 处设指示桩；在两侧指示桩上用明显标记（如红漆）标出水泥稳定土层边缘的设计标高。

③ 备料。

运输集料前，应计算材料数量。通常先根据各路段水泥稳定土层的厚度、宽度及预定的干密度，计算各路段需要的干集料数量，然后根据集料的含水率和运料车的吨位，计算每车料的堆放距离，集料装车时，应控制每车料的数量基本相等。采集的集料应进行粉碎（或已经粉碎），土块最大尺寸应小于 15mm，集料中超尺寸颗粒应予以筛除。

④ 摊铺集料。

摊铺集料应事先通过试验确定集料的松铺系数。

摊铺集料应在摊铺水泥的前一天进行，摊铺长度应以日进度的需求量为度，够次日一天完成摊铺水泥、拌和、碾压成型即可。摊铺集料一般采用平地机或其他合适的机具，要求将集料均匀地摊铺在预定的宽度上，表面力求平整，并符合规定的路拱，摊铺后要检查松铺集料层的厚度是否符合预计的厚度。集料摊铺结束后，禁止车辆在其上通行。

松铺厚度 = 压实厚度×松铺系数

摊铺后的集料如果含水率过小，应在集料层上洒水闷料。洒水闷料的目的是使水分在集料层内分布均匀并透入颗粒和大小土团的内部，同时还可减少拌和过程中的洒水次数和数量，从而缩短延迟时间。

洒水时应注意：严禁洒水车在洒水路段内停留和掉头，洒水要均匀，防止出现局部水量过多的现象。

⑤ 拌和。

目前应用较多的是轮胎式稳定土拌和机，当使用稳定土拌和机拌和时，拌和深度应达到拌和层底部，并专人跟在拌和机后面，随时检查拌和深度，严禁在拌和层底部留有素土夹层。稳定土拌和机通常只需拌和 2～3 遍即能将混合料拌和均匀。要彻底消除素土夹层，可在最后一遍拌和之前，先用多铧犁紧贴底面翻拌一遍，再用稳定土拌和机拌和一遍。

拌和好的混合料应达到色泽一致，没有灰条、灰团和花面，没有粗细颗粒"窝"，且水分合适均匀。

⑥ 整形。

混合料拌和均匀后，马上用平地机进行初步整平与整形。在直线路段时，平地机应由两侧向中间进行刮平；在平曲线路段时，应由内侧向外侧进行刮平。然后拖拉机、平地机或轮胎压路机立即在初平的路段上快速碾压一遍，以暴露潜在的不平整。经过上述步骤两次刮平、轻压后出现的局部低洼处，应用齿耙将其表层5cm以上耙松，并用新拌和的水泥混合料进行找补整平。最后用平地机再整形一次，以达到规定的路拱和坡度，并注意接缝顺适平整。

在整形过程中，不允许任何车辆通行，并配合人工消除集料的离析现象。

⑦ 碾压。

事先应根据路宽、压路机的轮宽和轮距的不同，制订碾压方案，以求各部分碾压的次数相同，但路面的两侧应多压2~3遍。压路机的吨位与每层的压实厚度要一致。碾压时，后轮应重叠1/2轮宽，并在规定的时间内碾压到要求的压实度（表6.14）。一般需碾压6~8遍。碾压速度：前两遍采用1.5~1.7km/h，以后以2~2.5km/h为宜。

表6.14 基层和底基层的压实度

基层			底基层		
公路等级	材料类型	压实度（%）	公路等级	材料类型	压实度（%）
高速公路一级公路	水泥稳定碎石	98	高速公路一级公路	水泥稳定中粒土、粗粒土	96
				水泥稳定细粒土	95
其他公路	水泥稳定中粒土、粗粒土	97	其他公路	水泥稳定中粒土、粗粒土	95
	水泥稳定细粒土	93		水泥稳定细粒土	93

碾压过程中应注意如下事项。

a．严禁压路机在已完成的或正在碾压的路段上掉头和紧急制动，以免破坏稳定土层的表面。

b．水泥稳定土表面应始终保持潮湿，如表层水分蒸发过快，应及时补洒少量水。

c．如发生"弹簧"、松散、起皮等现象，应及时翻开重新拌和（加适量水泥）或用其他方法处理，使其达到质量要求。

碾压结束之前，用平地机再终平一次，使其纵向顺适，路拱和超高符合设计要求。碾压结束后，应马上用灌砂法、水袋法检查压实度。

⑧ 接缝和调头处的处理。

水泥稳定土基层的接缝按施工时间的不同，有以下两种处理方式。

一是当天施工的两个作业段的接缝，采用搭接拌和方式，即把第一作业段已拌好的混合料留下5~8m暂不碾压，第二作业段施工时，将第一作业段留下来未压部分再加部分水泥重新拌和，与第二作业段一起碾压。

二是将已压实路段的接缝处，沿稳定土挖一条垂直于路中线的横贯全路宽的槽，槽深达到下承层顶面，靠稳定土的一面应砌成垂直面。然后将两根方木放在槽内，并紧靠稳定土的垂直面，用原先挖出的素土回填槽内其余部分。第二天作业段摊铺水泥及湿拌后，除去方木，用混合料回填，靠近方木未能拌和的一小段，应用人工补充拌和，整平压实，并刮平接缝处。

⑨ 养生。

每个作业段碾压结束，并经压实度检查合格后，马上进行保湿、养生，不得使稳定土层表面干燥，也不应忽干忽湿。保湿、养生时间不宜少于 7d。养生方法可采用不透水薄膜或湿砂，也可采用沥青乳液等其他方法。无上述条件时，也可用洒水车经常及时洒水进行养生，每天洒水次数视气候而定。

养生期间应封闭交通（洒水车除外）。不能封闭交通时，应在水泥稳定土层上采取覆盖措施，限制重车通行，其他车辆的车速不超过 30km/h。

（3）中心站集中厂拌法施工。

厂拌设备一般由物料称量系统（包括各种料斗）、物料输送系统、物料储存系统、拌和主机、控制系统五大部分组成。稳定土厂拌设备主要结构简图如图 6.11 所示。

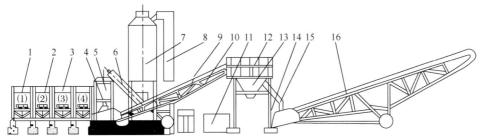

1—配料斗；2—皮带供料机；3—水平皮带输送机；4—小仓；5—叶轮供料器；6—螺旋送料器；
7—大仓；8—垂直提升机；9—斜皮带输送机；10—控制柜；11—水箱水泵；12—拌和筒；
13—混合料储仓；14—拌和筒立柱；15—塑料管；16—大输料皮带机

图 6.11 稳定土厂拌设备主要结构简图

2）石灰稳定土基垫层

（1）施工前的准备。

① 原材料准备。

a．土。用于石灰稳定土的土有黏性土、级配碎石、未筛分碎石、砂砾、碎石土、砂砾土、煤矸石和各种粒状矿渣等，应符合《规范》规定的技术要求。

b．石灰。石灰质量应符合Ⅲ级以上（包括Ⅲ级）的生石灰或消石灰的技术指标，要尽量缩短石灰的存放时间，以免石灰有效成分降低。当石灰在野外堆放时间较长时，必须妥善覆盖保管，不应遭日晒雨淋。对高速公路和一级公路，宜采用磨细生石灰。

c．水。凡是人或牲畜的饮用水均可用于石灰稳定土的施工。

② 混合料组成设计。

石灰稳定土混合料组成设计的任务是：根据 7d 饱水抗压强度标准（表 6.15），通过试验选取最适宜于石灰稳定的土，确定必需的最佳石灰剂量和混合料的最佳含水率。必要时，还应考虑掺加料的比例。

表 6.15　石灰稳定土的 7d 饱水抗压强度标准

层位	公路等级	
	高速公路和一级公路/MPa	其他公路/MPa
基层	—	≥0.8
底基层	≥0.8	0.5～0.7

注：1. 在低塑性土（塑性指数小于 7）地区，石灰稳定砂砾土和碎石土的 7d 饱水抗压强度应大于 0.5MPa。
2. 数值下限用于塑性指数小于 7 的黏性土，数值上限用于塑性指数大于 7 的黏性土。

（2）石灰稳定土的施工。

石灰稳定土路拌法施工的工艺流程与水泥稳定土施工的工艺流程基本相同（图 6.12）。

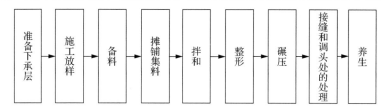

图 6.12　石灰稳定土路拌法施工的工艺流程

（3）石灰土的主要质量问题及处理措施。

石灰土施工中出现的主要质量问题是缩裂，它包括干缩和温缩。石灰土的塑性指数越大或石灰剂量越高，出现的裂缝越多越宽，雨水通过裂缝渗入土基，使土基软化，造成路面强度大大降低，严重影响路面的使用性能。为了提高石灰土基层的抗裂性能，减少裂缝，应从材料的配比设计和施工两个方面采取措施。

① 控制压实含水率。

② 严格控制压实标准。

③ 温缩的最不利季节温度为 0～10℃。因此，施工要在当地气温降为 0℃前一个月结束，以防在不利季节产生严重温缩。

④ 重视初期养护，保证石灰土表面处于潮湿状态，严禁干晒。

⑤ 石灰土施工结束后及早铺筑面层，使石灰土基层含水率不发生大的变化，以减轻干缩裂缝。

⑥ 在石灰土中掺加集料（如砂砾、碎石等），集料含量使混合料满足最佳组成要求，一般为 70%左右。

⑦ 在石灰土基层上铺筑厚度大于 15cm 的碎石过渡层或设置沥青碎石（或沥青贯入式）联结层，可减轻或防止反射裂缝的出现。

3）石灰工业废渣基垫层

（1）施工准备。

① 原材料。

石灰的质量要求同石灰稳定土中石灰的要求。

粉煤灰中活性成分的总量应大于 70%。煤渣中的主要成分是 SiO_2、Al_2O_3，要求松干密度为 700～1100kg/m³，煤渣最大粒径不大于 30mm，颗粒组成宜有一定的级配且不含杂质。

细粒土的塑性指数宜为 12～20，且土块的最大粒径应小于 15mm。中粒土和粗粒土应少含或不含有塑性指数的土。

集料的最大粒径和级配符合相关技术规范。

有机质含量超过 10%的细粒土不宜选用。

凡是人或牲畜可饮用的水，均可使用。

② 混合料组成设计。

石灰工业废渣混合料的组成设计是依据二灰混合料的强度标准（表 6.16），通过试验选取最适宜于稳定的土；确定石灰与粉煤灰或者石灰与煤渣的比例；确定石灰粉煤灰或石灰煤渣与土（包括各种集料）的质量比；确定混合料的最佳含水率。

表 6.16 二灰混合料的强度标准

层位	公路等级	
	高速公路和一级公路/MPa	其他公路/MPa
基层	≥0.6	≥0.8
底基层	≥0.6	≥0.5

（2）石灰工业废渣层的施工。

石灰工业废渣路拌法施工工艺流程如图 6.13 所示。石灰工业废渣基层的施工与石灰稳定土基层的施工基本相同。

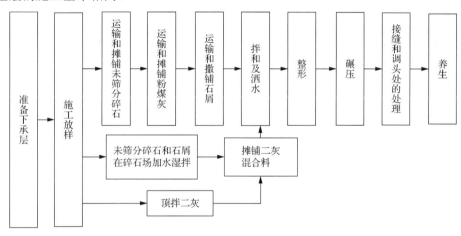

图 6.13 石灰工业废渣路拌法施工工艺流程

6.4.2 沥青路面施工技术

沥青路面是用沥青材料作结合料铺筑面层的路面的总称。沥青面层是由沥青材料、矿料及其他外掺剂按要求比例混合、铺筑而成的单层或多层结构层。

沥青路面施工方法包括层铺法、路拌法和厂拌法。层铺法是采用分层洒布沥青，分层铺撒矿料和碾压的方法修筑，按这种方法重复几次做成一定厚度的层次。路拌法即在施工现场以不同方法将冷料热油或冷油冷料拌和、摊铺和碾压。厂拌法即集中设置拌和基地，采用专用设备，将具有一定级配的矿料和沥青加热拌和，然后将混合料运至工地热铺热压或冷铺冷压，碾压结束后即可开放交通。

1．沥青表面处治面层施工方法

沥青表面处治面层是采用沥青和矿料按层铺或拌和的方法，修筑厚度不大于3cm的一种薄层路面面层。

层铺法沥青表面处治的施工工序及要求如下。

（1）清理基层。

将路面基层清扫干净，使基层的矿料大部分外露并保持干燥。对有坑槽、不平整的路段应先进行修补和整平。

（2）洒布沥青。

在浇洒透层沥青后4～5h，或已做透层（或封层）并开放交通的基层清扫后，即可浇洒第一层沥青。另外，应按洒布面积控制单位沥青的用量。

（3）铺撒矿料。

洒布沥青后应趁热迅速铺撒矿料，按规定用量一次撒足并要铺撒均匀。

（4）碾压。

铺撒一层矿料后随即用6～8t双轮压路机或轮胎压路机及时碾压。碾压应从一侧路缘压向路中心，然后从另一路缘压向路中心。双层式和三层式沥青表面处治的第二、三层施工即重复第（2）～（4）道工序。

（5）初期养护。

碾压结束后即可开放交通，但应禁止车辆快速行驶（不超过20km/h）。

路面全幅宽度获得均匀碾压，加速处置层反油稳定成型。对局部泛油、松散、麻面等现象，应及时修整处理。

2．沥青贯入式面层施工方法

沥青贯入式面层是在初步压实的碎石（或轧制砾石）上，分层浇洒沥青、撒铺嵌缝料，经压实而成的路面结构，厚度通常为4～8cm。

根据沥青材料贯入深度的不同，贯入式路面可分为深贯入式（6～8cm）路面和浅贯入式（4～5cm）路面两种。其施工工程序如下。

（1）放样和安装路缘石。

（2）清扫基层。

（3）浅贯入式路面应浇洒透层或黏层沥青。

（4）撒铺主层矿料，其规格和用量符合规定，并检查其松铺厚度。

（5）主层矿料摊铺后，先用6～8t双轮压路机进行慢速初压，直至无明显推移；然后用10～20t双轮压路机碾压，直至主层矿料嵌挤紧密、无明显轮迹而又有一定孔隙，使沥青能贯入为止。

(6)浇洒第一层沥青。

(7)趁热撒铺第一层嵌缝料,撒铺应均匀,并立即用10～12t双轮压路机碾压(碾压4～6遍),随压随扫,使其均匀嵌入。

(8)浇洒第二层沥青,撒铺第二层嵌缝料,然后碾压,再浇洒第三层沥青,铺封面料,最后碾压。碾压采用6～8t双轮压路机,碾压2～4遍,即可开放交通。

交通控制及初期养护等工作与沥青表面处治相同。

3.沥青碎石路面施工方法

沥青碎石路面的施工方法和施工要求与沥青混凝土路面的相同。由于热铺沥青碎石主要依靠碾压成型,故碾压的遍数较多,一般要碾压10遍左右,直到混合料无显著轮迹为止。冷铺沥青碎石路面的施工程序与热铺的相同,但冷铺法铺筑的路面最终成型需靠开放交通后行车碾压来压实,故在铺筑时碾压的遍数可以减少。

4.热拌沥青混合料路面施工方法

热拌沥青混合料路面的施工包括四个主要过程:混合料的拌制、运输、铺筑和压实成型。

(1)混合料的拌制。沥青混合料在沥青拌和厂内采用拌和机械拌制。拌和设备可分为间隙式拌和机(分批拌和)和连续式拌和机(滚筒式拌和机)。间隙式拌和是集料掺配、加热烘干、称量后与沥青在一起拌和,形成沥青混合料。间隙式拌和机拌和过程如图6.14所示。连续式拌和机的生产过程如图6.15所示,集料按粒级分别存放在冷集料存料斗内,由冷料传送机将经过自动称重系统准确称量的冷集料按配比送入滚筒式拌和机内;称重系统同时也控制沥青从热沥青储存罐泵入滚筒内,并在滚筒转动的过程中同集料相拌和,拌和好的热混合料从滚筒内输出后,由传送带送到热料集料斗,并装入载料货车。整个过程由控制台监控。

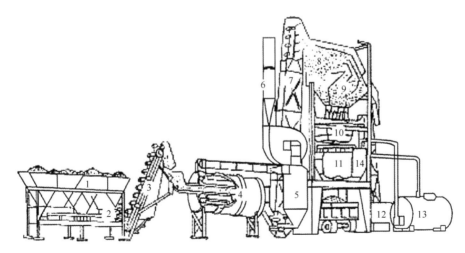

1—冷集料存料斗;2—冷料供应阀门;3—冷料输送机;4—烘干机;5—集尘器;6—排气管;
7—热料提升机;8—筛分装置;9—热料集料斗;10—称料斗;11—拌和筒或叶片拌和机;
12—矿质填料储存设备;13—热沥青储存罐;14—沥青称料斗

图6.14 间隙式拌和机拌和过程

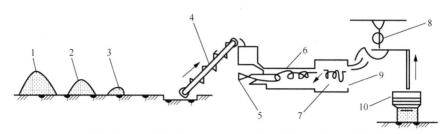

1—粗粒矿料；2—细粒矿料；3—砂；4—冷拌提升机；5—燃料喷雾器；
6—干燥器；7—拌和机；8—沥青秤；9—活门；10—沥青储存罐

图 6.15 连续式拌和机的生产过程

（2）运输：热拌沥青混合料采用自动倾卸。汽车运输到摊铺地点。在运送路途中，为减少热量散失、防止雨淋或污染环境，应在混合料上覆盖篷布。混合料运送到摊铺地点的温度应符合相应的规定。

（3）铺筑：现场铺筑包括基层准备、放样、摊铺、整平、碾压等工序。下面讲解比较重要的工序。

① 基层准备。

铺筑沥青面层的基层必须平整、坚实、洁净、干燥，高程和横坡合乎要求。路面原有的坑槽应使用沥青碎石材料填补，泥沙、尘土应扫除干净。应洒布黏层油、透层油或铺筑下封层。

② 摊铺。

混合料摊铺可分为机械摊铺和人工摊铺两种，一般均采用机械摊铺。

机械摊铺采用轮胎式或履带式沥青混合料摊铺机。热混合料由自动倾卸汽车卸入摊铺机的料斗内，由传送机经流量控制门送至螺旋分配器；随摊铺机向前行进，螺旋分配器自动将混合料均匀摊铺在整个宽度上；附在摊铺机后面的整平板烫平混合料的表面，调节、控制层厚和路拱，并由振捣器装置对摊铺层进行初步压实（图 6.16）。

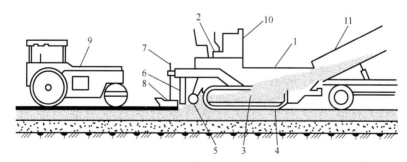

1—料斗；2—驾驶台；3—送料器；4—履带；5—螺旋分配器；6—振捣器；
7—厚度调节螺杆；8—整平板；9—压路机；10—摊铺机；11—自动倾卸汽车

图 6.16 沥青混合料摊铺机操作示意图

横缝可采用平接缝和斜接缝两种方式筑作：平接缝是指接缝的轴线与道路轴线处于垂直状态；斜接缝是指接缝的轴线与道路轴线成一定的夹角（0～90°）。纵缝则可采用热接缝和冷接缝两种方式筑作：热接缝是由多台摊铺机在全断面用梯队作业摊铺方式完成；冷接缝则是在不同时间分幅摊铺时采用的方式。

（4）压实成型。

沥青混合料需要在一定的温度和一定的压实方法下才能取得良好的压实度。一般采用光滚压路机和轮胎压路机或振动压路机组合的方式来压实混合料。光滚压路机碾压后路表面平整，但易将矿料压碎；轮胎压路机碾压对路面的压力不大，但对材料起到良好的搓揉作用，促使混合料混合均匀、紧密并构成平整表面。压实作业可分为初压、复压和终压三个阶段。

碾压后要求达到的密实度可根据试验得到的标准密实度确定，一般不应低于标准密实度的95%。

6.4.3 水泥混凝土路面施工技术

1．施工准备工作

（1）选择合适的混凝土拌和场地。

（2）进行材料试验和混凝土配合比设计。

（3）基层的检查与整修。

2．混凝土路面板的施工程序和施工技术

（1）安装模板。

在摊铺混凝土前，应先安装两侧模板。两侧用铁钎打入基层以固定位置。模板顶面用水准仪检查其高程，不符合时应予以调整。

（2）架设胀缝传力杆。

当两侧模板安装好后，在需要设置传力杆的胀缝或缩缝位置设置传力杆。一般是在嵌缝板上预留圆孔以便传力杆穿过，嵌缝板上面设木制或铁制压缝板条，其外侧再放一块胀缝模板，如图6.17所示。

（3）混凝土的拌和与运送。

混凝土的拌和可采用两种方式：在工地由拌和机拌制；在中心工厂集中制备。拌和后将混凝土用汽车运送到工地。

（4）混凝土的摊铺和振捣。

当运送混凝土的车辆到达摊铺地点后，一般直接倒向安装好侧模的路槽内，并用人工找补均匀。摊铺时，应考虑混凝土振捣后的沉降量，振实后的面层高程同设计相符。要注意防止出现离析现象。

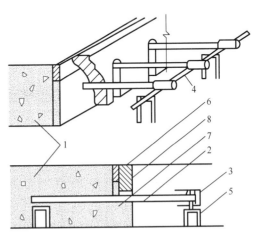

1—先浇的混凝土；2—传力杆；3—金属套管；4—钢筋；5—支架；6—压缝板条；7—嵌缝板；8—胀缝模板

图6.17 胀缝传力杆的架设（钢筋支架法）

混凝土混合料的振捣器具,应由平板振捣器、插入式振捣器和振动梁配套作业。然后将直径为 75～100mm 长的无缝钢管两端放在侧模上,沿纵向滚压一遍。

当摊铺或振捣混合料时,不要碰撞模板和传力杆,以避免其移动变位。

(5) 接缝的设置。

① 对胀缝。

先将胀缝的一侧浇筑混凝土,去掉胀缝模板后,再将胀缝的另一侧浇筑混凝土,压缝板条浇在混凝土内。最迟在终凝前抽出压缝板条。

② 用两种方法筑作缩缝。

在混凝土捣实整平后,利用振捣梁将 T 形振动刀准确地按缩缝位置振出一条槽;或者在结硬的混凝土中用锯缝机(带有金刚石或金刚砂轮锯片)锯割出要求深度的槽口。

对纵缝一般筑作企口式纵缝,模板内壁做成凸样状,拆模后,混凝土路面板侧面即形成凹槽。需设置拉杆时,模板在相应的位置处要钻成圆孔,以便拉杆穿入。浇筑另一侧混凝土前,应先在凹槽壁上涂抹沥青。

(6) 表面整修与防滑措施。

混凝土终凝前必须用人工或机械抹平其表面。

为保证行车安全,混凝土表面应粗糙抗滑。一般的做法是用棕刷或金属丝梳子梳成深 1～2mm 的横槽,也可用锯槽机将路面锯割成深 5～6mm,宽 2～3mm,间距为 20mm 的小横槽。

(7) 混凝土的养生与填缝。

为防止混凝土中水分蒸发过快而产生缩裂,从而保证水泥水化过程的顺利进行,应对混凝土进行及时潮湿养生或利用塑料薄膜、养护剂养生。

(8) 开放交通。

混凝土强度必须达到设计强度的 90%以上时,方能开放交通。

(9) 冬季和夏季施工。

混凝土强度的增加主要依靠水泥的水化作用。当水结冰时,由于水泥的水化作用停止会导致混凝土的强度停止增加,且混凝土体积膨胀,促使混凝土结构松散破坏。因此,混凝土路面应尽可能在气温高于 5℃时施工。由于特殊情况而必须在低温情况下(昼夜平均气温低于 5℃和最低气温低于-3℃时)施工时应采取冬季施工措施。

为避免混凝土中水分蒸发过快而致使混凝土干缩而出现裂缝,必要时可采取夏季施工措施。

3. 轨道式摊铺机施工

高等级道路水泥混凝土路面的技术标准高,工程数量大,要保证施工进度和工程质量,应尽可能采用机械化施工。利用主导机械(摊铺机、拌和机)和配套机械(自卸车、搅拌车等)的有效组合,完成铺筑混凝土路面板的全过程。轨道式摊铺机施工工艺流程如图 6.18 所示。

第6章 路面工程

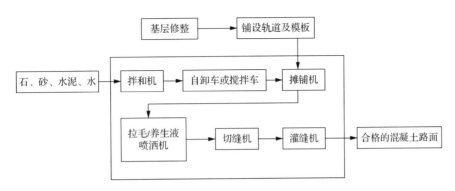

图 6.18 轨道式摊铺机施工工艺流程

4. 滑模式摊铺机施工

滑模式摊铺机是机械化施工中自动化程度很高的一种方法,与轨道式摊铺机施工不同,滑模式摊铺机不需要人工设置模板,其模板就安装在机器上。机器在运转中,将摊铺路面的各道工序——铺料、振捣、挤压、整平、架设传力杆等一气呵成,机器经过之后,即形成一条规则成型的水泥混凝土路面,可达到较高的路面平整度要求,特别是整段路的宏观平整度更是其他施工方式所无法达到的。

滑模式摊铺机是由螺旋杆及刮板将混凝土按要求高度摊铺之后,用振动器、振动棒、整形板、侧板捣固,用刮板、修边器进行修整的连续摊铺的机械,如图 6.19 所示。它集铺料、摊铺、碾压成形、抹光等功能于一体,结构紧凑、行走方便,由于采用电液伺服调平系统或液压随动调平系统,故操作简单、轻便。

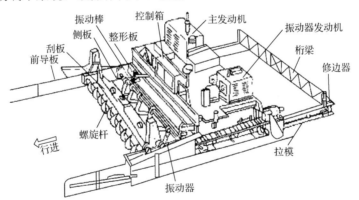

图 6.19 滑模式摊铺机构造

第二篇

桥梁工程

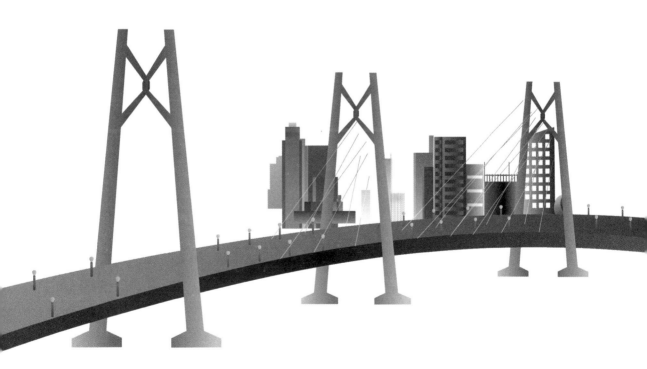

第 7 章 桥梁工程概论

7.1 桥梁工程的地位和作用

桥梁工程是土木工程的分支学科，可采用砖石、木、混凝土和各种金属材料等进行建造的结构工程，这一点与房建类似。桥梁按其使用功能可分为公路桥梁、铁路桥梁、城市桥梁、水渠桥梁、厂（场）内运输桥梁、管线桥梁等。

桥梁既是一种具有跨越障碍物功能的建筑物，又具有观赏性和地标性，还具有宏伟的魅力和时代特征。为适应现代高速发展的交通行业，桥梁引申为跨越山涧、不良地质或满足其他交通需要而架设的使通行更加便捷的建筑物。近年来，道路、桥梁技术突飞猛进，促进了地域性经济的发展。桥梁在整个公路工程规模上占工程总造价的10%~20%，它不仅仅是交通运输的咽喉，也是完成整个公路工程全线通车的关键。

随着经济的快速发展，世界各国加大了基础设施的建设投入，桥梁建设事业也得到了蓬勃发展，世界大桥总量和总长度急剧增加。

7.2 古代桥梁简述

桥梁是人类在生活和生产活动中，为克服天然障碍而建造的建筑物，也是有史以来人类所建造的最古老、最壮观和最美丽的建筑工程之一，它体现了一个时代的文明与进步。

可以推测，人类学会建造各式桥梁，最初是受到自然界各种景象的启发。例如，从倒下而横卧在溪流上的树干，就可衍生建造桥梁的想法；从天然形成的石穹、石洞，就知道修建拱桥；受崖壁或树丛间攀爬和飘荡的藤蔓的启发，而学会建造索桥；等等。世界上最早的桥梁遗迹被发现于现今小亚细亚一带，据考证，其建造于公元前6000—公元前4000年。世界上现存最古老的石桥在今希腊的伯罗奔尼撒半岛，是一座用石块干砌的单孔石拱桥（公元前1300年左右）。

古罗马帝国在其全盛时期，修建过许多石拱桥。比较著名的是今法国南部尼姆（Nimes）的加尔德石拱桥（图7.1）。该桥顶层全长275m，下层的最大跨径为24.4m。全桥共分三层：上层为输水槽；中层供行人通行；下层在一侧加宽以便车马通行。意大利威尼斯的里亚托石拱桥是14—16世纪文艺复兴时期桥梁的代表作（图7.2）。该桥长48.2m，宽22.5m，跨径为27m。全桥用大理石装饰，雕凿精美，线条流畅。它充分反映了欧洲文艺复兴时期桥梁建筑技术与建筑艺术达到的水平。

图7.1　法国南部尼姆的加尔德石拱桥　　　图7.2　意大利威尼斯的里亚托石拱桥

据史料记载，在距今约3000年的周文王时期，已在渭河上架过大型浮桥。在春秋战国时期，以木桩为墩柱，上置木梁、石梁的多孔桩柱式桥梁已遍布黄河流域等地区。公元35年东汉光武帝时期，在今湖北宜昌和宜都之间，建造了长江上第一座浮桥。

近代的大跨径吊桥和斜拉桥也是由古代的藤、竹吊桥发展而来的。我国是最早有吊桥的国家，距今约有3000年历史。在唐朝中期，我国已发展到用铁链建造吊桥。我国保留至今的吊桥尚有1706年建成的四川泸定县大渡河铁索桥和举世闻名的1803年建成的四川都江堰市安澜竹索桥，如图7.3所示。

石桥是我国古代修建较多的桥梁。1053—1059年，我国在福建泉州建造的洛阳桥是国内第一座海港式古石桥，素有"海内第一桥"之誉。始建于1214年的，并保存至今的福建漳州虎渡桥，桥长约335m，足见我国古代加工和安装桥梁技术的高超。

位于河北省赵县的赵州桥（又称安济桥），是世界上现存年份最久远、跨径最大、保存最完整的单孔敞肩石拱桥（图7.4）。该桥净跨37.02m，宽9m，拱圈两肩各设两个跨度不等的腹拱，既减轻自重，又便于泄洪。除了赵州桥，还有其他比较著名的石拱桥，如北京永定河上的卢沟桥、颐和园内的玉带桥和十七孔桥、苏州的枫桥等。我国石拱桥的建造技术在明代时曾流传到日本，促进了两国的文化交流，并增进了两国的友谊。

图 7.3　四川都江堰市安澜竹索桥　　　　　图 7.4　河北赵县赵州桥

尚值得一提的是建于公元 1171 年的广东潮安县（今潮安区）横跨韩江的湘子桥（又名广济桥）。此桥全长 518m，分东西两段 18 墩，明朝重修，增建 6 墩，共 24 墩。上部结构有石拱、木梁、石梁等多种形式，还有用 18 条浮船组成长达 97.30m 的开合式浮梁。这样的设计既能适应大型商船和上游木排的通过，还可避免过多的桥墩阻塞河道。这座世界上最早的开合式桥，结构类型之多、施工条件之困难、工程历时之久，都是古代建桥史上所罕见的。

7.3　世界各国桥梁建造现状

社会经济基础的发展、力学理论的进步、计算能力的提高和施工技术的进步，都对桥梁建筑的发展具有深远的影响。其中，建筑材料的革新对其影响尤为重要。

19 世纪中期，出现了钢材，随后又产生了高强度钢材、钢丝，使钢结构建筑得到蓬勃发展，使得桥梁结构的跨径也不断扩大，以至可以修建几百米，甚至千米以上特大跨径的跨海大桥。

19 世纪后期，预应力混凝土桥梁迅速发展之前，在资本主义发达国家之间曾风行修建钢桥，并已达到相当高的技术水平。

20 世纪 30 年代，钢筋混凝土的广泛应用及开始兴起的预应力混凝土技术，大大提高了混凝土结构的抗裂性能、刚度和承载能力。

加拿大于 1917 年修建的魁北克桥（公铁两用，跨径为 549m），至今仍是钢悬臂梁桥的世界之最（图 7.5）。日本于 1974 年修建的大阪港大桥是公路钢桁悬臂梁桥，跨径也达 510m（图 7.6）。钢拱桥发展较早，澳大利亚于 1932 年修建的公铁两用钢桁架拱桥悉尼港湾大桥（跨径为 503m，图 7.7），直至 1977 年才被美国的新河桥（跨径为 518m）突破钢拱桥跨径纪录。

图 7.5 魁北克桥（加拿大，1917 年）

图 7.6 大阪港大桥（日本，1974 年）

悬索桥是能充分发挥高强度钢材优越性的独特桥型。1937 年建成的美国旧金山金门大桥，主跨达 1280m，保持了 27 年的世界纪录（图 7.8），至今仍是一座举世闻名的集工程技艺和建筑艺术于一体的宏伟美观的桥梁建筑。

图 7.7 悉尼港湾大桥（澳大利亚，1932 年）

图 7.8 旧金山金门大桥（美国，1937 年）

世界上已建成的跨度最大的悬索桥是日本明石海峡公铁两用桥（主跨为 1991m，1999 年），为建造此桥专门研制了抗拉强度为 180MPa 的高强度钢丝，其被誉为当今世界的"桥梁之王"（图 7.9）。新一代的悬索桥具有很好的气动性能，自重轻，且造价低，又便于施工安装，成为当今悬索桥结构形式的主流，比较著名的悬索桥有英国 1974 年建成的主跨为 1410m 的亨伯桥（图 7.10）。

图 7.9 明石海峡公铁两用桥（日本，1999 年）

图 7.10 亨伯桥（英国，1974 年）

1956 年，联邦德国的 Dishinger 设计的瑞典斯特罗姆海峡钢斜拉桥建成（图 7.11），它是世界上第一座现代公路斜拉桥，其主跨为 182.6m。1962 年，由意大利的 Morandi 设计的委内瑞拉马拉开波湖公路桥建成，它是第一座预应力混凝土桥梁，其主桥跨径为 160m+5×235m+160m（图 7.12）。1987 年,美国佛罗里达州坦帕海湾阳光大桥(图 7.13)是主桥跨径达 164.6m+365.8m+164.6m 的单索面混凝土斜拉桥。日本的多多罗大桥是目前世界上已建成的跨径最大的斜拉桥（主跨为 890m，1999 年），此桥是主跨采用钢箱，边跨为混凝土结构的混合式斜拉桥（图 7.14）。此外，法国于 1995 年建成的诺曼底大桥，主跨也达到 856m，此桥最先采用平行钢绞线拉索和防雨振的螺旋形表面处理，无论在构造处理还是在施工工艺方面都是当代杰出的桥梁工程（图 7.15）。

图 7.11　斯特罗姆海峡钢斜拉桥（瑞典，1956 年）

图 7.12　马拉开波湖公路桥（委内瑞拉，1962 年）

图 7.13　坦帕海湾阳光大桥（美国，1987 年）

图 7.14　多多罗大桥（日本，1999 年）

图 7.15　诺曼底大桥（法国，1995 年）

圬工拱桥也有较长的发展历史。1855年，法国建造了第一批用水泥砂浆砌筑的石拱桥。由于石料开采加工和砌筑所需劳力巨大，以致几十年来国外很少修建大跨径的石拱桥。自从钢筋混凝土材料的兴起，由于其突出的受压性能，钢筋混凝土拱桥在跨越能力、结构体系和主拱截面形式上均有很大的发展。

鉴于修建钢筋混凝土拱桥的支架、模板的复杂性，在此后的十多年，国外已较少采用。直至1979年，南斯拉夫用无支架悬臂施工方法建成了跨径达390m的克尔克桥（图7.16），打破了当时柏拉马塔河桥保持达15年之久的世界纪录。

图7.16　克尔克桥（南斯拉夫，1979年）

1928年，法国Frey-ssinet首创了预应力混凝土的概念和设计理论，直到19世纪中期，预应力技术的渐趋成熟，促进了预应力混凝土梁式桥的迅速发展。1977年，奥地利建成了一座简支梁跨径达76m的阿尔姆桥。1950年，在联邦德国建成了内卡运河桥（图7.17）。

图7.17　内卡运河桥（联邦德国，1950年）

1953年，联邦德国Finsterwald首创采用挂篮的平衡悬臂施工法建造预应力混凝土桥梁的新技术，在莱茵河上成功地建成了沃伦姆斯桥（主桥跨径为101.65m+114.20m+104.20m，具有跨中剪力铰的连续刚架桥）后，日本于1976年建成了跨径达240m的浜名大桥，目前在国外跨径最大的预应力混凝土连续梁桥是瑞士的莫塞尔桥（跨径为192m，1974年）。1979年瑞士Christian Menn教授设计建造了利用双薄壁墩的柔性克服温度效应并可削去负弯矩尖峰的连续刚架桥，使预应力混凝土梁式桥的跨越能力得到进一步提高。

从20世纪60年代以来，德国、法国、英国、美国、瑞士、日本和丹麦等国对现代桥梁的发展提供了大部分创新技术。不仅在新材料、新结构和新工艺上有许多创造，而且在桥梁设计理论和方法方面，如钢桥的正交异性桥面、结合梁、斜拉桥的施工控制、预应力混凝土桥的配索原理、桥梁稳定和振动等，都作出了突出的贡献。

7.4 我国近代桥梁建筑的成就

我国的古代桥梁建筑，无论在其造型艺术、施工技巧、历史积淀、文化蕴涵，还是在人文景观等方面，都为世界桥梁建筑史谱写了光辉的篇章。

1949年后，我国修复并加固了大量的古桥，并修建了一些重要的桥梁。20世纪50、60年代，修订了桥梁设计规程，编制了桥梁标准设计图纸和设计计算手册，培养了一支强大的工程队伍。

7.4.1 钢桥

1957年，我国第一座长江大桥——武汉长江大桥胜利建成，结束了我国万里长江无桥的状况，标志着我国修建大跨径钢桥的技术水平达到了新的高度。武汉长江大桥为连续钢桁梁，公铁两用，线路全长1670.4m。1969年1月1日，南京长江大桥公路交付使用（图7.18），这是我国自行设计、制造、施工，并使用国产高强度钢材的现代大型桥梁。该桥正桥除了北岸第一联为128m简支钢桁梁，其余的三联为3×160m的连续钢桁梁，公铁两用，包括引桥在内，铁路桥长为6772m，公路桥长为4589m。此桥的建成是我国完全自主建设长江大桥的一个里程碑，显示出我国钢桥建设已接近世界先进水平。1993年，作为京广线第二要隘的九江长江大桥竣工通车（图7.19）。该桥铁路桥长7675m，公路桥长4460m，主桥的通航主孔为180m+216m+180m的钢桁梁与钢拱组合体系。此桥采用国产优质高强度、高韧性低合金钢，完成了由铆接结构向栓焊结构的过渡，是一座结构新颖、施工复杂的公铁两用特大钢桥。2000年建成通车的芜湖长江大桥（图7.20）是一座规模宏大、结构更为新颖的公铁两用钢桥。该桥铁路桥长10624.4m，公路桥长6708.4m，大桥为主跨长达312m的矮塔斜拉体系。

图7.18 南京长江大桥（1969年）

图7.19 九江长江大桥（1993年）

20世纪60年代以来，在地势险要、山多谷深的成昆铁路线上，我国修建了各种体系的大跨径钢桥。桥梁钢材已普遍采用优质高强度低合金钢，构件连接已从早期的铆接过渡到栓焊连接、全焊式整体节点杆件的连接。同时，在公路上也修建了一些大跨径钢桥。特别值得一提的是，2003年在上海建成的跨越黄浦江的卢浦大桥主桥跨径为100m+550m+100m，是一座中承式无推力飞鸟形钢箱肋提篮拱桥（图7.21）；拱桥的跨径突破了美国自1977年起保持世界纪录的新河桥（跨径为518m）。卢浦大桥在结构设计和施工工艺等方面的卓越成就，引起了全球桥梁界的瞩目和赞扬。

图7.20　芜湖长江大桥（2000年）

图7.21　上海卢浦大桥（2003年）

20世纪90年代初，我国已建成的公路悬索桥虽然已有40余座，但其中除了桥宽仅4.2m的西藏达孜吊桥跨径达415m，其余的都是跨径约为200m的桥梁。1995年在广东建成的汕头海湾大桥的跨径为452m，桥面为双向六车道，具有预应力混凝土加劲梁，为我国开创了建造现代公路悬索桥的先河。后来建成通车了西陵长江大桥（跨径为900m，1996年）、虎门珠江大桥（跨径为888m，1997年）、江阴长江大桥（跨径为1385m，1999年）（图7.22）和润扬长江大桥。已经竣工的润扬长江大桥（跨径为1490m，排名世界第三），它有着国内"第一大跨径""第一大锚碇""第一大特深基坑""第一高塔""第一长缆""第一重钢梁""第一大面积钢桥面"等称号，无论在设计还是在施工技术上都达到了世界先进水平。此外，在我国跨海工程中已有跨径2000m悬索桥的方案设计。

图7.22　江阴长江大桥（1999年）

7.4.2 预应力混凝土梁桥

20世纪50年代，我国在修建大量小跨径钢筋混凝土桥梁的同时，开始对预应力混凝土桥梁进行了研究与试验。1956年，在公路上建成了第一座跨径为20m的预应力混凝土简支梁桥。1976年建成了黄河上第一座特大型桥梁——洛阳黄河公路大桥（图7.23），该桥为67孔、跨径达50m的预应力混凝土T形简支梁桥，全长3429m。之后又相继建成了郑州黄河大桥和开封黄河大桥，跨径达50m，全长都在3km以上。目前我国已建成跨径最大的预应力混凝土简支梁桥为浙江飞云江桥（1985年），跨径达62m。

20世纪60年代，我国首次采用平衡悬臂施工法建成一座T形刚构桥。1971年用此法建成的福建乌龙江大桥，是主孔为3×144m的T形刚构桥。目前我国最大跨径的同类桥梁是1981年建成的重庆长江大桥，该桥共8孔，跨径布置为86.5m+4×138m+156m+174m+104.5m，总长1120m（图7.24）。该桥毗连重庆，飞越长江，十分宏伟壮观。2003年，在原重庆长江大桥的基础上，新建了主跨为330m的7跨连续箱梁结构复线桥。复线桥于2006年正式建成通车。

图7.23 洛阳黄河公路大桥（1976年）

图7.24 重庆长江大桥（1981年）

我国修建预应力混凝土连续梁桥起步较晚。从20世纪70年代首次应用于城市桥梁工程以来，已修建了几十座连续梁桥。湖南望城沩江桥、内蒙古包头黄河大桥、广东东莞中堂大桥等采用顶推施工法。

进入20世纪80年代，用平衡悬臂法施工的大跨径预应力混凝土箱形连续梁桥也获得了迅速发展。1985年建成的湖北沙洋汉江大桥，主桥跨径为63m+6×111m+63m，全长1819m，该桥首次采用2000t级盆式橡胶支座；1986年建成的湖南常德沅水大桥，主桥跨径为84m+3×120m+84m，全长1408m；1991年建成的云南六库怒江大桥，主桥跨径为85m+154m+85m（图7.25）；1988年通车的广东南海九江大桥，主桥跨径为50m+100m+2×160m+100m+50m，该桥原设计为悬臂浇筑法施工，为了缩短工期，后改用悬臂拼装法施工。如此大跨径的连续梁用悬臂拼装法施工，在世界建桥史上也属罕见。2001年建成的南京长江二桥（现更名为南京八卦洲长江大桥）北汊大桥的主桥跨径为90m+3×165m+90m，是目前我国跨径最大的预应力混凝土连续梁桥。

用平衡悬臂法施工的大跨径预应力混凝土箱形连续刚构体系桥梁在我国也得到了迅速发展。1988年建成的广东番禺洛溪大桥的主桥为4跨（65m+125m+180m+110m），具有双壁墩的不对称连续刚构桥，其最大跨径为180m，居当时亚洲同类桥梁之冠。1995年建成的湖北黄石长江大桥的主跨为245m，主桥全长达1060m，连续长度居世界首位。值得一提的是，1997年建成的广东虎门大桥辅航道桥的主桥跨径为150m+270m+150m，跃居当时世界同类桥梁的首位（图7.26）。2006年通车运营的重庆长江大桥的复线桥是主跨为330m的7跨连续箱梁结构，此桥的一个独特之处是主跨跨中部分为一段108m的钢箱梁段，建成后其330m的主跨又创造了一个新的世界纪录。

图7.25　云南六库怒江大桥（1991年）　　图7.26　广东虎门大桥辅航道桥（1997年）

7.4.3　斜拉桥

我国于1975年修建了两座试验斜拉桥，20世纪80年代修建了20余座预应力混凝土斜拉桥和一座钢斜拉桥，其中跨径超过200m的有8座，如济南黄河公路大桥（主跨220m，1982年，图7.27）、天津永定河桥（主跨260m，1987年）、山东东营胜利黄河大桥（主跨288m，1987年）等。

从20世纪90年代起，我国建设的斜拉桥的跨径突破400m，开始步入世界先进行列。据目前已有资料的不完全统计，全球已建成和在建的各类斜拉桥总数达350座，而我国已有100多座斜拉桥中跨径达400m及以上的约为20座，成为世界上建造斜拉桥最多的国家。如上海从1991—1997年，相继建成的主跨为结合梁的南浦大桥、杨浦大桥和徐浦大桥，它们主桥的主跨跨径分别为423m、602m、590m；于2002年建成的福建青洲闽江大桥的主跨为605m，为目前世界同类型桥梁的最大跨径（图7.28）；建成的其他斜拉桥包括重庆长江二桥（混凝土主梁，主跨为444m，1997年）、铜陵长江大桥（混凝土主梁，主跨432m，1995年）等。此外，南京长江第二大桥跨径达628m，南京长江三桥主跨为648m，香港昂船洲大桥主跨为1018m，连接苏州与南通的苏通长江大桥主跨为1088m。

图 7.27　济南黄河公路大桥（1982 年）

图 7.28　福建青洲闽江大桥（2002 年）

7.4.4　石拱桥和钢筋混凝土拱桥

我国修建拱桥有悠久历史。20 世纪 60 年代，我国建成了云南南盘江长虹桥（跨径为 112.5m）。1962 年建成跨越伊河的河南洛阳龙门桥（图 7.29）的主跨为 90m，两边跨径各为 60m，全长为 304m；龙门桥拱圈薄而坦，造型美观，建筑精良。1972 年建成四川丰都县（今重庆丰都县）的九溪沟大桥（跨径为 116m）。1991 年在湖南省凤凰县建成的乌巢河桥的主跨达 120m。于 2000 年建成的山西晋城晋焦高速公路上的丹河大桥（图 7.30）是目前世界上跨径最大的石拱桥，其跨径达 146m。

图 7.29　河南洛阳龙门桥（1962 年）

图 7.30　山西晋城丹河大桥（2000 年）

除了石拱桥，我国还创建和推广了一些结构新颖的拱桥。1964 年创建的双曲拱桥，具有材料省、造价低、施工简便和外形美观等优点，得到了应用和推广，对加快我国公路桥梁的建设速度起到了很大的作用。1968 年建成的河南前河桥（图 7.31）是单孔跨径为 150m 双曲拱桥。此外，全国各地还因地制宜创建了各具特色的拱式桥。其中，江浙一带推广较快的有结构自重小、适合于软土地基修建的钢筋混凝土桁架拱桥和刚架拱桥。河南的双曲扁拱桥、广东的悬砌拱桥、湖南的石砌肋板拱桥等，这些结构为探索经济合理的中、小跨径拱桥建筑作出了突出的贡献。图 7.32 和图 7.33 所示分别为河南嵩县伊河桁架拱桥和广东清远北江桥概貌。多年来的实践发现，双曲拱桥和刚架拱桥等比较轻型的组装式结构，由于其整体性较差，与承受重载的现代公路建设不相适应，因此目前已较少采用。

图 7.31　河南前河桥（1968 年）

图 7.32　河南嵩县伊河桁架拱桥（1977 年）

在拱桥的施工技术方面，除了有支架施工，对于大跨径拱桥，目前已广泛采用无支架施工。从 20 世纪 70 年代中期起，随着缆索吊装技术和转体施工法的发展，为了提高拱桥施工中构件的稳定性和加强主拱的整体性，对于较大跨径的拱桥大多采用薄壁箱形拱桥来取代双曲拱桥。1982 年建成了跨径达 170m 的四川攀枝花宝鼎大桥；1989 年又成功地用无平衡重转体法建成了四川涪陵乌江桥，跨径达 200m（图 7.34）；1990 年建成的用劲性钢骨架代替钢拱架的四川宜宾金沙江大桥，跨径达 240m。20 世纪 90 年代开始兴起的钢管混凝土拱桥，又使大跨径拱桥的建造技术得到了进一步的发展。钢管混凝土拱桥先利用钢管作为施工拱架，具有自重轻、易于架设安装的特点，内注混凝土后，利用钢管混凝土作为主拱，钢管对混凝土的紧箍作用也能提高主拱的强度。广东南海三山西桥（跨径为 200m，1995 年）、广西三岸邕江桥（跨径为 270m，1998 年）和广州丫髻沙大桥（跨径为 360m，2000 年）等，都是用此法建成拱桥。广州丫髻沙大桥（图 7.35）为三孔系杆自锚式无推力钢管混凝土中承式拱桥，孔跨布置为 76m+360m+76m。目前已建成跨径最大的钢管混凝土拱桥是四川巫山长江大桥（2004 年，图 7.36），它是主桥跨径为 492m 的中承式无铰拱桥。

图 7.33　广东清远北江桥（1984 年）

图 7.34　四川涪陵乌江桥（1989 年）

图7.35 广州丫髻沙大桥（2000年）　　图7.36 四川巫山长江大桥（2004年）

如果以钢管混凝土作为劲性骨架，再外包混凝土修建成箱形拱桥，则可加大拱桥的跨径，并且能免除钢管的防腐养护工作。我国已建成的此类拱桥有广西邕宁县（今邕宁区）邕江大桥（跨径为312m，1996年），现名蒲庙大桥；重庆万县长江大桥（跨径为420m，1997年），现名万州长江大桥，如图7.37所示。此外，我国还成功地用悬臂施工法建成了多座钢筋混凝土桁式组合拱桥，其中跨径最大的是贵州江界河桥，跨径达330m，居同类桥型的世界之最，如图7.38所示。

图7.37 重庆万县长江大桥（1997年）

图7.38 贵州江界河桥（1995年）

7.4.5 桥梁基础工程

我国在深水急流中修建了不少桥梁，已积累了丰富的深水基础工程的设计和施工经验。20 世纪 50 年代，在修建武汉长江大桥时，首次采用了大型管柱基础取代压沉箱的施工方法。此后这种先进的深水基础形式得到了推广和发展，管柱的直径从 1.55m 发展到 5.8m，在水下的深度达 64m。图 7.39 所示为 1953—1957 年修建武汉长江大桥时首创的管柱钻孔桩基础。

在沉井施工方面，由于采用了先进的触变泥浆套下沉技术，大幅度减少了圬工数量，并使下沉速度加快 3～11 倍。南京长江大桥 1 号墩的沉井在土层中下沉了 53.5m（图 7.40）。江阴长江大桥修建时，其支撑悬索的北岸锚碇的沉井平面尺寸达 69m×51m，埋深 58m，是世界上平面尺寸最大的沉井基础。

我国广泛采用和推广了大直径钻孔灌注桩基础，直径为 1.5～3.0m，并且对更大直径（达 4.5m）的空心桩研究已取得初步成果。在大型基础深基坑开挖方面已开始采用地下连续墙的施工方法并取得成功，如江苏润扬大桥北锚碇基础平面尺寸为 69m×50m 的矩形，采用明挖法施工，基坑深度达 50m。

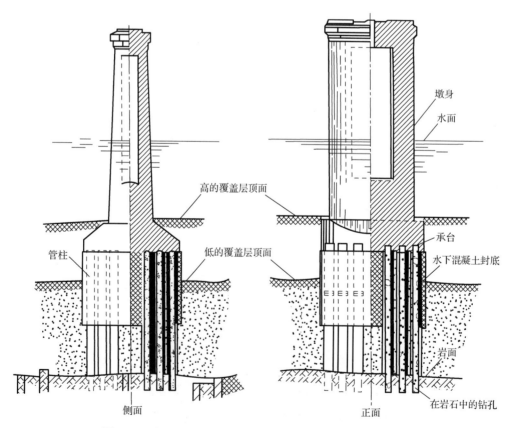

图 7.39 武汉长江大桥的管柱钻孔桩基础（1953—1957 年）

第7章 桥梁工程概论

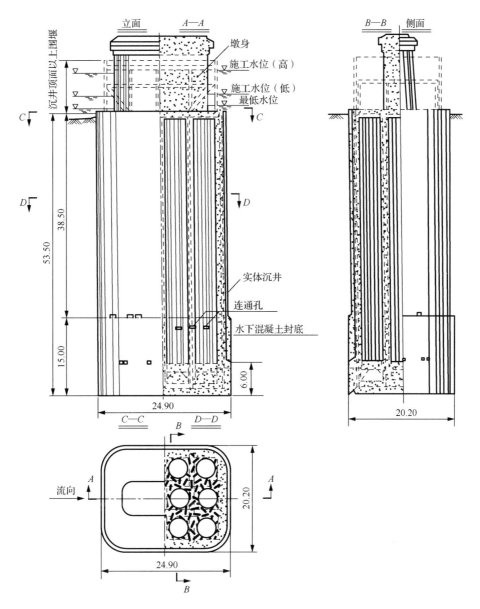

图 7.40 南京长江大桥 1 号墩的混凝土沉井基础（1968 年）
（尺寸单位：mm）

7.4.6 港珠澳大桥

港珠澳大桥（图 7.41）是一座连接香港、珠海和澳门的桥隧工程，东接香港特别行政区，西接广东省（珠海市）和澳门特别行政区，是国家高速公路网规划珠江三角洲地区环线的组成部分和跨越伶仃洋海域的关键性工程，将形成连接珠江东西两岸新的公路运输通

177

道，因其超大的建筑规模、空前的施工难度以及顶尖的建造技术而闻名世界。作为连接港粤澳三地的跨境大通道，港珠澳大桥将在大湾区建设中发挥重要的作用。它被视为粤港澳大湾区互联互通的"脊梁"，可有效打通大湾区内部交通网络的"任督二脉"，从而促进人流、物流、资金流、技术流等创新要素的高效流动和配置，推动粤港澳大湾区建设成为更具活力的经济区、宜居宜业宜游的优质生活圈和内地与港澳深度合作的示范区，打造国际高水平湾区和世界级城市群。

港珠澳大桥简介

图 7.41 港珠澳大桥

港珠澳大桥工程包括三项内容：一是海中桥隧主体工程；二是香港、珠海和澳门三地口岸；三是香港、珠海、澳门三地连接线。主体工程实行桥、岛、隧组合，总长约 29.6km，穿越伶仃航道和铜鼓西航道段约 6.7km 为隧道，东、西两端各设置一个海中人工岛（蓝海豚岛和白海豚岛），犹如"伶仃双贝"熠熠生辉；其余路段约 22.9km 为桥梁，分别设有寓意三地同心的"中国结"青州桥、人与自然和谐相处的"海豚塔"江海桥，以及扬帆起航的"风帆塔"九洲桥三座通航斜拉桥。

珠澳口岸人工岛总面积 208.87 公顷，分为三个区域，分别为珠海公路口岸管理区 107.33 公顷、澳门口岸管理区 71.61 公顷、大桥管理区 29.93 公顷，口岸由各自独立管辖。13.4km 的珠海连接线衔接珠海公路口岸与西部沿海高速公路月环至南屏支线延长线，将大桥纳入国家高速公路网络；澳门连接线从澳门口岸以桥梁方式接入澳门填海新区。

港珠澳大桥主体工程平面图详见图 7.42。

第7章 桥梁工程概论

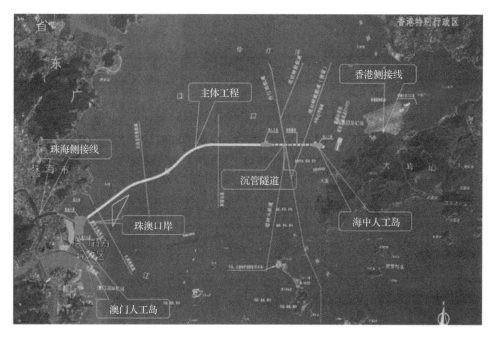

图 7.42 港珠澳大桥主体工程平面图

海中桥隧主体工程采用双向六车道高速公路标准建设,设计速度为 100km/h,桥梁总宽为 33.1m,隧道宽度采用 2×14.25m、净高采用 5.1m。全线桥涵设计汽车荷载等级采用公路—I 级,大桥的设计使用寿命为 120 年。

口岸采用"三地三检"模式分别由各方建设、各自独立管辖,香港口岸区设置在香港境内;内地(珠海)口岸和澳门口岸在澳门明珠点附近内地水域填海同岛设置。

1. 工程特点

港珠澳大桥主体工程的投资和技术难度为世界罕见,其主要特点如下。

(1)规模宏大。

港珠澳大桥由三座通航桥、一条海底隧道、四座人工岛及连接桥隧、深浅水区非通航孔连续梁式桥和港珠澳三地陆路联络线组成。项目总投资约 380 亿元。

(2)建设条件复杂。

港珠澳大桥气象水文条件复杂,HSE 管理体系(健康、安全与环境三位一体的管理体系)难度大。伶仃洋地处珠江口,平日涌浪暗流及每年的南海台风都极大地影响了高难度和高精度要求的桥隧施工;海底软基深厚,下卧基岩面起伏变化大,海水氯盐可腐蚀常规的钢筋混凝土桥结构。大量的淤泥不仅容易在新建桥墩、人工岛屿或在采用盾构技术开挖隧道过程中堆积并阻塞航道、形成冲积平原,而且会干扰人工岛屿以及预制沉管的安置与对接;同时,淤泥为生态环境重要成分,过度开挖可致灾难性破坏。

(3) 建设标准要求高。

主体工程的设计和施工的规范、质量与技术标准应符合相应的法律法规中的规定，并应以"就高不就低"为原则，形成适用于本项目的规范、质量与技术标准；不足之处采用国际先进标准，以 BS 标准（由英国标准学会制订的英国标准）优先。120 年设计使用寿命高于国内现有标准，相应的材料性能与荷载代表值、结构耐久性等均要与其相适应。

(4) 技术难度大。

本项目工程种类多，是目前世界范围内综合难度最大的项目之一，涉及桥梁工程、隧道工程、填海和水运工程及相关的交通工程和建筑工程等内容，难点包括外海造岛、沉管对接、索塔吊装、隧道开挖等。

(5) 建设、管理、养护模式独特，建设合同模式独特。

港珠澳大桥采取"三地三检"的通关模式，其中珠澳之间采用"合作查验、一次放行"的通关模式。港珠澳大桥的管理机构为港珠澳大桥管理局，由香港、广东和澳门三地政府共同组建成立，承担大桥主体部分建设、运营、维护和管理的组织实施等工作。主体工程桥梁采用施工图设计和施工分开招标的传统模式，而岛隧工程采用完全不同的施工图设计和施工总承包建设合同模式。

2. 港珠澳大桥的建设目标

本项目的亮点为桥梁工程，难点为岛隧工程。港珠澳大桥总的三大建设目标是：建造世界级的跨海通道；为用户提供优质服务；成为地标性建筑。

(1) 港珠澳大桥采用约 16km 的钢箱梁和 6km 的组合梁，是国际上建设规模最大的海上钢结构长桥。钢箱梁和组合梁具有自重轻、承载能力高、整体性强、耐久性和抗震性能好等优点，适应港珠澳大桥标准化、大型化、工厂化、装配化的"四化"建设理念。"四化"建设可缩短施工工期，改善海上作业条件，有效控制施工安全性和质量，并将施工对海洋生态环境和海上交通的影响减到最小。

(2) 港珠澳大桥岛隧项目在工程建设过程中不断丰富工程可持续内涵，提出"设计长寿耐久、施工绿色低碳、运营低排低耗"全寿命周期绿色工程理念，创新设计、施工、运营三阶段绿色工程目标管理方法，提升了工程的内涵品质。

① 设计长寿，追求超期服役。

② 建造低碳，实现绿色环保。

③ 运营低耗，降低全寿命成本。

(3) 成为地标性建筑也是港珠澳大桥建设目标的重要部分。港珠澳大桥岛隧项目根据海岛特点及周边海域的自然环境，对岛隧工程景观美学设计进行了深入的解读，将现代工业风与粤港澳三地建筑文化、中华民族传统文化进行融合，在珠江口创造了非常独特的、全世界唯一的"双岛"地标。另外，为了能更好地呈现景观美学的整体效果，人工岛整体采用清水混凝土方案，使结构设计、工程施工与建筑美学得到了融合。岛隧项目通过精致的细节升华工程美感，为人工岛和隧道预制了 5 万多个精美的混凝土小构件，通过工匠精心的雕塑般的组装，展示了令所有参观者都叹为观止的工程艺术。

7.5 桥梁工程的前景展望

纵观 300 多年的近现代桥梁发展史，从工业革命时期的铁桥到 19 世纪下半叶的混凝土桥梁、20 世纪的预应力混凝土桥梁以及大跨径桥梁的发展，无不与建桥材料、桥型和结构体系、施工工法与设备，以及桥梁理论和分析方法的创新密切相关。

1. 新材料的应用将进一步推动桥梁工程的发展

桥梁常用钢材有桥梁用结构钢、混凝土用钢筋、预应力钢筋混凝土或拉索用钢丝和钢绞线及各类结构用型钢。高强度、可焊性、轻型、防断性、耐候性、耐疲劳性、寿命长将是桥梁用钢的主要发展方向。我国常用的桥梁钢有 A3、16Mnq、15MnNbq、14MnNbq、Q345q、Q370q 和 Q460 低合金钢以及高强度耐候钢 QNQ570，屈服点相应为 240MPa～510MPa，极限强度相应为 380MPa～610MPa。1969 年建成的南京长江大桥采用的 16Mnq 钢被称为"争气钢"。九江长江大桥首次采用 15MnNbq 钢，芜湖长江大桥首次采用 14MnNbq 钢，南京大胜关长江大桥首次采用 Q420 钢。

国外发达国家大量使用 500MPa 级别的高强度、高性能桥梁钢，如美国大量使用 HPS485W、HPS690W 等高性能桥梁钢，日本大量使用 BHS500W、BHS700W 等高性能桥梁钢，欧洲大量使用 S460ML、S460QL、S690QL 等高性能桥梁钢。

预应力钢筋也在向高强度、低松弛、耐腐蚀、强黏结和便于拼接等方面发展。世界各国都在大力发展大直径预应力高强钢筋，美国、英国、德国、日本等国已能生产直径为 26mm～44mm、抗拉强度为 800MPa～1350MPa 的高强钢筋。我国现有高强钢筋直径为 6mm～40mm、抗拉强度为 540MPa～930MPa。

高强钢丝和钢绞线在大跨径桥梁中广泛应用，我国常用的此种钢材的抗拉强度分别为 1670MPa、1770MPa、1860MPa 三个级别。如苏通长江大桥斜拉索用镀锌钢丝直径为 7.0mm，抗拉强度为 1770MPa。大跨径桥梁缆索用高性能钢丝的研发方向，应该是在具有高强度前提下，又兼有高扭转、低松弛性能的产品。

我国一般把强度等级大于 C60 的混凝土称为高强混凝土，强度等级大于 C100 的混凝土称为超高强混凝土。高强混凝土不但强度高，而且具有抗冲击性能好、抗折性好和使用周期长等优点。在我国，强度等级 C100 以上的超高强混凝土已经在重要工程中开始使用，国外已经在实验室中配制出了抗压强度超过 800MPa 的超高强混凝土，并正在研制 1000MPa 的极高强混凝土。

新型非金属纤维强化复合材料也有较大的发展和使用。这种新型复合材料不但要有高强高弹、轻质的特点，而且还应具有耐疲劳、抗腐蚀等优异性能。玻璃纤维增强塑料从最初作为加固补强材料，向最终替代传统的钢材和混凝土两种基本建筑材料方向发展，从而有可能引发桥梁工程材料的革命性变革。纳米技术和生物技术也有可能在桥梁工程领域得到应用，成为新一代建筑材料的载体。

2. 桥型发展日渐丰富，设计理念和设计手段也在不断创新

随着桥梁向更大跨径发展，将引发对组合体系、协作体系、组合结构的研究，从而使桥型不断丰富。比如，特大跨径桥梁采用以斜缆为主的空间网状承重体系，采用悬索加斜拉的混合体系，采用轻型而刚度大的复合材料作加劲梁，采用自重轻、强度高的碳纤维材料作主缆等。另外，组合结构因其极富创新空间的结构形式，将会得到更大的发展。组合结构除了传统的上下组合，还出现了纵向、横向各种组合，以充分发挥不同材料各自的优点。若不限于钢和混凝土两种材料的组合，将出现复合纤维材料、工程塑料、玻璃、木材、高强度钢丝、铝合金等相互组合的混合结构。

世界桥梁基础尚未有超过 100m 的深海基础工程，下一步将进行 100～300m 深海基础的实践。

随着经济的不断发展，社会的不断进步，对交通运输现代化发展水平提出了更高的要求。相应地，对桥梁工程的要求也在不断变化，桥梁设计理念也需不断更新。过去的"适用、经济、安全、美观"设计原则已不能适应现代桥梁建设实际，人们更注重的是"安全、耐久、经济、美观、环保"。

为保障大型桥梁工程结构的安全、耐久，必须建立基于结构寿命的桥梁结构设计新理念，并执行桥梁风险评估与保险以及引入全寿命投资效益的新概念。另外，可持续发展已经成为国际结构工程的发展趋势，其中尤以生态环境可持续性最为重要，要求工程建设尽量减少对自然环境的破坏，即可持续工程。可持续工程结构的设计必然要采用概率性方法，对耐久性、全寿命经济性、环境影响作出评估。可持续混凝土要求采用废弃混凝土的再利用技术，以减少对岩土资源和能源的消耗。桥梁工程不仅要有交通功能，它往往还是一个标志性建筑物。因此，桥梁设计者应重视建筑艺术造型，重视桥梁美学和景观设计，重视环境保护，使桥梁工程达到人文景观和环境景观的完美结合。

21世纪，人类已进入以信息科学技术为核心的知识经济时代。桥梁工程建设也将具有高度智能化和信息化的特征，正如党的二十大报告提出的"推动制造业高端化、智能化、绿色化发展"。随着计算机技术的不断更新进步，数值风洞技术可望有所突破；随着计算机微处理器技术的迅猛发展，各种桥梁结构分析软件的不断进步将使桥梁设计更加精细化，实现快速有效的优化设计和仿真分析；集结构分析、工程制图、工程数据库及专家系统于一体的桥梁CAD软件将会问世，并将迈入桥梁设计的网络时代。运用智能化制造系统，工厂化生产部件，整体化安装大型施工设备；利用现代控制理论、卫星定位系统、智能遥控技术，使桥梁的施工、管理、监测等一系列工作实现自动化和远程控制；预设自动监测和安全管理系统，进行大跨径桥梁运营全过程监控，自动报告损伤部位，提供养护加固对策等。

7.6 桥梁的基本组成

1. 桥梁各部位名称及作用

桥梁一般由上部结构、下部结构、支座和附属设施组成。常见的梁式桥如图 7.43 所示，拱式桥如图 7.44 所示。

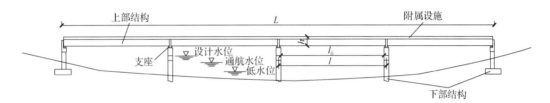

图 7.43 梁式桥

上部结构是桥跨结构，主要由梁板构成，桥跨结构能够直接承受荷载作用。

支座位于上部结构与下部结构之间，作用是支承上部结构并把荷载传递给下部结构，并且要保证桥跨结构能满足一定的变位要求。

桥梁的组成

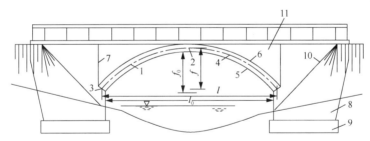

1—拱圈；2—拱顶；3—拱脚；4—拱轴线；5—拱腹；6—拱背；
7—变形缝；8—桥台；9—基础；10—锥坡；11—拱上结构

图 7.44 拱式桥

下部结构包括桥墩、桥台和其基础。其作用是支承上部结构，并将结构的荷载向下传递给地基。桥台设在桥跨结构的两端，桥墩则设在两桥台之间。通常情况下，桥台两侧常设置锥形护坡。

桥墩、桥台（以下简称墩台）的基础是承受由上至下的交通荷载和结构自重等全部作用并将其传至地基的结构部分。

附属设施包括桥面铺装、排水防水系统、伸缩缝、栏杆和灯光照明等。它与桥梁的服务功能密切相关，对桥梁行车的舒适性和结构物的外观质量有着重要影响。

2．桥梁专业术语

（1）低水位：枯水季节时河流的最低水位。

（2）高水位：洪峰季节时河流的最高水位。

（3）设计洪水位：桥梁设计中按规定设计洪水频率计算所得的高水位。

（4）计算跨径：对于具有支座的桥梁，是指桥跨结构相邻支座中心之间的水平净距；对于如图 7.44 所示的拱式桥，是指两相邻拱脚截面形心点之间的水平距离。

（5）净跨径：对于梁式桥，是设计洪水位上相邻两个桥墩（或桥台）之间的水平净距；对于拱式桥，是每孔拱跨两个拱脚截面最低点之间的水平距离。

（6）总跨径：多孔梁桥中各跨径的总和，它反映了桥下宣泄洪水的能力。

（7）桥梁全长：简称桥长，对于有桥台的桥梁为两岸桥台侧墙或八字墙后端点之间的距离；对于无桥台的桥梁为桥面系车行道的长度。

（8）桥梁高度：简称桥高，是指桥面与低水位之间的高差，或桥面与桥下路线路面间的距离。

（9）桥梁建筑高度：桥面至桥跨结构最下缘之间的距离。

（10）桥下净空：桥跨结构最下缘至设计通航水位或桥下路线路面间的距离。它是为满足通航（或行车、行人）的需要和保证桥梁安全对桥跨结构底缘以下规定的空间界限。

（11）净矢高：从拱顶截面下缘至相邻两拱脚截面下缘最低点之连线的垂直距离。

（12）计算矢高：拱轴线上拱顶与拱脚（起拱线）间高差。

（13）矢跨比：拱桥中拱圈（或拱肋）的计算矢高与计算跨径之比。它是反映拱桥受力特性的一个重要指标。

7.7 桥梁的分类

桥梁的分类

7.7.1 桥梁按结构体系分类

按照结构体系来划分，桥梁分为梁式桥、拱式桥、刚架桥、悬索桥、斜拉桥等。

1．梁式桥

梁式桥是指用梁或桁架梁作为主要承重结构的桥梁。其上部结构在竖向荷载作用下，支座只产生竖向反力，如图 7.45（a）、图 7.45（b）所示。与同样跨径的其他结构体系相比，梁内产生的弯矩最大，通常需要用抗弯能力强的材料来建造。目前在公路上应用最多的是预制装配式的钢筋混凝土梁桥。

梁式桥可分为简支梁桥、连续梁桥［图 7.45（c）］和悬臂梁桥等。梁式桥常用的主梁截面形式有 T 形梁和箱形梁；施工方法有预制装配和现浇两种。

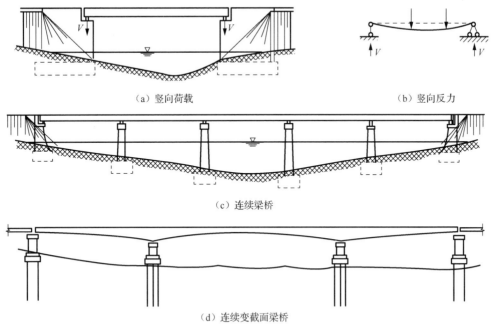

图 7.45 梁式桥受力图

2．拱式桥

拱式桥（图 7.46）是用拱作为桥身主要承重结构的桥。拱桥主要承受轴向压力，可用砖、石、混凝土等抗压性能良好的材料建造。具有跨越能力较大；与钢桥及钢筋梁桥相比，可以节省大量钢材和水泥；养护、维修费用少；外形美观；构造较简单，有利于广泛采用等特点。

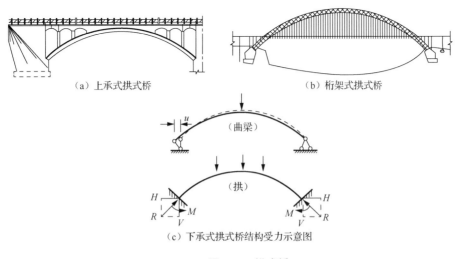

图 7.46 拱式桥

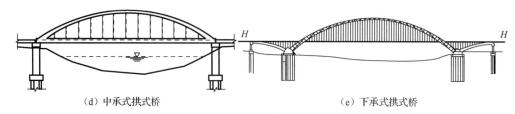

(d) 中承式拱式桥　　　　　　　　　(e) 下承式拱式桥

图 7.46　拱式桥（续）

由于拱式桥是推力结构，其墩台、基础必然要承受强大的拱脚推力。因此，拱式桥对地基要求很高，一般常建于地基条件良好的地区。拱式桥不仅承载能力大，还有很大的跨越能力。拱式桥主要的结构形式有上承式拱式桥、中承式拱式桥、下承式拱式桥、桁架式拱式桥以及一些组合体系的拱桥。

3．刚架桥

刚架桥（图 7.47）是介于梁与拱之间的一种结构体系，它是由受弯的上部梁（或板）结构与承压的下部柱（或墩）整体结合在一起的结构，桥身主要承重结构为刚架的桥梁。刚架桥的梁和柱刚性连接，梁因柱的抗弯刚度而得到卸荷作用，整个体系是压弯结构，也是有推力的结构，如图 7.47（b）所示。

刚架桥的主要结构形式有 T 形刚构桥，如图 7.47（c）所示；多跨连续刚构桥，如图 7.47（d）和图 7.47（e）所示，属多次超静定结构；斜腿式刚构桥如图 7.47（f）所示。

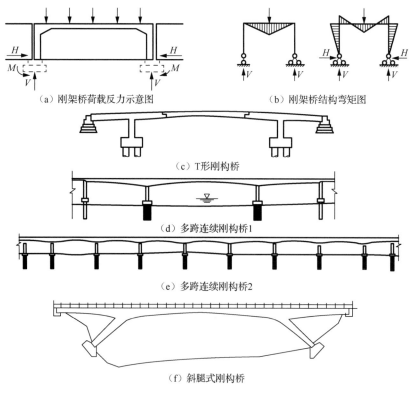

（a）刚架桥荷载反力示意图　　　　（b）刚架桥结构弯矩图

（c）T形刚构桥

（d）多跨连续刚构桥1

（e）多跨连续刚构桥2

（f）斜腿式刚构桥

图 7.47　刚架桥

4. 悬索桥

悬索桥又名吊桥，是指以通过桥塔悬挂并锚固于两岸（或桥两端）的缆索（或钢链）作为上部结构主要承重构件的桥梁（图 7.48）。其缆索几何形状由力的平衡条件决定，一般接近抛物线。从缆索垂下许多吊杆，把桥面吊住，在桥面和吊杆之间常设置加劲梁，同缆索形成组合体系，以减小荷载所引起的挠度。

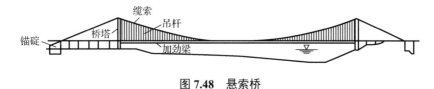

图 7.48　悬索桥

5. 斜拉桥

斜拉桥又称斜张桥，是将主梁用许多斜拉索直接拉在桥塔上的一种桥梁（图 7.49），是由承压的塔柱、受拉的索和承弯的梁体组合起来的一种结构体系。斜拉桥可使梁体内弯矩减小，降低了建筑高度，减轻了结构重量，节省了材料。

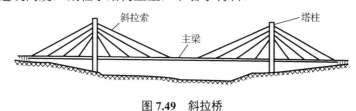

图 7.49　斜拉桥

7.7.2　桥梁的其他分类方法

桥梁按照桥梁用途、主要承重结构所用材料和跨越障碍的性质等进行分类，如表 7.1 所示。

表 7.1　桥梁的其他分类方法

分类标准	桥梁类型
桥梁用途	公路桥、铁路桥、公铁两用桥、公轨两用桥、农桥、人行桥、水运桥（渡槽）及其他专用桥（如通过管道、电缆等）
主要承重结构所用材料	圬工桥（包括砖、石、混凝土桥），钢筋混凝土桥，预应力混凝土桥，钢桥、钢-混凝土组合桥和木桥等
跨越障碍的性质	跨河桥、跨线桥（立体交叉）、高架桥和栈桥
上部结构的行车位置	上承式拱式桥 [图 7.45、图 7.46（a）]、下承式拱式桥 [图 7.46（c）、图 7.46（e）] 和中承式拱式桥 [图 7.46（d）]
桥跨结构的平面布置	正交桥、斜交桥和弯桥

《公路桥涵设计通用规范》（JTG D60—2015）规定，按桥梁全长和跨径不同划分，桥梁涵洞可分为特大桥、大桥、中桥、小桥和涵洞，见表 7.2。

表 7.2　桥梁涵洞分类

桥梁涵洞分类	多孔桥总长/m	单孔跨径 L_K/m
特大桥	$L>1000$	$L_K>150$
大桥	$100 \leqslant L \leqslant 1000$	$40 \leqslant L_K \leqslant 150$
中桥	$30<L<100$	$20 \leqslant L_K<40$
小桥	$8 \leqslant L \leqslant 30$	$5 \leqslant L_K<20$
涵洞	—	$L_K<5$

除了上述的桥梁分类方法，桥梁还可按桥梁使用时间长短划分为永久性桥梁和临时性桥梁。除了固定式的桥梁，还有开启桥、浮桥和漫水桥等。

7.8　桥梁总体规划和设计要点

桥梁设计根据其使用任务、性质和所在线路的远景发展需要，应符合技术先进、安全可靠、适用耐久、经济合理的要求，应符合造型美观、有利环保、因地制宜、就地取材、便捷施工和养护等原则。合理的桥梁创新设计构思，不但能提高桥梁结构安全、降低桥梁工程造价，还能起到改善桥梁的使用功能和美化结构的效果。

7.8.1　桥梁设计的基本要求

桥梁设计的一般步骤为确定结构设计方案、建立桥梁模型、进行模拟分析计算、对结构的细节构造和尺寸进行修改确认。确定结构设计方案是桥梁设计工作最重要的一个步骤，也是评价桥梁设计成功与否的重要标准。桥梁设计必须满足下述要求。

1．使用要求

桥上的车行道和人行道宽度应保证车辆和行人能够安全、畅通地通过，并考虑桥上交通量增长的需求。桥型、跨径和桥下净空应满足泄洪、安全通航或通车等要求。建成的桥梁要保证其使用年限，并便于检查和维修。

2．结构尺寸和构造上的要求

在制造、运输、安装和使用过程中，桥梁的结构及其各部分构件应具有足够的强度、刚度、稳定性和耐久性。桥梁结构的强度应使全部构件及其连接构造的材料抗力或承载能力具有足够的安全储备；桥梁结构的刚度应使桥梁在荷载等作用下的变形不超过规定的容许值；桥梁结构的稳定性是指在各种外力作用下，桥梁结构能保持原来的形状和位置。

3．施工上的要求

桥梁结构应便于制造和架设。建造桥梁应尽量采用先进的工艺技术和施工机械，以利于加快施工进度，保证工程质量和施工安全。

4．经济上的要求

桥梁设计应体现宏观经济上的合理性，应符合因地制宜、就地取材、便捷施工的原则，合理选用适当的桥型。

5．美观上的要求

一座桥梁应具有优美的外形，应与周围的景观相协调。城市桥梁和旅游地区的桥梁，可较多地考虑建筑艺术上的要求。公路上的特殊大桥宜进行景观设计；上跨高速公路、一级公路的桥梁应与自然环境和景观相协调。

7.8.2 设计资料调查

选择合理的桥位是设计桥梁结构之前非常重要的一个步骤。选择桥位时要经过详细的调查，对桥梁建设情况进行详细的分析，进而设计合理的方案。桥位调查的主要工作包括以下几点。

（1）调查桥梁的使用任务，即根据桥梁所在的路线类别调查桥上的交通种类和行车、行人的往来密度，确定桥梁的荷载等级和车行道、人行道的宽度等。

（2）测量桥位附近的地形，绘制地形图供设计和施工使用。

（3）探测桥位的地质情况，包括岩土的分层高程、物理力学性质、地下水位等，并将钻探所得的资料绘成地质剖面图。

（4）调查和测量河流的水文情况，包括调查河道性质（如河床及两岸的冲刷和淤积、河道的自然变迁等），收集和分析历年的进水资料，测量河床断面图，调查河槽各部分的形态标志、糙率等。与有关水利和航道部门协商确定通航水位和通航净空标准。

（5）调查当地建筑材料（砂、石料）的来源，水泥、钢材的供应情况以及水陆交通的运输情况。

（6）调查了解施工单位的技术水平、施工机械等装备情况，以及施工现场的动力设备和电力供应情况。

（7）调查和收集有关气象资料，包括气温、雨量及风速（或台风影响）等情况。

（8）调查新建桥位的上、下游有无老桥，其桥型及使用情况等。

7.8.3 设计程序

桥梁的设计工作是一座桥梁建设的灵魂。对于工程复杂的大、中型桥梁的设计，需要循序渐进、逐步深入、科学地进行工作。一般大型桥梁的设计工作分为前期工作阶段和设计工作阶段。前期工作阶段又分为工程预可行性研究（以下简称预可）阶段和工程可行性研究（以下简称工可）阶段；设计工作阶段则又分成初步设计、技术设计和施工图设计三个阶段。各个阶段所包含的内容和深度、目的、解决的问题是不相同的。桥梁的设计招标工作一般应在初步设计阶段进行。

1. 工程预可行性研究阶段和工程可行性研究阶段

两者所包含的内容基本一致，但它们研究的深度不同。预可阶段在工程可行的基础上，着重研究建桥的必要性和宏观经济上的合理性。

预可阶段工作的主要目标是解决建设工程的上报立项问题，应从经济、政治、国防等方面，详细阐明建桥的理由和工程建设的重要性和必要性。

工可阶段则在预可报告阶段被审批确认后，进一步研究工程技术上的可行性和投资上的可行性。该阶段还要在预可阶段的基础上着重研究和制定桥梁设计的技术标准。

在工可报告阶段，尚不可能对桥型方案进行深入比选，故不需要明确提出推荐方案。对工程量的估算也不宜偏紧。

在这两个阶段，对经济分析主要涉及造价估算、投资回报以及资金来源与偿还等。一般来说，预可报告阶段进行桥梁工程的设想，工可报告阶段要基本落实设想的内容。

2. 初步设计阶段

根据批准的工可报告而编制的"设计任务书"，是进行桥梁初步设计的依据。在进一步的水文、地质初勘后，如发现工程预可性建议的桥位有问题，可以适当挪动桥位轴线，推荐新桥位。

初步设计阶段也是桥梁设计中的概念设计阶段，其工作重点是：通过多个各具创意的桥式方案的比选，选取最优方案，报上级单位审批。在编制各个桥型方案时，要提供桥位布置图、主桥和引桥的横断面图，标明主要结构尺寸（包括重要的细节构造和尺寸），并估算工程数量，提供主要材料的用量，根据施工组织设计和概算定额编制出工程概算。

初步设计阶段的概算造价可以作为控制建设项目投资和编制施工预算的依据。对所作的工程概算加以适当调整，可以作为招标的标底。

3. 技术设计阶段

技术设计阶段的工作是对初步设计阶段工作的补充、修改、深化和完善。在技术设计阶段所进行的补充勘探工作，称为技勘，对水中基础每墩要有必要数量的地质钻孔。在技术设计阶段进一步研究解决所批准桥式方案的总体和细部的技术问题，并提交详细的结构设计图纸和工程数量，修正工程概算。如果在初步设计阶段中需批准下达的科研项目在技术设计阶段应予以实施解决。

4. 施工图设计阶段

施工图设计阶段的工作是将前面所批准核定的修建原则、技术方案、技术决定和总投资额等加以具体化。在施工图设计阶段，必要时需对重要的桥梁基础进行施工钻探，但此时一般不钻深孔。在此阶段，必须对桥梁各部分构件进行详细的结构计算，绘制施工详图并提供给施工单位；或进行施工招标，由施工单位编制详细的施工组织设计和工程预算。施工图设计可由原编制技术设计的单位继续进行编制，或由中标施工单位编制，但要对技术设计有所改变的部分负责。

我国的公路大桥常把技术设计阶段和施工图设计阶段合并为一个阶段进行。对于一般小桥和较简单的中桥，也可以采用一个阶段设计，即通过扩大的初步设计来包含各阶段设计的主要内容。

7.9 桥梁纵断面、横断面设计和平面布置

7.9.1 桥梁纵横断面设计

1. 桥梁总跨径的确定

桥梁总跨径一般根据水文计算确定，要求桥梁总跨径必须保证桥下有足够的泄洪面积。但桥梁墩台和桥头路堤压缩了河床，使桥下过水断面减小，流速加大，会引起河床冲刷。为了使桥梁总跨径不致过大，节省建桥投资，允许墩台有一定的冲刷。因此，桥梁实际总跨径应根据具体情况，经过全面分析后加以确定。

2. 桥梁的分孔

桥梁的总跨径确定后，还需进一步确定桥梁分孔。对于较长的桥梁，应当分成若干通航孔，对于每孔跨径的尺寸，应考虑使用效果、施工难易程度等。跨径越大，孔数越少，上部结构的造价就越高，墩台的造价相对减少；反之则相反。在通航河流中，当通航净宽大于按经济造价所确定的跨径时，则将通航孔的跨径按通航净宽来设置，其余的桥孔按经济跨径来分孔；但对于变迁性河流，可根据河道可能发生的变化，多设几个通航孔。

3. 桥面高程的确定

桥面高程一般在路线纵断面设计中给出，根据设计的洪水位，确定桥下通航需要的净空。在通航及通行木筏的河流上，桥跨结构之下自设计通航水位算起，应能满足表 7.3 中桥下通航净空尺寸的要求。

表 7.3 桥下通航净空尺寸

航道等级	通航驳船吨位/t	桥下净跨/m 单向通航孔 净宽(B)	桥下净跨/m 单向通航孔 上底宽(b)	桥下净跨/m 双向通航孔 净宽(B)	桥下净跨/m 双向通航孔 上底宽(b)	桥下净高/m 净高(H)	桥下净高/m 侧高(h)
I	3000	110～200	82～150	220～400	192～350	18～24	7～8
II	2000	75～145	56～108	150～290	131～253	10～18	6～8
III	1000	55～100	41～75	110～200	96～175	10～18	6
IV	500	45～75	36～61	90～150	81～136	8	4～5
V	300	40～55	32～44	80～110	72～90	5～8	3.5～5.5
VI	100	25	18	40	33	4.5～6	3.4～4
VII	50	20	15	32	27	3.5～4.5	2.8

注：1. 本表所列为天然及渠化河流水上有通航净空尺寸。
　　2. 所谓通航净空就是在桥孔中垂直于水流方向所规定的空间界限，任何结构构件或航运设施均不得伸入其中。

对于跨河桥梁，桥面的高程应保证桥下排洪和通航的需求；对于跨线桥梁，则应确保桥下安全行车。对于非通航或无流放木筏河流上及通航河流的不通航孔桥孔内，桥下净空应不小于表 7.4 的规定。

表 7.4 非通航河流桥下净空

桥梁的部位		高出计算水位/m	高出最高流水面/m
梁底	洪水期无大漂流物	0.50	0.75
	洪水期有大漂流物	1.50	—
	有泥石流	1.00	—
支承垫石顶面		0.25	0.50
有铰拱的拱脚		0.25	0.25

注：无铰拱的拱脚可被设计的洪水淹没，但高度不宜超过拱圈高度的 2/3，且拱顶底面至计算水位的净高不得小于 1.0m。

确定桥面高程后，就可根据两端桥头的地形和线路要求来设计桥梁的纵断面线形。一般中小桥，通常做成平坡桥。为了利于桥面排水和降低引道路堤高度，大桥往往设置从中间向两端倾斜的双向纵坡。桥上纵坡坡度不大于 4%，桥头引道纵坡坡度不宜大于 5%。对位于城镇混合交通繁忙处的桥梁，桥上纵坡坡度和桥头引道纵坡坡度均不得大于 3%。

7.9.2 桥梁横断面的设计

桥梁横断面设计，主要是决定桥面的宽度和桥跨结构横断面布置。桥面宽度取决于行车和行人的交通需要。桥面宽度应遵守相关的标准和规范中的规定。我国各级公路桥面车行道净宽标准见表 7.5。

表 7.5 我国各级公路桥面车行道净宽标准

公路等级	桥面车行道/m	车道数
高速、一级	2×净-7.50 或 2×净-7.00	≥4
二级	净-9.00 或 净-7.00	2
三级	净-7.00	2
四级	净-7.00 或 净-4.50	2（1）

桥上人行道和自车行道的设置，应根据实际需要而定。人行道宽度为 0.75m 或 1.0m，大于 1.0m 时按 0.5m 的倍数增加。不设人行道和自车行道的桥梁，可根据具体情况设置栏杆和安全带。与路基同宽的小桥和涵洞仅设缘石或栏杆。

人行道及安全带应高出车行道面 20～25cm，对于有 2%以上纵坡且高速行车的桥梁，最好应高出车行道面 30～35cm，以确保行人和行车的安全。

7.9.3 桥梁的平面布置

桥梁平面的布置一般遵循下列原则。

（1）桥梁的线形及桥头引道要保持平顺，使车辆能平稳地通过。

（2）高速公路和一级公路上的大中桥，以及各级公路上的小桥的线形与公路衔接时，应符合路线布设的规定。

（3）二、三、四级公路上的大中桥的线形一般为直线，如必须设成曲线，其各项指标应符合路线布置规定。

（4）应尽可能避免桥梁与河流或桥下路线斜交，但对于一般中小桥，为了改善路线线形或城市桥梁受原有街道的制约，也允许修建斜交桥，它的斜度通常不宜大于 45°，在通航河流上，它的斜度则不宜大于 5°。

7.10 公路桥梁的作用

作用是指施加在结构上的一组集中力或分布力，或引起结构外加变形或约束变形的原因。前者称直接作用，后者称间接作用。直接作用也称荷载。

合理选择桥梁上的作用并按作用发生概率进行组合，是比结构分析更为重要的问题，因为它关系到桥梁结构在它的有限寿命期限内的安全和桥梁建设费用的合理投资。

1. 公路桥梁作用的分类

将作用在桥梁上的作用（荷载）分为永久作用、可变作用和偶然作用三大类。

（1）永久作用（恒载）。在设计使用期内，其值不随时间变化或其变化与平均值相比可以忽略不计。永久作用包括结构重力、预加力、土的重力及土侧压力，混凝土收缩及徐变作用、基础变位作用和水浮力。

（2）可变作用。在设计使用期内，其值随时间变化，且其变化与平均值相比不可忽略。可变作用包括汽车荷载、汽车冲击力、汽车离心力、汽车引起的土侧压力、人群荷载、疲劳荷载、风荷载、冰压力、流水压力、温度作用及支座摩阻力。

（3）偶然作用。在设计使用期内，不一定出现偶然作用，而一旦出现偶然作用，其值会很大且持续时间较短。偶然作用包括地震作用、船只或漂浮物的撞击作用、汽车撞击作用。

2. 公路桥梁作用的代表值

在设计公路桥梁时，对不同的作用采用不同的代表值。

（1）永久作用应采用标准值作为代表值。

结构重力（包括结构的附加重力），可按照结构的实际体积或设计时所假定的体积与材料密度计算确定，该值为永久作用的标准值。

作用在墩台上的土的重力、土侧压力可参照《公路桥涵设计通用规范》(JTG D60—2015) 中 4.2.3 条的规定计算。

在结构进行正常使用极限状态设计和使用阶段构件设计时，预加力应作为永久作用计算其主效应和次效应，并计入相应阶段的预应力损失，但不计由于预加力偏心距增大引起的附加效应；在结构进行承载能力极限状态设计时，预加力不应作为作用，应将预应力钢筋作为结构抗力的一部分。

（2）可变作用应根据不同的极限状态分别采用标准值、频遇值或准永久值作为其代表值。

承载能力极限状态设计按弹性阶段计算结构强度时，应采用标准值作为可变作用的代表值；正常使用极限状态按短期效应（频遇）组合设计时，应采用频遇值作为可变作用的代表值；可变作用按长期效应（准永久）组合设计时，应采用准永久值作为可变作用的代表值。

（3）偶然作用取其标准值作为代表值。

3．公路桥梁作用组合

桥梁按结构承载能力极限状态设计时，应采用基本组合和偶然组合。桥梁结构正常使用极限状态设计时，应采用作用的短期效应组合和作用的长期效应组合。

4．公路桥梁上的行车荷载

桥梁上行驶的行车荷载种类繁多，有各种汽车、平板挂车等，而同一类车辆又有许多不同型号和载重等级。我国交通运输部在公路桥梁设计规范中，通过对实际车辆的轮轴数目、前后轴间距、轴压力等情况进行分析和概括，规定了桥涵设计的标准化荷载。标准中把大量、经常出现的汽车荷载排列成车队形式，作为设计荷载。将汽车荷载分为公路-Ⅰ级和公路-Ⅱ级。

在进行桥梁设计时，汽车荷载按车道荷载或行车荷载计算。车道荷载由均布荷载和集中荷载组成。桥梁结构整体计算采用车道荷载；桥梁结构局部加载，涵洞、桥台和挡土墙土压力等的计算采用行车荷载。行车荷载与车道荷载不得叠加。

第8章 桥梁的墩台与基础

8.1 概述

桥梁的墩台和基础是桥梁结构的主要组成部分,也是确保桥梁安全使用的关键。桥墩是在两孔和两孔以上的桥梁中除两端与路堤衔接的桥台外其余的中间支承结构。桥台是指位于桥梁两端,支承桥梁上部结构并和路堤相衔接的建筑物。桥台主要由台帽、台身组成。桥墩主要由墩帽、墩身组成。桥梁墩台的具体构造图如图8.1所示。

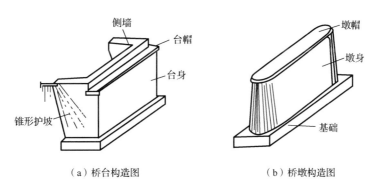

(a) 桥台构造图　　　　　　　(b) 桥墩构造图

图 8.1　桥梁墩台的具体构造图

基础是桥梁结构物直接与地基接触的最下部分,是桥梁下部结构的重要组成部分。承受基础传来荷载的那一部分地层则称为地基。地基与基础受到各种荷载后,其本身将产生应力和变形。为了保证桥梁的正常使用和安全,地基和基础必须具有足够的强度和稳定性,变形也应在容许范围之内。

8.2 桥梁墩台与基础的类型和构造

8.2.1 桥墩的类型和构造

桥墩按其墩身结构形式，可分为重力式桥墩和轻型桥墩。目前，桥梁以轻型桥墩居多。轻型桥墩外形轻巧美观且变化多样，较为常见的独柱式、排柱式、T形、倾斜式、双叉形、V形和X形等桥墩均属于轻型桥墩（图8.2）。

图 8.2　各种轻型桥墩形式

本节着重介绍梁式桥、拱式桥常用的桥墩类型与构造。

1. 梁式桥桥墩的类型和构造

梁式桥桥墩按其墩身结构形式，可分为重力式桥墩、空心式桥墩、柱式桥墩、柔性桥墩、钢筋混凝土薄壁墩等多种。

(1) 重力式桥墩。

重力式桥墩又叫实体桥墩,是实体的圬工墩,主要靠自身的重力来平衡外力,从而保证桥墩的强度和稳定性。重力式桥墩由一个实体结构组成,按其截面尺寸及重量的不同又可分为实体重力式桥墩和实体轻型桥墩。重力式桥墩自身刚度大,具有较强的防撞能力,但同时存在阻水面积大的缺陷,比较适合修建在地基承载力较高、覆盖层较薄、基岩埋深较浅的地基上。其一般构造如图 8.3 所示。

(2) 空心式桥墩。

空心式桥墩包括整体式空心墩和装配式预应力空心墩,如图 8.4 所示。空心式桥墩是指将混凝土或钢筋混凝土桥墩做成空心薄壁结构等形式的桥墩。空心式桥墩可以节省圬工材料,减轻重量,具有坚固耐久、施工简易、取材方便、节约钢材等优点。桥墩的截面形式有圆形、圆端形、长方形等。其中,圆形及圆端形的桥墩截面形式便于使用滑模施工。

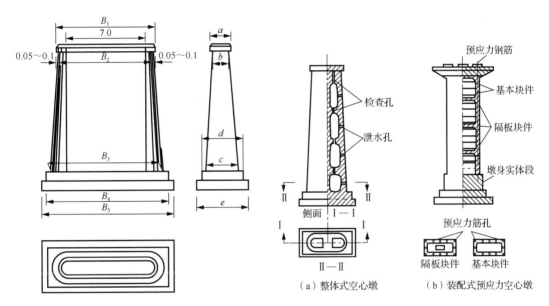

图 8.3 重力式桥墩的一般构造(尺寸单位:m)　　图 8.4 空心式桥墩的构造

(3) 柱式桥墩。

柱式桥墩是指墩身由一个或几个立柱所组成的桥墩。柱式桥墩是目前公路桥梁广泛使用的桥墩形式,刚度较大,并可与桩基配合使用。特别是在桥宽较大的城市桥和立交桥中,采用这种桥墩既能减轻墩身重量,节约圬工材料,又较为美观。

柱式桥墩一般由基础之上的承台、柱式墩身和盖梁组成。双车道桥常采用的形式有单柱式桥墩、双柱式桥墩、哑铃式桥墩及混合双柱式桥墩四种,如图 8.5 所示。其中,单柱式桥墩适合于斜交角大于 15°、流向不固定的桥梁或立交桥。目前,双柱式桥墩在我国应用较广,哑铃式桥墩及混合双柱式桥墩适用于有较多漂流物和流冰的河道。

(4) 柔性桥墩。

柔性桥墩的简支梁一端设置固定支座,另一端设置活动支座。在顺桥方向,桥梁墩台之间的水平联系被完全隔断,各桥墩单独承担梁上传来的制动力或牵引力。为了抵抗强大的水平力作用,需增大桥墩的截面形成"胖柱"。柔性桥墩的优点是截面尺寸及圬工量减少,修建简便,施工速度快;主要缺点是用钢量大,适用高度和承载能力都受到一定的限制。因此,柔性桥墩适合在低浅宽河流、通航要求和流速不大的水网地区河流上修建小跨径桥时采用。

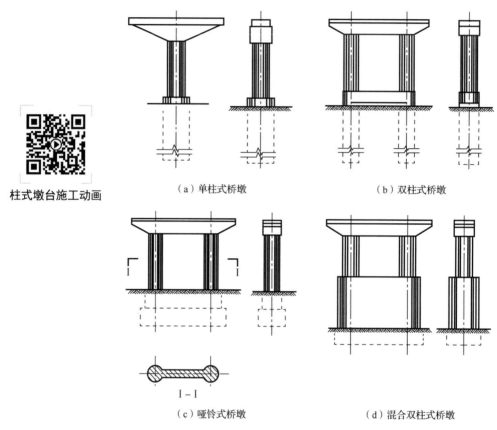

柱式墩台施工动画

(a) 单柱式桥墩　　(b) 双柱式桥墩　　(c) 哑铃式桥墩　　(d) 混合双柱式桥墩

图 8.5　柱式桥墩的分类与构造

(5) 钢筋混凝土薄壁墩。

钢筋混凝土薄壁墩是一种新型桥墩,截面形式有一字形、I形、箱形、V形等,圆形的薄壁空心墩也是钢筋混凝土薄壁墩的类型之一。钢筋混凝土薄壁墩的特点是,在横桥向的长度基本和其他形式的墩相同,但是在纵桥向的长度很小。钢筋混凝土薄壁墩的优点是,节省材料,减轻桥墩的自重,同时可以增加桥墩的刚度,减小主梁支点负弯矩,增加桥梁美观度。V形墩可以间接地减小主梁的跨径,使跨中弯矩减小,同时又具有拱桥的一些特点,更适合大跨径桥的建造。

2. 拱式桥桥墩的类型和构造

拱式桥是一种能够产生推力的结构,桥墩承受拱跨结构传来的荷载,除了垂向力,还有较大的水平推力和弯矩。这也是与梁式桥最大的不同之处。拱式桥的桥墩尺寸一般比梁式桥的大,具有足够的强度和稳定性。

(1)重力式桥墩。

重力式桥墩(图8.6)属于普通墩,除了承受相邻两跨结构传来的垂直反力,一般不承受恒载水平推力或承受很小的不平衡水平推力。重力式桥墩由墩帽、墩身等部分组成。

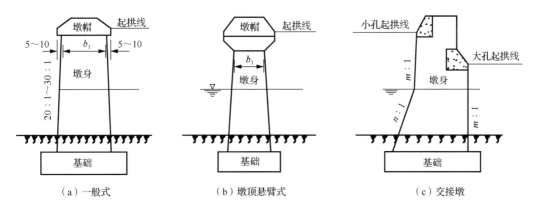

图8.6 重力式桥墩(尺寸单位:cm)

(2)柱式桥墩。

柱式桥墩(图8.7)属于普通轻型桥墩,一般配合钻孔灌注桩基础使用,从外形上看与梁式桥的柱式桥墩相似。它们的主要差别是:梁式桥在墩帽上设置支座,拱式桥在墩顶部分设置拱座。

(3)单向推力墩。

单向推力墩是指在多孔拱式桥中,可承受单向恒载推力的桥墩。它主要承受上部结构传来的水平力。在顺桥方向具有一定的刚度和强度。在多孔拱式桥中,如果一孔毁坏往往引起其他孔的破坏。为了防止这种情况,每隔3~5孔设置制动墩以承受单向水平推力,保证一孔毁坏而不致影响全桥的安全。

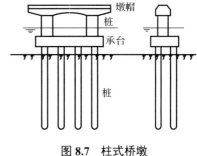

图8.7 柱式桥墩

制动墩的主要作用是在一侧桥孔因某种原因遭到毁坏时,能承受单向的恒载水平推力,防止全桥倾塌。有时为了施工时拱架的多次周转,或者当缆索吊装设备的工作跨径受到限制时,可以按照桥台与某桥墩或者某两个桥墩之间作为一个施工段进行分段施工,设置能承受部分恒载单向推力的推力墩。因此,普通墩一般可以做薄一些,单向推力墩则要做厚一些。

单向推力墩的形式有以下几种。

① 悬臂式单向推力墩(图8.8)。悬臂式单向推力墩是在柱式墩上加一对悬臂,拱铰支承在悬臂端的一种桥墩。当单向推力出现时,可以通过另一侧拱座上竖向分力与悬臂长所构成的稳定力矩来平衡。当一孔坍塌时,可以通过另一侧拱座的竖向分力与悬臂长所构成的稳定力矩来平衡拱的水平推力所导致的倾覆力矩,使其他桥墩不受坍塌影响,保证了全桥的安全。这种形式适用于两铰双曲拱桥。但由于墩身较薄,受力后悬臂端会有一定的位移,因而对于无铰拱会有附加内力产生。

② 加设斜撑及拉杆的单向推力墩（图8.9）。这种单向推力墩是在普通墩柱上对称增设一对预应力混凝土斜撑，以提高其抵抗单向水平推力的能力，斜撑与柱墩接头只承受压力而不承受拉力。为了提高构件的抗裂性，可以采用预应力混凝土结构。

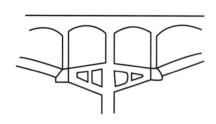

图8.8　悬臂式单向推力墩

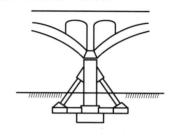

图8.9　加设斜撑及拉杆的单向推力墩

③ 重力式单向推力墩。重力式单向推力墩是在双向的重力式桥墩的基础上，通过加大尺寸来承受单向恒载推力的桥墩。此种形式的单向推力墩圬工体积大、用料多，且增加了阻水面积，立面美观也较差。

8.2.2　桥台的类型和构造

1. 梁式桥桥台

与桥墩相同，梁式桥桥台也可分为重力式桥台和轻型桥台两类。

（1）重力式桥台。

重力式桥台也称实体式桥台，是靠自身重量来平衡外力保持其稳定，因此台身比较厚实，可以不用钢筋，而用天然石材或片石混凝土砌筑，主要组成有台帽、墩身、基础、背墙、锥坡等。它适用于地基良好的大中型桥梁，或流冰、漂浮物较多的河流中。在砂石料方便的地区，小桥也往往采用重力式桥台。重力式桥台的主要缺点是圬工体积较大，因而其自重和阻水面积也较大。重力式桥台又分为U形桥台、埋置式桥台、八字式桥台和一字式桥台等。下面主要介绍U形桥台和埋置式桥台。

① U形桥台。U形桥台由台身（前墙）、台帽、基础与两侧的翼墙组成，台身支承桥跨上部结构，并独立承受台后土压力；翼墙连接路堤在满足一定条件时，U形桥台指的是前墙和两侧翼墙连成一体，在平面上呈U字形。U形桥台的一般构造如图8.10所示。

U形桥台构造简单、基底承载面大、应力小，抵抗水平推力能力强，适用于填土高度为3~12m的单孔或多孔桥梁。U形桥台的圬工体积大，增加了对地基的要求；桥台内的填土容易积水，结冰后冻胀，使桥台结构产生裂缝。因此，对病害桥台应首先考虑能否通过维修加固而继续使用。

② 埋置式桥台。埋置式桥台的台身埋在锥形护坡中，只露出台帽在外以安置支座及上部构造，这样桥台所受的土压力大大减小，桥台的体积也相应减小。它适用于桥头为浅滩，台前护坡受冲刷小，也适用于填土高度为10m以下的中等跨径桥梁。

按台身的结构形式，埋置式桥台可以分为直立式埋置桥台、后倾式埋置桥台、肋形埋置式桥台、桩柱式埋置桥台等。埋置式桥台的台前锥坡体既起保护桥台的作用，又可平衡台背侧压力，故应采用较缓的边坡，以保证稳定。图8.11（a）所示为直立式埋置式桥台；图8.11（b）所示为后倾式埋置式桥台，它使台身重心向后，用以平衡台后填土的倾覆力矩，但倾斜度应适当。

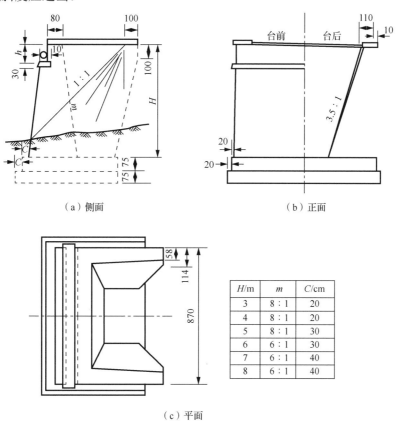

（a）侧面　　　　　　　　　　（b）正面

（c）平面

图 8.10　U 形桥台的一般构造（尺寸单位：cm）

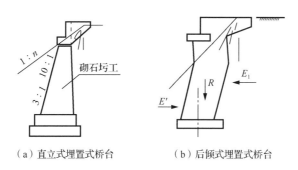

（a）直立式埋置式桥台　　　　（b）后倾式埋置式桥台

图 8.11　埋置式桥台的构造

（2）轻型桥台。

轻型桥台是利用钢筋混凝土结构的抗弯能力来减少圬工体积而使桥台轻型化。其主要分为薄壁轻型桥台、带有支撑梁的轻型桥台、双柱式桥台和其他组合式桥台等。

① 薄壁轻型桥台。薄壁轻型桥台常用的形式有悬臂式、扶壁式、撑墙式及箱式等，

如图 8.12 所示。一般情况下，悬臂式薄壁轻型桥台的混凝土和钢材用量较大，撑墙式薄壁轻型桥台与箱式薄壁轻型桥台的模板用量较大。薄壁轻型桥台的优点与薄壁墩的类似，可依据桥台高度、地基强度和土质等因素选定。

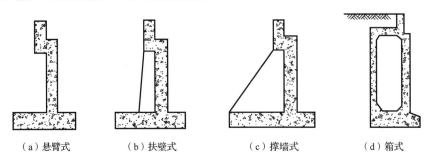

图 8.12　薄壁轻型桥台

② 带有支撑梁的轻型桥台。单跨或少跨的小跨径桥，在条件许可的情况下，可在轻型桥台之间或台与墩间设置 3～5 根支撑梁。支撑梁设在冲刷线或河床铺砌线以下。支撑梁与桥台设置锚固栓钉，使上部结构与支撑梁共同承受台后土压力。此时，桥台与支撑梁及上部结构形成四铰框架来承受台后土压力。

带有支撑梁的轻型桥台可采用八字形和一字形翼墙挡土（图 8.13），如地形许可，也可做成耳墙，形成埋置式轻型桥台并设置溜坡。

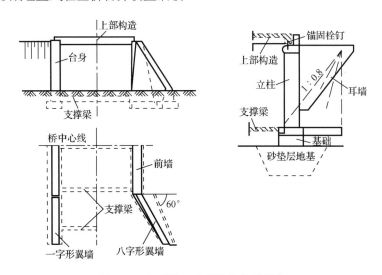

图 8.13　设置地下支撑梁的轻型桥台

③ 双柱式桥台。双柱式桥台构造如图 8.14 所示，一般用于填土高度小于 5m 的情况，为了减少桥台水平位移，也可先填土后钻孔。双柱式桥台墙厚一般为 0.4～0.8m，设置少量钢筋。台帽可做成悬壁式或简支式，需要配置受力钢筋。半重力式双柱式桥墙较厚，不设置钢筋。当柱式桥台采用钻孔桩基础并延伸作为台身时，可不设承台。

④ 其他组合式桥台。组合式桥台的出现不仅使桥台变得更为轻型化，而且变得更为安

全。组合式桥台在使用过程中只承受本身桥跨结构传来的竖向力和水平力，而台后土压力则由其他结构承受。

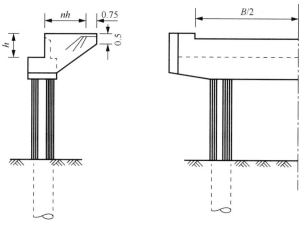

图 8.14　双柱式桥台构造（尺寸单位：m）

a. 锚碇板式桥台（锚拉式）。锚碇板式桥台是台身借埋置在台后稳定土体内的锚碇板和锚杆的拉力以抵抗土压力的桥台。锚碇板桥台有分离式和结合式两种形式。分离式是台身与锚碇板、挡土结构分开，台身主要承受上部结构传来的竖向力和水平力，锚碇板设施承受土压力。分离式锚碇板桥台构造由锚碇板、立柱、拉杆和挡土板组成，见图 8.15（a）。结合式锚碇板式桥台的构造见图 8.15（b），它的锚碇板结构与台身结合在一起，台身兼作立柱或挡土板。

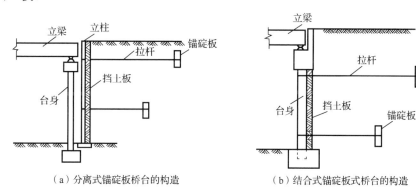

（a）分离式锚碇板桥台的构造　　　　（b）结合式锚碇板式桥台的构造

图 8.15　锚碇板式桥台构造

b. 过梁式（框架式）组合桥台。用梁将桥台与挡土墙结合在一起的桥台为过梁式组合桥台，使桥台与桥墩的受力相同。若梁与桥台、挡土墙刚性连接，则形成过梁式（框架式）组合桥台，如图 8.16 所示。框架的长度及过梁的跨径是由地形及土方工程比较确定的，组合式桥台越长，梁所用的材料数量就越多，而桥台及挡土墙的材料用量相应地有所减少。

c. 桥台与挡土墙组合桥台。该类桥台由轻型桥台支承上部结构，台后设挡土墙承受土压力。台身与挡土墙分离，上端做防水伸缩缝，使受力明确。当地基比较好时，也可将桥台和挡土墙放在同一个基础之上，见图 8.17。这种组合式桥台可采用轻型桥台，而且不压缩河床，但构造复杂，是否经济需通过比较来确定。

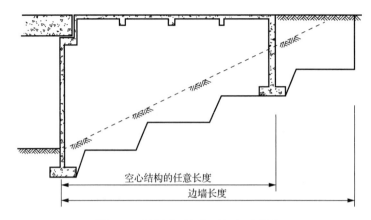

图 8.16 过梁式（框架式）组合桥台

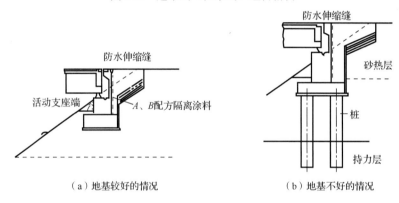

图 8.17 桥台与挡土墙组合桥台

2．拱形桥台

（1）重力式 U 形桥台。

重力式 U 形桥台由台身（又称前墙）和平行于行车方向的侧墙组成（图 8.18）。常采用锥形护坡与路堤连接，锥形护坡的坡度根据加固形式、坡高、地形等确定，一般为 1∶1.5～1∶1。其构造基本与梁式桥重力式桥台类似。

（2）齿槛式桥台。

齿槛式桥台（图 8.19）由前墙、撑墙、后墙板和底板组成。其结构特点是：基础底板面积较大，地基承载力较低，但仍能承受一定的竖向压力；底板下设置齿槛可增加底板摩阻力和抗滑动的稳定性；后墙板做成斜挡板，利用它背面的原状土和前墙背面的新填土，共同平衡拱的推力；前墙与后墙板之间设撑墙可以提高桥台结构的刚度。齿槛宽度与深度一般不小于 0.5m。这种桥台一般适用于软弱地基和路堤较低的中小跨径拱桥。

（3）空腹式（L 形）桥台。

空腹式桥台的后墙与底板形成 L 形。为增加其刚度，在拱座与后墙间设撑墙。前墙与后墙之间用撑墙相连，平面上形成"目"字形。它充分利用后背土抗力和基底摩阻力来平衡拱推力（图 8.20），适用于地基较软、冲刷较小的河床，可用于大中跨径的拱桥。

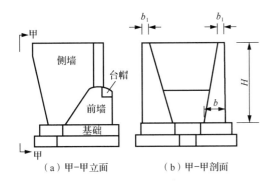
图 8.18 重力式 U 形桥台

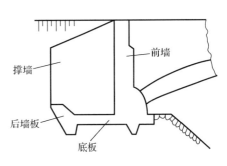
图 8.19 齿槛式桥台

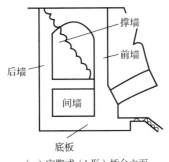

(a) 空腹式（L 形）桥台立面

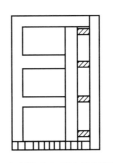

(b) 空腹式（L 形）桥台剖面

图 8.20 空腹式（L 形）桥台

(4) 组合式桥台。

组合式桥台（图 8.21）由台身和后座两部分组成。为使桥台轻型化，桥台本身要承受桥跨结构传来的竖向力和水平力，而台后的土压力则由其他桥跨结构来承受，这样就形成了组合式桥台。组合式桥台主要分为锚碇板式桥台、过梁式（框架式）组合桥台、桥台与挡土墙组合桥台三大类。组合式桥台解决了某些拱桥的推力问题，为在软土地基上修建拱桥提供了途径。

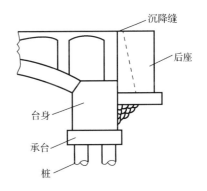
图 8.21 组合式桥台

(5) 轻型桥台。

轻型桥台（图 8.22）是相对于重力式桥台而言的，这种桥台适用于 13m 以内的小跨径拱桥和桥台水平位移量很小的情况。其工作原理是：当桥台受到拱的推力后，便发生绕基底形心轴向路堤方向的转动，此时台后的土便产生抗力来平衡拱的推力，从而使桥台的尺寸远小于（约小 65%）实体重力式桥台。常用的轻型桥台有八字形桥台、π 形桥台、E 形桥台、U 形桥台、背撑式桥台等。

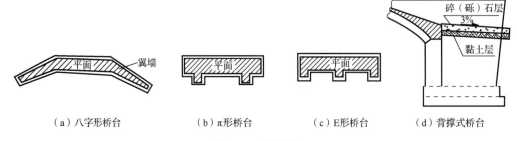

图 8.22 轻型桥台

采用轻型桥台时,要注意保证台后的填土质量,台后填土应严格按照规定分层夯实,并做好台后填土的防护工作,防止水流的侵蚀和冲刷。

① 八字形桥台。八字形桥台构造简单,台身由前墙和两侧的八字形翼墙构成。两者之间通常留沉降缝分砌。前墙可以是等厚度的,也可以是变厚度的。变厚度台身的背坡为 2∶1~4∶1。翼墙的顶宽一般为 40cm,前坡为 10∶1,后坡为 5∶1。为了防止基底向河心滑动,基础应有一定的埋置深度。台后填土必须分层夯实,做好防护措施,防止受水流侵蚀、冲刷。

② U 形桥台。U 形桥台是由前墙和平行于车行方向的侧墙组成,构成 U 形的水平截面。U 形桥台是靠扩大桥台底面积以减小基底压力,并利用基底与地基的摩阻力和台背侧土压力,以平衡拱的水平推力,因此基础底面积较轻型桥台的要大,通常从前墙一直延伸到侧墙尾端。侧墙与前墙连成整体,而与拱上侧墙之间应设变形缝,以适应桥的可能变位。轻型桥台侧墙的顶宽一般为 50cm,内侧坡度为 5∶1。若有人行道,则上端做成等厚直墙,直到与 5∶1 内坡相交,内侧坡度以下仍用 5∶1 的坡度。

③ 背撑式桥台。当桥台较宽时,为了保证结构的强度和稳定性,可以在八字形桥台或 U 形桥台的前墙背后加一道或几道背撑,构成 π 形、E 形等水平截面形式的前墙,如图 8.22(b)和图 8.22(c)所示。背撑顶宽为 3.0~6.0m,厚度为 30~60cm,背坡为 3∶1~5∶1 的梯形。背撑式桥台比八字形桥台的稳定性要好,但土方开挖量大,使得圬工体积增大,加背撑的 U 形桥台可适用于较大跨径的高桥和宽桥。

8.2.3 基础的类型和构造

建筑埋在地面以下的部分称为基础。承受由基础传来荷载的土层称为地基,位于基础底面下的第一层土称为持力层,在其以下的土层称为下卧层。基础是在地基之上,并将桥墩、桥台所产生的荷载传递给地基的结构。基础的质量决定桥梁结构的安全,而坚实的地基是基础质量的保证。地基根据处理方式可分为天然地基和人工地基两类。未经人工处理就可以满足设计要求的地基称为天然地基。如果天然地基土质过于软弱或存在不良工程地质问题,需要经过人工加固或处理后才能修筑基础,这种地基称为人工地基。与地基相比,基础的形式较多,常用的有浅基础、深基础和深水基础三种。浅基础与深基础是根据基础埋置深度(自地面或局部冲刷线到基础底面的距离)确定的,通常将埋置较浅且施工相对简单的基础称为浅基础。浅基础计算可忽略侧面土体的摩阻力和侧向抗力,如刚性扩大基础、柔性扩大基础等。若浅层土质不良,需将基础置于较深的良好土层上,且在设计计算中不能忽略基础侧面土体的摩阻力和侧向抗力的基础形式称为深基础,如桩基础、沉井基础、地下连续墙等。深水基础则与基础的埋置深度无直接关系,其在水下部分较深,在设计和施工中必须考虑水深对基础的影响。

1. 天然地基浅基础

根据受力条件及构造,天然地基浅基础可分为钢筋混凝土扩展基础和刚性基础(也称无筋扩展基础)两大类,如图 8.23 所示。

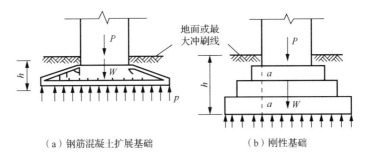

图 8.23 基础类型

(1)钢筋混凝土扩展基础。

钢筋混凝土扩展基础主要是用钢筋混凝土浇筑,其整体性好,抗弯刚度大,常见的形式有柱下扩展基础、条形和十字形基础、筏板和箱形基础。筏板和箱形基础在外力作用下,只产生均匀沉降和整体倾斜,这样对上部结构产生的附加应力比较小,基本上消除了由于地基不均匀引起的建筑物损坏,所以在土质较差的地基上修建高层建筑物时,采用这种基础形式是适宜的。但上述基础形式,特别是箱形基础,所用的钢筋和水泥的量较大,施工技术要求也较高,所以采用这种基础形式应与其他基础形式比较后再决定。

(2)刚性基础。

刚性基础又称无筋扩展基础,是指受刚性角限制的基础。一般采用砖、石、灰土、素混凝土建造,抗压强度较高,但抗拉、抗弯、抗剪强度却很低。刚性基础在构造上需要满足一定的要求,以避免刚性材料被拉裂,通常通过限制刚性基础的宽高比来满足刚性角的要求。刚性基础的优点是稳定性好、施工简便、能承受较大的荷载,是桥梁、涵洞和房屋等建筑首先考虑的基础类型。

由于地基强度比墩台或墙柱圬工的强度低,因此需要将基础平面尺寸扩大以满足地基强度要求,这种刚性基础又称刚性扩大基础。它是桥涵常用的基础形式,其平面形状常为矩形。其每边扩大的尺寸最小为 0.20~0.50m,视土质、基础厚度、埋置深度和施工方法而定。作为刚性基础,每边扩大的最大尺寸应受到材料刚性角的限制。当基础较厚时,可在纵横两个剖面上做台阶形,以减小基础自重,节省材料。

2. 桩基础

桩基础是桥涵常用基础,可以按不同的功能进行分类。桩基础的分类表见表8.1。

表8.1 桩基础的分类表

桩基础分类方法	桩基础类型	备注
桩的使用功能	竖向抗压桩	—
	竖向抗拔桩	—
	水平受荷桩	—
	复合受荷桩	为承受竖向、水平荷载均较大的桩,应按竖向抗压(或抗拔)桩及水平受荷桩的要求进行验算
桩的形状和竖向受力情况	端承型桩	桩身穿越整个软弱土层,由不可压缩的土层支承,通常是岩床。嵌岩桩就属于端承型桩。端承型桩在竖向荷载作用下,桩纵向的压缩变形很小或可以忽略不计,桩沿垂直方向移动也很小,因此桩身和土之间摩擦力很小或可忽略,可以认为桩顶竖向荷载全部或主要由桩端阻力承受
	摩擦型桩	桩的各个方向包括底部都被可压缩的土层包围,在竖向荷载作用下桩向下移动,桩周土体对桩产生向上的摩擦力,并在桩端产生向上的反力。桩顶竖向荷载全部或主要由桩侧阻力承受
桩身材料	钢桩	—
	混凝土桩	最为常见,可分为预制桩和灌注桩两种基本的类型
	木桩	—
	组合材料桩	—
成桩方法	挤土桩	在成桩过程中,大量排挤土,使桩周土体受到严重扰动,土的工程性质有很大改变。挤土桩引起的挤土效应使地面隆起和土体侧移,施工常带有噪声,对周围环境的影响较大,但它不存在泥浆及弃土污染问题
	部分挤土桩	在成桩过程中,引起部分挤土效应,使桩周土体受到一定程度的扰动
	非挤土桩	采用钻孔、挖孔等方式将与桩体积相同的土体排出,对桩周土体基本没有扰动,但废泥浆、弃土等可能会对环境造成影响

3. 沉井基础

沉井基础多用于跨河、跨海桥,其常见分类如下。

(1) 按沉井所用材料分类。

按沉井所用材料分类,沉井基础可分为素混凝土沉井、钢筋混凝土沉井、砖石沉井、钢沉井、竹筋混凝土沉井等。其中,钢筋混凝土沉井适用于大中型工程。钢筋混凝土沉井抗压抗拉能力强,下沉深度大,可根据工程需要,做成各种形状、各种规格的重型或薄壁一般沉井及薄壁浮运沉井、钢丝网水泥沉井等。

(2) 按横截面形状分类。

按横截面形状分类,沉井基础可分为单孔沉井、单排孔沉井、多排孔沉井等。其中,单孔沉井是最常见的中小型沉井。沉井的横截面形状有圆形、正方形、椭圆形、圆端形、矩形等。圆形沉井在下沉过程中的垂直度和中线较易控制，若采用抓泥斗挖土，可比其他形状沉井更能保证刃脚均匀作用在支承的土层上。在土压力和水压力作用下，圆形沉井的井壁只受轴向压力，即使侧压力分布不均匀，弯曲应力也不大，也能充分利用混凝土抗压强度大的特点，使沉井的井壁薄一些，便于机械取土作业，多用于斜交桥或水流方向不定的桥墩基础。矩形沉井符合大多数墩（台）的平面形状，制造方便，能更好地利用地基承载力，但此种沉井四角处有较集中的应力存在，四角处土不易被挖除，井脚不能均匀地接触承载土层，且流水中局部水头损失较大，冲刷较严重。在土压力和水压力作用下，将产生较大的弯矩，井壁受较大的挠曲应力，长宽比越大，其挠曲应力越大，井壁厚度要大一些。通常要在沉井内设隔墙支撑，以增加刚度，改善受力条件。为了减小沉井下沉过程中正方形和矩形沉井四角的应力集中和局部水头损失，常将沉井四角的直角做成圆角，圆端形沉井井壁受力比矩形沉井好，适宜圆端形桥墩，能充分利用基础圬工。圆端形沉井制造时较圆形和矩形沉井复杂。

（3）按沉井竖向剖面形状分类。

按沉井竖向剖面形状分类，沉井基础可分为柱形沉井、锥形沉井及阶梯形沉井，如图8.24所示。

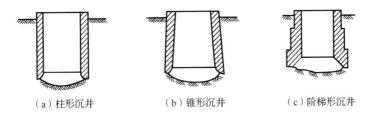

（a）柱形沉井　　　（b）锥形沉井　　　（c）阶梯形沉井

图8.24　沉井按沉井竖向剖面形状分类示意图

① 柱形沉井。柱形沉井竖直剖面上下厚度均相同，为等截面的形状，大多数沉井属于这种。柱形沉井井壁受力较均衡，下沉过程中不易发生倾斜，接长简单，模板可重复利用，但井壁侧阻力较大，若土体密实、下沉深度较大，易下部悬空，造成井壁拉裂。一般多用于入土不深或土质较松软的情况。

② 锥形沉井。为了减小沉井施工在下沉过程中井筒外壁与土的摩擦阻力，或为了避免沉井由硬土层进入下部软土层时，沉井上部被硬土层夹住，使沉井下部悬挂在软土中发生拉裂，可将沉井井筒制成上小下大的锥形。锥形沉井井壁侧阻力较小，但施工较复杂，模板消耗多，沉井在下沉过程中易发生倾斜，多用于土质较密实，沉井下沉深度大，自重较小的情况。通常锥形沉井外井壁坡度为1/40～1/20。

③ 阶梯形沉井。鉴于沉井所承受的土压力与水压力均随深度而增大，为了合理利用材料，可将沉井的井壁随深度分为几段做成阶梯形，下部井壁厚度大，上部井壁厚度小。这种沉井外壁所受的摩擦阻力较小。阶梯形沉井井壁的台阶宽为100～200mm。

沉井基础一般由井筒、刃脚、隔墙、取土井孔、预埋冲刷管、顶盖板、凹槽、封底混凝土等组成。沉井基础构造如图8.25所示。

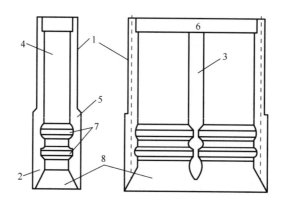

1—井筒；2—刃脚；3—隔墙；4—取土井孔；5—预埋冲刷管；6—顶盖板；7—凹槽；8—封底混凝土。

图 8.25　沉井基础构造

8.3　桥梁墩台与基础的设计方法简述

8.3.1　桥墩的设计方法简述

1. 重力式桥墩

（1）尺寸拟定。

设计时，一般先根据桥梁上部结构的宽度选定墩顶长度（需考虑是否设置挡块等构造措施）；再按相邻两孔桥的支座尺寸、距离以及支座边缘至墩顶边缘的距离选定墩顶的宽度；最后按选定的墩身两侧斜度向下放坡，从而选定墩身地面尺寸。

（2）设计计算。

① 设计荷载。

a. 永久作用。永久作用包括上部构造恒载、混凝土收缩及徐变的影响、桥墩自重（包括基础襟边上的土重力、预加力、基础变位作用、水浮力）。

位于透水性地基上的桥墩，当验算稳定性时，应计算设计水位时的浮力；当验算地基应力时，仅考虑低水位时的浮力；当基础嵌入不透水性地基的墩台时，可以不计浮力；当不能确定是否透水时，则分别按透水或不透水两种情况进行最不利的荷载组合。

水对水下桥墩或土的固体颗粒的浮力作用，可用桥墩圬工的浮重度或土的浮重度来反映。圬工的浮重度等于圬工重度减去水的重度。土的浮重度可以根据土质资料得到不同的物理指标，如天然重度、天然含水率、相对密度或饱和重度等计算。

b. 可变作用。

（a）汽车荷载及引起的土压力，汽车冲击力（柱式墩台计入，重力式墩台不计），汽车离心力，人群荷载。

（b）作用在上部构造和墩身上的纵、横向风力，汽车荷载引起的制动力；作用在墩身上的流水压力，冰压力；上部温度应力，支座摩阻力。

（c）偶然作用。

偶然作用包括：地震力，作用在墩身上的船只或漂浮物的撞击力，施工荷载。

以上各种荷载和外力的计算数值，采用桥墩在正常情况下结构上有可能出现的最大荷载值。

② 荷载（作用）组合。

a. 梁式桥桥墩。

第一种组合：将汽车荷载等基本可变荷载纵向布置在相邻的两孔桥跨上，以在桥墩上产生最大的竖向力进行组合，但此时偏心距较小（图 8.26）。它用来验算墩身强度和基底最大应力。

第二种组合：汽车荷载只在一孔桥跨上布置，同时有其他水平荷载，此时竖向荷载最小，而水平荷载引起的弯矩作用大，可使墩身截面产生很大的合力偏心距，或者此时桥墩的稳定性也是最不利的（图 8.27）。它常常用来验算墩身强度、基底应力、偏心弯矩及桥墩的稳定性。

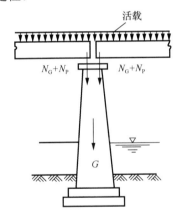

图 8.26 汽车荷载在两孔桥跨上

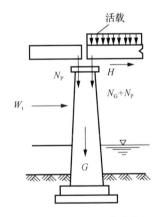

图 8.27 汽车荷载偏载

第三种组合：按桥墩各截面在横桥向上可能产生最大偏心弯矩和最大弯矩的情况进行组合（图 8.28）。

除此之外，还有桥墩在施工阶段的受力验算、地震力验算。

各种不同的荷载组合，均应满足公路桥梁设计规范中所规定的强度安全系数、容许偏心距和稳定系数。

b. 拱桥桥墩。

在拱桥墩台计算中，永久荷载和基本可变荷载有恒载、活载及其影响力、土压力、拱的混凝土收缩影响力和水的浮力。其他可变荷载和偶然荷载有制动力、拱温度变化的影响力、风力、水压力、冰压力以及船只或漂浮物的撞击力等。

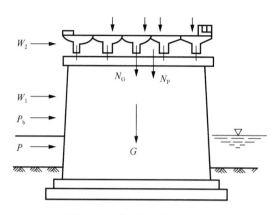

图 8.28 横桥向最不利组合

桥墩设计应对平行线路顺桥向和垂直线路横桥向分别进行受力计算，一般为顺桥向控制，此时，桥墩整体受力图和竖向反力计算示意图如图 8.29 所示。永久荷载和基本可变荷载中有：桥墩各部分的自重 P_1、P_2、P_3、P_4，基础自重 P_5、P_6；由活载产生的拱脚推力 H_G 和竖直力 V_p 以及由恒载和活载产生的拱脚弯矩 M_G 及 M_p。对于透水地基，在验算桥墩稳定性时还要计入浮力 Q。

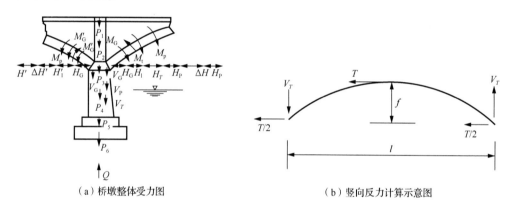

(a) 桥墩整体受力图　　　　　　　(b) 竖向反力计算示意图

图 8.29 桥墩整体受力图和竖向反力计算示意图

其他可变荷载中的制动力 T，假设它作用在拱顶并平分于两拱脚，如图 8.29（b）所示。此外，制动力还产生相应的竖直反力 V_T：

$$V_T = \frac{Tf}{l}$$

可能发生的最不利荷载组合是：恒载，一跨拱上布满活载（如为不等跨时，则大跨布满活载），以求得最大的 H_p 及其相应的 V_p 和 M_p；指向验算墩的制动力、温度影响力、纵向风力、材料收缩影响力及浮力。

对于单向推力墩，只考虑相邻两跨中跨径较大一孔的永久荷载。

除了应按上述进行桥梁在运营情况下的验算，拱桥桥墩还应按拱桥施工工序验算。

对于多跨拱桥中的制动墩，应按承受整孔全部恒载的单侧受力情况进行设计计算。

对于桩柱式轻型桥墩的计算，可在连拱计算中一并考虑。

(3) 设计验算。

重力式桥墩的验算内容与一般桥墩相同,主要包括强度验算、偏心距验算和稳定性验算等。对于高度超过 20m 的重力式(实体)桥墩,需要验算墩台顶的弹性水平位移不应超过容许值。钢筋混凝土墩台还要进行配筋计算。

桥梁墩台在验算中,首先要拟定结构各部分尺寸;然后根据可能出现的荷载和外力进行最不利的荷载组合;选取验算截面的验算内容;计算各截面的内力,进行配筋和验算。

对于梁桥重力式桥墩和拱桥重力式桥墩的计算,虽然在荷载组合的内容上稍有不同,但对某个截面而言,这些外力都可以合成竖向、水平向的合力及弯矩。

2. 桩柱式桥墩

(1) 尺寸拟定。

桩柱式桥墩尺寸具体拟定要求可参照《公路桥涵设计通用规范》(JTG D60—2015) 相关内容,与重力式桥墩相同。

(2) 设计计算。

① 盖梁(帽梁)计算。

a. 计算图式。

桩柱式墩台通常采用钢筋混凝土结构,桩柱的钢筋伸入盖梁内,与盖梁的钢筋绑扎成整体,盖梁与桩柱刚性连接成刚架结构。当盖梁的刚度与桩柱的刚度比小于 5 时,为简化计算可以忽略节点不均衡弯矩的分配及传递,一般可按简支梁或悬臂梁进行计算和配筋,多根桩柱的盖梁可按连续梁计算。盖梁计算跨径一般为 2.5~7.0m,跨高比 l/h 在 3~5 之间(跨高比随跨径增大而减小),属深受弯构件范畴,但不属深梁(简支深梁 $l/h \leqslant 2$,连续深梁 $l/h \leqslant 2.5$);由于跨高比 l/h 小于一般梁,加之盖梁与墩台柱固结,梁的伸缩受到约束,因此侧面宜设置一定数量的构造钢筋。当刚度比小于 5,或桥墩承受较大横向力时,盖梁应作为横向刚架的一部分予以验算。

b. 外力计算。

外力包括上部结构恒载支点反力、盖梁自重和活载。活载的布置要使各种组合为桥上最不利情况,求出支点最大反力作为盖梁的活载。当活载对称布置时,活载的横向分布计算按杠杆法计算,需考虑桩柱支承宽度对削减负弯矩尖峰的影响。

盖梁在施工过程中,由于荷载的不对称性很大,各截面将产生较大的弯矩,因此要根据当时的架桥施工方案,对各截面的受弯、受剪和受扭进行验算。

c. 内力计算。

公路桥桩柱式墩台的帽梁通常采用双悬臂式,计算控制截面时,选取支点和跨中截面。在计算支点负弯矩时,采用非对称布置活载与恒载支点反力;在计算跨中正弯矩时,采用对称布置活载与恒载支点反力。桥墩沿纵向的水平力以及当盖梁在沿桥纵向设置两排支座时,上部结构活载的偏心距对盖梁将产生扭矩,应予以计入。

计算桥台的盖梁时,可以不考虑背墙与盖梁的共同受力,此时背墙仅起挡土墙的作用。

必要时也可考虑背墙与盖梁的共同受力，盖梁按 L 形截面计算。桥台耳墙视为单悬臂固端梁，水平方向承受土压力及活载水平压力。

② 墩身计算。

a．外力计算。

桥墩桩柱的外力有上部结构恒载与盖梁的恒载支点反力以及桩柱自重；活载按设计荷载布置车列，得到最不利的荷载组合。桥墩的水平力有支座摩阻力和汽车制动力等。

桥台桩柱（包括双片墙式台身）除了上述各力，还有台后土压力、活载引起的水平压力及溜坡主动土压力等。台后土压力的计算宽度及溜坡主动土压力的计算方法见《公路桥涵设计通用规范》(JTG D60—2015) 的有关规定。

b．内力计算。

桩柱式墩台按桩基础的有关内容计算桩柱的内力和桩的入土深度。对于单柱式墩，计算弯矩应考虑两个方向弯矩的合力，纵向、横向弯矩合力值为：

$$\sum M = \sqrt{M_x^2 + M_y^2}$$

计算墙式台身内力时，应按盖梁底面、墙身中部、墙身底面、承台底面等分别进行内力计算和应力验算。

（3）设计验算。

① 盖梁（帽梁）配筋验算。

盖梁的配筋验算方法与钢筋混凝土梁配筋类同，根据弯矩包络图配置受弯钢筋，根据剪力包络图配置弯起钢筋和箍筋。在配筋时，还应计算各控制截面扭矩所需要的箍筋及纵向钢筋。

和计算普通双悬臂梁和连续梁内力不同的是：活载的轮重不是直接作用在盖梁上面，而是通过设置在盖梁上一些固定位置的支座来传递活载反力的。因此，在桥面上布置活载计算横向分布系数时，必须注意这点。此外，计算盖梁的内力时，需考虑柱的支承宽度对削减负弯矩峰值的影响。

② 墩身配筋验算。

在最不利的内力组合之后，先配筋，再验算，验算方法按钢筋混凝土偏心受压构件计算。

3．柔性桥墩

（1）尺寸拟定。

与重力式桥墩相同，具体拟定要求可参照《公路桥涵设计通用规范》(JTG D60—2015) 相关内容。

（2）设计计算。

柔性桥墩是由钢筋混凝土柔性排架桩墩、梁和刚性墩台组成的一联或多联的多孔连续铰接钢架体系，在纵向水平力作用下，一联的各柔性墩台顶具有相同的水平位移。为了简化计算，可把双固定支座布置的柔性桥墩视为下端固结，上端有水平约束的铰接支承的超静定梁，如图 8.30（a）所示。在柔性桥墩的顶端，已知桥跨结构作用的竖向力 N 和墩顶偏

心弯矩 M,可预先求出墩顶位移 Δ_i,则反力的未知数有下端的水平力、竖向力、弯矩和墩顶的水平反力 4 个值,该结构为有一个多余约束的一次超静定结构。将墩顶水平反力作为多余未知力求解,即可计算下端固定节点和墩身的弯矩和剪力。

在对柔性桥墩进行设计计算时,其相关基本假定如下。

① 柔性桥墩顶水平力的计算。

在墩顶偏心弯矩不大的前提下,可采用叠加原则进行计算,计算图式见图 8.30(b)。其中第一图式(图 8.30 中等号右侧的第一个结构,第二、第三依此类推)是计算由于水平位移产生的墩顶水平力,产生水平位移的外力包括制动力、梁的温度应力以及在竖向活载作用下梁长度变化产生的水平力等各种组合;第二图式是计算由于墩顶产生了水平位移,在竖向力作用下引起墩内弯矩而产生的水平反力;第三图式是在墩顶偏心弯矩作用下产生的水平反力。此外,在必要时还应包括墩身受到风力产生的水平反力。在计算水平反力时,梁身混凝土收缩徐变影响力等次要因素一般可忽略不计。

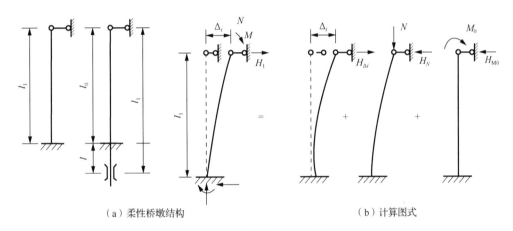

(a)柔性桥墩结构　　　　　　　　　　(b)计算图式

图 8.30　柔性桥墩结构与计算图式

② 假定上部结构对桩柱顶不发生相对位移。

假定上部结构对桩柱顶不发生相对位移,制动力按各墩抵抗水平位移的刚度分配。

③ 计算土压力。

若有实体刚性墩台,则全部由有关刚性墩台承受;若均为柔性墩台,则由岸墩承受土压力与岸土抗力平衡,其余柔性墩台不计其影响。

④ 水平组合。

桩柱顶的制动力、水平土压力(当边排架向河心偏移时)及竖向偏载产生的水平力的代数和不允许大于支座摩阻力。当前三者与温度变化产生水平力的总和大于支座摩阻力时,按支座摩阻力计算。

⑤ 墩顶水平位移的计算。

a. 柔性桥墩顶制动力及其水平位移计算。

b. 梁的温度变形计算。

⑥ 墩顶水平力计算。

a. 水平位移产生的水平力计算。

b．由墩顶产生水平位移 Δ_i，竖向力 N 引起墩内弯矩而产生的墩顶的水平反力计算。

c．由墩顶偏心弯矩而产生的水平反力计算。

（3）设计验算。

柔性桥墩设计完毕后应包括根据各墩的最不利组合进行桩墩的配筋和验算。

8.3.2 桥台的设计方法简述

1．重力式桥台

（1）尺寸拟定。

① 梁桥重力式桥台尺寸拟定。

a．顶帽。桥台顶帽由台帽和背墙两部分组成。其中，桥台台帽的尺寸要求与相应的桥墩墩帽有许多共同之处，不同的是台帽顶面只设单排支座，在另一侧则要砌筑挡住路堤填土的矮雉墙（或背墙）。背墙的顶宽采用片石砌体不得小于 50cm，采用块石料石及混凝土砌体不得小于 40cm。背墙一般做成垂直的并与两侧的侧墙连接。

b．台身。实体式桥台台身前后设置斜坡呈梯形截面，外表斜坡可取 10∶1，内侧斜坡取 6∶1～8∶1。台身顶的长度与宽度应配合台帽，当台身为圬工结构时，要求台身任一水平截面的纵向宽度不小于该截面到台顶高度的 $\dfrac{2}{5}$。重力式 U 形桥台尺寸图见图 8.31。

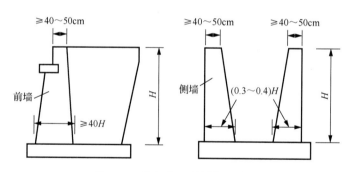

图 8.31　重力式 U 形桥台尺寸图

由于作用在埋置式桥台上的水平力较重力式 U 形桥台小一些，因此在拟定尺寸上，台身底部尺寸可略大于顶部尺寸，最后由应力验算确定。

c．翼墙及耳墙。

重力式 U 形桥台的翼墙外侧呈直立，内侧为 3∶1～5∶1 的斜坡。圬工翼墙的顶宽不小于 0.4m。

对于翼墙的其他任一水平面宽度：片石圬工不宜小于该截面至墙顶高度的 $\dfrac{2}{5}$；块石及混凝土不宜小于该截面至墙顶高度的 $\dfrac{7}{20}$；当台内填土为渗水性良好的土类时，则上述宽度不宜小于截面至墙顶高度，可分别减为 $\dfrac{7}{20}$ 和 $\dfrac{3}{10}$。

埋置式桥台的挡土采用耳墙，它承受土压力的计算图式为悬臂板，如需要支承人行道上的荷载，则将受到两个方向的弯矩和剪力，需要配置受力钢筋，如图 8.32 所示。耳墙长度不宜太长，一般不超过 3～4m；耳墙的厚度为 0.15～0.3m；耳墙的高度为 0.5～2.5m。耳墙应将主筋伸入台帽或背墙借以锚固。

d. 锥形护坡、溜坡及台后排水。

U 形桥台的翼墙尾端上部应伸入路堤不小于 0.75m，锥形护坡的坡脚不能超过桥台前沿。锥形护坡在纵桥向的坡度选择：路堤下方 0～6m 部分取用 1∶1，大于 6m 的部分可取用 1∶1.5，在横桥向的坡度选择与路堤边坡相同。当纵桥向与横桥向的坡度相同时，锥形护坡在平面上为 1/4 圆形；当两向坡度不等时，为 1/4 椭圆形。护坡在高出设计洪水位 0.5m 的部分，应根据设计流速的不同采用块、片石砌筑，不砌筑部分采用植草皮进行保护。埋置式桥台的溜坡坡度一般取用 1∶1.5。溜坡坡面采用砌石保护，并应根据河岸冲刷深度确定基础的埋置深度。溜坡坡面距台帽后缘应不小于 0.3m，耳墙深入溜坡深度至少为 0.75m，溜坡坡面与台身前沿相交处应比设计洪水位高出 0.25m，以避免水流渗入。

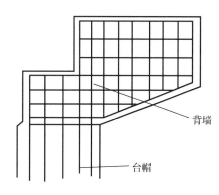

图 8.32　耳墙受力钢筋布置

② 拱桥重力式桥台。

拱桥桥台尺寸可参照梁桥桥台拟定，唯有前墙背坡和前坡的设定与梁桥略有不同。拱桥桥台前墙背坡一般取 2∶1～4∶1，前坡取 20∶1～30∶1 或直立。其前墙顶宽比梁桥要大，具体数值可按如下经验公式进行计算：

$$b = 0.15L \tag{8-1}$$

式中　b——起拱线至前墙背坡顶尖的水平距离；

　　　L——拱桥计算跨径。

（2）设计计算。

计算桥台所考虑的荷载与桥墩计算基本相同，不同的是，除了上述对桥墩计算所列举的各种荷载，永久荷载和基本可变荷载中尚需计入台后土压力，尤其是要考虑行车荷载引起的土压力，而不需计纵横向风力、流水压力、冰压力、船只或漂浮物的撞击力等。

桥台的强度、偏心距和稳定性的验算也与桥墩基本相同，但只做顺桥向的验算。当验算基础顶面的台身砌体强度时，若桥台截面的各部分尺寸满足《公路桥涵设计通用规范》（JTG D60—2015）有关规定，则应把桥台的侧墙和前墙作为整体来考虑受力；否则，台身（桥台前墙）应按独立的挡土墙计算。

桥梁桥台的土压力计算，一般按主动土压力计算。一般按库仑土压力公式求得的主动土压力 E 值还是比较接近实际的。当土质分层有变化或水位影响各层计算数据时，应做分层计算。

① 梁桥重力式桥台荷载组合。

根据各种可能出现的情况进行荷载的最不利组合，而行车荷载可以按以下三种情况布置：

a. 行车荷载仅布置在台后填土的破坏棱体上，如图 8.33（a）所示；

b. 行车辆载仅布置在桥跨结构上，如图 8.33（b）所示；

c. 行车辆载同时布置在桥跨结构和台后填土的破坏棱体上，如图 8.33（c）所示。

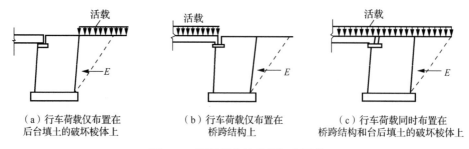

图 8.33 梁桥桥台的荷载组合图式

② 拱桥重力式桥台的荷载组合。

在永久荷载和基本可变荷载作用下，拱桥重力式桥台荷载组合情况与上述梁桥的相同。

（3）设计验算。

① 梁桥重力式桥台。

由于桥台土压力大小与土的压实程度有关。因此，在计算桥台前端的最大应力向桥孔一侧的偏心距和（桥台）向桥孔方向的倾覆与滑动时，按台后填土尚未压实考虑；当计算桥台后端的最大应力向路堤一侧的偏心距和（桥台）向路堤方向的倾覆与滑动时，按台后填土已经压实考虑。

② 拱桥重力式桥台。

在永久荷载、基本可变荷载和其他可变荷载作用下，应验算以下两种情况。

a. 恒载、桥跨结构上的活载、朝向路堤方向的制动力、温度升高时的影响力，台后常采用的主动土压力或按填土压实情况采用的静止土压力，如图 8.34（a）所示。

b. 恒载、破坏棱体上的活载、朝向桥跨方向的制动力、温度降低及混凝土收缩徐变的影响力，台后采用主动土压力，如图 8.34（b）所示。对于 U 形桥台，当按照 U 形整体截面（墙身及基底）验算时，可假设侧墙尾端为竖直面且不考虑墙背与填土的外摩擦角计算土压力。破坏棱体的布载长度以侧墙尾端为准。

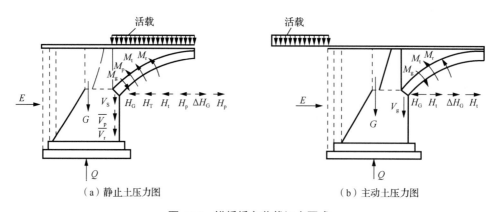

图 8.34 拱桥桥台荷载组合图式

根据荷载的最不利组合，分别验算桥台各个危险截面及其底面的强度及稳定性。在一般情况下，桥台验算以永久荷载、基本可变荷载加其他可变荷载控制设计，并以活载布置在桥上最为危险。

2．轻型桥台

（1）尺寸拟定。

轻型桥台种类繁多，各类轻型桥台的具体尺寸拟定可参照相应的桥梁设计规范。

（2）设计计算。

① 带有支撑梁的梁桥轻型桥台。

a．带有支撑梁的梁桥轻型桥台所受竖向轴力包括桥梁上部结构恒载的支点反力、台帽的自重及跨中截面以上台身的自重。

b．作用在桥台上的水平力，包括台后土压力 E_A 及作用在台后填土破坏棱体的车轮荷载引起的土压力 E_C。其中，E_A 呈三角形分布，E_C 呈均匀分布，由布置在台后填土破坏棱体上的行车荷载的等代土层厚度计算。土压力的计算方法见《公路桥涵地基与基础设计规范》（JTG 3363—2019）中的有关条目。

c．当将桥台作为竖梁计算其跨中弯矩时可不计竖向轴力影响，由水平荷载计算求得。

d．对于支点剪力，可按照剪力的计算跨径及在计算跨径上的水平荷载分别计算台帽顶部截面和支撑梁顶面的剪力。

② 拱桥轻型桥台。

台身所受的外力由桥台自重、台后填土的静止土压力和土的弹性抗力来平衡，这是拱桥轻型桥台计算的主要特点，也是与重力式桥台的根本不同点。

拱桥轻型桥台设计计算的基本假定如下。

a．桥台只绕基底转动而无滑动。

b．台后计算土压力是由静止土压力和桥台变位所引起的土的弹性抗力所组成。

c．桥台的刚度较大，它本身的变形相对于整个桥台的位移可以忽略不计。

d．认为台后填土的土抗力系数不随深度而变化，而是一个常数。

拱桥轻型桥台的计算主要包括台后填土的静止土压力计算和土的弹性抗力计算，其具体计算方法可参照相应设计规范。

（3）设计验算。

① 带有支撑梁的梁桥轻型桥台。

a．桥台作为竖梁的强度验算。

桥台在竖向力和水平力的作用下，作为简支状态的竖梁，验算跨中截面的抗压强度和支点截面的抗剪强度，如图 8.35 所示。

验算跨中截面的抗压强度和支点截面的抗剪强度，计算方法见《公路桥涵地基与基础设计规范》（JTG 3363—2019）中的有关条目。

b．桥台在竖向力作用下自身平面内的弯曲强度验算。

把桥台、翼墙和基础在横桥向作为一根支撑在弹性地基上的有限长的梁，用初始参数法求解发生在地基梁中点的弯矩，再进行强度验算，如图 8.36 所示。

在进行内力计算时,认为桥台自重不引起弯曲,恒载仅考虑桥台所承担的上部结构自重(包括支撑梁及支撑梁上土重)引起的弯矩,活载要分别计算汽车、人群和挂车荷载引起的弯矩,进行组合分别验算。

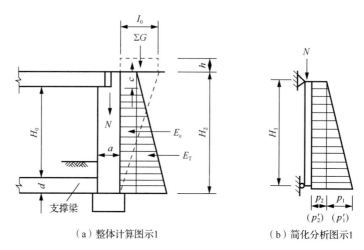

图 8.35　桥台作为竖梁的计算图式

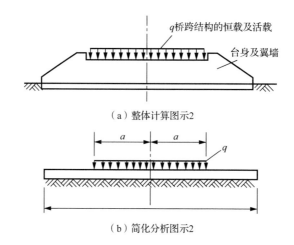

图 8.36　桥台在本身平面内弯曲的计算图式

② 拱桥轻型桥台。

a．强度验算。

在确定台身各向作用力后,便可进行台口和其他水平截面的偏心距受压强度。台身的强度验算按压弯构件进行,由于验算的最大受力截面不在基础顶面,所以求最大受力截面比较复杂,不易精确确定它所在的位置。为了简化计算,近似地用最大弯矩截面来代替最大受力截面,其误差不大。

计算截面最大弯矩时,以拱脚中心为坐标原点,计算各力对深度 y 处的截面重心轴的弯矩 M_y,令 $dM_y/dy=0$,解得最大弯矩截面处的位置 y 并求出最大弯矩值。

对于矮的桥台台身（高度小于 2m），可取台身底面为验算截面。台身强度的计算与桥墩相同。

b. 稳定性验算（取 1m 的桥台宽度计算）。

当桥台向台后方向偏转时，为了保证台后填土不破裂，其安全系数 K_C 不应小于 1.3。具体计算如下：

$$K_C = \frac{p_b}{p_{j(1)} + p_k} \geqslant 1.3 \qquad (8\text{-}2)$$

式中　　p_b——台口处被动土压力强度，

$$p_b = \gamma h_1 \left(\tan^2 45° + \frac{\varphi}{2} \right) + 2c \tan\left(45° + \frac{\varphi}{2} \right)$$

　　　　c——土的黏聚力；

　　　　φ——土的内摩擦角；

　　　　b——抗滑稳定性验算；

　　　　$p_{j(1)}$——台口处静止土压力强度；

　　　　p_k——台口处弹性抗压强度。

为了保证桥台基底只有转动，而无滑动，应根据荷载布置的两种不同情况进行抗滑稳定性验算。

（a）桥跨上布满活载（考虑静止土压力加土抗力），验算向路堤方向滑动的安全系数 K_C，即

$$K_C = \frac{f_1(V + \sum G)}{H - E_j - P_k\left(\dfrac{h_2}{2} + \dfrac{f}{3}\right)} \qquad (8\text{-}3)$$

式中　　E_j——桥台台身部分所受的静止土压力；

　　　　f_1——圬工与地基之间的摩擦系数；

　　　　H——考虑拱背部分静止土压力在内的水平推力。

（b）台后布置行车荷载（考虑超载及主动土压力），验算向河心方向滑动的安全系数 K_C。

这种情况尤其是小跨径陡拱在高路堤条件下，不应忽视。

8.3.3　基础的设计方法简述

1. 浅基础

（1）尺寸拟定。

① 基础埋置深度的确定。

基础顶面一般应设置在最低水位以下不少于 0.5m；在季节性河流或旱地上，最低水位则不宜高出地面。另外，为了保证持力层的稳定性和不受扰动，基础的埋置深度，除了岩石地基，应在天然地基或河床地面以下不少于 1m；如有冲刷，基底埋深应在设计洪水位冲

刷线以下不少于 1m；对于上部结构为超静定的桥涵基础，除了非冻胀土，均应将基底埋于冻结线以下不少于 0.25m。

② 刚性扩大基础尺寸的拟定。

天然地基上的刚性扩大基础一般采用 C15 以上的片石混凝土或用浆砌块石筑成。基础的平面尺寸较墩身底截面尺寸略大，四周放大的尺寸相对每边为 0.25~0.75m。基础可以做成单层的，也可做成 2、3 层台阶式的。台阶或襟边的宽度与它的高度应有一定的比例，通常其宽度控制在刚性角以内。

（2）设计验算。

设计验算主要是进行地基承载力、地基合力偏心距、地基与基础稳定性、基础沉降验算。在此重点介绍地基承载力验算，其他内容详见相关规范说明。

地基承载力验算包括持力层承载力验算、软弱下卧层承载力验算和地基承载力容许值的确定。

① 持力层承载力验算。

持力层是指直接与地基相接触的土层，持力层承载力验算要求荷载在基底产生的地基应力不超过持力层的地基承载力容许值。由于浅基础埋置深度小，在计算中可不计基础四周的摩阻力和弹性抗力的作用，计算公式如下：

$$p_{\min}^{\max} = \frac{N}{A} \pm \frac{M}{W} \leqslant \gamma_R [f_a] \tag{8-4}$$

$$p_{\min}^{\max} = \frac{N}{A} \pm \frac{N \cdot e_0}{\rho A} = \frac{N}{A}\left(1 \pm \frac{e_0}{\rho}\right) \leqslant [f_a] \tag{8-5}$$

式中　M ——相应于作用的标准组合时，作用于基础底面的弯矩值（kN·m）；

A ——基础底面的面积（m²）；

W ——基础底面的抵抗矩（m³）；

e_0 ——偏心距；

ρ ——基础宽度；

$[f_a]$ ——地基承载力特征值。

当 $e_0 = 0$ 时，地基压力均匀分布，基底压应力分布图为矩形。

当 $e_0 < \rho$ 时，$1 + \dfrac{e_0}{\rho} > 0$，基底压应力分布图为梯形。

当 $e_0 = \rho$ 时，$1 + \dfrac{e_0}{\rho} = 0$，基底压应力分布图为三角形。

当 $e_0 > \rho$ 时，$1 - \dfrac{e_0}{\rho} < 0$，说明基底一侧出现了拉应力，整个地基面积上部分受拉。此时若持力层为非岩石地基，则基底与土体之间不能承受拉应力；若持力层为岩石地基，除非基础混凝土浇筑在岩石地基上，否则有些基底也不能承受拉应力。因此需考虑压应力重新分布，并假定全部荷载由受压部分承担及基底压应力按三角形分布。

② 软弱下卧层承载力验算。

当受压范围内的地基由多层土组成，且持力层以下有软弱下卧层（指承载力容许值小于持力层承载力容许值的土层）时，还应验算软弱下卧层的承载力，验算时先计算软弱下卧层顶面 A（在基底形心轴下）的应力（包括自重应力及附加力）不得大于该处地基的承载力容许值。

当软弱下卧层为压缩性高而较厚的软黏土，或当上部结构对基础沉降有一定要求时，除了承载力应满足上述要求，还应验算包括软弱下卧层的基础沉降量。

③ 地基承载力容许值的确定。

我国目前一般工程中常根据土工试验资料，按规范提供的经验公式和参数确定地基承载力容许值。

2．桩基础

（1）单桩基础。

① 单桩的轴向荷载传递。

按端承型桩和摩擦型桩分别说明桩顶竖向荷载 Q_p 到土体的传递机理。在端承型桩的情况下，忽略桩周土的摩擦力，沿整个桩长所有截面的轴向荷载 Q_z 为常量，就等于桩顶荷载，即 $Q_z=Q_p=Q$。在摩擦型桩的情况下，桩到土体的荷载传递机理较为复杂。单桩轴向荷载传递如图 8.37 所示，以长为 1m 的桩为例来说明其机理。桩顶荷载 Q 的一部分由桩侧摩阻力 Q_s 来承担，另一部分由桩端摩阻力 Q_p 承担。如果测量在任意深度处桩的轴向荷载 Q_z，那么其沿深度变化规律就可能如图 8.37（b）的曲线所示。在深度在 z 处的单位面积的摩擦阻力 f_z 可表示为：

$$f_z = \frac{DQ_z}{u_p D_z} \tag{8-6}$$

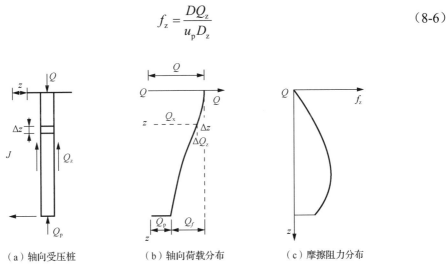

（a）轴向受压桩　　（b）轴向荷载分布　　（c）摩擦阻力分布

图 8.37　单桩轴向荷载传递

一般情况下，如在土层中的桩顶受到竖向压力作用，桩侧摩阻力 Q_s（或桩身单位面积摩阻力 f）向上作用于桩上，起到承受桩顶荷载的作用，可称为正摩阻力。如果在某些情况下，不仅是桩，桩周围的土体也受到荷载作用，而且土体的沉降可能会大于桩的沉降，即土体相对桩向下移动，土对桩的摩擦阻力也向下，这种情况下的摩阻力被称为负摩阻力。

负摩阻力对桩会产生向下的拉力，相当于对桩形成下拽荷载，即除了在桩顶所受荷载 Q，还附加分布在桩身侧表面的向下的外荷载，对桩不利。如果负摩阻力产生向下的拉力较大，可能导致桩基础附加下沉，桩身应力增加，强度不足使桩破坏或上部结构开裂。对于桥梁工程，特别要注意桥头路堤高填土的桥台桩基础的负摩阻力问题，因路堤高填土是一个很大的地面荷载且位于桥台的一侧，若产生负摩阻力，还会出现桥台背和路堤填土间的摩阻问题和桩基础的不均匀沉降的问题。

② 单桩竖向承载力确定。

单桩竖向承载力一般是指承受向下作用荷载的能力，此外，还有承受向上作用荷载的能力，即抗拔承载力。确定竖向承载力的方法包括理论分析与计算、现场原位测试、动力分析和规范经验公式法等。确定竖向承载力方法主要分两个方面，一是按照桩身材料强度确定，防止桩身被压坏或拉坏等；二是按地基对桩体的支承能力来确定，防止地基承载力不足导致不宜继续承载或桩体位移过大。设计时，按这两个方面确定后取其中的较小值，一般是按地基对桩体的支承能力来确定的。如果按照桩的荷载试验确定，则已兼顾了这两个方面。

单桩竖向承载力设计值是根据单桩在竖向荷载作用下到达破坏状态前或出现不适于继续承载变形时所对应的最大荷载（即单桩竖向极限承载力）经分项系数处理后得到的承载力值。我国公路、铁路和桥梁等专业确定桩的承载力时还有相应的行业规范可依据，如《公路桥涵地基与基础设计规范》（JTG 3363—2019）《铁路桥涵地基和基础设计规范》（TB 10093—2017）等，多采用定值设计法。

③ 单桩水平承载力。

在水平荷载和弯矩作用下，桩身产生横向位移或挠曲，并挤压桩侧土体；同时，土体对桩侧产生水平抗力，造成桩、土之间相互影响，共同作用，在出现破坏之前，桩身的水平位移与土的变形是协调的，相应桩身产生了内力。随着位移和内力的增大，对于配筋率较低的灌注桩来说，容易使桩身先出现裂缝，然后断裂破坏；对抗弯性能好的预制桩，裂缝过大时，桩身虽未断裂破坏，但桩侧土体已明显开裂和隆起，桩的水平位移一般已超过建筑物的容许值，此时认为桩基础已处于破坏状态。

单桩水平承载力确定的方法，一般是通过水平静荷载试验或理论计算方法得到的。另外，缺少水平静荷载试验资料时，可根据《建筑桩基技术规范》（JGJ 94—2008），采用估算单桩水平承载力的公式和有关图表确定单桩水平承载力。在上述方法中，水平静荷载试验最能反映实际情况。

关于桩在水平荷载作用下桩身内力、位移的计算，国内外学者提出了多种方法。目前，我国最常用的方法是弹性地基梁法，即桩侧土采用文克勒假定，把承受水平荷载的单桩视为文克勒地基上的竖直梁，通过求解弹性挠曲微分方程，再结合力的平衡条件，求出桩各部位的内力（剪力和弯矩）和位移，并考虑由桩顶竖向荷载产生的轴力，进行桩的强度计算。如果不容许桩有较大的水平位移，通常采用文克勒弹性地基上竖直梁的计算方法。根据地基土的弹性抗力及其分布规律，由文克勒假定，若桩在深度 t 处沿水平方向产生位移 x，则对应的水平抗力为：

$$\sigma_x = k_x x \tag{8-7}$$

式中 σ_x——深度 t 处的水平抗力（kPa）；

k_x——地基土水平抗力系数，或称为水平基床系数、横向抗力系数（kN/m³）。

地基土水平抗力系数可以采用以下几种方法计算。

a. 常数法：该方法认为桩侧地基土水平抗力系数沿深度为一常数，即 $n = 0$，$k_x = k = c$，如图 8.38（a）所示。

b. c 法：假定地基土水平抗力系数随深度呈抛物线分布，即 $n = 0.5$，$k = c$，$k = cz^{0.5}$，c 为比例常数，如图 8.38（b）所示。

c. m 法：假定地基土水平抗力系数随深度呈线性分布，即 $n = 1$，$k = m$，$k = mz$，该方法较为实用，如图 8.38（c）所示。

d. k 法：假设在桩身第一挠曲零点（t 处）以上呈抛物线分布，以下按常数 k 计。该法计算烦琐，应用较少，如图 8.38（d）所示。

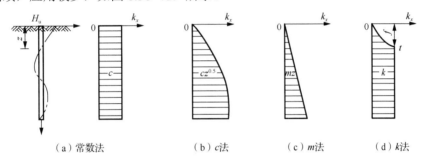

图 8.38 地基土水平抗力系数分布图

目前，我国规范均推荐使用 m 法。

（2）群桩基础。

桩基础承台下桩数往往不止一根，桩数 $n \geq 2$ 根的桩基础称为群桩基础。群桩基础中的某一根桩，称为基桩。基桩在一般情况下要考虑相邻桩的影响。群桩是若干个基桩的集合体。

① 端承型群桩。

端承型群桩的承载力等于各单桩承载力之和（这是由于端承型群桩的承载力完全依赖于桩尖土层的支承，桩端处承压面积很小，各桩端的压力彼此不影响），群桩的沉降量也与单桩基本相同（由于端承型群桩桩端持力层土质坚硬，使得其沉降量基本同单桩）。因此，对于端承型群桩来说，可近似认为基桩的工作情况与单桩基本一致，群桩沉降量也与单桩基本相同，不考虑群桩效应。

② 摩擦型群桩。

摩擦型群桩要考虑群桩效应。在竖向荷载作用下，桩顶荷载大部分通过桩侧摩阻力传递到桩侧土层中，剩余部分由桩端承受。因为桩端的贯入变形和桩身弹性压缩，对于低承台群桩，有时承台底部土体也产生一定的反力，使承台底面土体、桩间土体、桩端土体都共同工作，使群桩中的基桩工作条件明显不同于单桩。一般假定桩侧摩阻力在土中引起的附加应力 σ_z，按一定角度沿桩长向下扩散分布，压应力分布如图 8.39 阴影所示。

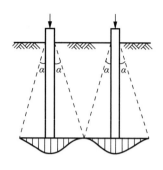 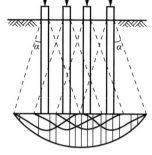

（a）桩数较少时的压应力　　　　（b）桩数较多时的压应力

图 8.39　摩擦型群桩桩端处压应力分布图

a. 当桩数较少时，桩距 S_a 较大时，如 $S_a>6d$，则桩端平面处各桩传来的压应力互不重叠或重叠不多，如图 8.39（a）所示，此时群桩中基桩的工作情况与单桩一致，故群桩的承载力等于各单桩承载力之和。

b. 当桩数较多时，如常见的桩距 $S_a=(3\sim4)d$ 时，桩端处地基中各桩传来的压应力将相互重叠，如图 8.39（b）所示，桩端处压应力比单桩大得多，产生群桩效应。

3．沉井基础

（1）尺寸拟定。

沉井高度为沉井顶面和底面两个高程之差。当沉井作为基础时，其顶面要求埋在地面下 0.2m 或在地下水位以上 0.5m。沉井底面高程主要根据上部荷载、水文地质条件及各土层的承载力确定。

沉井平面形状应当根据上部建筑物的平面形状确定。为了挖土方便，取土井宽度一般不小于 3m，取土井应沿井中心线对称布置。沉井顶面尺寸为结构物底部尺寸加襟边宽度，襟边宽度不得小于 0.2m 且不得小于沉井下沉总深度 1/50。若 A_0、B_0 为上部结构底面长、宽，h_0 为沉井下沉高度，则沉井顶面的尺寸为：

$$A = A_0 + 2(0.04 \sim 0.2) h_0 \tag{8-8}$$

$$B = B_0 + 2(0.04 \sim 0.2) h_0 \tag{8-9}$$

井壁厚度一般为 0.7～1.5m（对一些泵房等小沉井，井壁也可采用 0.3～0.4m），内隔墙厚为 0.5m 左右。根据沉井施工要求，其井壁及内墙要有足够的厚度，当沉井平面尺寸 A、B 确定后，井壁厚度及内墙尺寸要根据沉井使用和施工要求，经过几次验算，才能最后确定下来。

（2）设计计算。

沉井作为整体深基础计算时，一般要求下沉到坚实的土层或岩层上，如果作为地下构筑物，其荷载较小，地基的承载力和变形一般不会存在问题。当上部结构传给沉井的荷载为中心荷载作用时，其作用在沉井上的受力情况如图 8.40 所示。地基的承载力验算，应满足下列条件：

$$F + G = R_j + R_f \tag{8-10}$$

式中 F——沉井顶面处作用的荷载（kN）；

G——沉井自重（kN）；

R_j——沉井底部地基土的总反力（kN）；

R_f——沉井侧面的总摩阻力（kN）。

沉井侧面总摩阻力 R 根据井壁与土体之间的摩阻力分布假定不同有两种算法。

① 假定摩阻力随土深呈梯形分布，距地面 5m 范围内按三角形分布，5m 以下为常数，如图 8.41（a）所示。

② 假定摩阻力随土深呈线性分布，在刃脚台阶处达到最大值，刃脚台阶以下即保持常数，如图 8.41（b）所示。

使用较多的为呈梯形分布，按此计算偏于安全；而呈线性分布则比较符合实际情况。

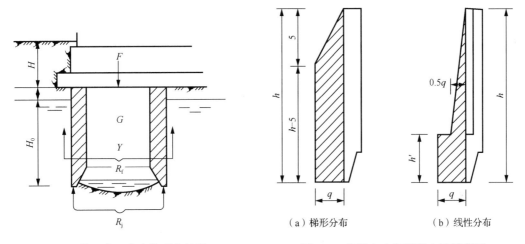

图 8.40 作用在沉井上的受力情况　　图 8.41 沉井与土间摩阻力计算简图

重要工程的沉井井壁的摩阻力根据试验结果确定；一般工程且无试验资料时，沉井井壁的摩阻力经验值可参考表 8.2。

表 8.2 沉井井壁的摩阻力经验值表

土的种类	摩阻力沉井 q/kPa
砂卵石	18～30
砂砾石	15～20
流塑黏性土、粉土	10～12
软塑及可塑黏性土、粉土	12～25
硬塑黏性土、粉土	25～50
泥浆套	3～5

8.4 桥梁墩台与基础的施工技术

8.4.1 墩台的施工技术

1. 石砌墩台

（1）工艺流程。

石砌墩台施工工艺流程图如图 8.42 所示。

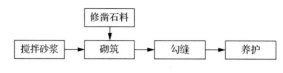

图 8.42 石砌墩台施工工艺流程图

（2）操作要点。

① 搅拌砂浆。

a. 水泥计量精度应控制在±2%以内，砂、水的计量精度应控制在±5%以内，其配合比一律采用重量比。

b. 搅拌砂浆时，必须保证其成分、颜色和塑性的均匀一致，大量搅拌砂浆应使用搅拌机。

c. 砂浆拌制后用沉锤测沉入度和分层度，在搅拌机出料口随机取样制作砂浆试块。砂浆拌成后或使用时，均应盛入储灰器内。如果砂浆出现泌水现象，应在砌筑前再拌和，砂浆应随拌随用。水泥砂浆必须在 3h 内使用完毕；如果施工期间最高气温超过 30℃，应在 2h 内使用完毕。

② 修凿石料。

a. 片石应选用爆破法或楔劈法开采的石块。用作镶面的片石表面应平整，稍加修凿。

b. 块石应选用形状大致方正、上下面大致平整的，并敲除棱角、锐角；用作镶面的块石应由外露面四周向内修凿，深度不少于 70mm。

c. 料石加工包括修边打荒、粗打、一遍錾凿、二遍錾凿、一遍剁斧、二遍剁斧和磨光。粗料石应选用外观方正的六面体石料，侧面应与外露面垂直，顺石应比相邻丁石直径大 150mm 以上，一般应经裁边和平凿两道工序处理。

③ 砌筑。

a. 浆砌片石。

（a）应用挤浆法分层砌筑，先湿润石料并铺砂浆，再安放石块，经揉动后用手锤轻击，每层高 0.7～1.2m（3、4 层片石），层间大致找平。

(b) 砌片石时应充分利用片石的自然形状，相互交错地咬合在一起，但最下一层石块应大面朝下，最上一层应大面朝上。砌筑镶面石时应先在石下不垫砂浆试砌，用大锤砸去棱角，然后用锤敲去小棱角，凿子剔除突出部分，铺浆砌石，用小撬棍将石块拨正，最后用手锤轻击或用手揉动，使灰缝密实。

(c) 按设计要求和规范规定，砌体应留设沉降缝或变形缝，其端面需垂直，最好是在缝的两端跳段砌筑，在缝内填塞防水料（如麻筋沥青板），墙身设置泄水孔，墙后设防水层和反滤。

(d) 石块搭接咬合长度应不小于80mm，应避免通缝（竖直缝和连续规则的曲线缝）、干缝、瞎缝、三角缝和十字缝（石料四碰头）。

(e) 填腹中间应设拉结石，侧面每 $0.7m^2$ 至少设一块拉结石，以保证结构的整体性。若基础宽度或墙厚等于或小于400mm，拉结石的长度应与砌体宽度或厚度相等；若基础宽度或墙厚大于400mm，可用两块拉结石内外搭接，搭接长度不应小于150mm且其中一块长度不应小于基础宽度或墙厚的2/3。

(f) 墩台斜坡面可砌成逐层收台的阶梯形。

b. 浆砌块石。

与浆砌片石基本相同，不同的是镶面砌法应一顺一丁或二顺一丁砌筑，丁石的面积不小于表面积的1/5，丁石尾部嵌入腹部约200mm且不小于顺石宽度的一半。

c. 浆砌料石。

(a) 可以丁顺叠砌（架井式叠砌）、丁顺组砌（双轨组砌）或全顺砌（单轨组砌）。料石基础砌体可以斜叠砌。丁顺叠砌适用于砌体厚度等于石长；丁顺组砌适用于砌体厚度大于或等于两块石料宽；全顺砌适用于砌体厚度等于石宽。料石基础砌体的第一层应采用丁砌层坐浆砌筑，阶梯形料石基础上级阶梯的料石应至少压砌下级阶梯的1/3，料石砌体应上下错缝搭砌。

(b) 石间灰缝宽宜为 10～12mm。要使横缝与竖缝垂直，错缝不小于100mm，竖缝不宜设在丁石处，只允许在丁石上面或下面有一条垂直缝。但结构在以下三个位置不得设缝：破冰体、砌体截面突变处、桥墩分水石中线或圆端形桥墩。

(c) 浆砌料石用于镶面工程时分水体和破冰体，应先做出配料设计图，注明每块石料的尺寸，根据砌体高度、尺寸、分层错缝等情况先行放样。应当注意的是，破冰体的破冰棱和垂直方向所成的角 $\theta \leq 20°$ 时，破冰体的镶面分层应水平；$\theta > 20°$ 时，破冰体的镶面分层应垂直于破冰体，同时破冰体的分层应和墩身一致。

④ 勾缝。

砌体的勾缝根据设计要求有平缝、凸缝、凹缝等。勾缝分为原浆勾缝和加浆勾缝两种，原浆勾缝是用砌筑的砂浆随砌墙随勾缝；加浆勾缝的砂浆强度：主体工程一般不小于M10，附属工程一般不小于M5，其稠度在40～50mm。

⑤ 养护。

砌体灰缝养护时间不得少于7d。

2. 现浇混凝土墩台

就地浇筑的混凝土墩台施工有两个主要工序：一是制作与安装墩台模板；二是混凝土浇筑。

（1）墩台模板。

① 模板的基本要求。

混凝土及钢筋混凝土墩台轮廓尺寸的准确度，由模板的制造与安装予以保证。为确保工程质量，模板必须符合下列要求。

a．具有足够的强度、刚度和稳定性，能可靠地承受施工中的各种荷载，保证受力后不松动、不变形，能保证结构的设计形状、尺寸和模板各部件间相互位置的准确性。

b．尽可能采用组合式钢模板或大模板，提高模板的适应性和周转率。

c．模板面光滑平整、接缝严密，确保混凝土在强烈振动下不漏浆。

d．便于制作，装卸和施工操作方便，保证安全。

② 模板的类型。

墩台模板的分类主要有两种，即按材料分类和按模板结构及施工方法分类。

墩台模板按材料分类，可分为钢模、木模、钢模与木模结合使用的模板等。木模模板质量轻，便于加工成墩台所需尺寸，但较易损坏，使用次数少；钢模模板造价较高，装拆方便，重复使用次数多。

墩台模板按结构及施工方法分类，可分为拼装式模板、整体吊装模板和滑动模板等。

a．拼装式模板：是由各种尺寸的标准模板并利用销钉连接，与拉杆和加劲构件等组成所需形状的模板。

b．整体吊装模板：是将墩台模板水平分成若干段，每段模板组成一个整体，在地面拼装后吊装就位。

c．滑动模板：有液压升模板、电动升模板和人工提升抽动模板。此模板适用于较高的墩台和吊桥、斜拉桥的索塔施工，构造有模板、围圈、支撑杆、千斤顶、顶架、操作平台和吊架等。

（2）混凝土墩台混施工。

混凝土墩台施工中，混凝土质量的好坏直接影响着墩台的使用期限，所以要重视混凝土的施工质量。为了提高混凝土的施工质量，应从混凝土原料、混凝土配合比设计、混凝土的拌制、运输、养护等方面着手，严格遵守有关规范、规程的规定。

墩台和墩身混凝土采用高性能混凝土一次灌注法施工工艺。对混凝土进行集中拌和，用输送车送至施工现场，混凝土输送泵泵送入模，插入式振捣棒振捣。墩身混凝土采用洒水养护，塑料薄膜包裹。

① 混凝土养护。

混凝土初凝后及时采用湿麻袋或塑料薄膜对墩顶进行覆盖洒水养护，加强保温、保湿养护，延缓降温速度。养护期间混凝土强度未达到规定强度之前，不得承受外荷载。当混凝土强度满足拆模要求，芯部混凝土与表层混凝土之间的温差、表层混凝土与环境之间的温差均不大于20℃时，方可拆模。拆模后使用隔水塑料薄膜将墩身全部包裹，使用自动喷水系统和喷雾器，不间断养护，避免形成干湿循环。养护期间，不得中断养护用水供应，加强施工中温度监测管理，及时调整保温养护措施。

② 混凝土温控及防裂。

为控制墩身混凝土结构内部因水泥水化热引起的绝热温升，防止因混凝土结构内、外温差过大而产生的温度裂纹，在施工中可采取相应有效的降温防裂措施。

③ 施工缝处理。

为提高混凝土耐久性，混凝土构件应尽量一次浇筑完成，当分段浇筑时，其间隔时间不宜超过3d。施工前必须做好停水、停电的应急措施，尽量避免由于施工造成在混凝土浇筑过程中出现施工缝，当因人力无法抗拒的原因使混凝土浇筑出现停歇时间过长时，应按规范要求进入混凝土施工缝处理程序。

施工缝处理按《公路桥涵施工技术规范》（JTG/T 3650—2020）等相关规定进行，施工缝处混凝土表面的光滑表层、松弱层应予凿除，凿毛的最小深度不应小于8mm。对施工缝处混凝土的强度，采用水冲洗凿毛时，应达到0.5MPa；人工凿除时，应达到2.5MPa；采用风动机凿毛时，应达到10MPa。经凿毛处理后的混凝土面，新混凝土浇筑前，应采用洁净水冲洗干净。最重要部位及有抗震要求的混凝土结构或钢筋稀疏的钢筋混凝土结构，宜在施工缝处插补适量的锚固钢筋，锚固钢筋直径可比结构主筋小一个规格，间距宜不小于150mm，插入或者外露的长度均不宜小于300mm；有抗渗要求的混凝土，其施工缝宜做成凹形、凸形或设置止水带；施工缝为斜面时应浇筑或凿成台阶状。

（3）墩台顶帽施工。

① 顶帽放线。

当墩台混凝土至顶帽30~50cm时，测量墩纵横中心轴线，并据以竖立顶帽模板，安装锚栓孔，安装绑扎钢筋等。桥台顶帽放线时，应注意不要以基础中心线作为顶帽背墙线，以免放错。模板立好后，在灌注混凝土前应再次复核，以确保顶帽中心、锚栓位置方向以及支承垫石水平高程等不出差错。

② 顶帽模板。

顶帽模板：墩台顶帽系支承上部结构的重要部分，其尺寸位置和水平高程的准确度要求较严，墩台墩身混凝土灌注至顶帽下约30cm处，应预埋接榫并停止灌注，以保证顶帽底有足够的紧密混凝土，顶帽下面的分布钢筋承担顶帽模板下面的一根拉杆，以节省铁件。支承垫石的模板挂装在上部的拉杆上。台帽背墙模板应注意加足纵向支承或拉条，以防止灌注混凝土时发生鼓胀，侵占梁端空隙。

③ 钢筋及锚栓孔。

安装顶帽钢筋时，应注意留出锚栓孔的位置，若钢筋过密无法躲开锚栓孔，可将钢筋断开，并用短钢筋按规定捆扎。锚栓孔应该下大上小，其模板可采用拼装式。锚栓孔模板安装时，顶面可比支承垫石顶面低约 5mm，以便支承垫石顶面抹平。为便于安装锚栓后灌实锚栓孔，可在每个锚栓孔模板的外侧上部用三角木块预留进浆槽。锚栓孔可在支承垫石模板上放线定位。支承垫石混凝土强度达 2MPa～5MPa 后，即可拆除锚栓孔模板。最后，锚栓孔均需清孔凿毛。

墩台顶帽施工前后，均应复测其跨径及支承垫石高程。施工中应确保支承垫石钢筋网及锚栓孔位置的正确。垫石顶面要求平整，高程符合要求。墩台施工完毕后，应对全桥进行中线、水平及跨径贯通测量，并用墨线画出各墩台的中心线、支座十字线、梁端线以及锚栓孔的位置。暂时不架梁的锚栓孔或其他预留孔，应排除积水并将孔口封闭。

（4）桥台附属工程施工。

桥台附属工程施工包括锥形护坡、台后填土、台后泄水盲沟的施工等。

其中，桥头锥形护坡及台后缺口的填土，在严寒地区，必须采用渗水土填筑，并不得使用冻土，严格夯实。在非严寒地区，渗水土源确有困难时，可用一般黏性土填筑，但必须达到要求的密实度，并加强排水措施。

3．装配式墩台

装配式墩台的施工方法与现浇墩台不同，它是预先将墩台制成体积较小的构件，运到施工现场后进行拼装，最终形成完整的墩台。装配式墩台施工适用于山谷架桥、跨越平缓无漂流物的河沟、河滩等的桥梁，特别是在工地干扰多、施工场地狭窄、缺水与砂石供应困难地区，其效果更为显著。其优点为结构形式轻便、建桥速度快、圬工省、预制构件质量有保证等。装配式墩台有装配式柱式墩台和后张法预应力墩台两种形式。

（1）装配式柱式墩台。

常用的装配式柱式墩台有四种：双柱式、排架式（图 8.43），板凳式、钢架式（图 8.44）。

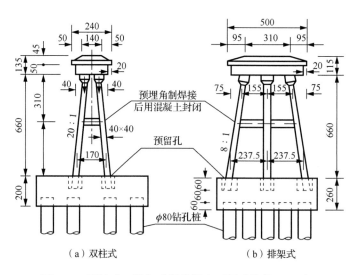

图 8.43 双柱式、排架式拼装墩台（尺寸单位：mm）

第8章 桥梁的墩台与基础

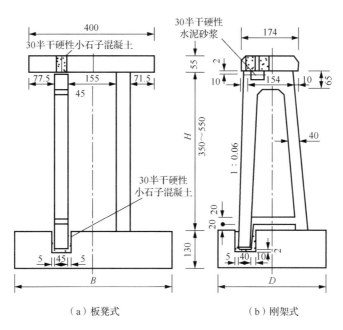

图 8.44 板凳式、刚架式拼装墩台（尺寸单位：mm）

装配式柱式墩台的主要施工工艺流程包括预制构件、安装连接、混凝土养护。其中，在安装连接中，各构件之间的连接接头的形式有承插式接头、钢筋锚固接头、焊接接头、扣环式接头以及法兰盘接头等。

装配式柱式墩台在施工过程中应注意以下几点。

① 墩台柱构件与基础顶面预留杯形基座应编号，并检查墩台高度和基座高程是否符合设计要求。

② 墩台柱吊入基杯内就位时，应在纵横方向测量，使柱身竖直度或倾斜度以及平面位置均符合设计要求；对重大、细长的墩柱，需用风缆或撑木固定，方可摘除吊钩。

③ 在墩台柱顶安装盖梁前，应先检查盖梁口预留槽眼位置是否符合设计要求，否则应先修凿。

④ 柱身与盖梁（顶帽）安装完毕并检查符合要求后，可在基杯空隙与盖梁槽眼处灌注稀砂浆，待其硬化后，撤除楔子、支撑或风缆，然后在楔子孔中灌填砂浆。

（2）后张法预应力墩台。

装配墩身由基本构件和隔板块件组成，用高强钢丝穿入预留的上下贯通的孔道内，张拉锚固而成，如图 8.45 所示。

后张法预应力墩台在施工时应注意以下几点。

① 实体段墩台墩身灌注时要按拼装构件孔道的相对位置，预留张拉孔道及工作孔。

② 构件的水平拼装缝采用的水泥砂浆不宜过干或过稀。砂浆厚度为 15mm 左右，便于调整构件水平高程，不使误差积累。

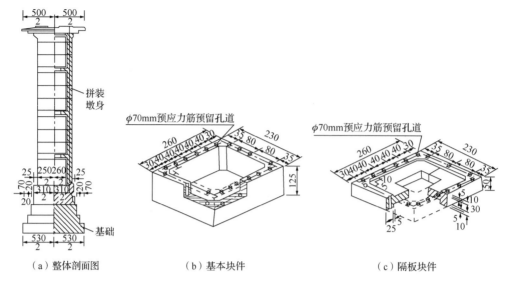

图 8.45 后张法预应力墩台（尺寸单位：mm）

③ 构件起吊时，要先冲洗底部泥土杂物，同时在构件四角孔道内可插入一根钢管，下端露出约 30cm 作为导向。

④ 注意测量纵横向中心线位置，检查中心线无误后方可松开吊钩。

⑤ 注意进行孔道检查，若孔道被砂浆堵塞无法通开，只能在墩身内壁的适当位置凿开一小洞，清除砂浆积块，再用环氧树脂砂浆修补。

8.4.2 基础的施工技术

1．桩基础

（1）钻孔灌注桩施工。

钻孔灌注桩施工应根据土质、桩径大小、入土深度和机具设备等条件选用适当的钻具（目前我国常用的钻具有旋转钻、冲击钻和冲抓钻三种类型）和钻孔方法，以保证能顺利达到预计孔深，然后清孔，吊放钢筋笼，灌注水下混凝土。

① 准备工作。

施工前应将场地整平，以便安装钻机进行钻孔。当墩台位于无水岸滩时，钻架位置处应整平夯实，清除杂物，挖换软土；当场地有浅水时，宜采用土或草袋围堰筑岛。

桩基础施工工艺流程

埋置护筒的作用是固定桩位，并作钻孔导向；保护孔口，防止孔口坍塌；隔离孔内外表层水，并保持钻孔内水位高于施工水位，以稳定孔壁。

钻孔中泥浆的作用是：在孔内产生较大的静水压力，可防止塌孔；泥浆向孔外土层渗漏，在钻进过程中，孔壁表面形成一层胶泥，具有护壁的作用，同时将孔内外水流截断，能稳定孔位；泥浆相对密度大，具有挟带钻渣的作用，利于钻渣排出。

② 钻孔。

利用土体的旋转切削土体钻进，并同时采用循环泥浆的方法护壁排渣。我国现用旋转钻机按泥浆循环的程序不同分为正循环和反循环两种。所谓正循环即在钻进的同时，泥浆泵将泥浆压进泥浆笼头，通过钻杆中心从钻头喷进钻孔内，泥浆携带钻渣沿钻孔上升，从护筒顶部排浆孔排出沉淀池，钻渣在此沉淀而泥浆仍进入泥浆池循环使用。反循环是从钻孔顶部的入浆孔进入钻孔，沿钻杆中的导管流出，携带钻渣进入沉淀池。

③ 清孔及吊装钢筋笼骨架。

清孔的目的是去除孔底沉淀的钻渣和泥浆，以保证灌注的钢筋混凝土质量，确保桩的承载力。清孔的方法有抽浆清孔、掏渣清孔及换浆清孔。钢筋笼骨架吊放前应检查孔底深度是否符合要求；孔壁有无妨碍骨架吊装和正确就位的情况。钢筋笼骨架吊装可利用钻架或另立扒杆进行。钢筋笼骨架吊放时应避免骨架碰撞孔壁，并保证骨架外混凝土保护层的厚度，应随时校正骨架位置。钢筋笼骨架达到设计高程时，牢固定位孔口。

④ 灌注水下混凝土。

目前我国多使用直升导管法灌注水下混凝土。

（2）挖孔灌注桩施工。

挖孔灌注桩适用于无水或少水的较密实的各类土层中，或者缺乏钻孔设备和不使用钻机的情况，挖孔灌注桩可以节省施工造价。桩的直径不宜小于1.2m，孔深一般不宜超过20m。

（3）沉管灌注桩施工。

沉管灌注桩又称打拔管灌注桩，是采用锤击或振动的方法将一根与桩的设计尺寸相适应的钢管沉入土中，然后将钢筋笼放入钢管内，再灌注混凝土，边灌注边将钢管拔出，利用拔管时的振动将混凝土捣实。

2．沉井基础

沉井施工前要对沉井所要通过的地质层进行详细钻探，查明其地质构造、土质层次、地下连续墙深度、特性和水文情况，以便制订切实可行的沉井下沉方案和对附近构造物采取有效的防护措施。要在探明地质情况的前提下，布置探孔的位置、数量和确定孔深。每个沉井位置至少应钻2个探孔。一般孔位在基底范围外2～3m处。对于大跨径和重要的桥梁基础，每个井位最少要布置4个探孔，探孔深度要超过沉井预定下沉的刃脚深度。

以旱地沉井的施工为例，进行具体介绍。

（1）清理和平整场地。

就地浇筑沉井要在施工前清除井位及附近场地的孤石、倒木、树根、淤泥及其他杂物（如北方要捞净围堰内的冰块），仔细平整施工场地，平整范围要大于沉井外侧1～3m。对软硬不均的地表，尚应换土或在基坑处铺填不小于0.5m厚夯实的砂或砂砾垫层，以防沉井在混凝土浇筑之初因地面沉降不均产生裂缝。为减小沉井的下沉深度，也可挖一浅坑，在坑底制作沉井，但坑底应高出地下水位0.5～1.0m。在极软塑土、流态淤泥、强液化土并有较大倾斜坡的河床覆盖层上修造沉井时，为避免沉井失稳，其河床要做好处理，必要时还可采用加宽刃脚的轻型沉井。

(2) 放线定位。

应仔细测量沉井的平面位置,准确地画出刃脚边线,严格控制沉井的中心位置,并经验收合格方可正式施工。

(3) 沉井的原位制作。

通常沉井的原位制作有以下三种方法。

① 承垫木方法。

承垫木方法为传统方法。首先,在经过平整、放线定位的场地上铺一层厚 0.5m 左右的砂垫层。在砂垫层沉井刃脚部位,对称、成对地铺设适当的承垫木,圆形沉井承垫木平面布置的垫木一般为枕木或方木(200mm×200mm),其数量可按垫木底面压力小于等于 100kPa 确定。然后按照设计的尺寸在刃脚位置处设置刃脚角钢,竖立内模,绑扎钢筋,立外模,浇筑第一节沉井。沉井外侧模板要平滑,具有一定的刚度,与混凝土接触面必须刨光。

② 无垫木方法。

在均匀土层上,可采用无垫木方法。在沉井刃脚的下方位置浇筑与沉井井壁等厚的混凝土圆环,代替承垫木和砂垫层。其目的是保证沉井制作过程与沉井下沉开始时处于竖直方向。

③ 土模法。

当场地土质较好,如地基为均匀的黏性土,呈可塑或硬塑状态时,可采用土模法制作沉井。在定位放线的刃脚部位,按照设计的尺寸,仔细开挖黏性土基槽。利用地基黏性土作为天然模板,以代替砂垫层、承垫木及人工制作的刃脚木模。因此,这种方法可节省时间和费用。

(4) 沉井下沉方法。

沉井下沉主要是通过从井孔中用机械或人工方法均匀除土,削弱基底土对刃脚的正面阻力和沉井壁与土之间的摩擦阻力,使沉井依靠自重克服上述阻力而下沉。通常沉井在天然地面下沉,如在水面下沉,还需预先填筑砂岛或搭支架下沉。沉井在地面下沉的方法可分为以下两种。

① 排水开挖下沉法。

在稳定的土层中,若渗水量不大;或者虽然土层透水性较强,渗水量较大,但当排水不致引发流砂现象时,可采用排水开挖下沉法。对于场地无地下水,或地下水水量不大的小型沉井,可采用人工挖土法,2 人一组,1 人在井下挖土,1 人在井上摇辘轳提升弃土。挖土应分层、均匀、对称地进行,使沉井均匀竖直下沉,避免发生倾斜。大中型沉井,一般采用机械挖土法。若地层土质稳定、不会产生流砂的土质地基,可先用高压水枪把沉井底部的泥土冲散(水枪的水压力通常为 2.5MPa~3.0MPa)并稀释成泥浆,然后用吸泥机吸出井外。

② 不排水开挖下沉法。

沉井下沉通常多采用不排水除土方式,见表 8.3。在抓土、吸泥过程中,需配备潜水工具和射水松土机具。抓土下沉是一种常见的不排水开挖下沉法。密实土使用带掘齿的抓斗;松散的砂质土使用不带掘齿的两瓣式抓斗;挖掘卵石宜用四瓣式抓斗。

表 8.3　沉井下沉除土方式

土质	下沉除土方式	说明
砂土	抓土、吸泥	抓土宜用两瓣式抓斗
卵石	抓土、吸泥	宜用直径大于卵石粒径的吸泥机，抓土宜用四瓣式抓斗
黏性土	抓土、吸泥	需辅以高压射水松土机具
风化岩	射水、放炮	碎块用抓斗或吸泥机

沉井通过粉砂、细砂等松软土层时，应保持沉井内的水位始终高于井外水位 1~2m，防止流砂向井内涌进而引起沉井歪斜并增加除土量。当地层土质不稳定、地下水涌水量较大时，采用机械抓斗，水下出土，可避免用排水开挖法而导致的流砂现象。

吸泥下沉也是一种常见的不排水开挖下沉法。吸泥机除土适用于砂、砂夹卵石、黏砂土等类土层。在黏土、胶结层及风化岩层中，当用高压射水松土机具冲碎土层后，也可用吸泥机吸出碎块，如图 8.46 所示。

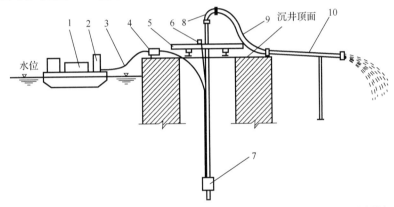

1—空气压缩机；2—6m³风包；3—风管；4—风包；5—吸泥机支承设备；6—吸泥机升降设备；7—吸泥机；8—弯头异形接头；9—排泥胶管；10—排泥钢管。

图 8.46　空气吸泥机施工布置示意图

第 9 章　梁　　桥

梁桥是指用梁或桁架梁作主要承重结构的桥梁。其上部结构在竖向荷载作用下,支点只产生竖向反力。梁桥为桥梁的基本体系之一,制造和架设均很方便,使用广泛,在桥梁建筑中占有很大比例。

目前,我国大部分中小跨径公路桥梁或城市桥梁是钢筋混凝土或预应力混凝土梁桥,统称为混凝土梁桥。混凝土梁桥的桥跨结构按静力体系特点分为简支梁梁桥、悬臂梁梁桥和连续梁桥;按施工方法的不同,分为整体式梁桥和装配式梁桥;按承重结构截面形式,分为板桥梁桥、肋梁桥和箱形梁桥。

混凝土梁桥的桥跨结构主要由桥面系、主梁(横梁)和支座组成。图 9.1 所示为装配式简支梁桥桥跨结构。

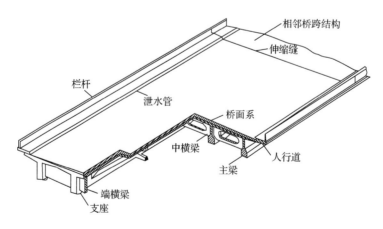

图 9.1　装配式简支梁桥桥跨结构

第 9 章 梁 桥

9.1 混凝土梁桥的构造

9.1.1 混凝土梁桥的一般特点

1. 钢筋混凝土梁桥的特点

钢筋混凝土梁桥是混凝土梁桥的一种类型,它的优点是:集料可以就地取材,因而成本低;耐久性好,维修费用极少;材料可塑性强,可以按照设计图做成各种形状的结构;采用装配式结构,工业化程度高;整体性好、结构刚度大、变形小、噪声小;等等。

钢筋混凝土梁桥的缺点是:梁的受拉区布置有受力的钢筋,由于受到混凝土裂缝宽度的限制,钢筋的拉应变或拉应力也将受到相应的制约。由于高强度混凝土的抗拉能力小,极限拉伸也很小,高强度钢筋不能发挥它的作用。

任何一种建筑材料用于桥梁结构,它的材料强度与材料重度都是影响桥梁结构极限跨越能力的两大因素。钢筋混凝土梁桥材料强度不高而重度较大,当结构跨径增大时,其自重显著增大,所以承载能力大部分消耗于结构自重,从而限制了它的跨越能力。钢筋混凝土梁桥多用于线路上,城市立交或高架桥中的中、小跨桥梁。

整体浇筑的钢筋混凝土梁桥避免了预制安装结构的二次浇筑,使得结构的整体性能、桥梁使用性能及耐久性大大改善,所以条件许可时可充分考虑采用整体浇筑施工方式。但是,整体浇筑施工工期长,施工受季节影响大,施工费用会增加,制约了整体浇筑梁桥的使用范围。

钢筋混凝土梁桥经济合理的跨径在 20m 以下。悬臂梁与连续梁适宜的常用跨径在 60m 以下。

2. 预应力混凝土梁桥的特点

混凝土结构承受荷载之前,预先对其施加压力,使其在受拉区混凝土内产生压应力,用以抵消或减小外荷载产生的拉应力,使结构在正常使用的情况下不产生裂缝或者裂得比较晚。

预应力混凝土梁桥除了具有钢筋混凝土梁桥的所有优点,还具有以下特点。

(1)能够充分利用高强度材料(高强度混凝土,高强度钢筋),构件截面小,桥梁的跨越能力高。

(2)预应力混凝土桥梁一般可以节省钢材 30%~40%,梁桥跨径越大,节省钢材越多。

(3)全预应力混凝土梁桥在使用荷载下不出现裂缝,且部分预应力混凝土梁在常遇荷载组合下也无裂缝,因此是全截面承受荷载,这样,预应力梁可显著减少建筑高度,使大跨径桥梁做得轻柔美观,提高了结构的耐久性。

(4）预应力技术的采用，使桥梁的施工方法得到发展，即原来钢桥的施工方法如悬臂拼装、顶推施工法在预应力混凝土桥梁中得以应用，而且为现代预制装配式结构提供了最有效的接合和拼装手段。根据需要可在梁桥结构纵横和竖向任意分段，施加预应力，即可集成理想的整体。这种分段现浇或自分段预制拼装的施工方法，国外统称为节段施工法，用这种施工方法建成的预应力混凝土桥梁统称为预应力混凝土节段式桥梁。此外，还发展了逐段或逐孔现浇施工方法。

9.1.2 混凝土梁桥的分类

1．按照结构体系分类

按照梁桥结构体系，梁桥可分为简支梁桥、悬臂梁桥、连续梁桥、T形刚构桥和连续-刚构桥五种类型。图9.2所示为梁桥的各种结构体系示意图。

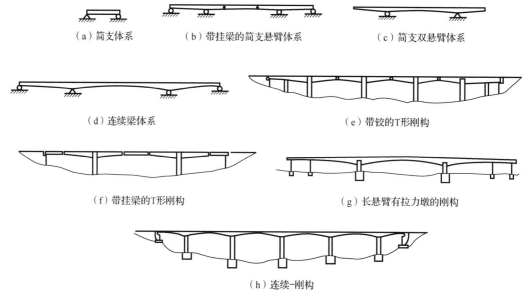

图9.2　梁桥的各种结构体系示意图

（1）简支梁桥。

简支梁桥的构造简单、施工简便，其最易设计为标准跨径的装配式结构。简支梁桥是静定结构，结构内力不受地基变形等的影响，因而适用于在地基较差的桥位上建桥，但多跨简支梁桥不利于行车的舒适性。

简支梁的配筋主要受跨中正弯矩的控制，当跨径增大时，跨中恒载和活载弯矩将急剧增加，经济合理的常用跨径在20m以下。为了提高简支梁的跨越能力，采用了预应力混凝土结构。由于预应力使梁全截面承受荷载，减轻了结构恒载，增大了抵抗活载的能力。

（2）悬臂梁桥。

将简支梁桥的梁体加长并越过支点，便成为悬臂梁桥。悬臂梁桥的梁的一端悬出称为单悬臂梁,梁的两端均悬出称为双悬臂梁。使用悬臂梁的桥型至少有三孔,或是采用一双悬臂梁结构的跨线桥,或是采用单悬臂梁,中孔采用简支挂梁组合成悬臂梁桥,如图9.2(b)所示。在较长桥中,则可由单悬臂梁、双悬臂梁与简支挂梁联合组成多孔悬臂梁桥,习惯称悬臂梁主跨为锚跨。

悬臂梁利用悬出支点以外的伸臂,使支点产生负弯矩对锚跨跨中正弯矩产生有利的卸载作用。图9.3所示为各种梁式体系在恒载作用下的弯矩图。图中各种梁式体系的跨径布置相同。

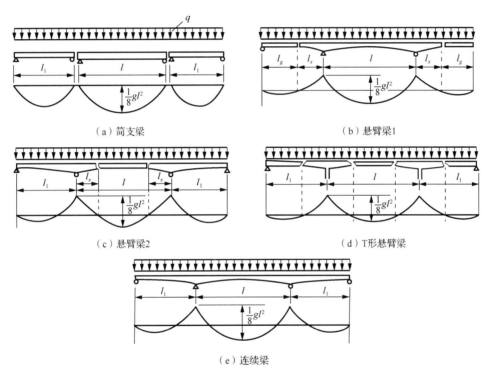

图9.3 各种梁式体系在恒载作用下的弯矩图

悬臂梁桥一般为静定结构,可在地基较差的条件下使用。悬臂梁将结构的伸缩缝移至跨内,其挠曲线的转折角比简支梁挠曲线在支点处的转折角小,对行车的平顺性较为有利。

无论是钢筋混凝土还是预应力混凝土悬臂梁桥,在实际工程中均较少采用。悬臂梁虽然在力学性能上优于简支梁,可适用于更大跨径的桥梁,但因跨径较大时,梁体重量过大不易装配化施工,而往往要在工费昂贵的支架上现浇。

(3)连续梁桥。

当简支体系梁桥的跨径超过20m时,由于跨中恒载弯矩和活载弯矩迅速增大,致使梁的截面尺寸和自重显著增加,这不但使材料耗用量大,不经济,而且安装重量增大给施工造成困难。采用连续体系的桥梁,不仅可以增大桥梁跨径,而且可以降低材料用量。

预应力混凝土连续梁桥是超静定结构，同样具有一般超静定结构的特点，从图 9.3 中可以看出，在相同条件下，预应力混凝土连续梁桥结构内力比静定结构小且内力状态比较合理，结构外形更为合理。总之，连续梁桥的突出优点如下：结构刚度大、变形小、动力性能好、主梁挠曲线平缓、有利于高速行车。

对于施加预应力的超静定结构，除了有一般超静定结构特点，还有以下特点。

① 在超静定结构上施加预应力，会使结构产生内力和变形，由于有多余的约束，不能自由变形，因而引起附加力（二次力）。同样，由于混凝土的收缩徐变不仅产生预应力损失，而且也会由于变形受约束而引起附加力（二次力）。

② 由于对桥梁结构施加预应力，可以有效地避免混凝土开裂，特别是处于负弯矩区段的桥面板的开裂，这种开裂在普通钢筋混凝土连续梁中是不可避免的。

③ 由于对桥梁结构施加预应力，使用悬臂法、顶推施工法等连续梁施工方法才得以实现并广泛应用。

预应力混凝土连续梁桥一般跨径为 30～150m。目前，世界上已建成的最大跨径预应力混凝土连续梁桥为日本滨名大桥，跨径为 240m。我国已建成的最大跨径预应力混凝土连续梁桥为南京长江二桥北汊大桥，主桥跨径为 90m+3×165m+90m。

（4）T 形刚构桥。

T 形刚构桥是一种具有悬臂受力特点的梁桥，最早采用钢筋混凝土结构。从桥墩上伸出较短的悬臂，跨中用简支挂梁组合而成，因桥墩两侧伸出的悬臂形同 T 字，故称 T 形刚构。

由于钢筋混凝土梁结构承受负弯矩，不可避免地在顶面出现裂缝，因此钢筋混凝土 T 形刚构桥不能做成较大的跨径。而预应力混凝土结构采用悬臂施工方法，适宜做成长悬臂结构。

预应力混凝土 T 形刚构分为跨中带剪力铰和跨中带挂梁两种基本类型。带剪力铰的 T 形刚构桥，是 20 世纪 50 年代开始采用的一种桥型，它的上部结构全部是悬臂部分，相邻两悬臂通过剪力铰相连接。所谓剪力铰是一种只能传递竖向剪力，但不传递水平轴力和弯矩的联结构造。

带挂梁的 T 形刚构是静定结构，与带剪力铰的 T 形刚构相比，由于各个 T 形刚构单元单独作用而在受力和变形方面略差，但它受力明确，不受各种内外因素的影响。此外，因带挂梁的 T 形刚构在跨内有正负弯矩分布，其总弯矩要比带剪力铰的 T 形刚构小一些，虽增加了牛腿的构造，但免去了剪力铰的复杂结构，主要缺点是桥面上伸缩缝增多，对于高速行车不利；在施工时要增加预制与安装挂梁用的机具设备。

钢筋混凝土 T 形刚构桥常用跨径为 40～50m，预应力混凝土 T 形刚构桥的常用跨径为 60～200m。我国 1981 年建成的重庆长江大桥，是最大跨径为 174m 的 T 形刚构桥，该桥共 8 孔，总长 1120m，达到了世界先进水平。

（5）连续-刚构桥。

连续-刚构桥分主跨为连续梁的多跨刚构桥和多跨连续-刚构桥，均采用预应力混凝土结构,有两个以上主墩采用墩梁固结,具有 T 形刚构桥的优点。多跨刚构桥保持了上部构造连续梁的属性,跨越能力大,施工难度小,行车舒顺,养护简便,造价较低。目前这种桥型在大跨径桥梁设计中得到应用。

2. 按照截面形式分类

钢筋混凝土与预应力混凝土梁式桥的截面形式有板式截面梁桥、肋梁式截面梁桥和箱形截面梁桥三大类。

(1) 板式截面梁桥。

板式截面梁桥又称板桥。其特点是建筑高度小、构造简单、施工方便,采用预制装配施工时,预制构件重量小,架设方便。

板桥的截面形式可分为整体式矩形实心板[图 9.4(a)、图 9.4(b)],装配式实心板[图 9.4(c)],装配式空心板[图 9.4(d)],装配整体组合式板[图 9.4(e)],以及异形板[图 9.4(f)、图 9.4(g)]。

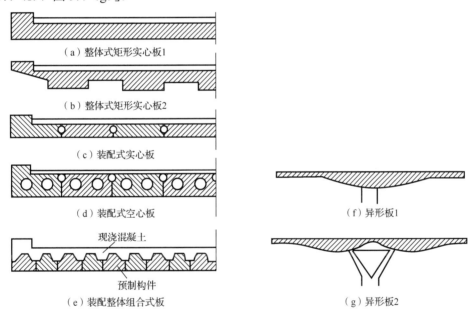

图 9.4 板桥截面形式

其中,整体式矩形实心板截面形状简单、结构刚度大、整体性好,可适用于各种线形复杂的桥梁,如斜、弯、坡、S 形和喇叭形桥梁等,通常采用混凝土整体现浇施工。

装配式空心板截面中间挖空形式多样。挖成单个较宽的孔洞,如图 9.5 所示,挖空体积最大,块件质量也最轻,但在顶板内要布置一定数量的横向受力钢筋。挖成两个正圆孔,如图 9.5(e)所示,当用无缝钢管作为芯模时施工方便,但其挖空体积较小。图 9.5(b)、图 9.5(d)所示的截面由两个半圆及两块侧板组成,对不同厚度的板只要更换两块侧板就能形成圆形端孔,挖空体积较大,适用性较好。

图 9.5(c)和图 9.5(f)所示为异形板截面,是现代城市高架桥经常采用的截面形式。其特点是建筑高度小,桥下净空大,能够满足城市跨线桥跨径较大的要求,且造型美观,能与柱形桥墩很好地配合,但其现场浇筑施工复杂。

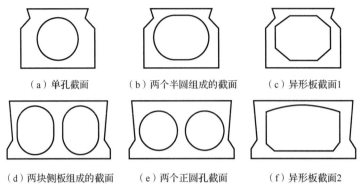

图 9.5 装配式空心板截面中间挖空形式

（2）肋梁式截面梁桥。

板式截面的抗剪能力比其抗弯能力大得多。当梁桥跨径增大时，弯矩与跨径平方成正比，剪力只与跨径成正比。因此，弯矩增长速度比剪力快得多。在横截面设计中，为了适应急剧增长的弯矩，增大主梁高度的方法十分有效，因为截面的抗弯能力与截面高度的立方成正比，只与截面宽度成正比。因此，将板式截面的腹部挖空，减小板的宽度，这样，既不影响主梁的抗弯能力，又能满足抗剪要求，同时还减小了主梁的自重。这就是形成肋梁式截面的原因。

肋梁式截面有三种基本类型：I 形、Π形和 T 形（包括带马蹄 T 形，图 9.6）。在桥梁横截面上，一般采用多片主梁布置形式。

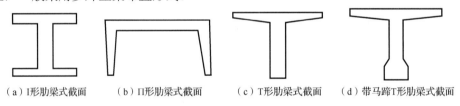

图 9.6 肋梁式截面

图 9.7 所示为采用现浇整体式 T 形截面布置的桥梁截面形式。图 9.7（a）、图 9.7（b）、图 9.7（c）、图 9.7（f）和图 9.7（g）均为双 T 形截面布置的截面形式，图 9.7（e）为多 T 表截面。在城市立交桥和跨线桥的悬臂梁或连续梁结构中，常常采用这种截面形式。这种截面形式的梁肋宽度较大，建筑高度较小，如图 9.7（d）所示，一般肋宽在 0.6~1.2m，T 形截面的翼缘厚度即桥面板厚度与主梁间距有关，一般中间的厚度为 25~35cm，根部为 40~55cm。这使得城市高架桥有了空间。

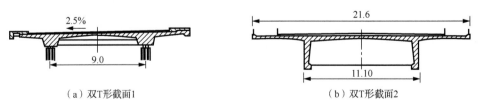

图 9.7 整体式 T 形截面（尺寸单位：m）

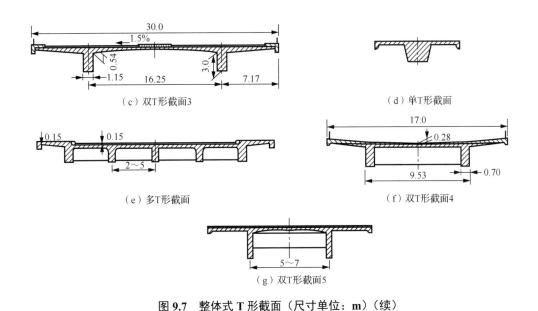

图 9.7 整体式 T 形截面（尺寸单位：m）（续）

图 9.8 所示为装配式肋梁式截面及梁桥横截面的基本类型。图 9.8（a）所示为预制主梁为Π形截面，横向为密排式多主梁横截面。预制主梁之间用穿过腹板的螺栓连接，其装配简易。Π形主梁的特点是截面形式稳定，横向抗弯刚度大，块件堆放装卸方便。设计经验表明，跨径较大的Π形梁桥的混凝土及钢筋用量都比 T 形梁桥多，而且其构件重，制造也较复杂，所以Π形梁一般只用于跨径为 6~12m 的小跨径桥。

我国使用最多的是装配式肋梁式 T 形截面，如图 9.8（b）所示。其特点是，T 形梁的翼板构成桥梁的车行道板，又是主梁的受压翼缘。梁肋内配筋可做成钢筋骨架，主梁之间借助横隔梁来连接，整体性能好。在预应力混凝土 T 形梁中，受压翼缘部分做成加宽的马蹄形，以满足受压应力和布置预应力钢束的需要，如图 9.8（c）所示。

国内外都在采用短翼板（一种可以提高单片主梁的稳定性，减轻主梁吊装重量的短翼板）T 形或 I 形截面，借现浇桥面板混凝土连接成整体 T 形梁桥，如图 9.8（d）和图 9.8（e）所示；或者在预制主梁上现浇整体桥面板，组合成装配式肋梁式板梁和装配式拱桥横截面的梁桥，如图 9.8（f）和图 9.8（g）所示。

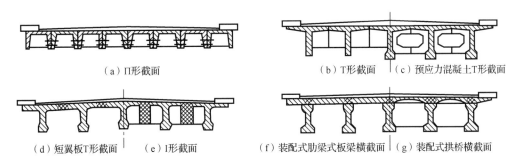

图 9.8 装配式肋梁式截面及梁桥横截面的基本类型

（3）箱形截面梁桥。

箱形截面是大跨径预应力混凝土桥梁以及弯桥和斜交桥普遍采用的截面形式之一。其特点是全截面承受荷载，截面抗弯、抗扭刚度大；材料在截面上分布合理，使其能够有效地抵抗正、负弯矩和较大的扭矩；能够满足普通钢筋和预应力钢筋的配置要求，同时具有良好的横向抗弯能力。由于箱形截面抗扭刚度大，在行车荷载作用下各主梁受力较均匀，其横向分布系数较小。箱形截面不仅适用于较大跨径的简支梁桥，还适用于较大跨径的连续梁、悬臂梁和 T 形刚构桥。因为这种类型的梁式桥结构在跨中处承受正弯矩，在支座处承受负弯矩，箱形截面的上、下底板完全适应它们的配筋要求。

箱形截面的类型一般分为单箱单室、单箱双室、单箱多室、双箱单室、双箱双室和多箱单室以及长悬臂斜腹箱形截面等（图 9.9）。通常根据桥宽的需要和采用的施工方法选择箱形截面的类型。

单箱单室截面受力明确，计算较简单，施工方便，材料用量较节省。单箱多室和双箱双室等截面内力分布较均匀，但计算较复杂，施工较困难。在实际工程中较多地选用单箱单室和双箱单室等截面。图 9.9（g）和图 9.9（h）为分离的长悬臂斜腹箱形截面，它是现代城市高架桥经常采用的截面形式之一，其造型美观，箱形底板较窄，能减小桥墩截面尺寸，增加桥下净空。箱形截面不仅可用于大跨径梁式桥，而且可用于大跨径悬索桥、斜拉桥和箱形拱桥等。目前，在跨径超过 60m 的大跨径桥梁中绝大多数采用箱形截面。

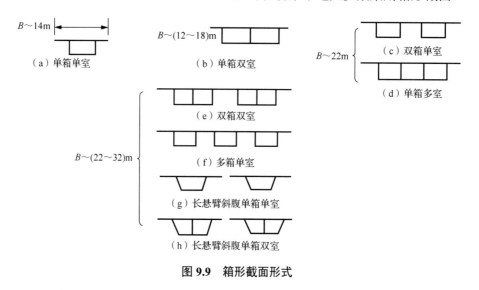

图 9.9　箱形截面形式

9.1.3　梁（板）桥的构造

1. 简支板桥的构造

根据施工方法的不同，简支板桥可分为整体式板桥和装配式板桥。

1）整体式板桥构造

整体式板桥一般采用等厚度矩形截面。其不仅可用于正交板桥，而且可用于斜交板桥和平面线形较复杂的其他板桥。

整体式正交板桥的板厚通常取跨径的 1/20～1/15，但不宜小于 10cm。其配筋应与其受力特点相吻合，除了纵向受力主筋需通过计算确定，还需布置不少于纵向主筋截面 15%～20%的横向分布钢筋，用于承受车轮荷载引起的横向弯矩和防止混凝土收缩及温度变化引起的裂缝。具体构造要求依据《公路桥涵设计通用规范》(JTG D60—2015)的规定选取。

图 9.10 所示的整体式板桥的标准跨径为 6m，桥面净宽为 8.5m，计算跨径为 5.96m，板厚为 32cm（约为跨径的 1/18）。经计算，纵向主筋取直径 20mm 的 II 级钢筋，在中间 2/3 板宽内按间距 12.5cm 布置，两侧各 1/6 板宽内按间距 11cm 布置，并在跨径两端 1/6～1/4 的范围内按 30° 弯起；横向分布钢筋取 10mm 的 I 级钢筋，按单位宽度截面上所配主筋截面面积的 15%配置，并沿纵向按间距 20cm 布置。

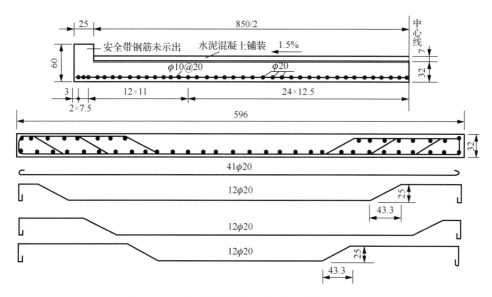

图 9.10 整体式板桥构造示例（尺寸单位：cm）

2) 装配式板桥构造

(1) 构造及受力特点。

装配式板桥一般由数块一定宽度的实心或空心预制板组成，各板利用板间企口缝填充混凝土相连接。在荷载作用下，每块板相当于单向受力的梁式窄板，除了在主跨径方向承受弯曲，还承受通过板间接缝（铰缝）传递剪力而引起的扭转（图 9.11）。因此，每块预制板除了承受本板内的荷载，还承受相邻板块作用而引起的竖向剪力和其他内力作用。由于其内力与竖向剪力相比，对板的内力影响很小，因此在设计中多采用铰接板（梁）法确定其板的内力。

图 9.12 所示为装配式钢筋混凝土简支预制板桥构造的一个标准实例。其标准跨径为 6m，桥面净空为净-7（无人行道），荷载等级为汽-15、挂-80 级。桥跨结构中部采用 6 块宽度为 99cm 的预制板，两侧边板采用宽度为 74cm 的预制板，主筋为 10 根直径 18mm 的 I 级光圆钢筋。

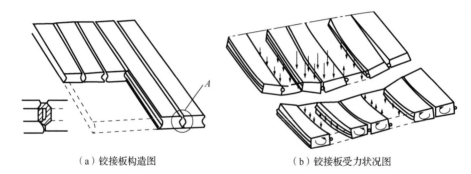

(a)铰接板构造图　　　　　　　(b)铰接板受力状况图

图9.11　装配式铰接板的构造和受力特点

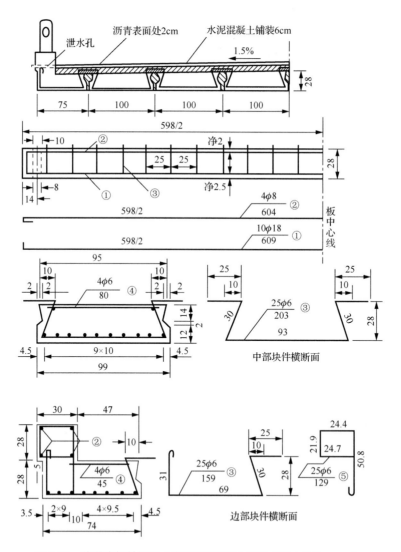

图9.12　装配式钢筋混凝土简支预制板桥构造（尺寸单位：cm）

图 9.13 所示为装配式预应力混凝土空心板桥构造的一个标准实例。其标准跨径为 13m，桥面净空为净-7+0.25m 安全带，总宽为 8m，由 8 块 99cm 的预制空心板组成，板间隙为 1cm。荷载等级为汽-20，挂-100 级。计算跨径为 12.96m，选用的板厚为 60cm。预制板和填塞铰缝的混凝土强度等级为 C40。每块板底层配置 7 根直径为 20mm 的 Ⅱ 级冷拉钢筋做预应力筋。板顶面除了配置 3 根 $\phi12$ 的架立钢筋，还在支点附近配置非预应力筋来承担由预加力产生的拉应力。

（2）横向联结。

为了使装配式板块组成整体，共同承受行车荷载，在块件之间必须具有横向联结的构造。常用的连接方法有企口式混凝土铰联结和钢板焊接联结。

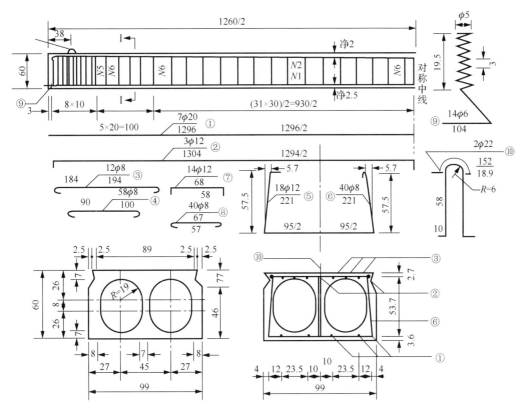

图 9.13　装配式预应力混凝土空心板桥构造（尺寸单位：cm）

① 企口式混凝土铰联结。

企口式混凝土铰的形式有圆形、菱形、漏斗形三种，如图 9.14（a）、图 9.14（b）和图 9.14（c）所示。铰缝内用 C25～C30 以上的细集料混凝土填实。如果要使桥面铺装层也参与受力，也可以将预制板中的钢筋伸出与相邻板插入的钢筋互相绑扎，再浇筑在铺装层内，如图 9.14（d）所示。

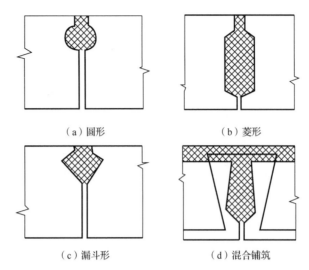

图 9.14 企口式混凝土铰构造

② 钢板焊接联结。

钢板焊接联结一般采用在预制板顶面沿纵向两侧边缘每隔 0.8~1.5m 预埋一块钢板，如图 9.15 所示，连接时将钢盖板与相邻预制板顶面对应的预埋钢板焊接在一起。通常在跨中部分钢板联结布置得较密，而两端支点部分钢板联结布置得较稀疏。

3）斜板桥的受力与构造特点

斜板桥通常用来改善道路的线形以及适应城市的街道条件。但是，弹性斜交板的理论分析要比正交板复杂，精确地计算斜交板在使用荷载作用下的各种内力，在实际应用中将会遇到很多不便。

（1）斜板的受力特点。

理论和试验表明，简支于两岸桥台的斜板在垂直荷载作用下，一般具有下列特性。

① 荷载有向两支承边之间最短距离方向传递的趋势。如图 9.16 所示，首先，在较宽的斜板中部，其最大主弯矩方向（即在垂直于该方向的截面上没有扭矩）接近与支承边正交。其次，无论对宽的或窄的斜板，其两侧的主弯矩方向虽接近平行于自由边，但仍有向支承边垂线方向偏转的趋势。

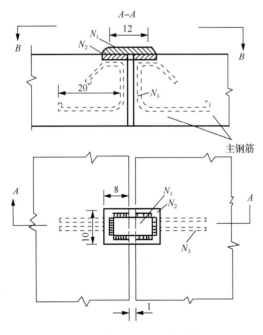

图 9.15 钢板焊接联结构造（尺寸单位：cm）

② 各角点受力情况可以用比拟连续梁的工作来描述。如图 9.17 所示，在斜板 Z 形条带 A、B、C、D 上各点的受力情况，可以用三跨连续梁来比拟，在钝角 B 点、C 点产生较大的负弯矩，其方向垂直于钝角的二等分线；同时，在 B 点、C 点的反力也较大，锐角 A

点、D 点的反力较小，当斜交角与斜的跨宽比都较大时，锐角便有向上翘起的趋势。此时若固定锐角角点，势必导致板内有较大的扭矩。

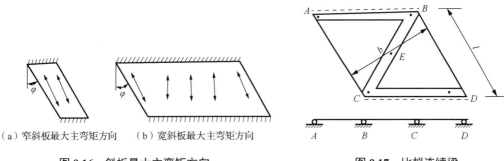

图 9.16　斜板最大主弯矩方向　　　　　图 9.17　比拟连续梁

③ 在均布荷载下，当桥轴线方向的跨长相同时，斜板桥的最大跨内弯矩比正交板桥要小，跨内纵向最大弯矩或最大应力的位置，随着斜交角 φ 的变大，而自中央向钝角方向移动。

如图 9.18（a）所示，斜板桥最大跨内弯矩与正交板桥跨中弯矩的比值随斜交角 φ 改变的变化曲线；图 9.18（b）表示在满布均布荷载时，跨内最大弯矩位置沿板宽的变化曲线。由图 9.18（a）可知，当斜交角 φ 在 15° 以内时，可以近似按正交板桥计算。

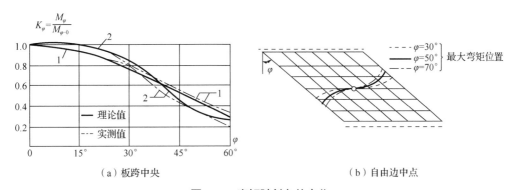

图 9.18　弯矩随斜角的变化

④ 在上述同样情况下，斜板桥的跨中横向弯矩比正交板桥的要大，可以认为横向弯矩增加的量，弥补跨径方向弯矩减少的量。

（2）斜板桥的构造特点。

① 整体式斜板桥。

整体式斜板桥的斜跨长 l 与垂直于行车方向的桥宽 b 之比一般均小于 1.3，主筋的配置有以下两种方案。

a. 第一方案。按主弯矩方向的变化配置主筋，其分布钢筋则与支承线平行，如图 9.19（a）所示。在钝角处约 1/5 跨径范围内，应配置加强钢筋，如图 9.19（b）所示，在下层其方向与钝角的二等分线平行；在上层其方向与钝角的二等分线垂直。

b. 第二方案。在两个钝角角点之间的范围内，主钢筋方向与支承线垂直，在靠近自由边处主筋则沿斜跨径方向布置,直至与中间部分主筋完全衔接为止,其横向分布钢筋与支承线平行,如图9.19(c)所示。

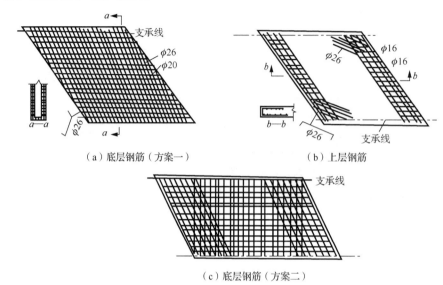

图 9.19 整体式斜板的钢筋构造

② 装配式斜板桥。

装配式斜板桥的跨宽比（l/b）一般均大于1.3,主钢筋沿斜跨径方向配置,分布钢筋在两个钝角角点之间的范围内与主钢筋垂直,在靠近支承线附近,其布置方向则与支承线平行（图9.20）。

图 9.21 所示为交通运输部颁布的装配式钢筋混凝土斜板桥构造标准图示例,斜交角有25°、30°、35°、40°、45°、50°、55°、60°等八种。板的钢筋分布方案大体分两种。

a．第一方案。当斜交角 φ 为 25°、30°、35°时,主钢筋沿斜跨径方向布置,分布钢筋按平行于支承线方向布置,如图9.21(a)所示。

b．第二方案。当斜交角 φ 为 40°、60°时,主钢筋仍按平行于自由边布置,而分布钢筋在钝角范围内垂直于主钢筋布置,支承侧附近平行于支承线布置,如图9.21(b)所示。

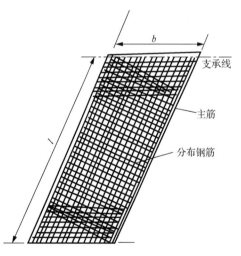

图 9.20 装配式斜板桥钢筋构造标准图示例

此外,在各种块件的两端还要布置一些加强钢筋。当 φ 为 40°、45°、50°时,要布置底层的加强钢筋,其方向则与支承线相垂直,如图9.21(c)所示；当 φ 为 55°、60°时,除了底层要布置支承线的加强钢筋,在顶层还要布置与钝角的二等分线相垂直的加强钢筋,如图9.21(d)所示。为了使铰接斜板支承处不翘扭以及防止发生位移,在板端中心处预设锚栓孔,待安装完毕后,用栓钉固定。

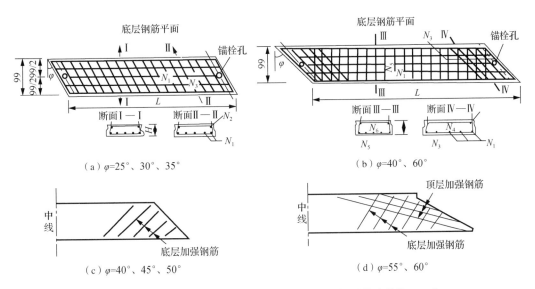

图 9.21 装配式钢筋混凝土斜板桥构造标准图示例（尺寸单位：cm）

2. 装配式钢筋混凝土简支梁桥的构造

装配式钢筋混凝土简支梁桥构造布置（图 9.22）是在给定桥的设计宽度的条件下，选择主梁的截面形式，确定主梁的间距（片数）和桥跨结构所需横隔梁的数量，进而确定各构造部分的细部尺寸。

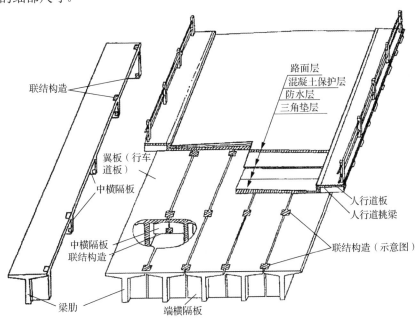

图 9.22 典型的装配式钢筋混凝土简支梁桥的构造布置

1）主梁截面形式及特点

装配式钢筋混凝土简支梁桥主梁截面大多采用 T 形截面，是因为 T 形截面最适合于简支梁的受力特点。对于跨径较大的简支梁桥，主梁也常采用 I 形截面，但主梁上翼缘间需加入一段现浇混凝土，使各主梁连接成整体，并构成桥面板，或在预制主梁上现浇整体桥面板，这样能减轻简支梁桥的重量。

主梁间距要综合考虑材料的用量、预制工作量、运输和吊装等因素的影响。一般来讲，对跨径较大的桥梁，主梁片数应适当减少。

标准设计的装配式钢筋混凝土简支梁桥主要参数见表 9.1。根据对已建成的装配式钢筋混凝土简支梁桥的统计，经济合理的主梁高度与其跨径之比为 1/16～1/11。

表 9.1　装配式钢筋混凝土简支梁桥主要参数　　　　　　　单位：m

跨径		10	13	16	20
梁高	间距 1.6	0.9	1.0	1.1	1.3
	间距 2.2	0.9	1.1	1.3	1.5

主梁翼板宽度比主梁中距小 2cm，以便在安装过程中易于调整钢筋混凝土简支梁桥的位置和制作上的误差。主梁翼板一般做成变厚度板，通常翼板根部的厚度不小于梁高的 1/12。翼板边缘厚度可取 6～8cm。

图 9.23 所示为标准跨径 20m 的装配式钢筋混凝土简支梁桥的纵、横截面布置。

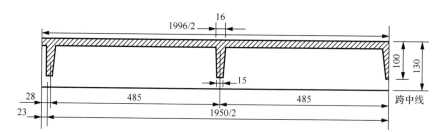

（a）标准跨径20m的装配式钢筋混凝土简支梁桥的纵截面

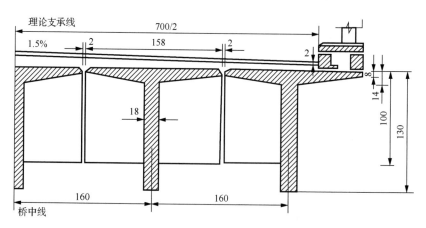

（b）标准跨径20m的装配式钢筋混凝土简支梁桥的横截面

图 9.23　标准跨径 20m 的装配式钢筋混凝土简支梁桥的纵、横截面布置
（尺寸单位：mm）

2）主梁钢筋构造特点

主梁钢筋可分为纵向主钢筋、架立钢筋、斜钢筋或斜筋、箍筋和水平分布筋等，如图9.24所示。

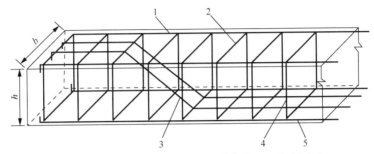

1—架立钢筋；2—箍筋；3—斜筋；4—主钢筋；5—水平分布筋

图9.24 主梁钢筋构造图

图9.25所示为跨径20m的装配式钢筋混凝土简支梁桥的配筋图。采用焊接钢筋骨架形式配筋，主钢筋、斜筋、架立钢筋焊成两片钢筋骨架，再用箍筋、水平分布筋绑扎成一整体吊入梁模内，随后浇筑混凝土。主梁内共配置纵向受力主钢筋10根，分5层叠置，8根 $\phi 32$ 钢筋，编号为 $N1$、$N2$、$N3$、$N4$；两根 $\phi 16$ 钢筋编号为 $N6$。

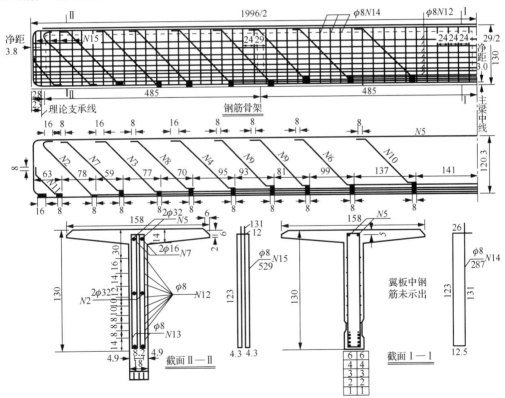

图9.25 跨径20m的装配式钢筋混凝土简支梁桥的配筋图
（尺寸单位：cm）

其中，底层两根主筋 $N1$，通过梁端支撑截面，并与梁顶层直径 $\phi32$ 的架立钢筋 $N5$，在梁端向下弯折后，焊接在一起，形成平面焊接钢筋骨架。为满足梁内抗剪要求，补充设置直径 $\phi16$ 的附加斜筋 $N7$、$N8$、$N9$、$N10$、$N11$，并在适当的位置焊于平面钢筋骨架上。弯起的主筋和斜筋与纵轴成 $45°$。为防止梁肋两侧产生裂缝，沿梁高布置直径为 $\phi8$ 的水平方向的纵向分布钢筋 $N12$。由于梁肋下缘拉力较大，该分布筋布置较密，向上则逐渐布置得较稀。箍筋 $N14$、$N15$ 采用直径 $\phi8$ 的普通光圆钢筋，跨中部分为间距 24cm 的双肢箍筋，支座附近采用下缺口的 4 肢箍筋（$N15$）以满足抗剪要求和适应支座钢板锚筋的布置。T 形梁翼板内的受力钢筋沿横向布置在板的上缘，以承受悬臂的负弯矩，在顺主梁跨径方向还应设置少量的分布钢筋（图 9.26）。

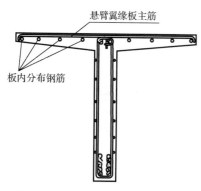

图 9.26 T 形梁截面构造钢筋布置

3. 装配式预应力简支 T 形梁桥的构造

当跨径超过 20m 时，在考虑经济性的前提下，一般采用预应力混凝土结构。我国公路行业中已编制出了跨径为 25m、30m、35m 和 40m 的后张法装配式预应力简支 T 形梁桥标准图。

1）截面特点

装配式预应力简支 T 形梁的梁肋下部通常要加宽做成马蹄形，以便钢束的布置和承受很大预应力的需要。为了配合钢束的起弯，在梁端布置钢束锚头和安放千斤顶，在靠近支点处腹板也要加厚至与马蹄同宽，加宽范围最好达一倍左右梁高，这样腹板厚度沿纵向就发生了变化，变为马蹄部分也逐渐加高的变截面 T 形梁（图 9.27）。

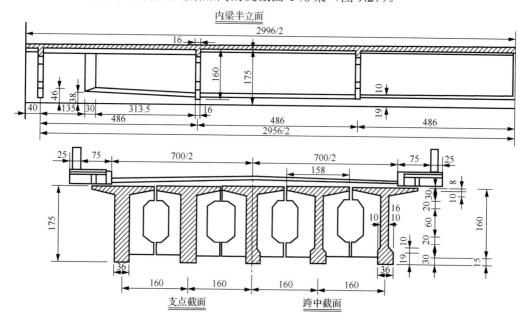

图 9.27 跨径 30m 装配式预应力简支 T 形梁桥的构造布置（尺寸单位：cm）

装配式预应力简支 T 形梁桥的高跨比可在 1/25～1/15。我国公路桥梁标准设计中 h/L 值为 1/19～1/18。但当建筑高度限制很严时，只能降低梁高，减小梁距。我国编制的公路桥梁标准图中，装配式预应力简支 T 形梁桥主梁间距均采用 1.6m（图 9.27），并根据桥面净空和人行道宽度的不同在横截面内相应采用了 5 片、6 片和 7 片主梁。当对主梁桥面板施加横向预应力时，主梁间距还可适当加大。肋板宽度一般都由构造决定，采用 16cm，标准设计中为 14～16cm。

2）装配式预应力简支 T 形梁桥配筋特点

装配式预应力简支 T 形梁桥中主要是预应力筋的布置，其他还有非预应力筋，如箍筋、水平分布钢筋、锚固端加强钢筋的布置问题。

（1）预应力筋的布置。

① 预应力筋的立面布置。

装配式预应力简支 T 形梁桥的主梁，一般为后张法预应力混凝土梁。其中，预应力筋在跨中均靠近梁的下缘布置，在一定区段后逐渐弯起以满足设计和构造的要求。

装配式预应力简支 T 形梁桥内预应力筋可以全部逐渐起弯至梁端锚固，也可以将部分束筋弯出梁顶锚固，如图 9.28 所示。这种布置方法的缺点是：使预施应力的张拉作业比较复杂；束筋的预应力的摩阻损失也随弯角增大而增大。然而，束筋提前弯出梁顶，可以减少束筋长度，节约用材，对于提高梁的抗剪能力也有好处。习惯上，在梁端能锚固所有束筋时，一般都将预应力筋全部弯至梁端锚固，张拉作业也简单。

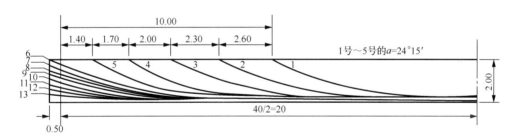

图 9.28 装配式预应力简支 T 形桥梁内预应力筋的布置（尺寸单位：m）

从减少摩阻损失的角度看，束筋的弯起角度 a 不宜大于 20°，一般弯至梁端的束筋都能满足这一要求。

束筋弯起的曲率半径符合《公路桥涵施工技术规范》（JTG/T 3650—2020）有关规定。

② 预应力筋在横截面上的布置。

束筋排列的原则是预应力筋在满足构造要求的同时，尽量相互紧密靠拢，以减小下马蹄尺寸，减轻自重，并在保证梁底保护层的前提下，尽量使预应力筋的重心靠下，以便获得较大的预应力弯矩，节省高强钢材。横截面束筋的布置如图 9.29 所示。

（2）非预应力筋的布置。

根据《公路桥涵施工技术规范》（JTG/T 3650—2020）规定，预应力混凝土梁与钢筋混凝土梁一样，应布置箍筋、水平分布钢筋及架立钢筋等。除此之外，还应注意非预应力纵向受力钢筋的布置。

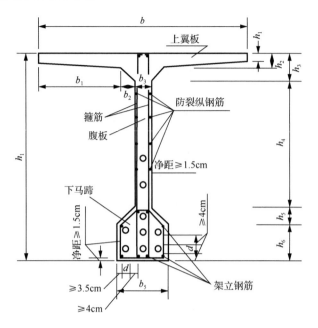

图 9.29 横截面束筋的布置

当梁中预应力筋在两端不便弯起时,为了防止张拉阶段在梁端顶部可能开裂而布置的受拉钢筋,如图 9.30(a)所示。

对于自重比恒载小得多的梁,在预加力阶段,跨中部分上翼缘可能会开裂而破坏,因而也可在跨中部分的顶部设非预应力的纵向受力钢筋,如图 9.30(b)所示。

图 9.30(c)所示的钢筋在运营阶段能加强混凝土的抗压能力,在破坏阶段则可提高梁的安全度。

在跨中部分下翼缘内设置非预应力筋,多半是在全预应力梁中为了加强混凝土承受预应力的能力。对于部分预应力梁,也往往利用布置在下翼缘的纵向钢筋来补足极限强度的需要;并且,这种钢筋对于配置不黏结的预应力筋的梁能起分散裂缝的作用,如图 9.30(d)所示。

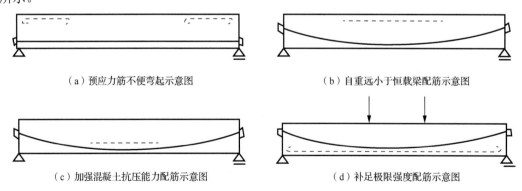

图 9.30 非预应力纵向受力钢筋(虚线)的布置

此外,非预应力纵筋还能增加梁在反复荷载作用下的疲劳强度。

9.2 梁桥的桥面构造

9.2.1 桥面系的组成与布置

1. 桥面系的一般构造

桥面系是指在上部结构中，直接承受车辆、人群等荷载并将其传递至主要承重构件的桥面构造系统，包括桥面铺装层、桥面板、纵梁、横梁、人行道等（图9.31）。

桥面系多属外露部位，其结构选择及布置是否合理直接影响桥梁的使用功能。由于桥面系工程量小，项目繁杂，在施工中又多在主体工程结束之后进行，往往在设计和施工中得不到应有的重视，从而造成桥梁使用中的病害；又由于桥面系天然敞露，受外在环境因素影响敏感而易损坏，且与行车舒适、行人的感官效果有着直接的联系，因此合理改进桥面系的构造设计与施工，近年来已被桥梁工程师所重视。

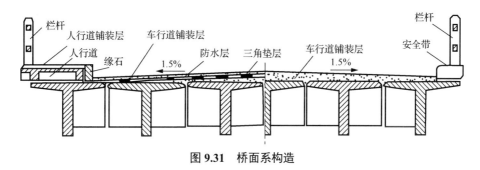

图 9.31 桥面系构造

2. 桥面布置

桥面布置应根据道路的等级、桥梁宽度、行车要求等条件确定。混凝土梁式桥的桥面布置有双向车道桥面布置、分车道桥面布置与双层桥面布置等。

（1）双向车道桥面布置。

双向车道桥面布置是指车行道的上行、下行交通布置在同一桥面上，如图 9.32（a）所示。在桥面上的上行、下行交通采用画线分隔，因此，没有明显的界线。桥面上也允许机动车与非机动车同时通过，同样采用画线分隔。城市桥梁通常在机动车道与非机动车道之间设护栏。

（2）分车道桥面布置。

车行道分上行、下行，桥面上按分隔式进行桥面布置，因而上行、下行交通互不干扰，可提高行车速度，便于交通管理，但是在桥面布置上要增加一些附属设施，桥面宽度要相应地加宽些。

分车道桥面布置可在桥面上设置分隔带，用以分隔上下行车辆，也可以采用分离式主梁布置，在主梁间设置分隔带，如图9.32（b）所示。有的桥梁采用分离式主梁，在两主梁间的桥面上不加联系，各自通行单向交通，如图9.32（c）所示。分车道桥面布置除了对上下行交通进行分隔，还可将机动车道与非机动车道分隔、车行道与人行道分隔布置。

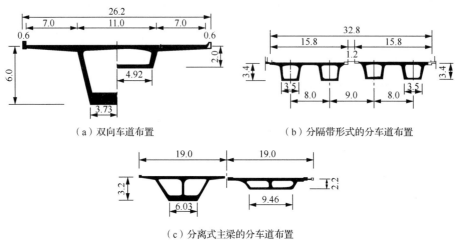

图 9.32　分车道的桥面布置（尺寸单位：m）

（3）双层桥面布置。

双层桥面布置（图 9.33）是桥梁结构在空间上可以提供两个不在同一平面上的桥面构造，一般钢桥较多采用此桥面布置。双层桥面布置可以使不同的交通车辆严格分道行驶，可以充分利用桥梁的净空，在满足同样交通要求之下，减小桥梁宽度，缩短引桥长度，达到较好的经济效益。

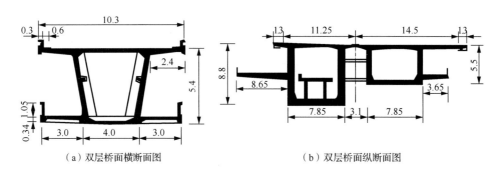

图 9.33　双层桥面布置实例（尺寸单位：m）

9.2.2　桥面铺装与防水排水系统

1. 桥面铺装

桥面铺装是为保护桥面板和分布车轮的集中荷载，使用沥青混凝土、水泥混凝土、高分子聚合物等材料铺筑在桥面板上的保护层。

沥青混凝土和水泥混凝土铺装层可用于各种等级的公路桥梁。水泥混凝土桥面铺装耐磨性好，适合重载交通，其厚度宜为8~10cm。沥青混凝土铺装铺设在防水层和混凝土保护层之上，或直接铺设在桥面板上，分为单层式铺装层和双层式铺装层，单层式铺装层厚一般为7~12cm，双层式铺装层总厚为8~12cm。沥青混凝土铺装质量轻，维修养护方便，但易变形。目前也有尝试采用薄层沥青混凝土铺装。

2．防水与排水设施

为了满足行车安全、舒适的要求，防止桥面结构被水浸泡，桥梁应设置防水和排水设施。桥面防水采用桥跨结构顶面设置防水层；桥梁排水采用桥梁纵坡和桥面横坡设置排水设施的方式。

（1）纵横坡。

设置纵横坡，有利于迅速排除雨水，防止或减少雨水渗透到铺装层，从而保护了车行道板，延长了桥梁的使用寿命。

在平原地区，还可以在满足桥下通航的前提下，降低墩台高程，减少桥头引道土方量，节省工程费用。桥梁的纵坡一般都做成双向纵坡，在桥中心设置曲线，根据地形特点也可设成单向纵坡，纵坡坡度一般以不超过3%为宜。

桥面的横坡坡度一般采用1.5%~3%。通常有以下三种设置形式。

① 对于板桥（矩形板或空心板）等就地浇筑的肋板式梁桥，为节省铺装材料，减轻恒载质量，可以将横坡直接设在墩台顶部，将桥梁上部构造做成双向倾斜，此时，铺装层在整个桥宽上做成等厚的，如图9.34（a）所示。

② 在装配式肋板式梁桥中，为了使主梁构造简单，架设与拼装方便，通常不将横坡设在墩台顶部，而直接设在车行道板上。先铺设一层厚度变化的混凝土三角形垫层，形成双向倾斜，再铺设等厚的混凝土铺装层，如图9.34（b）所示。

③ 在城市桥梁中，用三角垫层设置横坡将使混凝土用量或恒载质量增加很多。为此，可将车行道板做成倾斜面而形成横坡，如图9.34（c）所示。它的缺点是主梁构造复杂，制作麻烦。

（2）防水层。

桥面的防水层设置在桥面铺装层的下面，主要作用是将渗到铺装层下面的雨水汇集到排水设备排出。常用的贴式防水层，由两层卷材（如油毛毡）和三层黏结材料（沥青胶砂）相间组合而成，一般厚1~2cm。防水层在桥面伸缩缝处应连续铺设，不可切断；桥面纵向应铺过桥台台背；横向两侧则应超出缘石底面，从人行道与缘石砌缝里向上叠起10cm，这种防水层造价高，施工麻烦费时。贴式防水层虽有防水作用，但需把车行道与铺装层分开。

鉴于防水层的类型、制作与效果尚待进一步研究。因此，除了在北方严寒地区，在其他地区，为了防止渗水冰冻引起桥面破坏或在车行道板结构受拉区可能出现裂纹，防止渗水锈蚀钢筋时也设置防水层。一般在平原、气候温暖地区很少采用防水层，有的在三角形垫层上涂一层沥青玛蹄脂（也可涂以树脂），或在铺装层加铺一层沥青混凝土，或用防水混凝土做铺装层来增加防水作用。图9.35所示为两种不同的桥面铺装构造。

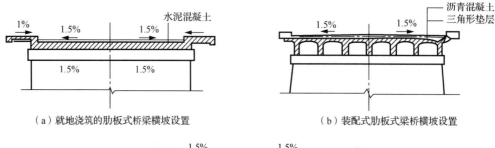

图 9.34　桥梁横坡的设置方法（尺寸单位：m）

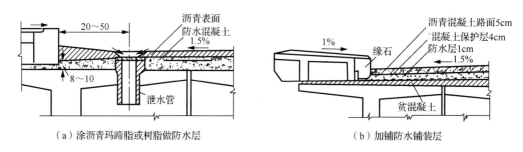

图 9.35　桥面铺装构造（尺寸单位：m）

9.2.3　桥梁伸缩装置

桥梁伸缩缝

伸缩装置是一种用于公路桥梁，为满足桥面形变，在两梁端之间、梁端与桥台之间或桥梁的铰接位置上设置的装置。伸缩装置的构造应满足下列要求：在平行、垂直于桥梁轴线的两个方向，均能自由伸缩；车辆驶过时应平顺，无突跳和噪声；牢固可靠；安装、检查、养护，清除污物要简易方便。

下面介绍公路桥梁和城市桥梁工程中几种常用的伸缩装置。

1. U形锌铁皮伸缩装置

U形锌铁皮伸缩装置是以锌铁皮为跨缝材料的伸缩装置（图 9.36），它将锌铁皮弯成断面是 U 形的长条，分上下两层，上层锌铁皮的弯形部分开有梅花眼，孔径 6mm，孔距 30mm。上层锌铁皮上放置石棉纤维过滤器，然后用沥青胶填塞。下层锌铁皮 U 形槽可将渗下的雨水排出桥外。这种伸缩装置构造简单，适用于中小跨径桥梁，伸缩变形量在 20～40mm。由于该装置结构欠牢靠，锌铁皮又容易锈蚀，短期使用后就会有不同程度的损坏，因此，近年来在桥梁上很少采用此装置。

第9章 梁 桥

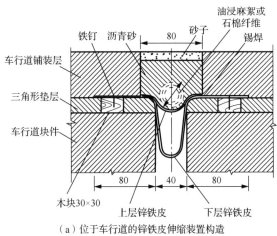 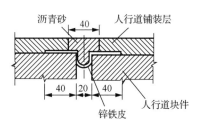

(a) 位于车行道的锌铁皮伸缩装置构造　　　　(b) 位于人行道的锌铁皮伸缩装置构造

图 9.36　锌铁皮伸缩装置的构造（尺寸单位：mm）

2．钢制伸缩装置

（1）板式钢板伸缩装置。

板式钢板伸缩装置（图 9.37）是以钢板为跨缝材料的伸缩装置。其构造是用一块厚度约为 10mm 的钢板覆盖在断缝上，钢板的一边焊在锚固于桥面内的角钢上，另一边可沿着对面的角钢面上自由滑动，在这一角钢的边缘处焊上一条窄钢板，以阻挡桥面沥青混凝土。它的适应伸缩变形量为 40～60mm。

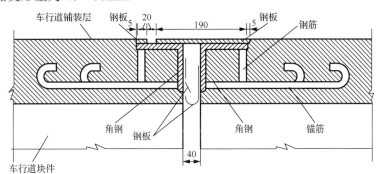

图 9.37　板式钢板伸缩装置（尺寸单位：mm）

（2）齿形伸缩装置。

齿形伸缩装置（图 9.38）由左右伸出的钢梳齿构成。由于梳齿为悬臂式，钢梳齿伸缩装置的伸缩变形量可在 400mm 以上。齿形有梳齿形和方齿形两种，梳齿形伸缩装置齿缝位于梁端的缝中间；方齿形伸缩装置齿缝位于梁端支座位的梁顶处。从适应梁端转角变形考虑，方齿形伸缩装置更易满足使用要求。齿形伸缩装置具有较好的耐久性。

3．橡胶伸缩装置

利用各种断面形状的优质橡胶带作为伸缩装置的填嵌材料，它既富于弹性，又易于安装和调换，同时能满足变形和防水要求。

图 9.39（b）是经过改进的橡胶板伸缩装置，它既克服了原有双孔橡胶带[图 9.39（a）]在伸缩时产生向上分力的缺点，又可以根据伸缩量的大小来调整橡胶板的宽度和伸缩槽的数量。

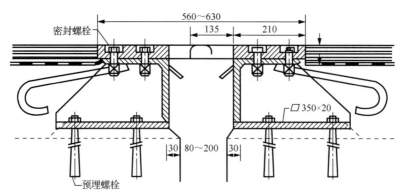

(a)梳齿形伸缩装置构造图

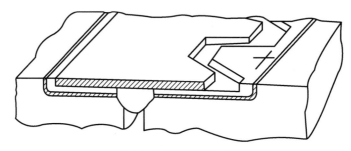

(b)梳齿形伸缩装置构造图

图 9.38　齿形伸缩装置（尺寸单位：mm）

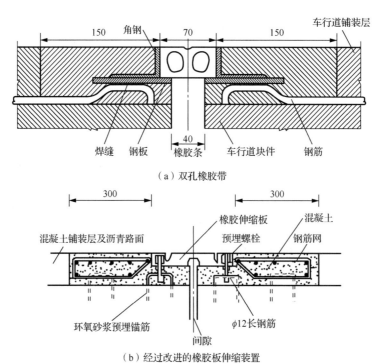

(a)双孔橡胶带

(b)经过改进的橡胶板伸缩装置

图 9.39　橡胶板伸缩装置（尺寸单位：mm）

4. 组合伸缩装置

图 9.40 所示为一种由橡胶和钢板或型钢组成的组合伸缩装置（也称毛勒缝）构造。其除了保留了橡胶和钢制伸缩装置的优点，还具有大位移量和模数化的优点。毛勒缝在伸缩缝平顺、耐久性方面具有明显的优势，近年来在桥梁上广泛采用。

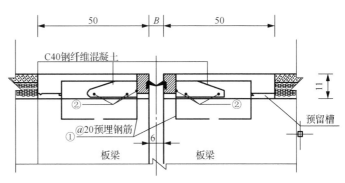

图 9.40　由橡胶和钢板或型钢组成的组合伸缩装置构造（尺寸单位：cm）

9.2.4　人行道栏杆与灯柱

城市桥梁及位于城镇和近郊的公路桥梁，应设置人行道。人行道宽度是由行人交通量决定的，可选用 0.75m 或 1.0m，大于 1.0m 时按 0.5m 倍数增加。行人稀少地区可不设人行道，为保障行车安全改用安全带。高速公路、一级公路上的桥梁一般不设人行道，但应在路缘和中央分隔带设置安全带。

1. 安全带

不设人行道桥梁的两边应设宽度不小于 25cm，高为 25～30cm 的护轮安全带。安全带可以做成预制块件或与桥面铺装层一起现浇。预制安全带有矩形截面和肋板式截面两种，如图 9.41 所示，以矩形截面最为常用。现浇的安全带宜每隔 2.5～3.0m 做一断缝，以免参与主梁工作而被破坏。

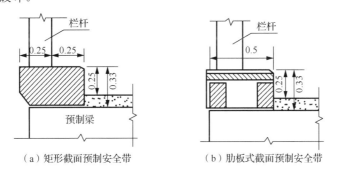

图 9.41　矩形截面预制安全带和肋板式截面预制安全带（尺寸单位：m）

2. 人行道

人行道一般高出车行道 25～35cm。图 9.42（a）所示为现浇悬臂板作为人行道板，用于跨径较小的现浇板梁桥中；图 9.42（b）所示为采用加高墩台盖梁的方法来抬高人行道板梁，一般用在装配式板桥中，可专设人行道板梁；在跨径较大的装配式板桥中，专设人行道板梁不经济，此时常预制一些人行道块件搁置于板梁上，形成人行道，如图 9.42（c）所示。

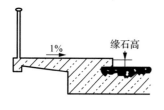 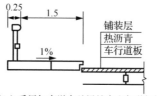 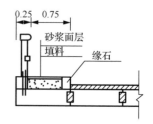

（a）现浇悬臂板作为人行道板　　（b）采用加高墩台盖梁抬高人行道板梁　　（c）预制块件搁置于板梁上

图 9.42　人行道的布置方式（尺寸单位：m）

在装配式肋板式梁桥中，人行道通常做成预制块件进行现场安装。预制块件可分为整体式和块件拼装式；安装方法可分为搁置式和悬臂式。

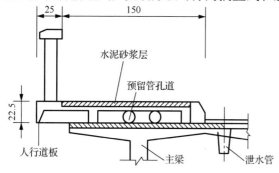

图 9.43 所示为一种整体搁置式预制人行道的构造，截面呈肋板式。人行道与车行道板之间无须联结，人行道板下可放置过桥的管线。

图 9.43　一种整体搁置式预制人行道的构造（尺寸单位：cm）

图 9.44 所示为一种分块悬臂式人行道的构造。人行道由人行道板、人行道梁、支撑梁及路缘石组成。人行道梁搁置在车行道的主梁上，一端悬臂挑出，另一端则通过预埋的钢板与主梁预留的锚固钢筋焊接得以固定。

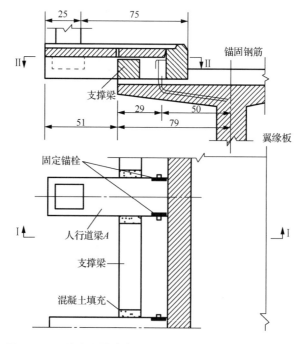

图 9.44　一种分块悬臂式人行道的构造（尺寸单位：cm）

人行道板顶面一般铺设 20mm 厚的水泥砂浆或沥青砂作为面层，并做成内倾斜的排水横坡，坡度为 1.4%～1.5%。在桥面伸缩缝竖面内，人行道（包括栏杆）也必须断开。

3. 栏杆与灯柱

栏杆是桥上保护行人的安全设施，要求坚固耐用。同时，栏杆又需要有一个美观大方的造型。

公路与城市桥梁的栏杆常用钢筋混凝土、钢、铸铁等材料制作。栏杆柱或栏杆底座要直接与浇筑在混凝土的预埋件焊牢，以增强抗冲击能力，同时，也要考虑栏杆经济适用，工序简单，互换方便。

栏杆高度一般为 80～120cm（标准高度为 100cm），栏杆间距一般为 1.6～2.7m（标准间距为 2.5m）。

城市及城郊行人和车辆较多的桥梁需要设置照明设备——灯柱。灯柱可以利用栏杆柱，也可单独设置在人行道内侧。照明用灯一般高出桥面 5m 左右。

4. 安全护栏

高速公路、一级公路上设置的桥梁安全护栏，可以有效地保护高速行驶的车辆在意外事故中不致严重损坏桥梁设施，尽量减少车辆毁坏和人员伤亡。桥梁安全护栏按防撞等级划分为 PL1、PL2、PL3 三级，每一防撞等级的安全护栏要求在相应设计条件下，避免出现失控车辆跃出护栏的情况。防撞等级由车辆碰撞速度、车辆质量、碰撞角度等设计条件确定，防撞等级级别越高，防撞保护要求越严格。防撞等级选用应视公路等级及需保护对象的重要程度等而定。桥梁安全护栏有多种构造，如图 9.45 所示。

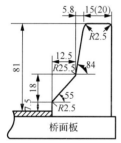
（a）钢筋混凝土墙式安全护栏

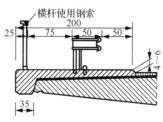
（b）金属制安全护栏

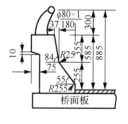
（c）组合式安全护栏

图 9.45 桥梁安全护栏构造（尺寸单位：mm）

9.3 梁桥的支座

桥梁支座是连接桥梁上部结构和下部结构的重要结构构件。它能将桥梁上部结构的反力和变形（位移和转角）可靠地传递给桥梁下部结构，从而使结构的实际受力情况与计算的理论图示相符合。

桥梁支座必须满足以下要求。

（1）具有足够的承载力，以保证安全可靠地传递支座反力。

（2）对桥梁变形的约束尽可能小，以保证结构在活载温度变化、混凝土收缩徐变等因素作用下能自由变形，使上下部结构的实际受力情况符合结构的力学图式。

（3）支座应便于安装、养护和维修，并在必要时进行更换。

9.3.1　固定支座与活动支座

按变形的可能性，梁桥的支座分为固定支座和活动支座两种。固定支座可将主梁固定在墩台的指定位置并传递竖向压力和水平力，以此保证主梁发生挠曲时在支承处能自由转动，如图9.46左端所示。活动支座仅传递竖向压力，以此保证主梁在支承处既能自由转动又能水平移动，如图9.46右端所示。

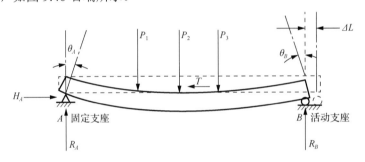

图 9.46　梁式桥的支座

按照静力图式，简支梁桥应在每跨的一端设置固定支座，另一端设置活动支座；多孔悬臂梁桥挂梁的支座布置与简支梁相同；连续梁桥应在每联中的一个桥墩（或桥台）上设置固定支座，其余墩台上均应设置活动支座。

固定支座和活动支座的布置，应以有利于墩台传递纵向水平力为原则。对于多跨的简支梁桥，相邻两跨简支梁的固定支座，不宜集中布置在一个桥墩上；若个别桥墩较高，为了减小水平力的作用，可在其上布置相邻两跨的活动支座。对于坡桥，宜将固定支座布置在高程低的墩台上。对于连续梁桥，为使全梁的纵向变形分散在梁的两侧，宜将固定支座设置在靠中间的桥墩上；若中间支点的桥墩较高或因地基受力等原因对承受水平力十分不利，可根据具体情况将固定支座布置在靠边的其他墩台上。

9.3.2　板式橡胶支座

板式橡胶支座

常见的板式橡胶支座如图9.47所示，支座的上、下两层（外层）为$\delta=2.5mm$的橡胶片，中间层（内层）为$\delta=5mm$的橡胶片，橡胶片间设有$\delta=2mm$的薄钢板作为加劲层。常用板式橡胶支座尺寸有：120mm×140mm，140mm×180mm、150mm×200mm。

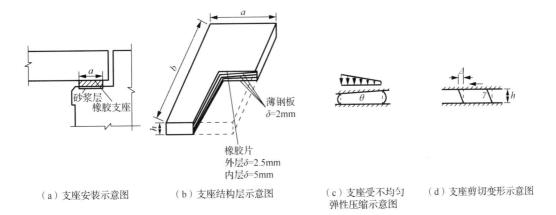

(a) 支座安装示意图　(b) 支座结构层示意图　(c) 支座受不均匀弹性压缩示意图　(d) 支座剪切变形示意图

图 9.47 常见的板式橡胶支座

目前常用于板式橡胶支座中的橡胶种类有：氯丁橡胶、天然橡胶和三元乙丙橡胶。氯丁橡胶的硬度要求为邵氏 55°～60°，它的耐老化性能差，因此在天然橡胶中需增加防老化剂及防臭氧剂。氯丁橡胶适用于温度不低于-25°C 的地区。

板式橡胶支座的容许压应力可达 10MPa，支承的竖向反力可达 100kN～10000kN，适用于中等跨径的桥梁。

板式橡胶支座的活动原理是：利用橡胶的不均匀弹性压缩实现转角θ，如图 9.47（c）所示，利用橡胶的剪切变形（剪切变形角γ）实现水平位移Δ，如图 9.47（d）所示。

板式橡胶支座有矩形和圆形两种。圆形板式橡胶支座一般用于弯桥和斜桥中，其具有以下优点。

（1）可满足上部结构各方向的变形要求。

（2）圆形支座没有应力集中现象。

（3）安装方便，可不考虑方向性。

板式支座安装时，为使橡胶支座受力均匀，应保证主梁底面和墩台顶面清洁平整。在水平荷载较大的情况下，为防止支座滑动，可在支座顶面和底面设置浅的定位孔槽，并使梁底和墩台顶预埋的伸出锚钉伸入定位孔槽加以固定，但锚钉不宜伸入支座过多，以免影响支座的活动性。支座的计算包括橡胶支座的平面尺寸计算、支座的厚度计算、支座的偏转验算及支座的抗滑稳定性验算。

当需要支座满足较大水平位移时，用聚四氟乙烯板式橡胶支座替代普通板式橡胶支座。聚四氟乙烯板式橡胶支座是按照支座平面尺寸大小，在普通式橡胶支座上黏附一层聚四氟乙烯板（厚 2～4mm）而成的。利用聚四氟乙烯板与梁底的不锈钢滑板可减小滑动系数，使得桥梁上部结构水平位移能够滑动自如。

9.3.3　盆式橡胶支座

如图 9.48 所示，盆式橡胶支座是由不锈钢滑板、聚四氟乙烯板、钢盆环、氯丁橡胶板、钢密封圈、钢盆塞、橡胶弹性防水圈等组装而成的。

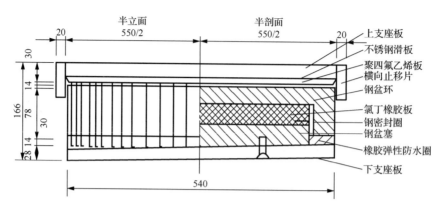

图 9.48 盆式橡胶支座的一般构造（尺寸单位：mm）

一般情况下，板式橡胶支座处于无侧限受压状态，故其抗压强度不高，加之其位移量取决于橡胶的容许剪切变形和支座高度，要求的位移量越大，支座就要做得越厚，所以板式橡胶支座的承载力和位移值受到一定限制。

盆式橡胶支座用钢盆中的橡胶板承压和转动，并将纯氯丁橡胶块放置在钢制的凹形盆内，橡胶处于有侧限受压状态，从而提高了支座的承载能力。盆式橡胶支座用聚四氟乙烯板和不锈钢滑板之间的平面滑动来适应桥梁的位移要求，由于聚四氟乙烯板与不锈钢滑板之间的相对摩擦系数小，更能起到活动支座的作用。

盆式橡胶支座构造简单、结构紧凑、滑动摩擦系数小、转动灵活，与一般的辊轴支座相比，具有重量轻、建筑高度低、加工制造方便、省钢材、降低造价等优点，因此盆式橡胶支座特别适宜在大跨径桥梁上使用。

9.4　梁桥的施工技术

梁桥的施工方法较多，常用的施工方法有整体浇筑法、逐孔施工法、悬臂施工法和顶推施工法。

9.4.1　整体浇筑法

整体浇筑法是在预先搭好的支架上，将梁体混凝土浇筑与预应力张拉同时完成。此法优点是梁体整体性好、结构受力明确、施工简单。但施工中需要大量的脚手架，设备周转次数少，施工周期长，往往要受季节影响。它适用于低矮桥墩的中小跨径连续梁桥、桥板变宽度和弯桥。

整体浇筑法的具体施工步骤如下。

1. 支架和模板

支架按构造可分为支柱式、梁式和梁柱式支架；支架按材料可分为木支架、钢支架、钢木混合支架和万能杆件拼装的支架等。

2. 浇筑

通常情况下，现场浇筑施工法一次灌注的混凝土工作量较大，需要连续作业，因此采用现场浇筑施工法的桥梁，在浇筑混凝土前要对模板、支架、钢筋和钢索位置、供料、拌制、运输系统、机械设备等进行周密的准备和严密的检查。施工期间要保证浇筑混凝土的整体性，并防止在浇筑上层混凝土时破坏下层混凝土，因此在浇筑混凝土时要有一定的速度，使上层浇筑的混凝土能在下层浇筑的混凝土初凝之前完成。

悬臂梁桥与连续体系梁桥就地施工时一般要分层或分段进行。一种施工方法是水平分层浇筑法，先浇筑底板，待达到一定强度后进行腹板施工，或直接先浇筑底板和腹板，然后浇筑顶板。当工程量较大时，各部分可分数次完成浇筑。另一种施工方法是分段浇筑法，根据施工能力，每隔一定距离设置连接缝，连接缝一般设在梁的弯矩较小的区域，待隔断混凝土浇筑完成后，最后在连接缝处施工合龙。

分段浇筑的顺序，应使支架沉降较均匀。对于支承处较高的梁，通常应从支承处向两边浇筑，这样还可以避免砂浆从高处向低处外溢的问题。分段浇筑时，大部分混凝土重力在梁体合龙之前已经发挥作用，这样可以减少支架早期变形和由此而引起的梁体开裂。

3. 养护和落架

浇筑混凝土后，要对混凝土进行养护。养护能促使混凝土硬化，获得规定的强度，并防止混凝土干缩引起裂缝，防止混凝土受雨淋日晒、受冻及受荷载的振动、冲击。由于混凝土在硬化过程中发热，在夏季和干燥气候下应进行湿润养护，而冬季则要保护其不受冻，采用加温养护。

梁的落架程序应从梁挠度最大处的支架节点开始逐步卸落，以使梁的沉落曲线逐步加大。通常连续梁可从跨中向两端进行；悬臂梁应先卸落挂梁及悬臂部分，然后卸落主跨部分。预应力混凝土连续梁在预应力筋张拉后恒载自重已能由梁本身承担时再落架。

9.4.2 逐孔施工法

逐孔施工法是把连续梁按跨分成简支梁或悬臂梁，先预制梁体和张拉部分预应力筋束（一般为正弯矩筋束），再将梁逐孔架设至墩台上。若先期结构（即未形成整体化以前的结构）为简支梁，安装时须先将梁支承在临时支座上；梁的整体化工作包括在梁端预留的孔道中，穿预应力筋束并张拉、锚固；浇筑接头混凝土以及将临时支座拆除，安装永久支座后，即完成将简支梁串联成连续梁的工作。若先期结构为悬臂梁，则需将中孔挂梁搁置在悬臂牛腿或临时支架上，就地浇筑湿接头混凝土，张拉为整体化所需要的预应力筋束后，即完成将悬臂梁串联成连续梁的工作。这种连续梁的施工方法俗称先简支后连续的施工方法。

有时为了施工简便，将为整体化所需要的预应力筋束（即支点负弯矩筋束）用非预应力的普通钢筋代替。这种施工方法的优点是可以减少现场浇筑混凝土的工作量，节省支架材料，适用于中等跨径、每片梁可以整片安装的情况。但它的自重仍是按简支梁或悬臂梁结构产生内力，因此不能充分体现连续梁的特点。图9.49所示为移动式逐孔施工法简图。

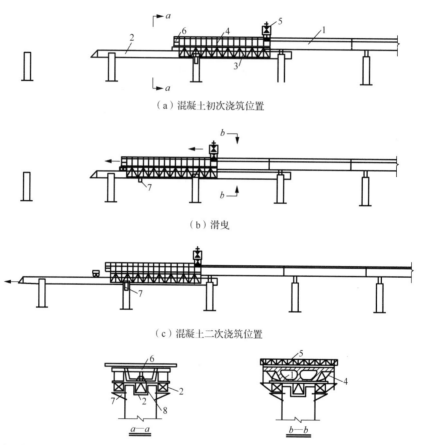

1—已完成的梁；2—导梁；3—承重梁；4—模梁；5—悬吊台车；6—支撑台车；7—支撑托架；8—墩顶槽口

图 9.49 移动式逐孔施工法

9.4.3 悬臂施工法

梁式桥悬臂施工法

悬臂施工法也称逐段施工法，它是在已建成的桥墩上，沿桥梁跨径方向对称逐段地拼装或浇筑的施工方法。采用悬臂施工的必要条件是在施工过程中，需要将墩与梁先行固结，此时结构的受力状态呈T形刚构状；当边孔合龙将最后块件放置在支座上时，形成一端固结、一端简支的单侧固端梁；拆除梁与墩先行固结的锚固筋，放置支座形成铰接后，此时梁呈单悬臂梁，两跨以上悬臂梁合龙后呈最后的连续梁受力状态。

悬臂施工法通常分为悬臂浇筑施工和悬臂拼装施工两类。

1. 悬臂浇筑施工

悬臂浇筑施工是在桥墩两侧对称逐段地浇筑，待混凝土达到一定的强度后，对预应力筋束进行张拉，待结构稳定后，移动机具模板（挂篮），再继续进行下一梁段的浇筑，一直推进到悬臂端为止。图9.50所示为悬臂浇筑施工结构。

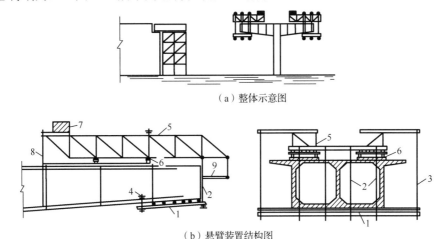

(a) 整体示意图

(b) 悬臂装置结构图

1—底模板；2、3、4—悬吊系统；5—承重系统；6—行走系统；7—平衡重；8—锚固系统；9—工作平台

图 9.50 悬臂浇筑施工结构

悬臂浇筑每一梁段的施工周期为7～10d，随工作量、设备、气温等而异。提高混凝土早期强度对有效缩短施工循环周期有着重要的作用。

2. 悬臂拼装施工

悬臂拼装施工是将块件分段预制，当下部结构完成后，将预制块件运到桥下，用活动吊机逐段起吊，拼装就位，施加预应力，使其逐段对称延伸为悬臂梁。悬臂拼装的基本施工程序是：块件预制、块件移动、块件堆存及运输块件起吊拼装。图9.51所示为悬臂拼装施工结构。

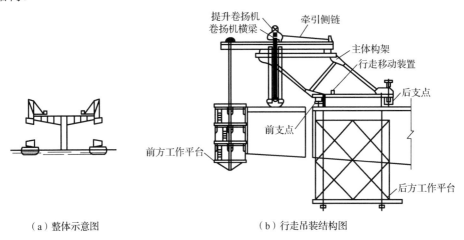

(a) 整体示意图　　(b) 行走吊装结构图

图 9.51 悬臂拼装施工结构

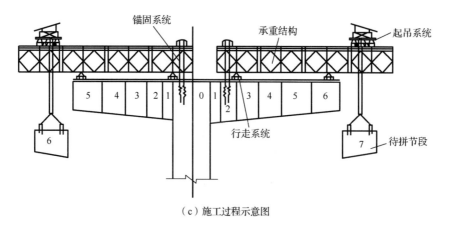

（c）施工过程示意图

图 9.51　悬臂拼装施工结构（续）

9.4.4　顶推施工法

顶推施工法是在沿桥纵轴方向的台后设置预制场地，分阶段预制，并用纵向预应力筋将预制阶段与前阶段施工完成的梁体连成整体，然后通过水平千斤顶施力，将梁体向前顶推出预制场地，继续在预制场地进行下一阶段梁的预制，直至施工完成（图 9.52）。

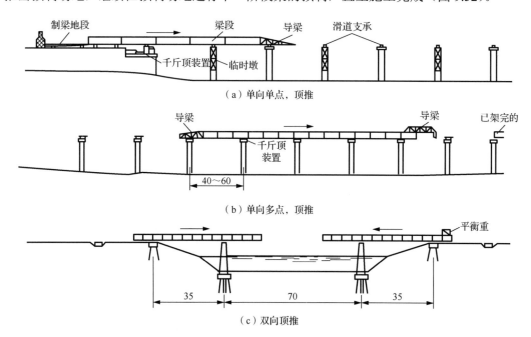

图 9.52　顶推施工（尺寸单位：m）

1．顶推施工法的要点

（1）采用顶推施工法，要在沿桥的纵向台后设置一个固定的预制场地。顶推由水平千斤顶完成。

（2）要想用有限的顶推力将庞大的梁体顶推就位，必须有摩擦系数很小的滑移装置才能实现。目前，顶推施工法采用不锈钢滑道与聚四氟乙烯滑块装置，它们的摩擦系数为 0.015～0.065。

（3）分段预制，逐段顶推。逐段顶推施工宜在等截面的预应力混凝土连续梁中使用，也可在组合梁和斜拉桥的主梁上使用。采用顶推施工法，设备简单、施工平稳、无噪声、施工质量好。顶推施工法适用于深谷、宽深河道上的桥梁、高架桥以及等曲率曲线桥、带有竖曲线的桥和坡桥。

（4）在顶推施工过程中，每个截面都要经历最大的正弯矩和最大的负弯矩。为了照顾运营与施工阶段的受力要求，顶推施工法比其他施工方法在配筋上的应用要广些。如果要减小施工的弯矩，可在施工中采用一些辅助措施，如使用临时墩，可以减小梁的顶推跨径；若在梁的前端设置钢导梁，可减小顶梁的悬臂长度；采用斜拉梁体避免悬臂段产生过大弯矩等。

2．顶推过程

顶推施工法是周期性的反复操作过程，包括以下三个主要环节。

（1）浇筑梁段混凝土。

浇筑梁段混凝土是在桥台后面地基坚实可靠的固定场地上进行的，也可在刚性较好的拼装支架上完成。每块梁段都紧接前一块梁段浇筑。同一块梁段可以一次浇成；对于块件较大者，也可以分两次完成。首先是底板混凝土，顶推出一块梁段后，在原底模板上继续浇筑下一节底板混凝土；同时，在前一节底板混凝土上浇筑腹板和顶板。底模板制作必须方便移动。可在梁块两侧 0.5m 采用钢模板，中间部分采用木模板，在混凝土底板滑移前，先将木模板降落，再脱离梁体，此时，已与前段梁体成为整体的底板就只在钢模板上滑移。

为了缩短顶推周期，对混凝土可采取早强措施，这时混凝土仅需 2～7d 就可达到顶推强度。

（2）张拉预应力筋束。

在浇筑混凝土之后，顶推之前，必须穿预应力筋束并且进行张拉，此部分预应力筋束仅仅是为了满足块件之间连接的要求，以及在顶推过程中抵消梁体自重产生的弯矩。此时的预应力筋束只是一部分。某些筋束也可能只张拉部分应力，还有些筋束仅是为了顶推需要而设置的临时预应力筋束，待顶推就位，放松部分临时预应力筋束和拆除辅助设施后，再张拉后期预应力筋束。

（3）顶推。

顶推装置是由垂直千斤顶、滑架、滑台（包括滑块）、水平千斤顶组成的。

顶推装置一般设置在紧靠梁段预制场地的桥台或支架上的梁底处。滑架长约 2m，固定在桥台或支架上，用粗糙度为 0.8 的镀铬钢板支撑。滑台是钢制方块体，其顶面垫以氯丁橡胶块承托着梁体，滑台与滑架之间垫有滑块，滑块由氯丁橡胶板下面嵌聚四氟乙烯板组成。顶推时，开动液压泵，驱动水平千斤顶推动滑台，由于滑台顶面的橡胶垫块与梁底之间的摩阻力大于滑架与滑块之间的摩阻力，故水平千斤顶能够顺利地推动滑台顶着混凝土梁体前进。水平千斤顶行程一般为1～2m，每顶完一个过程，即用垂直千斤顶将梁顶起，梁体离开滑台，水平千斤顶回油后，将滑台退回，随后垂直千斤顶回油，梁体下落到滑台上，开动油泵后，水平千斤顶继续向前顶推，开始下一个顶推过程。顶推是需要严格控制梁体两侧千斤顶同步运行的。为防止梁体偏移，通常在梁体旁边隔一定距离设有导向装置。

全桥纵向只设一个顶推装置的称为单点顶推施工法。近年来，也常采用多点顶推施工法。

由立模、浇筑到顶推张拉，一个循环需6～8d；顶推完毕就位后，拆除顶推用的临时预应力筋束，张拉通长的纵向预应力筋束以及在顶推时未张拉到设计值的筋束；然后灌浆、封端，安装永久支座，落梁，主体工程完成。

第10章 拱桥

10.1 概述

拱桥是公路上常见的桥梁体系之一，其应用之广泛性仅次于梁桥。我国拱桥历史悠久，其建造工艺在民间流传久远，存留至今的古石拱桥不下百座。

从20世纪90年代起，我国拱桥已跃居世界领先行列，其主要标志如下。

（1）拱桥类型多样化居世界首位。

（2）开创了无支架施工与转体施工的先进工艺。

（3）大跨径拱桥数目最多。其中，有些拱桥还创造了新的跨径最大纪录，例如，1990年建成的湖南乌巢河大桥，双肋石拱桥，主跨120m；1997年建成的重庆万县长江大桥，现名万州长江大桥，箱形拱，跨径420m；1995年建成的贵州江界河桥，桁架拱，跨径330m；1996年建成的广西邕宁邕江大桥，现名蒲庙大桥，拱肋，主跨312m；2000年建成的广东广州丫髻沙大桥，钢管混凝土桁架，主跨360m；2003年建成的四川巫山长江大桥，钢管混凝土中承式无铰拱，主跨492m；2003年建成的上海卢浦大桥，钢拱，主跨550m。2007年建成的重庆朝天门大桥，主跨552m；2011年建成的浙江宁波明州大桥，主跨450m；2015年建成通车的广东横琴二桥，主跨400m；2019年建成的湖北秭归长江大桥，跨径531.2m；2019年建成的云南大瑞铁路怒江特大桥，该大桥采用跨度为490m的钢桁拱梁；2020年在广西建成的平南三桥，中承式钢管混凝土拱桥，主跨575m；目前在建的武两高速凤来特大桥，是主桥为580m的跨上承式钢桁拱桥。

10.1.1 拱桥的工作特点与适用范围

拱桥与梁桥的区别不仅在于外形不同，而且在受力性能上两者也有本质的差别。

1. 拱桥的力学性能

这里选取同跨径的双铰拱与简支梁进行比较。

（1）内力在竖向荷载 $P_1 - P_i$ 作用时。简支梁在支承处只产生竖向反力 V_A；而拱桥支承处不仅产生竖向反力 V_A，而且还产生水平向反力 H。双铰拱、简支梁受力比较如图 10.1 所示。

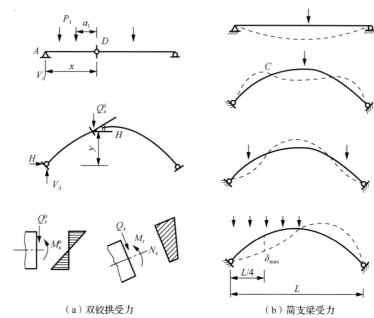

（a）双铰拱受力　　　　　　　　　　（b）简支梁受力

图 10.1　双铰拱、简支梁受力比较

由 10.1 可知，双铰拱有推力结构。由于水平力的存在，使拱截面的弯矩大为减小，主要承受轴力 N_x，属于偏心距受压结构，其全截面应力分布远比受弯结构的简支梁均匀。

（2）变形。

简支梁在任意位置竖向荷载作用下将全跨下挠，产生同向变形；而拱轴线将产生复杂的反向挠曲，其形状随竖向荷载的加载位置和对称与否而异。

对称加载时，拱轴线发生正对称反向挠曲，其变形为零的点位称为反弯点，试验研究表明，反弯点位置随拱矢度（f/l）的变化而有所变动，但均趋近于 0.3。

非对称半跨加载时，拱轴线将产生反对称 S 形挠曲，$L/4$ 的位置变形最大，这是拱最易丧失稳定性的不利工况。

在拱施工过程中，保证对称、均衡加载是非常重要的，加载不仅本跨内要对称，以避免出现不利的反对称挠曲，而且相邻各跨之间也要对称，以免出现不平衡推力，危及桥墩基础和上部结构的安全。

2. 拱桥的特点

（1）自重较大，结构比梁桥复杂。

（2）下部结构负担重，对地基要求高。拱的巨大推力将使墩台及基础产生不利的力矩，使其截面应力分布严重不均。

（3）跨越能力较大。拱桥能够发挥全截面材料的抗力性能，使其跨越能力增大。

（4）桥形美观。拱体曲线与桥面直线的协调配合和远山近水、城市风华互相映衬烘托。

拱桥工作原理

（5）节约钢材。与钢桥、钢筋混凝土梁桥相比，可节约大量钢材。

（6）耐久性好，养护维修费用低。

（7）建筑高度大。由于矢高（f）的存在，大大提高了拱桥的桥面高程，相应导致两岸接线引道工程量增大，在城市与平原地区，这个问题尤为突出。

（8）材料适应性强。拱是受压为主的结构，故抗压能力强而抗拉能力弱的石、混凝土等圬工材料可用于拱桥修建。

3．拱桥的适用范围

尽管今后梁桥建设比重将不断增加，但拱桥仍是现阶段桥梁的主要形式之一，它主要用于地基条件好、可就地取材的山区；侧重美学要求的城市和风景区；需要修建大跨径桥梁的山谷、河道等处。

10.1.2 拱桥的主要类型

我国建造拱桥的历史悠久，使用极其广泛，相对于其他桥型，拱桥类型极为多样。拱桥依据不同的分类标准有着不同的分类方法，见表10.1。

表10.1 拱桥分类表

分类方法	桥梁类型
按主拱圈（板、肋、箱）使用的材料	圬工拱桥、钢筋混凝土拱桥和钢拱桥等
按拱上建筑的形式	实腹式拱桥和空腹式拱桥
按主拱圈拱轴线的形式	圆弧线拱桥、抛物线拱桥或悬链线拱桥等
按桥面的位置	上承式拱桥、下承式拱桥和中承式拱桥
按结构体系	简单体系拱桥、组合体系拱桥和其他类型

各类拱桥特点具体如下。

1）简单体系拱桥

简单体系拱桥的桥上荷载（恒、活载）由主拱单独承受，其推力传向墩、台及基础。按照承重结构与桥面系的相对位置不同，可以做成上承式拱桥、下承式拱桥（无系杆拱）或中承式拱桥（图10.2）。

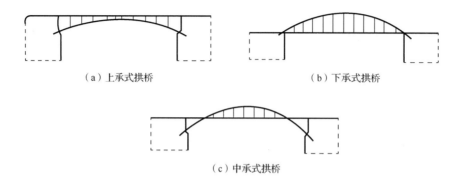

图 10.2 拱桥承重结构位置

按主拱圈静力图式分类，拱桥可分为无铰拱［图 10.3（a）］，两铰拱［图 10.3（b）］和三铰拱。

（1）无铰拱。

无铰拱结构整体刚度大、稳定性好、构造简单、施工方便。在荷载作用下，拱沿跨弯矩分布较为均匀，故工程中应用广泛。但因其结构为三次超静定，温度作用、混凝土收缩徐变作用、拱脚变位等会在拱体内产生较大的附加内力。

（2）两铰拱。

两铰拱为一次超静定，故基础位移、温度作用、混凝土收缩徐变作用等引起的拱内附加内力比无铰拱的小，故可用于地基条件较差或坦拱的情况。但铰的设置使构造复杂、施工困难，降低了整体刚度。

（3）三铰拱。

由于三铰拱拱顶的设置使拱挠曲线在拱顶转折，增大了车辆的冲击力，对行车不利，因此在施工期内临时设铰以消除拱体附加内力，现在建成的拱桥已很少采用三铰拱。

2）组合体系拱桥

在拱桥桥跨结构中，桥面系的车行道梁与主拱通过吊杆连成一体，共同受力，称为组合体系拱桥。为了降低桥面的建筑高度，常采用下承式或中承式布置。

拱的推力是由车行道梁承受的，故墩台不承受水平推力，只承受通过支座传来的竖向力，作为无推力结构，大大减轻了其下部结构的负担。

按照拱结构与梁截面刚度比和吊杆形状的不同，可分为系杆拱、朗格尔拱、洛泽拱和尼尔森拱，如图 10.3（c）至图 10.3（f）所示。

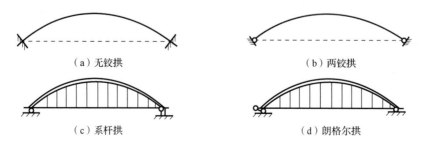

图 10.3 拱桥按结构体系的类型划分

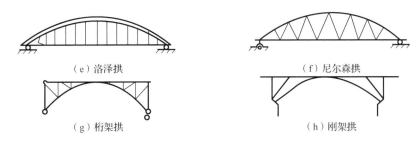

(e) 洛泽拱　　　　　　　　　　(f) 尼尔森拱

(g) 桁架拱　　　　　　　　　　(h) 刚架拱

图 10.3　拱桥按结构体系的类型划分（续）

(1) 系杆拱。

具有竖直吊杆的柔性梁刚性拱叫作系杆拱。

柔性梁刚性拱（$E_aI_a/E_bI_b \geqslant 1/80$），竖直吊杆。这里，$E_aI_a$ 为拱截面抗弯刚度，E_bI_b 为车行道梁截面抗弯刚度。

(2) 朗格尔拱（刚梁柔拱）。

刚性梁柔性拱组合（$E_aI_a/E_bI_b \leqslant 1/80$），竖直吊杆。

(3) 洛泽拱。

刚性梁、刚性拱组合，两者刚度相当，其比值为 1/80～80，竖直吊杆。

(4) 尼尔森拱。

当系杆拱、朗格尔拱和洛泽拱以斜吊杆替代竖直吊杆时，称为尼尔森拱。

主拱沿拱轴线可以做成等截面拱和变截面拱的形式。所谓等截面拱就是沿桥跨方向主拱圈上垂直于拱轴线的横截面尺寸是相同的，如图 10.4（a）所示；变截面拱的主拱圈横截面尺寸从拱顶到拱脚是逐渐变化的。对于无铰拱，通常采用由拱顶到拱脚逐渐增大的变截面形式，如图 10.4（b）所示。三铰拱或两铰拱常采用镰刀形的变截面形式，如图 10.4（c）和图 10.4（d）所示，是因为三铰拱或两铰拱约在四分之一跨径或跨中处内力最大。

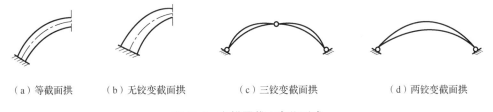

(a) 等截面拱　　　(b) 无铰变截面拱　　　(c) 三铰变截面拱　　　(d) 两铰变截面拱

图 10.4　主拱圈截面变化形式

3）其他类型拱桥

上边缘与桥面纵向平行，下边缘是拱形的有推力结构称为拱片，它将拱与拱上建筑合为一个整体而共同承载，仅能用于上承式拱桥。依据桥宽的不同，拱片桥（图 10.5）由不同数目的拱片构成，其间用横向联系联结。

(1) 根据拱片结构不同的组成形式，拱桥分为桁架拱桥和刚架拱桥。

① 桁架拱桥。

桁架拱桥由跨中实体段、上弦、下弦（拱肋）、腹杆（斜、竖杆）组成。

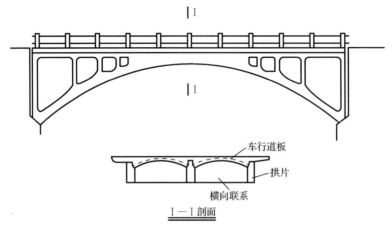

图 10.5 拱片桥

② 刚架拱桥。

刚架拱桥由跨中实体段、主拱腿、次梁、斜撑组成。

（2）根据主拱截面形式，拱桥可分为板拱桥（包括异形板拱桥）、肋拱桥、双曲拱桥、箱形拱桥、钢管混凝土拱桥、劲性骨架混凝土拱桥等。

① 板拱桥。

板拱桥［图 10.6（a）和图 10.6（b）］的主拱横截面是整块的实体矩形。板拱桥的构造简单，施工方便，至今仍在使用。在相同截面积的条件下，实体矩形截面比其他形式截面的截面抵抗矩小，材料的强度没有得到充分利用。

② 肋拱桥。

肋拱桥［图 10.6（c）］是将整块的矩形实体截面划分成两条（或多条）分离式的肋，以加大拱圈截面的高度而形成由几条肋组成的拱桥。肋拱桥材料用量一般比板拱桥经济，且能够节省材料，减轻结构自重，但构造比板拱桥复杂。

③ 双曲拱桥。

双曲拱桥［图 10.6（d）］主拱圈的横截面是由数个横向小拱组成，使主拱圈在纵向及横向均呈曲线形。双曲拱截面的抵抗矩比相同截面的实体板拱大，因此可以节省材料，减轻结构自重。

④ 箱形拱桥。

箱形拱桥［图 10.6（e）］将实体的板拱截面挖成空心箱形截面，故称为箱形拱或空心板拱。由于截面挖空，使箱形拱的截面抵抗矩较相同截面板拱的截面抵抗矩大得多，从而大大减小弯矩引起的应力，节省较多材料。

⑤ 钢管混凝土拱桥。

钢管混凝土拱桥［图 10.6（f）］属于钢-混凝土组合结构中的一种，钢管混凝土主要用于以受压为主的结构，因为其受力特点，所以用它来做主拱，因而主拱截面及其宽度相对减小，这样可以减小桥面上由承重结构所占的宽度，提高了中承式拱桥、下承式拱桥的桥面宽度的使用效率。

⑥ 劲性骨架混凝土拱桥。

劲性骨架混凝土拱桥与普通钢筋混凝土拱桥的区别为，前者以钢骨拱桁架作为受力筋，它可以是型钢，也可以是钢管。采用钢管作劲性骨架的混凝土拱又称内填外包型钢管混凝土拱，如图 10.6（g）所示。它主要用在大跨径拱桥中，同时也解决了大跨径拱桥施工的自架设问题，即首先架设自重轻，刚度、强度均较大的空钢管骨架，然后在空钢管内压注混凝土形成钢管混凝土，使骨架进一步硬化，最后在钢管混凝土骨架上外挂模板，浇筑外包混凝土，形成钢筋混凝土结构。

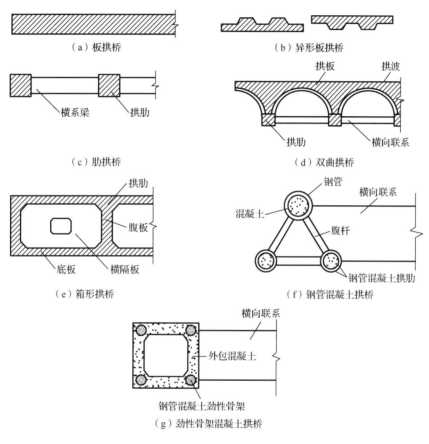

图 10.6 主拱圈横截面形式

10.1.3 拱桥的基本组成

拱桥由上部结构（桥跨）和下部结构（墩台、基础）组成。现以石拱桥为例加以说明，图 10.7 所示为拱桥主要组成部分的名称。

1．上部结构

拱桥上部结构又称桥跨结构，由主拱、拱上建筑和桥面系组成。

1）主拱

主拱是拱桥上部结构的主要承重构件。它承受拱桥上部结构全部恒重和桥上通行的车辆、人群活载，并由其拱脚传向下部结构，又称主拱圈。

主拱的跨中截面位置最高，称为拱顶。主拱与墩台的连接截面位置最低，称为拱脚。主拱的上、下曲面分别称为拱背与拱腹。拱脚与拱腹的交线称为起拱线，其高程为拱桥的重要控制高程。

主拱各法向截面形心点的连线即拱轴线，合理选择拱轴线形是拱桥设计的关键所在。

两拱脚最低点间的水平距为拱桥净跨径（l_0），拱脚、拱顶两截面最低点间的垂直距为净矢高 f_0；两拱脚截面形心点间的水平距离称为计算跨径 l；拱脚、拱顶两截面形心点之间的垂直距离称为计算矢高 f；f/l 称为拱桥的矢跨比（拱矢度），它是判定拱桥高矮的重要指标，$f/l>1/5$ 的拱称为陡拱，$f/l<1/5$ 的拱称为坦拱。

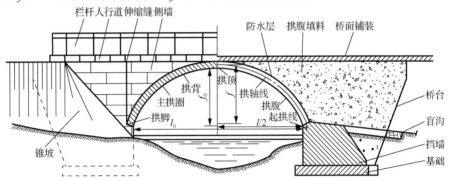

（a）拱桥结构图

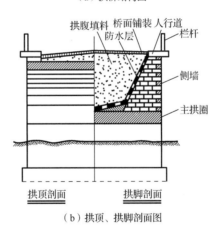

（b）拱顶、拱脚剖面图

图 10.7 拱桥主要组成部分的名称

2）拱上建筑

由于主拱圈是曲线形，一般情况下车辆无法直接在弧面上行驶，所以在车行道系与主拱圈之间需要有传递荷载的构件和填充物。主拱圈以上的车行道系和传载构件或填充物称为拱上建筑。

拱上建筑的类型有实腹式和空腹式两种，实腹式的拱上建筑是将整个拱上空间充满材料，构造简单而自重较大，用于 $l \leqslant 20\,\mathrm{m}$ 的小跨；空腹式的拱上建筑是将拱上空间部分挖空以减轻自重，但构造复杂，用于 $l \geqslant 30\,\mathrm{m}$ 的中、大跨。

3）桥面系

桥面系包括车行道、人行道及栏杆、排防水设施、伸缩缝与变形缝等。

2．下部结构

拱桥下部结构由桥墩、桥台及其下的基础组成。

10.2 拱桥构造

10.2.1 主拱构造

1．板拱

拱桥的主拱采用全宽的实体矩形截面时，称为板拱（拱圈）。根据所用建筑材料的不同，板拱可分为石拱圈和混凝土拱圈等。

石拱圈可以就地取材，利用开采的天然石料加工成一定规格尺寸的拱石，通过砂浆砌筑而成。由于石料的开采与加工很难机械化，因此人工耗费多，工期长。混凝土拱圈可用现场整体浇筑或预制砌块拼装的方法施工，能够缩短工期。

1）石拱圈

拱圈沿跨径方向的辐射线划分为楔条，各楔条再分别沿高度与拱宽方向划分为拱石，拱石上宽下窄呈楔形。

（1）拱石规格。

石拱桥的主拱圈通常都成实体的矩形截面，按照拱圈的石料规格、尺寸、形状与加工精度的不同，拱石可分为料石板拱拱石、块石板拱拱石及石板拱拱石。

对于料石板拱拱石，其厚度（拱轴方向）不小于200mm，高度应为厚度的1.5~2倍，长度为厚度的1.5~4倍。当拱石上下砌缝宽度相差超过30%时，拱石宜制成楔形，否则可制成矩形。对于块石板拱拱石可制成大致方正的形状，厚度不小于200mm，高度为厚度的1~1.5倍，长度为厚度的1.5~3倍。拱石上下的弧线差可用灰缝宽度调整。对于片石板拱拱石，厚度不小于150mm，将尖锐突出部分敲击平滑即可。

（2）砌筑砂浆。

砌筑用的砂浆标号$M \geqslant 7.5$号，有水泥砂浆、混合（水泥加石灰）砂浆与小石子混凝土等种类。混合砂浆不能用于结构浸水部位，小石子混凝土的碎石粒径不宜大于2cm。

（3）拱石编号与砌筑。

根据设计的要求，石拱圈可以建成等截面圆弧线拱圈、等截面或变截面的悬链线拱圈。为便于拱石的加工，用粗料石砌筑拱圈时，根据拱轴线形式的不同，需将拱石分别进行编号。等截面圆弧线拱圈因截面相等,又是单心圆弧线,拱石规格较少,编号比较简单,如图 10.8(a)所示。等截面悬链线拱圈的内外弧线与拱轴线平行,拱石编号大为简化,同时,还可采用多心圆弧线代替悬链线放样,如图 10.8(b)所示。

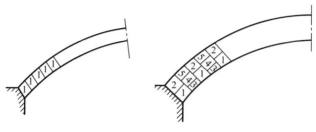

(a)等截面圆弧线拱圈拱石编号　　(b)等截面悬链线拱圈拱石编号

图 10.8　等截面圆弧拱和等截面悬链线拱拱圈的拱石编号

拱石的型号取决于拱轴线形与拱圈是否为变截面。等截面圆弧线拱圈的拱石型号最少,因圆弧线拱轴使各楔条横向面斜率不变,且拱圈厚度沿跨径一致;等截面悬链线拱圈拱石型号其次;当采用变截面悬链线拱圈时,由于截面发生变化,拱石类型较多,导致编号较复杂,因此变截面悬链线拱圈拱石型号最多,如图 10.9(a)所示。为减少拱石型号,等截面悬链线拱圈在施工放样时常用多心圆弧线代替,如图 10.9(b)所示。

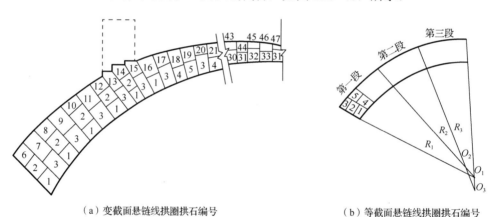

(a)变截面悬链线拱圈拱石编号　　(b)等截面悬链线拱圈拱石编号

图 10.9　悬链线拱的拱圈拱石编号

砌筑料石拱圈,根据受力的需要,构造上应满足以下几点要求。

① 拱石受压面的砌缝应是辐射方向,即与拱轴线相垂直。这种辐射方向的砌缝一般可做成通缝,不必错缝。

② 为保证拱圈受力整体性,当拱圈厚度不大时,可采用单层拱石砌筑,如图 10.10(a)所示;当拱圈厚度较大时,拱石砌筑应沿拱圈高度和横向设置错缝,其错缝间距不小于 10cm,如图 10.10(b)和图 10.9(c)所示。

③ 砌缝是砌体的薄弱环节,因其砂浆发生凝缩且易受雨水浸蚀和风化,故拱圈砌缝宜小,其缝宽不应大于 2cm。

④ 为实现拱圈与墩台或拱上立墙的可靠连接，防止石料出现锐角而压坏，应采用五角石或现浇混凝土拱座和底梁，如图 10.11 所示。

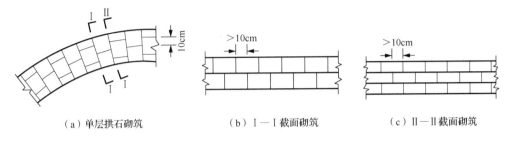

图 10.10　拱石错缝砌筑

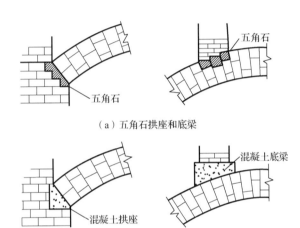

图 10.11　拱圈与墩台及腹拱圈连接

当用块石或片石砌筑拱圈时，应选择较大的平整面与拱轴线垂直，并使石头的大头向上、小头向下。石块间的砌缝必须相互交错，较大的缝隙应用小石块嵌紧。同时还要求砌缝用砂浆或小石子混凝土灌满。

（4）拱圈稳定性要求。

拱圈是受压的曲板体，限定其宽跨比（B/L）不应小于 1/20。

拱圈宽度一般为桥面车道宽与人行道宽度之和。拱圈宽度的减小，不仅将节约拱圈用材和减轻上部结构自重，而且能够减轻下部结构负担。

减小拱圈宽度的结构措施如图 10.12 所示。

① 采用钢筋混凝土悬臂或挑梁将人行道挑出，前者挑出长不大于 1m，后者挑出长 1.5~2m，如图 10.12（a）所示。

② 拱圈用孪拱，即用两条相互分离的拱带代替拱圈。拱带宽 b 远小于拱圈宽 B，为保证孪拱的横向稳定，两条拱带之间应设置横系梁，其沿跨纵向间距为 3~5m。两条拱带间的拱上空间，实腹段以小拱跨盖，空腹段则在立墙上面以纵横梁格系跨盖。

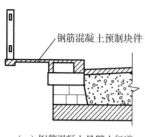
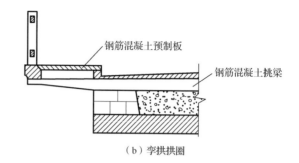

（a）钢筋混凝土悬臂人行道　　　　（b）孛拱拱圈

图 10.12　拱圈减宽措施

2）混凝土拱圈

（1）素混凝土拱圈。

整体现浇素混凝土拱圈因拱内收缩应力大，受力不均，拱架、模板木材用量大，工期长，质量不易控制，故较少采用。预制砌筑就是将混凝土路面板拱划分成若干块件，然后预制混凝土块件，最后将块件砌筑成拱。预制砌块在砌筑前应有足够的养护期，以消除或减少混凝土收缩的影响。

预制拱圈横截面的块件划分为基肋块、中间块及边块三种。

基肋块宽度 b' 取拱圈宽 B 的 1/5～1/4，为保证挂砌的中间块不致下滑与外倾，其斜面设置企口，且其重心应在已砌筑合龙的成拱拱宽边缘以内。通常，中间块重心位置与成拱边缘间的最小距离不应小于 10cm。混凝土预制块悬砌拱圈是目前常用的素混凝土拱圈，其施工工序如下。

① 沿桥轴中线附近设置宽为（b+工作宽）的窄拱架。

② 纵向砌筑基肋块合龙成拱，它在此后的挂砌施工中具有导向和承担挂砌中间块重量的作用。

③ 横向左右对称依次挂砌各中间块，纵向合龙成拱。

④ 横向对称挂砌边块，纵向合龙成拱。

⑤ 用混凝土填平各中间块、边块之间的余留缺空。

混凝土预制块悬砌拱圈可免除拱石开采加工的繁重工作，拱架材料用量可节省 2/3，工期缩短，工程效益显著。

（2）钢筋混凝土拱圈。

与素混凝土拱圈相比，钢筋混凝土拱桥的拱圈可以设计成较小的板厚，其构造简单、外表整齐、轻巧美观，如图 10.13 所示。根据桥宽的需要，可做成单条整体拱圈或多条平行板（肋）拱圈，施工时可反复利用一套较窄的拱架与模板来完成，大大节省了材料。

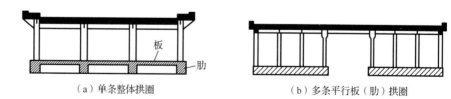

（a）单条整体拱圈　　　　　　　　（b）多条平行板（肋）拱圈

图 10.13　钢筋混凝土拱圈截面

钢筋混凝土等截面板拱的拱圈高度可按跨径的 1/70～1/60 初步拟定，跨径大时取小者。

2．拱肋

拱肋是用两条或多条相互分离的平行拱肋来代替拱圈。为保证肋拱桥的横向稳定，各分离拱肋之间应设置横系梁，其沿纵向布设位置为拱顶和各拱上立柱的下方，同时，左、右两外侧拱肋外缘间的距离，不应小于跨径的 1/20。

如图 10.14 所示，拱肋配以空腹拱上建筑，上部结构重量大为减轻，拱肋承受的恒载内力减小，而活载内力比重增大，肋内钢筋可较充分地承受拉应力。肋拱桥跨越能力较大，常用于陡拱高桥。

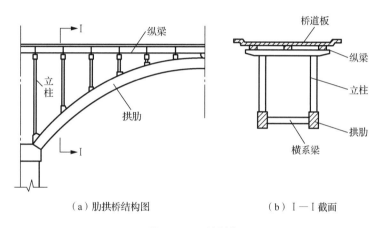

（a）肋拱桥结构图　　　　　　（b）I－I 截面

图 10.14　肋拱桥

拱肋截面根据跨径的大小和荷载的等级，可以选用矩形、I 形与箱形等截面（图 10.15）。矩形截面施工简便，常用于中、小跨径肋拱桥，其肋高 $h=(1/60～1/40)L$，L 为拱肋跨径，而肋宽 $b=(0.5～2)h$；I 形与箱形的截面核心距比矩形的大，可适应拱内较大的弯矩，它们的材料使用较经济合理，可用于中、大跨径，但截面构造较复杂，施工比较麻烦，其肋高 $h=(1/35～1/25)L$，肋宽 $b=(0.4～0.5)h$，I 形截面的腹板厚为 0.3～0.5m，箱形截面的腹板厚为 0.25～0.3m，以便布置钢筋与浇筑混凝土。通常，当拱肋高度超过 1.5m 时，采用 I 形或箱形截面较为合理。

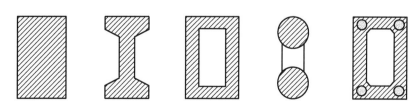

图 10.15　肋拱桥拱肋截面形式

拱肋的钢筋配置按计算确定。横系梁内钢筋一般不得少于 4 根，应沿周边布设，并用箍筋联结。

为保证拱肋的无铰拱工况，其纵向受力钢筋应与墩台固结；矩形截面的锚入长度为肋高的 1.5 倍，I 形与箱形截面的锚入长度为肋高的 1/2。

3．箱形拱

（1）主要特点。

大跨径拱桥的主拱采用箱形截面较为经济合理。为了采用预制装配施工方法，横向将拱圈截面划分成一些箱肋，纵向将箱肋分段，待箱肋拼装成拱后，再用现浇混凝土把各箱肋连成整体，形成主拱圈的截面。箱形拱的主要特点如下所述。

① 面挖空率大。与同宽同高的板拱相比，挖空率可达 50%～70%，减轻了拱体用材与重量，也相应减轻了下部结构负担，故箱形拱适用于大跨径拱桥，常用跨径范围为 50～150m。

② 截面中性轴大致居中。截面材料集中上下缘，中性轴大致居中，可充分适应主拱各截面正负弯矩的变化，对抵抗正负弯矩具有几乎相等的能力。

③ 闭合箱形截面，抗弯与抗扭刚度大，应力分布较为均匀。

④ 基肋断面宽度与刚度较大，稳定性好，便于保证无支架吊装的操作安全与施工质量。

⑤ 构件尺寸重量较大，其制作与吊装设备能力要求较高。

因此，箱形截面是大跨径拱桥的一种比较经济、合理的截面形式，国内外修建了不少大跨径的钢筋混凝土箱形拱桥。

（2）截面组成。

箱形拱主拱圈可由一个闭合箱体（单室箱）或几个闭合箱体（多室箱）组成，截面由底板、箱壁、顶板、横隔板等组成。无支架施工时，为了减轻吊装重量，将主拱圈分为预制的箱肋和现浇混凝土两部分施工。箱形拱截面的组成方式有以下几种。

① 由多条 U 形肋组成的多室箱形截面，如图 10.16（a）所示。

② 由多条 I 形肋组成的多室箱形截面，如图 10.16（b）所示。

③ 由多条闭合箱肋组成的多室箱形截面，如图 10.16（c）所示。

④ 整体式单箱多室截面，如图 10.16（d）所示。

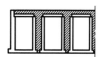 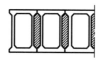 

（a）由多条U形肋　　（b）由多条I形肋　　（c）由多条闭合箱肋　　（d）整体式单箱多室截面
组成的多室箱形截面　　组成的多室箱形截面　　组成的多室箱形截面

图 10.16　箱形截面组成方式

图 10.17 所示为四川省宜宾市的岷江大桥的拱箱构造，主跨为 2×100m 的钢筋混凝土 U 形肋组合箱形拱。其主拱圈的矢跨比为 1/6，拱轴系数为 3.5。主跨每平方米的桥面用料：混凝土为 1.37m^3，钢筋为 44kg。拱箱全高为 1.6m，由 6 个箱组成，全宽 8.0m。U 形箱为 35 号钢筋混凝土预制构件，箱肋宽为 1.3m，箱壁厚为 9cm，底板厚为 13cm。拱箱每隔 204cm 设厚 8cm 的横隔板一道。

箱肋分段预制过程中可采用组合拼装工艺，即先将分块预制的箱壁和横隔板拼装成型，再浇筑底板成为开口槽箱，在槽箱内设支架、模板用以浇筑顶板形成闭合箱肋。为了加强块件间的联结，箱壁与横隔板四周应预留环状剪力钢筋及连接筋。最后，在各箱肋间浇筑接缝混凝土构成多室箱截面。

分块预制箱壁可采用卧浇、振动台、翻转脱模等工艺，以节省模板、提高工效与浇筑质量，有利于

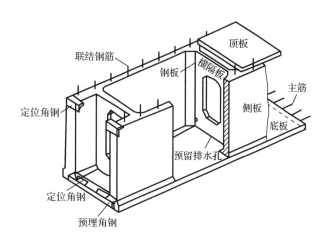

图10.17 拱箱构造

箱肋的薄壁比，其腹壁厚可减少到3～5cm；闭合箱肋的抗弯、抗扭刚度均比开口槽箱大很多，有助于保证吊装中的稳定性与强度要求。以增强拱箱结构整体性，减少施工工序为其主要优点，缺点是构件吊重明显加大。

（3）箱肋宽度与各部尺寸。

当主拱全宽根据桥面净空与结构布置确定后，基肋宽度（B）是决定箱肋数目、构件刚度与吊重、施工快慢的重要控制尺寸，B越大，则箱肋数越少，主拱整体性越强，施工越快，但构件吊重增大，因此，应注意箱肋宽度与施工起吊能力相适应。

箱壁厚度主要取决于振捣方式，并考虑现浇接缝混凝土的侧压力影响，一般取 $b=8～10cm$，上游迎水面，箱壁厚度应予加强，以抵抗洪水、流冰与漂流物的撞击，取 $b'=15～20cm$；底板应有足够的厚度，以防止箱形截面中性轴过度上移，底板厚常取 $t_1=10～16cm$；顶板厚 $t_2=12～14cm$；对槽形基肋者，盖板厚 $e=6～8cm$，现浇混凝土顶厚常用10cm；为抵抗大面积混凝土的收缩，加强主拱断面整体性，宜在现浇混凝土内布设钢筋网，其钢筋直径为6～8mm，网格间距为20cm×20cm；相邻基肋的箱壁净距取 $s=10～15cm$，以保证基肋间有5cm间隙，用于吊装调整其横向位置。

为保证现浇混凝土和预制基肋之间联结紧密，现浇混凝土宜选用微膨胀混凝土。

（4）横隔板与横向联结。

为加强箱壁的受压局部稳定性，提高基肋的抗扭能力，应设置横隔板，其厚为6～8cm，并挖有60cm×70cm的孔以便工人通行。在基肋分段接头处、吊扣点和拱上立墙（柱）位置必须设置横隔板，且横隔板沿跨布设间距为3～5m。

箱形拱常为多室箱组合截面，故各箱肋间要做横向联结，具体做法如下。

① 设置横向联结筋，相邻基肋的箱壁上、下缘预留孔洞，以短筋穿连，与横隔板上的预埋钢板焊接。

② 基肋底板外伸的横向预留分布筋在接缝混凝土范围内交叉勾连。

③ 接缝混凝土与顶板混凝土一同浇筑。

（5）基肋钢筋布置与接头处理。

大跨径箱形拱桥的主拱设计，在营运阶段一般均为压应力控制，截面上拉应力很小或为零，通常按纯混凝土截面进行检算，但必须配置构造钢筋。

基肋是其主拱截面中最先吊装合龙成拱的部分，在施工过程中，它将经历吊运和扣挂等非拱式受力状态，需配置受力钢筋，闭合箱肋应对称布置在顶、底板上，而槽箱则布置在箱壁上缘和底板上，此时应按钢筋混凝土截面检算。

沿箱壁高布置的分布钢筋，其间距不应大于 25cm。

由于吊装能力的限制，基肋沿跨分 3~5 段预制，桥跨≤80m 者常分 3 段。

段间接头采用角钢顶接。具体做法是：各分段端部约为 30cm，箱壁、顶底板加厚至 20~30cm，其上下缘预埋角钢相互对位顶接后穿定位螺栓，然后外贴钢板与预埋角钢焊接，再浇筑混凝土填封接头段。

拱脚接头一般在墩台拱座位置预留深 40cm 的凹槽，基肋端部箱壁、顶底板加厚至 20~30cm，当加厚段插入凹槽后，槽内预埋钢板与基肋上下缘预埋角钢对顶定位焊接，再用混凝土浇封凹槽。

4．钢管混凝土拱

近年来，我国开始采用钢管混凝土拱桥，它是指以内灌混凝土的钢管作为拱肋的拱桥。钢管混凝土作为钢-混凝土组合结构，即在钢管内填充混凝土，将两种不同性质的材料组合形成钢管混凝土拱。管内一般只填素混凝土，不再配钢筋，只有在承受的压力过大或压力小而弯矩却很大的情况下，才在管内配置纵向钢筋和箍筋。根据其受力性能，用于以受压为主的拱桥是十分合理的。它适应大跨径拱桥材料高强化和无支架施工轻型化的发展要求。

（1）主要优点。

① 钢管借助内填混凝土提高管壁的受压稳定性和钢管的抗腐蚀耐久性；而管芯混凝土由于管壁的套箍作用而处于侧限受压状态，其抗压强度与延展性显著提高。因此，钢管和填芯混凝土两者的受力潜能得到充分发挥，从而使拱桥的跨越能力大大增强。

② 钢管混凝土拱桥的施工本质上是使用劲性骨架施工的方法，空心钢管的分段吊装重量轻，进度快，其合龙成拱后作为施工劲性骨架，可取代支架、模板。

③ 钢管外表防锈涂料（油漆）颜色可随意选择，使桥体色调丰富多彩，有利于与桥址环境的协调。

钢管混凝土拱桥的主拱多取拱肋形式。对于山区峡谷桥位，常采用上承式，以拱肋与轻型板梁式拱上建筑相配合；对于平原与城市桥位常采用下承式或中承式以降低桥面高程，且桥跨结构多采用组合体系以消除对拱桥下部结构的推力。

（2）钢管混凝土拱肋的截面类型。

① 单圆形截面，如图 10.18（a）所示。单圆形截面的钢管混凝土拱肋构造简单、施工便捷，抗扭性能好，抗轴向力性能由于紧箍力作用显示出优越性。截面含钢率较高，一般在 8%左右。但截面抗弯惯性矩小，故用于 $L \leqslant 100m$ 的城市桥梁和人行桥。钢管直径 D 常采用 800mm，D/L 在 1/100~1/75 范围内，壁厚为 16mm 左右。

② 圆端形（扁管）截面，如图 10.18（b）所示。与单圆形截面的钢筋混凝土的拱肋相比，圆端形截面的钢筋混凝土拱肋可显著增大横向抗弯弯矩，满足单根拱肋自身的横向稳定要求，从而可取消拱肋间风撑，使其构造简化。

圆端形截面加强了圆端方向的面内抗弯刚度，加工较简单，同时也使拱肋的造型富于变化，但钢管对核心混凝土的套箍作用比圆钢管混凝土的要小很多。其主要用于跨径较小的城市桥梁。例如：浙江义乌篁园桥拱肋断面为两半圆形，与上下两边相切。

③ 哑铃形截面，如图 10.18（c）所示。哑铃形截面是肋拱桥中最常用的截面类型，由两个分离的单圆形管通过缀板连接而成，其运用跨径范围 L 为 80～160m；截面全高 H 常用 180～250cm，高跨比 H/L 为 1/60～1/30；钢管直径 D 为 700～1000mm，D/L 为 1/150～1/78（此处 L 为净跨径）；壁厚为 8～16mm，以 10mm 最常用（16mm 用于变截面的拱脚段），D/H 以 1/2.5 居多。D/L 和 H/L 一般随跨径增大而减小。

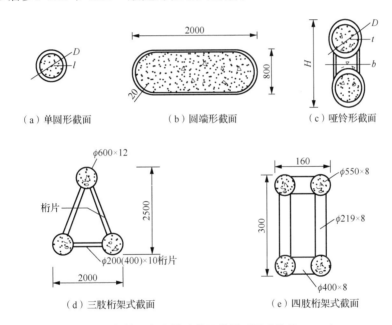

图 10.18 钢管混凝土拱肋截面类型（尺寸单位：mm）

哑铃形截面较之单圆形截面，截面抗弯刚度较大，类似于 I 形截面，但由于两圆管的直径与高度之比在 1/2.5 附近，因而不能视为钢管混凝土格构式截面。

天津彩虹桥（图 10.19）位于天津经济技术开发区，为跨径 168m 的下承式钢管混凝土系杆拱桥，矢高 32m，悬链拱轴线。车行道宽 2m×8.5m，桥面全宽 29m。两根拱肋由直径 ϕ1500mm、壁厚 16mm 的钢管和缀板组成高 3.75m 的哑铃形截面。

④ 桁架式截面，如图 10.18（d）和 10.18（e）所示。

桁架式截面拱肋由多个圆钢管用缀板连接而成，有双肢、三肢和多肢的桁架式截面，横哑铃形桁架式截面和多肢与横哑铃形混合的桁架式截面等多种形式。

图 10.19　天津彩虹桥

由于其截面抗弯效率高、自重轻、跨越能力强，故适用于 $L \geqslant 100m$ 的大跨径。近年来，直接采用多肢桁架式（格构式）断面的钢管混凝土拱肋的较多。这种拱肋弦杆采用钢管混凝土材料，腹杆和平联均采用钢管。在多肢桁架式截面中，四肢桁架截面最为常见，截面的高度和宽度之比约为 2∶1 较为合理，拱肋的面外稳定性主要通过横向联系来保证。

黑龙江依兰牡丹江大桥为主跨径 100m 中承式拱，采用三肢桁架式截面，取消风撑。河南安阳文锋路立交桥，净跨 135m，采用混合式截面。其结构组成较复杂，施工时桁式拱肋的组拼工序多，技术要求较高。

钢管混凝土拱桥自 1990 年四川旺苍东河桥始建以来，发展势头迅猛，据不完全统计，至今已建成和在建者近百座。

钢管材料一般为 Q235（A3）钢与 Q345（16Mn）钢，是用钢板卷制成管，直缝焊接，卷管长度约为 120cm，钢管对接接长采用坡口焊，注意卷管直缝错开。管芯混凝土浇筑多采用泵送混凝土，因浇筑孔洞较小，和易性要求较高。为减少混凝土收缩，保证管芯混凝土与钢管紧密联结，可加入适量减水剂以控制水灰比，采用微膨胀型混凝土并注意振捣密实。

⑤ 箱拱。钢管混凝土劲性骨架箱拱具有良好的抗弯抗扭性能，是大跨径的主要形式。采用钢管混凝土作为施工的劲性骨架，是突破其跨径的有效途径。

10.2.2　拱上建筑构造

1. 实腹式

实腹式拱上建筑（图 10.20）构造简单、施工方便，但整个拱上空间为材料所充满，自重大，故只能用于 $L \leqslant 20m$ 的小跨径。实腹式拱桥拱上建筑由拱腹填料、侧墙、护拱、变形缝、防水层、泄水管以及桥面系组成。

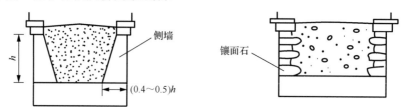

图 10.20　实腹式拱上建筑

拱腹填料分为填充式和砌筑式两种。

拱腹填料要求质量轻、透水性好，就地取材以降低成本，通常采用砂砾、碎石、煤矸石等填充并注意夯实。为挡护填料和承受视为松散体的填料侧压力，应在其两侧砌筑侧墙，一般用块石或片石砌筑，侧墙顶面宽为50～70cm，向下逐渐增厚，其底面宽为侧墙高的40%。

当填充材料不容易取得时，可改用砌筑的方式，也就是采用干砌圬工或浇筑贫混凝土作为拱腹填料。当用贫混凝土时，往往可以不另设侧墙，而在外露混凝土表面用砂浆饰面或设置镶面。以贫混凝土或片石圬工取代填料，由于无侧压力，其两侧无须侧墙，仅用一层石料作镶面。为美观和使人行道挑出20～30cm，可在侧墙或镶面顶端设置檐石。

在多孔拱桥中，为了便于敷设防水层和排出积水，又设置了护拱。护拱一般用现浇混凝土或砌筑块片石修筑，起着加强拱圈的作用。

2．空腹式拱桥

跨径 $L \geqslant 30$m 的大、中跨径拱桥常采用空腹式（图10.21），通过拱上建筑的挖空处理使桥体自重减轻，下部结构（墩、台、基础）的受力负担相应降低，往往可获得良好的工程经济效益。

拱上建筑的挖空有沿桥横向和纵向两种处理方法，但前者挖空效果差且存在对侧墙受力不利的横向推力，因此，在国内外工程实践中均采用纵向挖空处理。

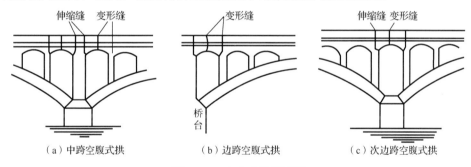

图 10.21　空腹式拱类型图

1）空腹类型

（1）腹拱式。

腹拱沿跨径部分挖空，属于重型拱上建筑，整个拱上建筑由一个实腹段和两个空腹段构成（图10.22），其重量较大，多用于圬工拱桥。实腹段构造与前述实腹式拱上建筑相同。

空腹段由腹拱和腹孔墩组成。

① 腹拱。其跨径不宜大于主拱跨径的 1/15～1/8，常选用 2～6m，为便于施工和有利于腹孔墩受力，腹拱宜等跨布置且采用等截面圆弧拱。

腹拱的类型与厚度依其跨径大小而不同，当 l 为 2～4m 时，可用板拱，其腹拱厚度对石板拱不小于 30cm，对混凝土板拱不小于 15cm，拱矢度为 1/6～1/2；也可用微弯板，其跨中厚14cm，拱矢度为 1/12～1/10；当 l 为 4～6m 时，可用双曲拱，其拱厚为 30～40cm。

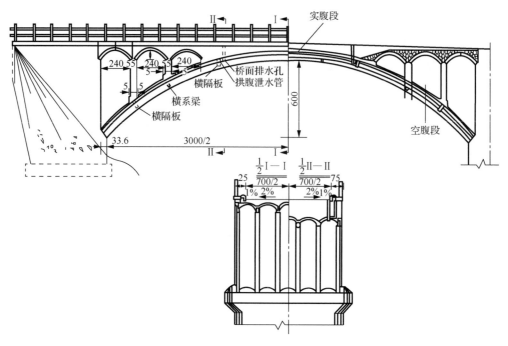

图 10.22 空腹式拱桥构造图（尺寸单位：mm）

② 腹孔墩。腹孔墩可用立墙式或立柱式（图 10.23），立墙式为横贯主拱全宽的实体墙，如图 10.23（a）所示，常用圬工砌体，其厚度 b 对片、块石浆砌者，不小于 50cm，对混凝土者，不宜小于腹拱厚度；为体现主次分明，立墙厚度不应大于该立墙位置的主拱截面厚度。当桥宽较大时，为减轻重量，立墙可在横向挖空。

立柱式是由立柱与盖梁组成钢筋混凝土排架结构的，如图 10.23（b）所示。立柱布置应考虑传向主拱的压力均匀和盖梁受力合理，通常是对准主拱的拱肋或箱壁位置布置。立柱断面多用矩形，其厚度（b）随腹拱跨径变化而变化，根据工程经验取值见表 10.2。

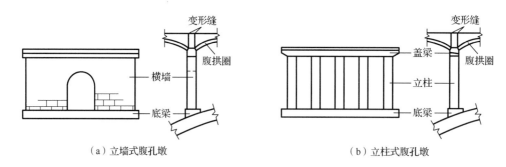

（a）立墙式腹孔墩　　　　（b）立柱式腹孔墩

图 10.23 腹孔墩

表 10.2 立柱厚与腹拱跨径

腹拱跨径/m	≤2	3	4	5	6
立柱厚/cm	25	28	30	35	40

立柱横向宽（a）应大于其纵向厚（b），一般为 50～90cm。

盖梁截面为削角矩形或倒 T 形，其底宽比立柱厚略大 10cm，按连续梁计算配筋。

当立柱高度超过 10m，应在其半高等位置增设横系梁，以保证立柱纵向压挠稳定性。

为了提供安装砌筑平面，使立柱集中力较均匀地传向主拱，应在立墙或立柱下面设置底梁。立柱的主筋应上、下分别伸入盖梁和底梁，以保证工作的整体性。

对实腹式或腹拱式的拱上建筑，其上部设置的填料可扩散桥面行车荷载并吸收其动力冲击能。

（2）梁（板）式腹孔。

梁（板）式腹孔多沿桥整跨挖空，属于轻型拱上建筑，如图 10.24 所示。梁（板）式腹孔由桥道梁、盖梁和立柱构成，依腹孔跨径的大小不同，可分别采用简支或连续的梁，其截面可做成空心板、T 形或箱形，可采用钢筋混凝土或预应力混凝土结构。其结构尺寸布置与梁桥上部承重结构类同。

立柱宜做成柔性的，当立柱高与截面厚度之比 $h/b>20$ 时，立柱内的附加弯矩将很小。立柱可采用钢筋混凝土矩形截面或钢管混凝土圆形截面。

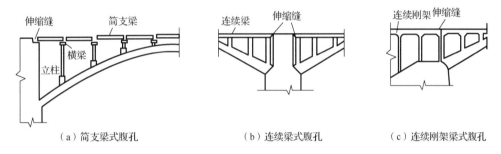

（a）简支梁式腹孔　　　　　（b）连续梁式腹孔　　　　　（c）连续刚架梁式腹孔

图 10.24　梁（板）式腹孔

梁（板）式腹孔上方，不设填料而直接铺筑路面混凝土，它可显著减轻拱上建筑重量，适应软土地基，但须计及汽车活载冲击力。

目前，大跨径钢筋混凝土拱桥绝大多数均采用梁（板）式腹孔。

2）总体布置

重型和轻型拱上建筑各有利弊。

(1) 重型拱上建筑的优点。

① 抵抗洪水、流冰和漂浮物的撞击能力强。

② 由于拱上建筑刚度大和腹拱推力的存在，拱上建筑与主拱的联合作用良好。

③ 荷载横向分布较为均匀。

④ 腹拱、立墙均可采用圬工砌筑，可以节省钢料。

(2) 轻型拱上建筑的优点。

① 拱上自重明显减轻且近于均匀分布，既可降低主拱与下部基础的承载负担，又可改善基肋在无支架施工过程中的受力状况。

② 相对柔性的拱上建筑适应主拱变形的能力增强，有利于减小拱上建筑开裂。

③ 主拱全跨开露程度一致，可避免骤变温差导致主拱拱顶的下缘加剧开裂的现象。

因此，拱上建筑的类型选择应根据桥址自然条件、拱桥跨径大小、使用要求、施工方法与材料供应等综合考虑，注意趋利避害，因地制宜。

拱上建筑的总体布置主要是确定空腹段、实腹段比例和腹孔划分问题。应争取充分减轻自重，保证拱圈受力合理和施工便捷，并使全桥比例协调美观。

腹孔的跨径不宜过大或过小，过大将使腹孔墩的集中力加大，对主拱受力不利，过小则对拱上建筑减重不利。通常，腹孔跨径 $l = (1/20 \sim 1/10) L_主$，$L_主$ 为主拱跨径。

为方便施工，腹孔的跨径和构造应力要求一致。

对腹拱式拱上建筑，每半跨腹孔长度为 $(1/4 \sim 1/3) L$，即空腹段、实腹段分界在 $0.3L$ 反弯点附近，腹拱孔数为 3~6 孔，孔数过多会影响全桥立面的美观。

对软土地基，应尽量选用梁（板）式腹孔，加长腹孔布置范围和取消填料。

紧靠桥墩的腹孔，可直接支承在墩上，也可跨过墩顶，使桥墩两侧的腹孔相连。

3. 伸缩缝与铰布置

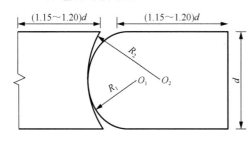

图 10.25　伸缩缝与铰的布置

主拱圈在材料收缩及温度变化的作用下，其拱轴线将对称升高或降低，在荷载作用下也会产生对称或不对称的变形，而拱上建筑也随主拱圈的变形而变形。伸缩缝与铰的布置（图 10.25），目的是解除墩（台）对拱上建筑的牵制，增加拱上建筑伴随主拱一同变形的自由度，从而避免其不规则开裂的发生。

实腹式拱桥应在两拱脚上方设伸缩缝（常为直缝），它贯通横桥向全宽和侧墙全高以至人行道构造，如图 10.26（a）所示。

腹拱式拱桥紧靠墩（台）的腹拱做成三铰腹拱，靠墩（台）的拱铰上方设伸缩缝，其余两铰上方可设变形缝，如图 10.26（b）所示。对大跨径拱桥，还需将靠近拱顶的腹拱做成两铰或三铰拱，其铰位上方设置伸缩缝。

简易伸缩缝宽度为 2~3cm，可用木屑与沥青按 1:1 配比压制成板嵌入即可。伸缩缝不留缝宽，采用干砌或油毡分隔。

腹拱的铰可采用构造简单的平铰或不使腹拱断开以便整体安装的假铰。平铰由干砌或衬垫 2~3 层油毡构成，假铰是在铰位设置处的上下两侧设置槽口使断面局部削弱，槽宽为 2cm，槽深为腹拱断面高度的 1/4~1/3。

由于拱上建筑与主拱联成一体，其联合作用对主拱是有利的，因拱上建筑分担了部分内力，但对拱上建筑是不利的，因在活载或温变等因素的作用下，拱上建筑随主拱一起变形，立柱（墙）将产生附加力矩，当其截面尺寸相同时，高度越小的立柱（墙），抗弯刚度越大，附加力矩也相应增大，导致其上端、下端开裂。故对于靠近拱顶的短矮立柱（墙），应在其上端、下端设铰，可采用假铰或铅垫板。铅垫板厚 2~2.5cm，其宽为立柱厚（b）的 1/4~1/3。

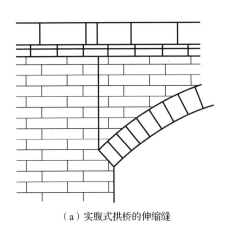 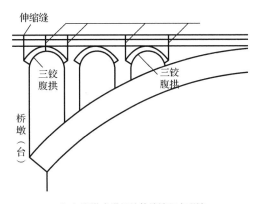

（a）实腹式拱桥的伸缩缝　　　　　　（b）腹拱式拱桥的伸缩缝和变形缝

图 10.26　拱桥的伸缩缝与变形缝

4．排水及防水层

受雨、雪水等自然因素对拱桥的作用，拱桥排水和防水对桥梁的耐久性、美观等均有较大影响，因此，需要将透过桥面铺装渗入拱腹内的水及时排出。

关于桥面排水，除了桥梁设置纵坡和桥面横坡，一般还沿桥面两侧边缘设置泄水管。拱桥排水构造图可参见图 10.27。

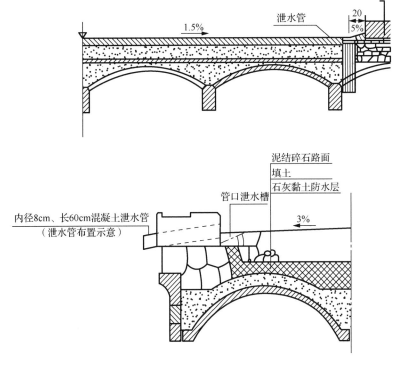

图 10.27　拱桥排水构造图（尺寸单位：cm）

透过桥面铺装渗入拱腹内的雨水，由防水层汇集到预埋在腹拱内的泄水管排出。防水层和泄水管的敷设方式与上部结构的形式有关。对于实腹式拱桥，防水层应沿拱背护拱、侧墙铺设。如果是单孔拱桥，可以不设拱腹泄水管，积水沿防水层流至两个桥台后面的盲沟，然后沿盲沟排出路堤。如果是多孔拱桥，可在跨径 1/4 处设泄水管，如图 10.28（a）所示。对于空腹式拱桥，防水层应沿腹拱上方与主拱圈跨中实腹段的拱背设置，泄水管也宜布置在跨径的 1/4 处，如图 10.28（b）所示。泄水管可以采用铸铁管、混凝土管或陶瓷（瓦）管等。泄水管的内径一般为 6～10cm，在严寒地区或雨水特多地区需适当加大泄水管的内径（不宜小于 15cm）。泄水管应伸出结构外表面 5～10cm，以免雨水顺着结构物外表面下流。为了便于泄水，泄水管尽可能采用直管，并减小管节长度。

防水层在全桥范围内不宜断开，当通过伸缩缝时应妥善处理，使其既能防水，又可以适应变形要求。

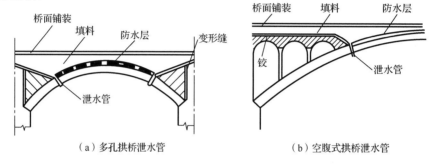

图 10.28　拱腹排水示意图

10.3　拱桥施工技术

拱桥是一种能充分发挥圬工及钢筋混凝土材料抗压性能、外形美观、维修管理费用少的合理桥型，因此被广泛采用。拱桥的施工从方法上大体可分为有支架施工和无支架施工两大类。在我国，有支架施工常用于石拱桥和混凝土预制块拱桥；无支架施工多用于肋拱桥、双曲拱桥、箱形拱桥、桁架拱桥等。

10.3.1　有支架施工

石拱桥、现浇混凝土拱桥以及混凝土预制块砌筑的拱桥，都采用有支架的施工方法修建，主要施工工序有材料的准备、拱圈放样（包括石拱桥拱石的放样）、拱架制作与安装、拱圈及拱上建筑的砌筑等。拱圈或拱架的准确放样，是保证拱桥符合设计要求的基本条件之一。石拱桥的拱石要按照拱圈的设计尺寸进行加工,为了保证尺寸准确,需要制作拱石样板。现在一般都是采用放出拱圈(肋)大样的办法来制作样板的,样板用木板或锌铁皮在样台上按分块大小制成。

1. 拱架

拱架需支承全部或部分拱圈和拱上建筑重量,并保证拱圈的形状符合设计要求。拱架要有足够的强度、刚度和稳定性。同时,拱架又是一种施工临时结构,故要求构造简单,装拆方便并能重复使用,以加快施工进度,减少施工费用。

图 10.29 所示为立柱式拱架的结构形式,它的上部是由斜梁、立柱、斜撑和拉杆等组成的拱形桁架,下部是由立柱及横向联系(斜夹木、水平夹木)组成的支架,上下部之间放置卸架设备(木楔或砂筒等)。

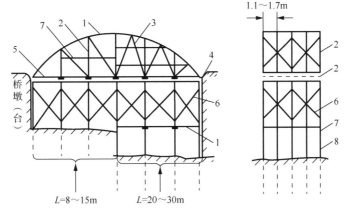

1—斜梁;2—立柱;3—斜撑;4—卸架设备;5—拉杆;6—斜夹木;7—水平夹木;8—立柱。

图 10.29 立柱式拱架的结构形式

2. 拱圈及拱上建筑的施工

修建拱圈时,为保证拱架在整个施工过程中受力均匀,变形最小,使拱圈的质量符合设计要求,必须选择适当的砌筑方法和顺序。一般根据跨径大小、构造形式等分别采用不同繁简程度的施工方法。

通常,跨径在 10~15m 的拱圈,可按拱的全宽和全厚,由两侧拱脚同时对称地向拱顶砌筑,并使各拱圈在拱顶合龙时,拱脚处的混凝土未初凝或石拱桥拱石砌缝中的砂浆尚未凝结。拱圈稍大跨径时,最好在拱脚预留空缝,由拱脚向拱顶按全宽、全厚进行砌筑(浇筑混凝土),为了防止拱架的拱顶部分上翘,可在拱顶区段适当预先压重,待拱圈砌缝的砂浆达到设计强度 70%后(或混凝土达到设计强度),再将拱脚预留空缝用砂浆(或混凝土)填塞。

拱桥设计及施工动画

大中跨径的拱桥,一般采用分段施工或分环(分层)与分段相结合的施工方法。分段施工可使拱架变形比较均匀,并可避免拱圈的反复变形,如图 10.30 所示。

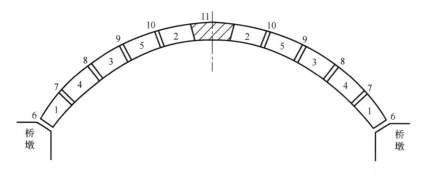

图 10.30　拱圈分段施工的一般顺序

注：图中数字为施工顺序。

另外，还需注意封拱（合龙）时的大气温度是否符合设计要求，若设计无明确要求，也宜在气温较低时（凌晨）进行。

当跨径大、拱圈厚度较大时，可将拱圈全厚分层（即分环）施工，按分段施工法修建好下面一环并合龙成拱，待砂浆或混凝土强度达到设计要求后，再浇筑（或砌筑）上面的一环。这样第一环拱圈就能参与拱架共同承受第二环拱圈结构的重力，以后各环均照此进行。这样可以大大减少拱架的设计荷载。

拱上建筑的施工，应在拱圈合龙，混凝土或砂浆达到设计强度 30% 后进行。对于石拱桥，拱上建筑施工一般不少于合龙后三昼夜。拱上建筑的施工，应避免使主拱圈产生过大的不均匀变形。

空腹式拱桥一般是在腹孔墩砌完后就卸落拱架，然后对称均衡地砌筑腹拱圈，以免由于主拱圈的不均匀下沉而使腹拱圈开裂。

10.3.2　缆索吊装施工

在峡谷或水深流急的河段上，或在通航河流上需要保证船只的顺利通行，或在洪水季节施工并受漂流物影响等条件下修建拱桥，就宜考虑采用无支架的施工方法，即可采用大型浮吊、缆索架桥设备等多种方法进行架设。

由于缆索架桥设备具有跨越能力大，水平和垂直运输机动灵活，施工也比较稳妥方便等优点，因此，在修建公路拱桥时较多采用，并积累了丰富的经验。

拱桥缆索吊装施工包括拱肋（箱）的预制，移运和吊装，拱圈的拼装、合龙，拱上建筑的砌筑，桥面结构的施工等主要工序。可以看出，除了缆索吊装设备，以及拱肋（箱）的预制、移运和吊装、拱圈的拼装、合龙等几道工序，其余工序都与有支架施工方法相同（或相近）。

缆索吊装设备按其用途和作用，可以分为主索、工作索、塔架和锚固装置。其中，主要机具设备包括主索、起重索、牵引索、扣索、浪风索、塔架（包括索鞍）、地锚（地垄）、电动卷扬机或手摇绞车等。缆索吊装设备及其布置形式可参见图 10.31。

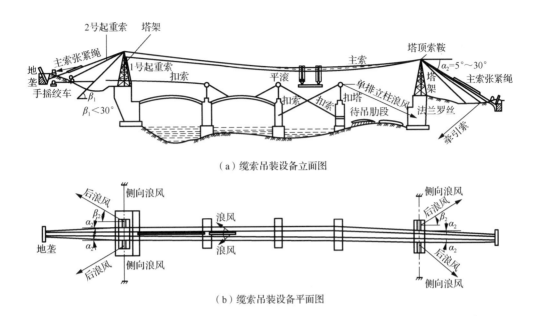

图 10.31 缆索吊装设备及其布置形式

（1）主索：也称承重索或运输天线，两端锚固于地锚。横桥向主索的组数，可根据桥面宽度及设备供应情况等合理选择，一般可选 1～2 组。每组主索可由 2～4 根平行钢丝绳组成。

（2）起重索：用来控制吊物的升降（即垂直运输），一端与卷扬机滚筒相连，另一端固定于对岸的地锚上。

（3）牵引索：用来牵引行车在主索上沿桥跨方向移动（即水平运输）。

（4）扣索：当拱肋分段吊装时，需用扣索分段悬挂拱肋及调整拱肋接头处的高程。

（5）浪风索：也称缆风索，用来保证塔架、扣索排架等的纵向、横向稳定及拱肋安装就位后的横向稳定。

（6）塔架及索鞍：塔架是用来提高主索的临空高度及支承各种受力钢索的重要结构。塔架的形式是多种多样的，按材料可分为木塔架和钢塔架两类。木塔架一般用于塔架高度在 20m 以下的场合，当塔架高度在 20m 以上时较多采用钢塔架。

塔架顶上设置了为放置主索、起重索、扣索等用的索鞍，它可以减小钢丝绳与塔架的摩阻力，使塔架承受较小的水平力，并减少钢丝绳的磨损。

（7）地锚：也称地垄或锚碇，用于锚固主索、扣索、起重索及绞车等。地锚的可靠性对缆索吊装的安全有决定性影响。

（8）电动卷扬机及手摇绞车：用作牵引、起吊等的动力装置。电动卷扬机速度快，但不易控制。对于一般要求精细调整钢索长度的部位多用手摇绞车，便于操纵。

其他附属设备，如各种倒链葫芦、花篮螺栓、钢丝卡子（钢丝扎头）、千斤绳、横移索等。

在无支架施工的拱桥中，为保证拱肋有足够的纵向、横向稳定性，除了要满足计算要求，在构造、施工上都必须采取一些措施。例如，当单根拱肋截面较小时，可采用双肋合龙或多肋合龙的形式，以满足拱肋横向稳定的要求。

10.3.3 其他施工法

拱桥的结构形式和经济性等与其施工方法有着密切的联系，其他施工方法有以下几种。

1．转体施工法

转体施工法是在河流的两岸或适当的位置，利用地形或使用简便的支架先将半桥预制完成，之后以桥梁结构本身为转动体，使用一些机具设备，分别将两个半桥转体到桥位轴线位置合龙成桥。

2．悬臂施工法

悬臂施工法是从桥墩开始向跨中不断接长梁体构件（包括拼装与现浇）的悬出架桥法。有平衡悬臂施工和不平衡悬臂施工、悬臂浇筑施工和悬臂拼装施工之分。用这种方法修建大跨径拱桥时，施工技术管理方面值得重视的问题有斜吊钢筋的拉力控制、斜吊钢筋的锚固和地锚地基反力的控制、预拱度的控制、混凝土应力的控制等几项。

3．支架横移法

支架横移法属于有支架的施工方式。由于支架费用高（有的高达桥梁总造价的25%）。需要提高支架在施工过程中的重复利用率，减少支架数量和费用，对于由多个箱肋组成拱圈的宽桥可以沿桥宽方向分几次施工，即只需架设承受单一箱肋重量的较窄的支架，随着拱圈的安装进度，将支架沿桥跨的横向移动而重复使用。此方法适用于桥不高、水不深、基础较好的大跨径拱桥施工。

4．刚性骨架施工法

刚性骨架施工法是用劲性钢材（如角钢、槽钢等型钢）作为拱圈的受力钢材，在施工过程中，先把这些钢骨架拼装成拱，作为施工钢拱架，然后现浇混凝土，把这些钢骨架埋入拱圈（拱肋）混凝土中，形成钢筋混凝土拱。该方法的优点是可以减少施工设备的用钢量，整体性好，拱轴线易于控制，施工进度快等。但刚性骨架结构本身的用钢量大且需用型钢较多，故在桥梁工程中尚不多用。

第11章 其他体系桥梁简介

20世纪是桥梁建设发展的黄金时期，世界各国在桥梁技术方面有了较大的进步，而我国进步最快。党的二十大报告指出，要"坚持创造性转化、创新性发展"。随着现代化陆路交通运输的飞速发展，人们对建造安全、美观的大跨径桥梁用以跨越深谷急流、宽阔江河、河口海峡的需求日益迫切，经济的发展、新材料的使用、桥梁设计理论及计算方法的进步、建桥技术的发展使得各种其他体系的桥梁得到发展和应用。

桥梁技术发展主要体现在以下几个方面。

(1) 设计概念创新。如斜拉悬索桥的迅速崛起，桥梁重视环保与美学效益，正交异性板的应用等。

(2) 新材料的应用。如高强轻质混凝土、高强钢与耐候钢、环氧树脂与高强度纤维等。

(3) 施工技术的进步。如大型机械与新设备的采用、预应力混凝土结构的悬臂施工法与顶推施工法、钢桥栓焊结构和施工过程质量控制与检测等。

(4) 计算分析功能强化。现代化电子计算机的应用解决了桥梁结构的复杂计算问题。

11.1 刚 架 桥

11.1.1 刚架桥概述

刚架桥又称刚构桥，是一种介于梁与拱之间的结构体系，它是由受弯的上部梁（或板）结构与承压的下部柱（或墩）整体结合在一起的结构。由于梁和柱的刚性连接，梁因柱的抗弯刚度而得到卸荷作用，整个体系是压弯结构，也是有推力的结构。

按受力图式，刚架桥可分为固端刚架桥、双铰刚架桥和三铰刚架桥等；按立面形式，刚架桥可分为门式刚架桥、直腿刚架桥、斜腿刚架桥、V形墩刚架桥和T形刚架桥等；按桥孔数目，刚架桥可分为单跨刚架桥、多跨刚架桥等；按支承有无水平推力，刚架桥可分为推力式刚架桥、无推力式刚架桥等。

刚架桥的主要优点是外形尺寸小，桥下净空大，视野开阔，混凝土用量少；缺点是钢筋的用量较大，基础的造价较高。所以，目前常用的是中小跨径的刚架桥。近年来，随着预应力混凝土技术的发展和悬臂施工方法的广泛应用，刚架桥也得到了进一步的发展。

11.1.2 刚架桥的类型

刚架桥可以是单跨或多跨。单跨刚架桥的支柱可以做成直柱式（门式刚架）或斜柱式（斜腿刚架），如图11.1所示。

单跨刚架桥一般产生较大的水平反力。为了抵抗水平反力，可用拉杆连接两根支柱的底端[图11.1（b）]或做成封闭式刚架。门式刚架也可两端带有悬臂[图11.1（e）]，这样可减小水平反力，改善基础的受力状态，而且有利于和路基的连接，但增加了主梁的长度。

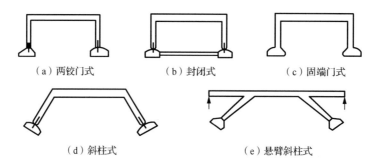

图 11.1 单跨刚架桥的类型

斜柱式刚架桥的刚架腿是斜置的，两腿和梁中部的轴线大致呈拱形[图11.1（d）]，因此，腿和梁所受的弯矩比同跨径的门式刚架显著减小，而轴向压力有所增加。与上承式拱桥相比，这种桥不需要拱上结构，构件数目较少；当桥面较窄（如单线铁路桥）而跨径较大时，可将其斜腿在桥的横向放坡，以保证桥的横向稳定。

多跨刚架桥可以做成V形墩身的刚架桥（图11.2），也可以做成连续式刚架桥（图11.3）或非连续式刚架桥（图11.4）。非连续式刚架桥是在主梁跨中设铰或悬挂简支梁，形成所谓的T形刚构或带挂梁的T形刚构，这样有利于采用悬臂施工法，而静定结构则能减小次内力、简化主梁配筋。对于连续式主梁的多跨刚架桥，当全桥太长时，宜设置伸缩缝或者做成数座互相分离的连续式主梁的刚架桥（图11.5）。

图 11.2 V形墩身的刚架桥

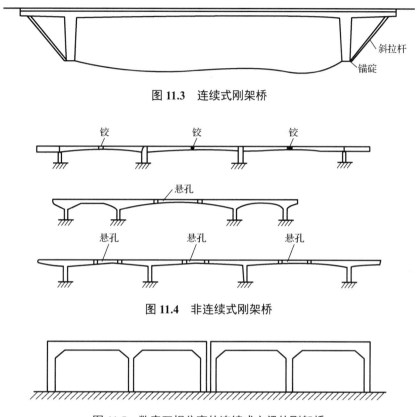

图 11.3 连续式刚架桥

图 11.4 非连续式刚架桥

图 11.5 数座互相分离的连续式主梁的刚架桥

中小跨径的连续式刚架桥通常做成等跨，以利于施工。刚架跨径较大时，为了减少边跨的弯矩，使之与中跨相近，以利于设计和构造，也可使边跨跨径小于中跨跨径。有时，当连续刚架边跨的跨径远小于中跨的跨径时，可能导致主梁端支座承受很大的上拔力，需要进行特殊的处理。通常可将边跨主梁截面改成实体的或加平衡重，以使端支座获得正的反力（压力）。

多跨连续刚架桥发展很快，由于它具有无须大型支座，线形匀称等一系列优点，因此在进行技术经济比较时，常胜于连续梁桥。刚架桥的支承分为铰接［图 11.1（a）］和固接［图 11.1（c）］两种。

11.1.3 刚架桥的构造特点

1. 一般构造

主梁截面形状与梁桥相同，可做成整体式肋梁、板式截面梁或箱梁（图 11.6）。主梁在纵方向的变化可做成等截面、等高度变截面和变高度截面三种。变高度截面的主梁的下缘形状可以是曲线形、折线形或曲线加直线形等。

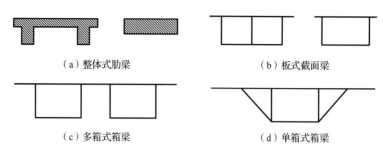

图 11.6 刚架桥主梁截面

支柱有薄壁式和立柱式。立柱式又可分为单柱式和多柱式。多柱式的柱顶通常都用横梁相连，形成横向框架，以承受侧向作用力。当立柱较高时，应在其中部用横撑将各栓连接起来。当桥梁很高时，为了增加其横向刚度，还可做成斜向立柱，立柱的横截面可以做成实体矩形、I 形或箱形等。刚架桥立柱形式如图 11.7 所示。

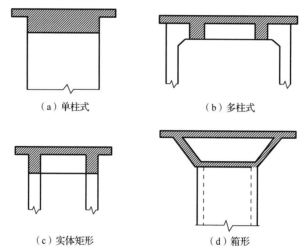

图 11.7 刚架桥立柱形式

2．刚架桥节点构造

刚架桥的节点是指立柱与主梁相连接的地方，又称角隅节点。该节点必须具有强大的刚度，以保证主梁和立柱的刚性连接。角隅节点和主梁（或立柱）相连接的截面有很大的负弯矩，因此在节点内缘，混凝土承受较高的压应力。节点外缘的拉力由钢筋承担。

对于板式刚架，可在节点内缘加梗腋（即在顶板与腹板的交接处加设一道斜板或斜撑或直接浇筑为缓和过渡的倒角形式，图 11.8），以改善其受力情况，而且可以减少配筋，以利施工。角隅节点的外缘钢筋必须连续绕过隅角之后加以锚固。

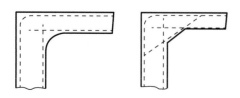

图 11.8 板式刚架角隅节点梗腋

当主梁和立柱都是箱形截面时，角隅节点可做成如图 11.9 所示的三种形式：仅在箱形截面内设置斜隔板；设有竖隔板和平隔板；兼有斜隔板、竖隔板和平隔板。为了使角隅节点有强大的刚性，并简化施工，也可将它做成实体的。

 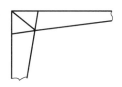 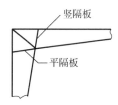

（a）箱形截面内设置斜隔板　　（b）设有竖隔板和平隔板　　（c）兼有斜隔板、竖隔板和平隔板

图 11.9　箱形截面刚架角隅节点形式

3．铰的构造

刚架桥的铰支座，按所用的材料分为铅板铰、混凝土铰和钢铰。

铅板铰（图 11.10）就是在支柱底面与基础顶面之间垫有铅板，中间设销钉，销钉的上半截伸入柱内，下半截伸入基础内，利用铅材容易产生变形的特点形成铰的转动作用。混凝土铰（图 11.11）就是在需要设置铰的位置骤然减小混凝土截面（称为颈缩），使截面刚度大大减小，因而该处的抗弯能力很低，可产生结构所需要的转动，这样就形成了铰的作用。钢铰支座一般由铸钢制成，其构造与梁桥固定支座和拱桥支座相同。

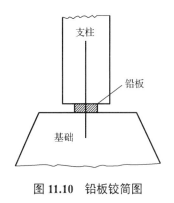 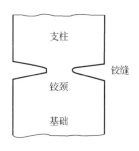

图 11.10　铅板铰简图　　　　　图 11.11　混凝土铰简图

11.2　斜　拉　桥

斜拉桥（图 11.12）又称斜张桥，是将主梁用许多拉索直接拉在桥塔上的一种桥梁，是由承压的塔柱、受拉的索和承弯的梁体组合起来的一种结构体系。其可看作拉索代替支墩的多跨弹性支承连续梁。其减小了梁体内弯矩，降低了建筑高度，减轻了结构重量，节省了材料。斜拉桥主要由索塔、主梁、斜拉索组成。

跨海斜拉桥施工动画

图 11.12　斜拉桥——杨浦大桥

斜拉桥属于高次超静定结构，与其他体系桥梁相比，包含着更多的设计变量，全桥总的技术经济合理性不能简单地由结构体积小、重量轻或者满应力等概念准确地表示出来，这就给选定桥型方案和寻求合理设计带来一定的困难。

现代斜拉桥的发展大致经历了以下三个阶段。

第一阶段：稀索布置，主梁较高，主梁以受弯为主，拉索更换不方便。

第二阶段：中密索布置，主梁较矮，主梁承受较大的轴力和弯矩。

第三阶段：密索布置，主梁很矮，并广泛采用梁板式开口断面。

斜拉桥是大跨径桥梁中较常用的合理结构形式，其跨越能力仅次于悬索桥。

11.2.1　斜拉桥的特点和体系分类

1. 斜拉桥的特点

（1）跨越能力大。由连续梁桥与斜拉桥弯矩与轴力对比（图 11.13）可见：因斜拉索提供多点弹性支承，使其主梁弯矩显著减小，斜拉桥的跨越能力大大增强。在目前技术条件下，斜拉桥的预计设计跨径（L）：预应力混凝土梁 $L<700$m，叠合梁 $L<1000$m，钢梁 $L>1000$m。

（2）斜索拉力水平分力。斜索拉力的水平分力为主梁提供预压力，可提高主梁的抗裂性能。

（3）建筑高度小。主梁轻巧，其高通常为跨径的 1/100～1/50，既能充分满足桥下净空需要，又有利于降低引道填土的工程量。

（4）悬臂施工法方便安全。悬臂施工法是斜拉桥普遍采用的方法，特别适用于净高很大的大跨径斜拉桥，悬臂施工法有悬臂拼装、悬臂浇筑或悬拼与悬浇相结合。

（5）设计构思多样性。没有一种桥型能像斜拉桥那样演变出千姿百态的造型，由于索塔、斜拉索、梁体的组合多样性，为设计构思提供了广阔的变化空间，可适应多种不同的使用要求与桥址自然条件。

（6）桥型美观。高昂的桥塔、坚劲的斜拉索和轻盈的主梁相结合，似美妙竖琴和远航征帆，充分体现了当代桥梁力与美的高度和谐。

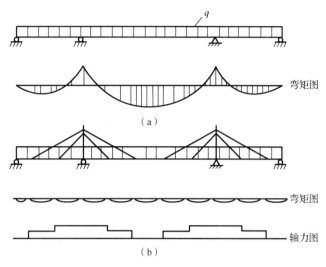

图 11.13 连续梁桥与斜拉桥弯矩与轴力比较图

（7）经济适用。与悬索桥相比，斜拉桥的竖向刚度与抗扭刚度均较大，抗风稳定性好，且无须大型锚碇，故在其适用跨径范围内，悬索桥总造价比斜拉桥高 20%～30%。

（8）设计计算困难。由于斜拉桥设计构思要考虑的变量很多，包括塔墩、索面、主孔跨径 L 与分跨比 m、桥宽 B、索塔高 H、主梁的梁高 h、几何特性（截面面积 A、惯性矩 I）、塔截面面积 S 与惯性矩 J_x 和 J_y、拉索索距 λ_i、倾角 α_i、钢索换算弹性模量 E、混凝土弹性模量 E_b、辅助墩设置等。因此，寻求技术经济合理的桥型方案是很不容易的。

（9）索与塔、梁的连接构造较复杂。索锚抗疲劳性能和钢索防护措施有待不断改进。

（10）施工技术要求高。斜拉桥工序繁复，高空作业多，施工过程控制严格。

2．体系分类

斜拉桥体系分类表见表 11.1。

表 11.1 斜拉桥体系分类表

分类方式	体系类型	备注
按桥塔数目	独塔双跨体系	—
	双塔三跨体系	
	多塔体系（图 11.14）	
按索面布置	单索面体系	见图 11.15
	双索面体系	
	空间倾斜索面体系	
按主梁材料	钢主梁	自重轻，跨越能力大，构件可工厂化制造拼装；造价高，后期养护工作量大，抗风稳定性较差
	预应力混凝土梁	造价低，刚性好，抗风稳定性好，后期养护费用低、简易，结构耐久性与抗潮湿性良好；跨越能力不如钢主梁斜拉桥，且施工速度较慢

续表

分类方式	体系类型	备注
	叠合梁	在钢主梁上以预制混凝土桥面板代替正交异性钢桥面板，钢梁顶面设置抗剪栓钉，通过现浇混凝土使预制混凝土桥面板与钢梁形成整体共同受力
按塔索结合方式	飘浮体系	塔墩固结，塔梁分离；主梁除了梁端有支承设置，其余全部用拉索吊起，形成在纵向稍作浮移的具有多点弹性支承的单跨梁［图11.16（a）］
	支承体系	塔墩固结，塔梁分离，主梁在塔墩上设置支点，成为具有多点弹性支承的三跨连续梁［图11.16（b）］
	塔梁固结体系	塔梁固结并支承于墩上，为斜拉索提供多点弹性支承的连续梁［图11.16（c）］
	刚构体系	梁、塔、墩相应固结，形成在桥跨内具有多点弹性支承的刚构［图11.16（d）］

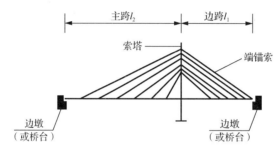

(a) 独塔双跨体系

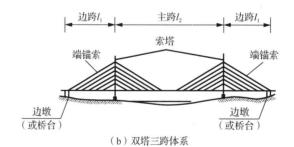

(b) 双塔三跨体系

图 11.14　多塔体系斜拉桥

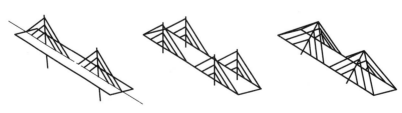

(a) 单索面体系　　(b) 双索面体系　　(c) 空间倾斜索面体系

图 11.15　按索面布置分类的斜拉桥体系

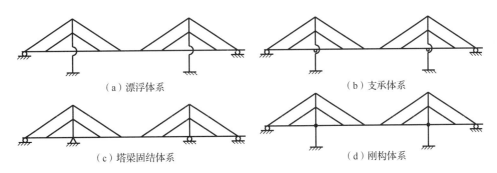

图 11.16 按塔索结合方式分类的斜拉桥体系

11.2.2 各部分构造

1. 主梁

主梁及与其连接在一起的桥面系，直接支承交通线路，是斜拉桥的主要组成部分，其造价占全桥的 50% 左右。

（1）截面形式。主梁截面形式有实体梁式、板式和箱形截面（图 11.17）。主梁截面形式应根据跨径、索面布置与索距、桥宽等不同需要，根据其受力要求、抗风稳定性、施工方法综合考虑选用。

① 板式 [图 11.17（a）]。板式截面建筑高度小，构造简单，抗风性能良好，适用于双索面密索布置且桥面宽度较窄的桥。当板厚较大时，可做成留有圆孔或椭圆孔的空心板断面。

② 分离式双箱 [图 11.17（b）、图 11.17（c）]。两个分离箱梁用于锚固拉索与承重，其中心应对准斜拉索面位置，箱梁之间设置桥面系。其优点是施工方便。如用悬臂施工法，两分离箱分别施工，悬浇时可采用纵向滑模工艺，挂篮承重减轻；悬拼时构件吊重显著减小；然后安装横梁和现浇混凝土桥面。

实际上，由于主梁截面尺寸小，空心箱所节省的混凝土数量不多，但相应带来的内模装拆、横梁钢筋布置和拉索锚固的复杂困难却不少，目前大多采用梁板式截面 [图 11.17（d）] 替代。

③ 整体闭合箱 [图 11.17（e）、图 11.17（f）]。闭合箱具有强大的抗弯和抗扭刚度，当其宽度比为 8~10 时，抗风性能尚佳，适用于双索面体系和单索面布置的斜拉桥。而倾斜式腹板箱梁截面在体形美观、抗风性能和减小墩宽等方面均优于竖直腹板箱。

④ 半封闭箱。半封闭箱的横断面两侧为三角形或梯形封闭箱，外缘做成风嘴状以减小迎风阻力，端部加厚用以锚固拉索，两箱间为整体桥面板，除了个别需要，不设底板。

这种断面既满足一定的抗弯、抗扭刚度要求，又具有优良的抗风性能，特别适用于风载较大的双索面密索体系宽桥。

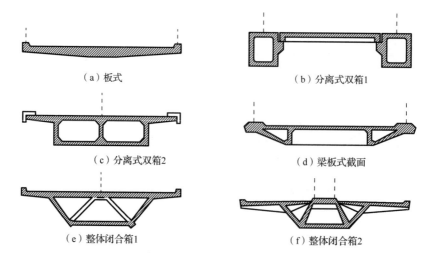

图 11.17 主梁常用截面形式

(2) 截面尺寸。

① 梁高 h。主梁截面尺寸变化将影响梁弯矩数值，当主梁抗弯刚度增加时，梁截面弯矩也将增加，其变化规律是非线性的。从提高抗风稳定性出发，加大桥宽、减小主梁高度有助于增大临界风速。

为便利施工，斜拉桥主梁的纵断面通常采用等高度布置。即使跨径与荷载条件相同，但由于结构体系、主梁截面形式和索距的不同，斜拉桥主梁高度也会有很大变化。

对密索体系：

$$\frac{h}{H} = \frac{1}{200} \sim \frac{1}{7} \quad h = (0.1 \sim 0.16)$$

对稀索体系：

$$\frac{h}{H} = \frac{1}{70} \sim \frac{1}{40}$$

其中，h 为梁高，H 为桥下净空高度，也指通航水位。

单索面布置时，应保证主梁本身有足够的抗扭刚度，梁高 h 可达 $0.2B$。

随着扁平横断面形式的出现，主梁内力由原来的以弯矩为主转变为以轴力为主，梁高可显著降低。对于梁板式断面，主梁高应大于或等于横梁高，故其高度取决于横向弯矩大小，即与桥宽和索面横向距密切相关。

② 桥宽 B。桥宽通常由桥面通航净空和设置索面防护要求决定。

$$B = W + 2C + nL_F \tag{11-1}$$

式中　W——车行道宽；

　　　C——单边人行道宽；

　　　n——索面数；

　　　L_F——防护带宽，通常对双索面者取 1m；而单索面者，防护带同时作为分车带，则取 2~3m 为宜。

（3）锚固区构造。

锚固区是主梁与斜拉索相连接的重要结构部位，其锚固方式的选择，应考虑下列因素：保证索、梁联结的可靠性，能使集中索力均匀分散传递至全截面；具有防锈蚀能力，避免拉索产生腐蚀；如需要在梁端张拉，应保证足够的操作空间；便于斜拉索养护与更换。

锚固方式包括顶板锚固、箱内锚固及在三角形箱边缘锚固。

2．斜拉索

斜拉索是展示斜拉桥特点的一个重要结构部件。桥跨结构重量和桥上活载绝大部分或全部通过斜拉索传至塔柱，它对主梁提供多点弹性支承，其刚度对全桥影响很大。

斜拉索在纵向所采用的不同布置有四种类型：辐射式、竖琴式、扇式和星式。斜拉索宜采用抗拉强度高、抗疲劳性能好、弹性模量大的钢材，目前，国内外采用较多的有平行钢束、钢绞线束、封闭式钢缆等。

拉索造价占斜拉桥全桥的 25%～30%，其重要性虽在经济上居于次席，但在受力上却举足轻重。

斜拉索的锚固对整个结构的工作可靠性有直接影响。锚具是重要的部件，拉索锚具有冷铸锚、热铸锚、墩头锚、夹片锚等。

为提高拉索使用寿命，减少养护工作量，对拉索采取防护措施非常必要。拉索的防护方式有不锈钢丝防锈、热挤压高密度聚乙烯（PE）套管防锈。拉索与锚具的接合部位，应设置橡胶密封垫块等有效隔离止水设施，是为防止水汽侵入拉索内部。

3．索塔

索塔除了承受塔身自重，还将承担作为桥面系主梁多点弹性支承的各斜索的竖向分力，因此其轴压力巨大，往往在数千吨以上计。由于活载及其制动力、风力、温度变化、混凝土收缩等因素影响悬臂施工中的不平衡加载，索塔还将出现较大弯矩。

索塔塔柱施工动画

索塔结构形式、塔高与截面尺寸的确定，应满足构造简单、受力明确、造价经济、施工便捷等功能要求，并注意与跨径、桥宽、索面布置等匹配。由于索塔对斜拉桥总体景观至关重要，故应选择良好的造型与尺度比例，实现与环境的协调，城市桥梁更需重视。

至今，斜拉桥大多采用钢筋混凝土索塔，为避免塔内拉应力过大，可适当加预应力。它比钢塔造价低，可塑成优美造型，养护维修简便。

从纵桥向看，索塔结构有单柱式、A 形与倒 Y 形三种（图 11.18）。单柱式索塔构造简单，而后两者索塔刚度大，能抵抗较大的纵向弯矩。

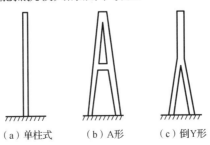

图 11.18　索塔纵桥向布置形式

从横桥向看,索塔有单柱、双柱、门式、斜腿门式、A 形、宝石形、倒 Y 形、花瓶形等布置形式,如图 11.19 所示。

(a)单柱　(b)双柱　(c)门式　(d)斜腿门式　(e)A形　(f)宝石形1　(g)宝石形2　(h)倒Y形　(i)花瓶形

图 11.19　索塔横桥向布置形式

11.3　悬　索　桥

悬索桥(图 11.20),又名吊桥,是指以通过索塔悬挂并锚固于两岸(或桥两端)的缆索(或钢链)作为上部结构主要承重构件的桥梁。其缆索几何形状由力的平衡条件决定,一般接近抛物线。从缆索垂下许多吊杆,把桥面吊住,在桥面和吊杆之间常设置加劲梁,同缆索形成组合体系,以减小荷载所引起的挠度。

我国是最早有悬索桥的国家,约有 3000 年历史,直到今天,仍影响着世界吊桥形式的发展。留存至今的泸定桥是一座跨大渡河铁索桥,桥全长 103.67m,举世闻名。但我国现代悬索桥建设的起步较晚,1969 年建成的重庆朝阳大桥是中间主孔为双链加劲梁式悬索桥,中心跨径仅 186m。而现有轻质高强、热膨胀系数低、耐疲劳、抗腐蚀均优于钢材的纤维强化复合材料的运用,必将大大提高悬索桥的工艺和技术水平。

11.3.1　悬索桥的类型

现代大跨径悬索桥根据其加劲梁的类型和吊索的形式不同可分为以下几种类型(图 11.20)。

1. 美式悬索桥

美式悬索桥的基本特征是采用竖直吊索,并用钢桁架作为加劲梁,如图 11.20(a)所示。这种形式的悬索桥一般采用三跨地锚式,加劲梁在桥塔处不连续,由伸缩缝断开,桥面通常采用钢筋混凝土材料,桥塔为钢结构。其特点是可以实现双层通车,通过增加桁架高度,可保证桥梁有足够的刚度,由于加劲梁采用钢桁架,使其具有很好的抗风性能。

2. 英式悬索桥

20 世纪 60 年代,英国设计出了新型的悬索桥,突破了美式悬索桥的形式。英式悬索桥的基本特征是采用了三角形排列的斜吊索和流线型扁平翼状钢箱梁作为加劲梁,如图 11.20（b）所示。这种形式的悬索桥加劲梁采用连续的钢箱梁，桥塔处没有伸缩缝，并采用了用钢筋混凝土桥塔；有时还将主缆和加劲梁在主跨中点处固结。

3．混合式悬索桥

混合式悬索桥是综合了上述两类悬索桥的特点形成的、目前广泛采用的悬索桥。其特征是采用竖直吊索和流线型扁平翼状钢箱梁作为加劲梁，如 11.20（c）所示，一般采用钢筋混凝土桥塔。混合式悬索桥的广泛使用表明其钢箱加劲梁具有良好的静力和动力特性，其竖直吊索构造简单、实用。

4．带斜拉索的悬索桥

为了有效提高大跨径悬索桥结构的整体刚度和抗风稳定性，在悬索桥设计中除了设置悬索体系，还可以同时设置斜拉索，以适应大跨径悬索桥的变形控制和动力稳定性的要求，这就构成了带斜拉索的悬索桥。1883 年建成的纽约布鲁克林大桥，就是既有现代悬索桥悬索体系，又有着加强斜拉索的一座带斜拉索的悬索桥，如图 11.20（d）所示。1966 年建成的葡萄牙萨拉查桥（Salazar）。这种结构形式可看作悬索桥和斜拉桥的结合，悬索承担跨中的荷载，斜拉索承担桥塔附近 1/4 跨的荷载，这样能够大大增加悬索桥的跨越能力和结构的整体刚度，并有效地加强了结构的抗风和抗振能力以及防止和控制结构的振动。

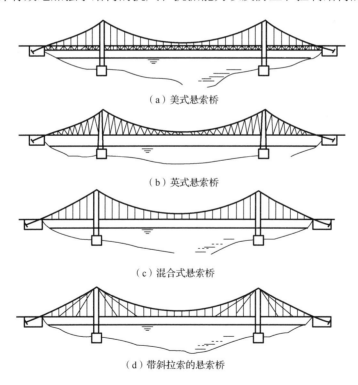

(a) 美式悬索桥

(b) 英式悬索桥

(c) 混合式悬索桥

(d) 带斜拉索的悬索桥

图 11.20 大跨径悬索桥类型

悬索桥按照其加劲梁的支承条件还可分为单跨铰支加劲梁悬索桥、三跨铰支加劲梁悬索桥和三跨连续加劲梁悬索桥（图 11.21），这些都是现代大跨径悬索桥经常采用的形式。

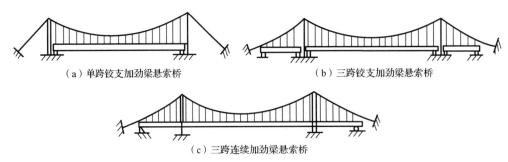

(a) 单跨铰支加劲梁悬索桥　　(b) 三跨铰支加劲梁悬索桥

(c) 三跨连续加劲梁悬索桥

图 11.21　按加劲梁的支承条件分类的悬索桥体系

11.3.2　悬索桥各部主要构造

现代悬索桥一般由主缆索、锚碇、桥塔、加劲梁及索鞍、吊索与索夹等主要部分组成。

1. 主缆索

主缆索是悬索桥的主要承重结构，其受力系统由主缆、桥塔和锚碇组成。

主缆索不仅承担自重恒载，还通过索夹和吊索承担加劲梁（包括桥面）等其他恒载以及各种活载。主缆索可采用钢丝绳钢缆或平行丝束钢缆，由于平行丝束钢缆弹性模量高，孔隙率低，抗锈蚀性能好，因此大跨径吊桥的主缆索均采用这种形式。现代悬索桥的主缆索多采用直径 5m 的高强度镀锌钢丝。先由数十根到数百根 5m 的高强度镀锌钢丝制成正六边形的索束，再将数十股至上百股索束挤压形成主缆索，并做防锈蚀处理。设计时，主缆索的线形一般采用二次抛物线。

索束内钢丝排列现均取正六边形，故其丝数为 61、91 或 127。

2. 锚碇

锚碇是主缆索的锚固结构。主缆索中的拉力通过锚碇传至基础。通常采用的锚碇有两种形式：重力式和隧洞式，如图 11.22 所示。重力式锚碇依靠其巨大的自重来承担主缆索的垂直分力；锚碇与地基之间的摩阻力或嵌固阻力承担水平分力。隧洞式锚碇则是将主缆索中的拉力直接传递给周围的基岩。隧洞式锚碇适用于锚碇处有坚实基岩的地质条件。当锚固地基处无岩层可利用时，均采用重力式锚碇。锚碇主要由锚碇基础、锚块、锚碇架、固定装置和锚固索鞍等组成。

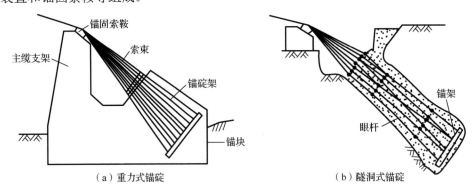

(a) 重力式锚碇　　(b) 隧洞式锚碇

图 11.22　悬索桥锚碇构造

3. 桥塔

桥塔是悬索桥最重要的构件。桥塔支承主缆索和加劲梁，将悬索桥的活载和恒载以及加劲梁在桥塔上的支反力直接传至塔墩和基础，同时还受到风载与地震的作用。桥塔的高度主要由桥面高程和主缆索的垂跨比（f/L）确定，通常垂跨比（f/L）为 1/12～1/9。大跨径悬索桥的桥塔主要采用钢结构或钢筋混凝土结构。其结构形式可分为桁架式、刚架式和混合式三种，如图 11.23 所示。

4. 索鞍

索鞍是支承主缆的重要构件，其作用是保证主缆索平顺转折；将主缆索中的拉力在索鞍处分解为垂向力和不平衡水平力，并均匀地传至塔顶和锚碇的支架处。由于主缆在索鞍处有相当大的转折角，主缆拉力将产生一竖向压力作用于塔顶。从塔顶至锚碇的缆段，由于活载轴力和温度升降的变化，将使塔顶发生纵向平移，使塔处于偏心距受压状态。当塔顶尚未有主缆时，塔将以竖向放置的悬臂梁承受纵向风力而受弯。

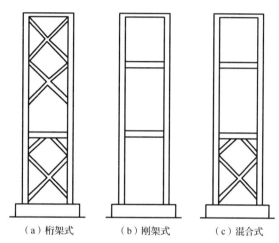

图 11.23　悬索桥桥塔的结构形式

5. 吊索与索夹

吊索也称吊杆，是将加劲梁等恒载和桥面活载传递到主缆索的主要构件。吊索可布置成垂直形式的直吊索或倾斜形式的斜吊索，其上端通过索夹与主缆索相连，下端与加劲梁连接。吊索与主缆索连接有两种方式：鞍挂式和销接式，如图 11.24 所示，两种方式各有所长。吊索与加劲梁的连接也有两种方式：锚固式和销接固定式。锚固式连接是将吊索锚头锚固在加劲梁的锚固构造处；销接固定式连接是将带有耳板的吊索锚头与固定在加劲梁上的吊耳通过销钉连接。

索夹由铸钢制造，用竖缝分为两半。索夹安装到主缆索后，用高强螺杆将两半拉紧，使索夹内壁对主缆索产生压力，形成以防止索夹沿缆下滑的摩阻力。索夹壁厚 38mm，柔性要适应主缆索变形，其还要有足够的强度。每一吊点有 2 根钢丝绳骑在索夹之外而下垂形成 4 根吊索共同受力。设计吊索截面时，应保证吊索截面破断力大于吊索作用力，其使用安全系数以不小于 2.5 为宜。

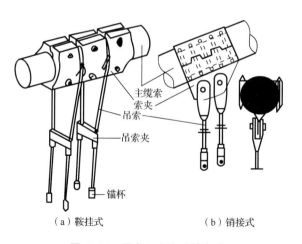

图 11.24　吊索和索夹连接方式

加劲梁的主要作用是直接承受车辆、行人及其他荷载，以实现桥梁的基本功能，并与主缆索、桥塔和锚碇共同组成悬索桥结构体系。加劲梁是承受风荷载和其他横向水平力的主要构件，应考虑其结构的动力稳定特性，防止其发生过大挠曲变形和扭曲变形，避免对桥梁正常使用造成影响。大跨径悬索桥的加劲梁均为钢结构，通常采用桁架梁和箱形梁。预应力混凝土加劲梁仅适用于跨径500m以下的悬索桥，其他情况大多采用箱形梁。

11.4 其他体系桥的施工技术

11.4.1 斜拉桥施工简介

斜拉桥可以采用无支架施工，施工比较方便。塔柱是斜拉桥施工的首要受力构件，塔柱施工完毕后或塔柱锚固区施工至一半时，开始主梁施工，斜拉索一般随主梁的延伸逐步安装。斜拉桥的恒载张力是决定全桥受力的主要因素，因此确定合理的张拉索力及保证实际张拉到位是斜拉桥施工的关键。

1．塔柱施工

混凝土塔柱施工一般采用分节就地浇筑的方法，每节 2～5m，其方法类似于高墩或高烟囱的施工。混凝土的输送采用吊斗或混凝土输送泵，塔柱施工主要采用模板和脚手架平台的做法，有下列几种方法。

（1）爬升或滑升式模板及工作平台。

将工作平台与模板组装成可自动升降的整体装置，利用下节已凝固的混凝土中预埋的钢材来逐步提升模板与平台的结构。此法机械化程度较高，可缩短工期，适用于大型桥塔施工。

（2）大型模板构件法。

将模板及平台做成容易组装和解体的大型标准构件，利用吊机或特殊起吊设备来提升施工。此法应用于高空作业的安全问题，对高度有要求。

（3）满布工作平台及模板法。

在地面或墩顶满布鹰架及模板，适用于高度较小和形状比较复杂的桥塔施工，不需特殊装置和机械设备。

2．主梁施工

斜拉桥主梁可以采用支架施工法、顶推施工法及平转施工法，但是使用最多的还是悬索施工法，它适用于所有跨径的斜拉桥施工。

3．斜拉索施工

斜拉索施工主要分为挂索和张拉两个过程。

成品索必须整索安装。较短的成品索直接利用吊机将拉索起吊，借助卷扬机由钢丝绳或钢绞线将斜拉索两端分别牵引入主梁和塔柱上的预留索孔，并初步固定在索孔端面的锚板上，完成挂索。长索的垂度大，无法直接用卷扬机将锚头牵引到锚板后方，在锚头接近锚板时用钢连接杆将锚头连接到千斤顶，由千斤顶将锚头拉到锚板后方。对于超长斜拉索，垂度特别大，连接杆已无法将锚头连接到千斤顶，必须先架设临时索，然后沿临时索将斜拉索牵引到位。常用挂索方法如图 11.25 所示。

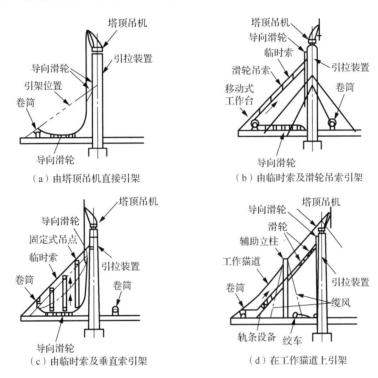

图 11.25　常用挂索方法

11.4.2　悬索桥施工简介

悬索桥适用于超大跨径桥梁的主要原因，除了其充分利用材料强度的特点，更重要的是其独特的施工方法使得超大跨径桥梁的架设成为可能。下面主要介绍塔柱及锚碇施工、缆索系统架设和加劲梁的制造与架设。

悬索桥施工动画

1．塔柱及锚碇施工

钢塔柱一般用钢板预制连接成格子形截面的节段，节段在现场吊装拼接成塔柱。随着栓焊技术的发展，钢塔节段在工厂焊接制造，然后将钢塔节段运输到工地架设并用高强度螺杆连接。钢塔柱一般支承在一块厚钢板上，厚钢板与桥墩混凝土栓接并把塔柱压力均匀地传递到桥墩上去。

当河岸有坚硬岩石时，可以采用岩隧锚碇。岩隧锚碇可以将主缆集中在一个岩洞内锚固，也可以在岩石山开凿多个岩眼，将主缆分成多股后穿过岩体在锚固室内锚固。

2. 缆索系统架设

悬索桥整体主缆自重大，必须逐丝或逐股安装到位，然后在现场编制成缆。缆索吊装施工工序如下（图11.26）。

（1）索塔、锚碇的基础工程施工，同时加工制造上部施工所需构件。

（2）索塔、锚碇施工及上部施工准备，包括塔身及锚体施工、上部施工技术准备、机具和物资准备、预埋件等上部施工准备工作。

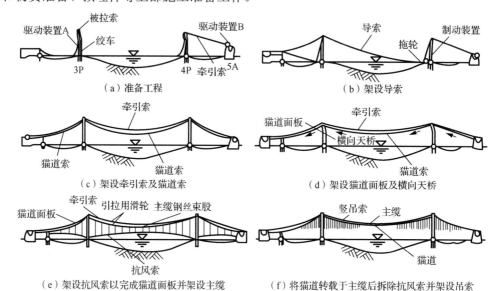

图11.26 缆索系统施工步骤图

（3）上部结构安装。即缆索系统安装，包括主、散索鞍安装，先导索施工猫道架设、主缆架设，紧缆，索夹安装，吊索安装，主缆缠丝防护等。

（4）桥面系施工。即加劲梁和桥面系施工，包括加劲梁节段安装，工地连接，桥面铺装，桥面系及附属工程施工，机电工程等。

3. 加劲梁的制造与架设

加劲梁在工厂分段制造，节段制造完成后必须进行相邻节段的试拼装，试拼合格，做好对接标志后运到施工现场等待吊装。

主缆是柔索结构，当只有部分梁段悬吊在主缆上时挠度很大，因此，已吊装的加劲梁将产生很大的弯曲变形。如果梁段吊装到位后立即与相邻梁段连接，则加劲梁将承担很大的弯曲应力，造成结构破坏。为此，梁段吊装到位后只在上缘与相邻梁段连接形成铰接，下缘在吊装期间张开。随着吊装梁段的增加，主缆的局部挠度减小，加劲梁下缘的间隙逐渐闭合，待梁段全部吊装完成或大部分完成后在相邻的节段间永久固结连接，此时，加劲梁恒载完全由主缆承担，加劲梁只承担节段内的局部弯矩。

参 考 文 献

胡朋, 叶亚丽, 2018. 道路工程[M]. 北京: 人民交通出版社.
彭盛涛, 张凤春, 孙小菊, 2015. 道路桥梁工程理论及施工方法研究[M]. 北京: 中国水利水电出版社.
田海风, 2011. 道路桥梁工程概论[M]. 北京: 化学工业出版社.
姚玲森, 2021. 桥梁工程[M]. 3 版. 北京: 人民交通出版社.
叶国铮, 姚玲森, 李秩民, 2006. 道路与桥梁工程概论[M]. 2 版. 北京: 人民交通出版社.